U0147042

# CULTURAL STUDIES

## Theory and Practice

Chris Barker

with a Foreword by Paul Willis

English language edition published by Sage Publications of London, Thousand Oaks and New Delhi, © Chris Barker 2000.

# 文化

## ——理論與

Chris Barker

羅　世　宏　等

英國倫敦政經學院媒體傳播博
中 正 大 學 傳 播 學 系 暨
電 訊 傳 播 研 究 所 副 教 授

**五南圖書出版公司** 印行

# 作者簡介

**Chris Barker**

澳洲臥龍岡大學（University of Wollongong）傳播與文化研究副教授，其他著作有《全球電視》（*Global Television: an introduction*）、《電視、全球化與文化認同》（*Television, Globalization and Cultural Identities*）及《文化研究與論述分析》（*Cultural Studies and Discourse Analysis*）等書。

# 譯者簡介

### 羅世宏

政治大學新聞學士、碩士，倫敦政經學院媒體傳播博士，現任中正大學傳播學系暨電訊傳播研究所副教授。

### 曾瑋

中正大學電訊傳播研究所肄業，現任電視記者。

### 蕭景岳

中正大學電訊傳播研究所碩士生。

### 羅莊鵬

中正大學電訊傳播研究所畢業，現職科技公司計畫經理。

### 陳景威

中正大學電訊傳播研究所肄業，現任報社編輯。

**王筱璇**

中正大學電訊傳播研究所碩士生。

**黃皓傑**

中正大學電訊傳播研究所畢業,現為紀錄片導演。

**黃秀玲**

中正大學電訊傳播研究所畢業,現任職於文教基金會。

**徐瑋璿**

中正大學電訊傳播研究所畢業,現任職於固網公司。

# 作者中文版序

　　我非常歡喜看到《文化研究：理論與實踐》中譯本面世。這本書在台灣出版，使我有機會反思兩個相關的現象，亦即同時在世界各地流傳的文化全球化和文化研究。我在想，我們應如何理解上述這兩個現象，當前這樣的時刻有著什麼意義？

　　一九六○年代末期，「當代文化研究中心」在英國伯明罕大學的形成與茁壯，對文化研究來說是一大躍進，使文化研究從沒沒無名到聲名大噪、從無到有，乃至於變成一種制度性的存在。然而，在那個時代，文化研究所謂的「文化」是指英國文化，或者最多是西方文化。

　　其後，文化研究延伸了它的知識基地和地理範圍。在美國、澳洲、非洲、亞洲、拉丁美洲和歐洲都有人自稱從事文化研究，各自以不同的方式「形構」著文化研究。文化研究的全球化，令人不禁要問：追尋文化或文化研究的本質與普遍定義，是否還有可能？

　　文化研究的制度化傳統，自始即把文化描述為一種「生活的全部方式」。以整體的視角分析、並且強調文化的平常性，這種作法殊為可取，但視文化為生活的全部方式仍有其問題，因為它把文化與特定領域（特別是現代民族國家）綑綁在一起。在全球化、流離群落與差異、多樣性和團結的〔身分／認同〕政治的時代，文化不該被視為一個封閉的單位，而應被當作一組交互重疊的、展演的語言遊戲，在人類生活的全球整體中流動，沒有清楚的界限或決定性（即文化有其混沌、複雜性）。

　　文化不應是只強調特定地方及**根源**（roots）的東西，而應是穿梭於全球空間中的混雜、交融的文化**路徑**（routes）。文化被視為空間互相交融混雜的產物，主要是用來開展路徑，而不只是保存根源；它們是暫時凝聚的薈萃，或是文化場域中富有全球特性的節點。在此情境下，文化被視為

是置身全球脈絡之中，各種有意義實踐或展演之間的持續混雜。

　　不過，將文化置放在特定地理空間之內，仍有其價值存在，從而可以言「這是中華文化裡頭有價值及意義的實踐」〔之類的話〕。或者我們可以說，所謂「黑色大西洋」（Black Atlantic）的文化流動包括了「西非源流」的音樂形式，經過「美國」和「加勒比海地區」，融合「歐洲」音樂的面向，轉進南非的約翰尼斯堡，從而使饒舌和嘻哈音樂具有廣大的流行符號文化和政治意義。

　　這也就是說，為了特別的原因，我們希望文化同時具有「地方性」，不固著侷限於某個地方的意義和實踐的流動性。文化的雙元性，在於其可被描述為整體與部分、全球與在地，以及地域性和無地域限制。就分析來說，我們勢必要在文化地域性的概念和其不受地域限制的流動觀點中來回擺盪。因此，無論是「生活的全部方式」或「在地文化」，都不代表文化的實體，而只是標示出主要的分析範圍而已──為了某種特定目的，將意義和實踐原本具有的流動性暫時地凍結起來。

　　一種類似的、處於全球化和在地化之間的擺盪，在了解文化研究本身時是必要的。實質的問題焦點（如文化、再現和權力）之間，與地理區位、觀點和問題的多樣性，兩者之間相互呼應且共同影響了文化研究。文化研究的理論與制度領域，發展三十年以來，已經進入了一個新的階段，一些類似的問題、議題和爭論──在文獻之中浮現出來。不過，其特定的運作情況因地而異，例如公民、男人或年輕人等詞語代表的意義，在台灣、美國和南非就可能有著極大差異。

　　因此，文化研究是由多重的聲音或語言構成，但彼此間也有相似性，足以形成可識別的「家族」，並且與其他家族有「血緣關係」。或者，用另一個隱喻來說，文化研究是由許多涓涓細流匯聚而成的思想大川所建構（雖然連接著許多不同的支流），即使支流往這或那的方向流動，但這條思想大川最終還是沖刷出一條獨特的河道。

　　《文化研究：理論與實踐》這本書在台灣的出版，代表了西方孕育的

理論落腳在東方文化中，正如同台灣本身融合了傳統中華文化實踐和西方資本主義與文化一樣。我衷心企盼這會是一個真正相互學習的時刻，尤其欣喜於這本書能為全球脈絡下已然浮現的在地的、台灣的文化研究，提供某種激勵。我更渴望了解的是：在台灣所發展出來的文化研究的特殊形式，以及它如何在勢必需要修正的情況底下，改變我們所了解的文化研究。

**Chris Barker**
二○○二年七月序於澳洲雪梨

Chris Marker

# 譯　序

譯事匪易，在翻譯這本書的過程中領略尤其深刻。

多虧國立中正大學電訊傳播研究所碩士班曾瑋小姐等人協助本書若干章節的初稿翻譯工作，並且充分發揮他們各自在不同學門的專業知識，中譯這本跨學門的文化研究著作的願望，最終方得以實現。這本書的封面雖然未列出他（她）們每個人的名字，但作為這本書的共同譯者，他（她）們每一位對中譯本都曾經做出很重要的貢獻；不過，應該特定聲明的是：這本書的譯文如有任何不妥當或錯誤，我仍應負全部責任。

第一、二、七及十二章的初稿由我負責翻譯，曾瑋協助翻譯前言、作者中文版序及第十章，其他各章節的部分或全部內容初稿翻譯，分工如下：第三章（蕭景岳）、第四章（羅莊鵬）、第五章（陳景威）、第六章（王筱璇）、第八章（徐瑋璿）、第九章（黃秀玲）、第十一章（黃皓傑）。全書譯文最後由我參照原著、逐字逐句校對後定稿。

在中譯本出版前夕，我要特別感謝遠在澳洲的 Chris Barker 慷慨為中譯版撰寫序言，但慚愧的是，為了確保譯文的正確與可讀性，我的翻譯與校對進度太過緩慢，造成本書中譯版的面世，較原先預定的時間延遲了約有二年之久。在此，我要特別感謝五南圖書出版公司與陳念祖先生的寬容。

**羅世宏**謹誌
二〇〇四年七月於嘉義民雄

# 謝　辭

我想感謝在本書撰寫過程中一直支持與提供建設性批評的 Chris Rojek 與 Jim McGuigan，也要感謝 Paul Willis 為本書作序的盛情。Paul Willis 與我想在此感謝 Helen Wood，她不但校閱本書初稿，也以她在文化研究方面的實際教學經驗，為本書提出建言。

# 前 言

文／Paul Willis

「文化」是一個奇特且無所不包的類目。或許最好的說明是，它是我們不能不用的概念之一，一方面被廣泛地使用著，卻又是未盡如人意、亟需改良的一個概念。沒有人能夠明確地定義「文化」，說明它「真正的」涵義。當然，或許這正是這個詞如此好用的原因，因為我們可以在此時揚舉文化一詞的某些重要面向，但永遠都可以在事後改口說我們用文化一詞意指不同的涵義。「文化」一詞包含著許許多多的東西。

在日常和人性的層面上，文化興趣（cultural interests）、追尋和身分／認同向來是最重要的。當然，這受到廣泛的考量，因為個人或團體都承擔創造自我的責任，而不單只是被動或無意識地接受歷史／社會所指定的身分／認同（可能只是**身為**工人階級、白人或黑人、年輕人或老年人等）。每個人都想要擁有、創造、或被視為占有文化上的重要意義。再也沒有人知道完整的社會地圖（social maps）是什麼，因此要緊的是確保自己不被遺棄、忽略或錯誤再現。每個人都想在行動上擁有自主權，卻沒有人很確定自己的同志到底在何方。

與此相關，「文化」同時已成為一個重要且普遍使用的理論與實質的類目，被用來表述人與人之間的連結與關係。在學術和通俗的文章和評論中，我們可以看到無數的詞語與文化相連，像是「學校、組織、酒吧、區域、性取向、族群……等的文化」。只要想得到，任何東西都可在其後加上「文化」二字（即「……的文化」）。所有這些可被涵蓋在「文化」中的領域，包含了人類形式和關係的多樣性：從微觀的人際互動，到團體規

範過程和價值、溝通形式，以及各種隨處可見的文本和形象；範圍廣及制
度形式和限制、包括社會再現和社會意象，同時也涵蓋經濟、政治、與意
識形態的決定性（determinations），全部都可由它們的文化效應和意義來
追溯，由特定「文化」的意義如何形成及運作來追尋其交互作用的影響。

　　無怪乎，試圖去了解文化的學術研究，亦即「文化研究」，應是一個
有時複雜難解的領域，而且也許是第一個絕妙的學術實驗，試圖去形成一
個「打破學科界限的」學科（a non-disciplinary discipline）。不能冀望單
靠一個取向就能夠全盤了解以上的東西，單一取向所創造出的部分理解並
不能抹煞其他取向創造的意義。在我們日漸複雜的「真實」世界中，由於
這種折衷主義立場以及非相似物之間所產生不可溶解的結合，使我們被指
責為過於折衷。

　　無論其複雜性和爭論的起源為何，文化研究目前也許已逐漸成熟，達
到一種特殊的成熟狀態，當然根據以上所言：成熟到成為第一個「打破學
科界限的」的學科！很明顯地，我們需要一個新的成熟度標準。此成熟度
的完整測試會檢視文化研究到底是缺乏學門紀律的（壞的），或是能夠抵
擋這些缺陷，真正發展「後學科的」（post-disciplinary）（好的）優點，
以創造出全新、「相互連貫」的知識。之前的文化研究教科書對此一學術
主題的歷史，提供了有價值、啟蒙的走向，透過後續的新觀念和評論的思
潮架構出其成長脈絡。但是這樣的敘事方式並不能提供文化研究所追求目
標的精神本質，而開創出一個新學科。甚至是在致力於「多重學科」，追
尋其不同路徑的概念上，都無法達到。它主要需要的是在方法、研究及理
論的傳承領域中（包含過去及現在）開放做選擇。能夠主導這些選擇的，
應是它們啟發複雜實證研究主題的能力，而非它們對特定測試和學術傳統
研究過程的一致性。雖然很歡迎這樣的方式，但不難發現早期的「教科
書」試圖藉著歷史路徑勾勒出「文化研究學科」，但這會導致自身的巴別
塔（towers of Babel），為了真正的產權和另類的發源迷思，產生激烈的
爭辯及暴躁的對立。

　　巴克（Chris Barker）開闢了一個新的、有希望的方向。在教授各種文化研究取徑而面對困境時，這樣清楚、前後連貫的敘述方式相當有用。不僅只是表現另一個版本的文化研究起源探討，他力求廣度的延伸，並蒐集相關的理論和實證走向，無論它們是從何而來。他呈現出整體的現代面向，並判斷其對於理解當代文化形式有無幫助。要如此進行，克理斯・巴克將觸角延伸至那些原本不自認屬於文化研究領域的理論家和作家，藉此提供一個完整的理論資源、研究方法選擇和實證的關連性範圍，這對於理解任何一個特定的焦點相當有用，並且超越既有任何一個傳統的學科。這使他能夠掌握更深層、嚴肅的關切點，而不再只是傳統的「導論」。另一方面，裡面也提到一些變項，以及文化研究領域相互爭奪進入其他領域和學科的面向，都顯示出其自身的掙扎，藉由它們自身的地位和歷史，能夠更適當地了解到多面向和破裂的文化轉變。當然這並不保證文化研究將是一個榮耀的地方，形成一個學科中的學科，或者說，多重學科的出現甚至更有可能，而且一定會有其他的競爭者出現。

　　然而，巴克仍然大膽地想要抓住這項榮耀。我對於當代議題及問題的章節印象特別深刻，包括「世界的失序」、「性別與主體性」、「空間」、以及「文化政策」等，以及經常被討論的「身分／認同」、「青少年文化」、「電視」、「族群與種族」等議題。這些都在複雜和快速變化的「真實」世界中，反映出具體的觀點，而目前所有的取向若希望在當代複雜的變化下全力對抗，就必須找到自己的定位。同時，雖然這些相互關連的「部分」是在過去特定的歷史情境下，以及理論的洞察力下呈現出來，「文化研究」主要是作為啟發、連接和定位之用。

　　試圖創造一本討論〔初階〕成熟的文化研究的教科書時，所遇到最關鍵的議題在於找到及論證支持一個超學科（supra-disciplinary）的基礎，它是一個寬鬆但連貫的連接組織和隱喻，足以定錨折衷主義（免於造成理論上的無政府主義），並仍保持廣泛的實證掌握程度。在此我沒有把握，或者也缺少這方面的能力來評斷巴克的取向。雖然有幸成為他的同事及朋

友，但某方面我覺得由我來寫這篇序言是個奇怪的選擇。我〔確實是〕從
事民族誌學／質化取向的相關研究，並且〔被人誤以為〕與文化研究中
「文化主義者」的形成有關連，這兩項都被本書賦與重要性，但在這本書
中最後也只是占有附屬的地位而已。和巴克一樣，我不想為學科的領域界
線爭辯，甚至比他更不在乎文化研究的榮耀地位，但我最終會根據「經
驗」和「實踐」的概念，也就是依照感覺的理解和〔民族誌學的〕研究，
去追尋「文化」這個複雜、龐大又沈重的類目。＊相反地，巴克以「語言
遊戲」（language-game）的描述方式，對文化研究作出「論述形構」，將
所有文化形式的結構都視為與語言相同，並在最終顯著地以羅逖（Richard
Rorty）的實用主義主張，表達文化研究能夠影響「真實」、「學習如何與
世界和平共處」，但絕對無法「反映」它。我質疑這個源自語言的模式，
是否能夠藉此了解經驗和生活實踐的感覺面向，而且我無法不做如是想，
就是若要改變真實，其真實的樂章必須先經過錄製，且受到讚賞（民族誌
學意義上的），甚至藉由巴克那兒所學得的概念，必須緊握住「支離破碎
的主體」（fractured subjects）和「反本質主義」兩者，以了解和呈現這一
切。

　　巴克希望他的這本書能夠激發辯論。事實上這已經產生了！我從這本
書中獲益良多，並向其廣度和公平性致敬，同時也從中發現許多和我原本
想法不同的新概念。這更提升了我工作上的適當性與精確度，並能夠一直
延續下去，同時不與巴克的概念相衝突。這本書提供了一個絕佳的基礎和
架構，幫助老師帶領學生了解文化研究這個學術主題所追求的目標，並能
夠使其做出自身的**識通且自覺**的決策，藉此能更貼近並了解當代文化變遷
的重要性、完整性、多樣性和步調。

---

＊見拙著《生活藝術》（*Life as Art*）（即將出版），以及Sage公司新發行的期刊《民
　族誌學》（*Ethnography*），該刊由我和 Mats Trondman 負責主編。

# 目　錄

作者中文版序

譯序

謝辭

前言

## 第一部分　文化研究的基礎

### 第一章　文化研究導論　3

本書旨趣：取材限制　3

文化研究的參數　7

文化研究核心概念：文化與表意實踐　9

文化研究的知識傳統　15

方法論問題　32

本章摘要　41

### 第二章　文化與意識形態　43

首字大寫的文化：文學傳統強調的高雅文化　44

文化的平常性　45

高雅文化／低俗文化：美學及其邊界的崩解　52

文化與社會形構　60

意識形態問題　68

本章摘要　81

第三章　文化、意義與知識：文化研究的語言學轉向　83

　　索緒爾與符號學　84

　　巴特與神話學　86

　　德希達：文本性與延異　91

　　傅柯：論述、實踐與權力　97

　　後馬克思主義與「社會」的論述建構　102

　　語言與精神分析：拉康　105

　　語言使用：維根斯坦與羅逖　109

　　論述與物質　116

　　本章摘要　117


第二部分　文化研究的變動脈絡

第四章　新世界失序？　121

　　經濟、科技與社會階級　122

　　全球化　135

　　國家、政治與新社會運動　147

　　本章摘要　156

第五章　進入後現代主義　159

　　界定重要用語　160

　　現代性的制度　161

　　現代主義與文化　165

　　現代與後現代的知識　172

　　後現代主義的承諾（或者，現代性是未竟方案？）　182

　　後現代文化　185

本章摘要　194

## 第三部分　文化研究的場域

### 第六章　主體性與身分／認同　199

主體性與身分／認同　199

碎裂的身分／認同　203

能動性與認同的政治：能動性的問題　215

本章摘要　230

### 第七章　族群、種族與國族　231

種族與族群　231

國族認同：民族國家　236

流離群落與混雜認同　240

種族、族群與再現　251

本章摘要　270

### 第八章　性別、主體性與再現　273

女性主義和文化研究　273

性、性別與認同　282

性別化的主體　289

性別、再現與媒體文化　304

本章摘要　317

### 第九章　電視、文本和閱聽人　319

電視文本：新聞和意識形態　320

電視文本：肥皂劇與流行電視　327

主動的閱聽人　331

電視觀眾和文化認同　337

電視的全球化　343

全球的電子文化　347

本章摘要　355

# 第十章　文化空間與城市地方　357

當代理論中的空間與地方　358

城市作為地方　364

政治經濟學和全球都市　367

城市的符號經濟　371

後現代城市　376

虛擬空間與城市　383

城市文本　388

本章摘要　391

# 第十一章　青少年、風格與反抗　393

青少年的浮現　394

青少年次文化　398

青少年差異：階級、性別與種族　407

空間：一個全球的青少年文化？　412

在次文化之後　415

創造性消費　421

反抗的回顧　423

本章摘要　430

第十二章　文化政治與文化政策　433

　　文化研究與文化政治　434

　　文化政治：葛蘭西的影響　435

　　差異的文化政治　440

　　差異、族群與再現政治　446

　　差異、公民身分與公共領域　449

　　質疑文化研究　452

　　文化政策辯論　455

　　新實用主義與文化研究　464

　　本章摘要　473

名詞解釋　475

參考文獻　489

索引　511

文化研究
理 論 與 實 踐

# 圖表目錄

圖 2.1　馬克思理論中的基礎與上層結構　62

圖 2.2　文化迴路　67

圖 3.1　巴特：神話的表意系統　87

圖 10.1　電視是資訊高速公路的視訊終端機　385

第一部分

文化研究的基礎

## 第一章

# 文化研究導論

這本書的書名——《文化研究：理論與實踐》（*Cultural Studies: Theory and Practice*）——令人合理預期會看到關於文化研究的完整介紹，包括對其主要論點和可觀的研究領域做一番整理和討論。的確，這是我想達成的目標。然而，在開始介紹文化研究之際，我應聲明這本書所涵蓋的範疇，就好像提供某種「健康警語」一般。

## 本書旨趣：取材限制

撰寫一本介紹文化研究（如此寬廣、豐富的研究領域）的教科書，勢必面臨取材問題，而取材的標準與方式，或許可能引起爭論。即使懷抱勾勒其全貌的企圖心，仍然很可能會化約（或只能摘要）文化研究的相關文獻。對任何作者而言，這不僅是過於艱鉅的工作，而且很難決定到底應囊

括哪些文獻。因此，如同其他相關書籍一樣，本書所能成就者，在於建構
出一種**特定版本**的文化研究。

　　在「文化研究的基礎」（本書第一部分）的標題下，我確實提供某種
〔經過揀擇的〕文化研究的歷史，但後面的章節（本書第三部分「文化研
究的場域」）則大多援引當代理論。的確，為了使本書跨越地理藩籬而對
各地讀者多一些用處，本書對理論著墨較多，而對特定時空脈絡的實證研
究著墨較少（雖然理論也立基於特定時空脈絡，而且本書確實嘗試扣連理
論與實證研究）。這麼做的同時，書中討論到諸多未自稱從事文化研究但
對文化研究有所啟發的理論家。書中援引的學者如班奈特（Tony Bennett）、
吉爾洛（Paul Gilroy）、葛羅斯柏格（Lawrence Grossberg）、霍爾（Stuart
Hall）、莫理斯（Meaghan Morris）以及威利斯（Paul Willis）或許會接受
稱其作品是「文化研究」的說法；然而，影響文化研究至鉅的傅科（Michele
Foucault）或巴特（Roland Barthes）不會自稱從事文化研究，羅逖（Richard
Rorty）、紀登思（Anthony Giddens）與德希達（Jacques Derrida）等人亦
然。

　　本書取材有所揀擇，強調的是某些類型（特別是那些將語言置於研究
核心）的文化研究。該類文化研究受到語言的後結構主義研究途徑影響，
比起關切生活經驗的民族誌學（ethnography of lived experience）或文化政
策等面向的文化研究，更為強調再現（representation）及主體性（subjec-
tivity）等問題。然而，本書仍對強調民族誌學及文化政策的文化研究略有
著墨，而且我個人也肯定這兩類文化研究的價值。文化研究並非一言堂，
它的故事無法用單一的聲音來說，而我也不打算只用一種聲音去再現文化
研究。

　　本書題為《文化研究：理論與實踐》，口氣是太大了些。這本書不僅
是選擇性的討論文化研究，所徵引的相關研究更只限於英國、美國、歐陸
（特別是法國）與澳洲等地，而對亞、非及拉丁美洲日益茁壯的研究成果
援引甚少。或許，這本書命名為西方文化研究會更恰當；道理很簡單，我

自認沒有資格評判，文化研究（或我所了解的西方文化研究）對了解非洲
社會與文化能有多少裨益。

## 文化研究的語言遊戲

再者，對某一時地（例如英國）發展的理論是否適用於另一時地（例
如澳洲），雖然持懷疑態度者大有人在（*Ang and Statton, 1996; Turner, 1992*），
本書較少強調西方文化研究的內部差異。儘管如此，我還是要對文化研究
的某種通則化（generalization）提出辯護，因為「文化研究」一詞並無特
定指涉對象，而是由文化研究的**語言遊戲**（the language-game of cultural
studies）所構成：自稱從事文化研究者發展與使用的理論術語，正構成了
文化研究是什麼。我強調文化研究所用的語言是文化研究的重要構成元
件，並在書中援用重要術語時予以醒目標示（讀者另可逕自參考書末的名
詞解釋）**1**。

有些術語被置身不同地理空間的文化研究者所使用著。如葛羅斯柏格
等人剴陳，雖然文化研究歷來強調局勢分析（conjunctural analysis）——
「〔局勢分析〕是植根〔於特定地理空間〕的、描述的與奠基於特定的歷
史脈絡的」，文化研究跨越地理界限共享著若干概念及術語，展現了「文
化研究真實成就的歷史進程，〔正是這些概念及術語〕現在構成了文化研
究傳統的一部分」，不用這些概念及術語將無異於「自願接受〔無法進行
學術對話的〕無能」（*Grossberg et al., 1992: 8*）。概念是行事所憑藉的工具，
概念的意義則體現於使用；要不是因為〔工具箱一詞〕含有性別暗示，我
可能會將本書取名為「文化研究的工具箱」（A Tool-Kit for Cultural Stu-

---

1. 在適當且對讀者有幫助的地方，我以**粗體字標示**若干重要術語。標示與否，並無特
定原則可循，純係基於我個人的判斷。

dies）。

　　理論可以概念化為工具箱，意味著：(i)被建構出來的理論並
非一個〔自我完足的〕系統，而是一種工具，亦即權力關係特性
的邏輯與環繞權力關係的抗爭；(ii)所謂研究，只能在特定情境
進行的反思的基礎上逐步完成（而反思在某些面向必然是歷史性
的）（*Foucault, 1980*，轉引自 *Best, 1997: 26*）。


## 文化研究的政治關懷

　　仍然困難的是清楚地定義文化研究的範疇，因為它不是一個清楚、統
一的學科，也沒有獨一無二的主題、概念或研究方法，使它能夠與其他學
科一刀兩斷。文化研究是（而且一直是）多重學科或後學科（multi- or post-
disciplines）的研究領域，與其他「學門」之間的界線模糊。不過，文化
研究也非什麼都是。文化研究不是物理學，也不是社會學或語言學，雖然
它援引這些學科或領域的知識。的確，如同霍爾（*Hall, 1992a*）所言，文
化研究還是非得有其特定關懷面向不可，以使它有別於其他學術領域。
　　對霍爾來說，文化研究裡至關重要的關懷面向是其對權力及**政治**問題
的關注與社會改革的企圖心，觀照社會弱勢團體，特別是在階級、性別與
種族上（以及在年齡、身心障礙與國族身分上）置身社會邊緣位置的這群
人的再現問題，並戮力「為」這群人發聲。因此，文化研究是那些篤信
「理論知識生產即政治實踐」的思考者經之營之、身體力行的成果。此處
所謂「知識」，從來不宣稱代表「中立」或「客觀」，而是關乎**發言位置**
（positionality），亦即牽涉了站在何種立場、為了什麼目的與向誰發言等
問題。

## 文化研究的參數

　　若將文化研究看作是語言遊戲，則循此邏輯推衍，文化的研究（the study of culture）有別於建制化的文化研究（institutionally located cultural studies）。雖然有關文化的研究早已散見於各學術領域如社會學、人類學、英國文學，但該類研究並非文化研究。雖然文化研究沒有特定源頭，而且追溯並將其定位於特定源頭，難免會忽略其他可能的起始點，但這並不表示我們無以名其狀。即使如此，萊特（Handel Wright）關於文化研究始於非洲而非歐洲的講法，雖然有益於辯論與思考，我還是要說他是錯的。

　　文化研究是一種**論述形構**（discursive formation），指的是「思想、形象與實踐的一個群集（或形構），提供與社會上特定主題、社會活動或制度性場域有關的討論、知識形式與行事的各種方式」（*Hall, 1997a: 6*）。文化研究的構成，係由談論客體（因而得以看見此一客體）的一種規約的方式，而且圍繞著關鍵概念、思想與關懷而緊密地結合。再者，文化研究在特定的時刻而得其名，即使該名稱（譯按：英國文化研究）所標誌的不過是〔文化研究〕此一不斷演化中的知識方案的浮光掠影而已。

### 當代文化研究中心

　　文化研究一直不願接受建制的正當化，但〔我們還是不得不承認〕一九六〇年代成立於伯明罕大學的當代文化研究中心（Centre for Contemporary Cultural Studies），是文化研究一項重大的發展歷程。此後，文化研究在知識基礎與地理範圍上都已有所延伸，在美國、澳洲、非洲、亞洲、拉丁美洲及歐洲各地，都有自許從事文化研究的人士，各自有其特殊「形構」及實踐的方式。

我無意獨尊英國文化研究本身，但一九六○年代文化研究在英國伯明罕大學的形成，確實是別具制度化意義的時刻。再說，雖然文化研究

> 自始即自視為一種向建制的學科邊界宣戰的知識游擊運動（intellectual guerrilla movement）的一部分，但文化研究這種浪漫化、英雄式的自我概念，現在已經不再適用了，特別是考量到文化研究在層層障礙下終究在教育體系及學術研究上大放異彩的成就（*McGuigan, 1997a: 1*）。

在占據許多學術基地、開設許多相關課程、出版許多教科書，並且吸引眾多學子研讀之際，文化研究已經變成某種可以被教、被學的知識領域。如麥奎根（*Jim McGuigan, 1997a*）論稱，雖然專業化、逐漸建制化的文化研究可能「會在正式化的過程中遺失其對權力、歷史與政治問題的批判立場」（*Hall, 1992a: 286*），但文化研究走上專業化與建制化的道路似乎無可避免。準此，雖然麥克羅比（*McRobbie, 1992*）力主文化研究是充滿論爭性格的領域，萬萬不能失去其游移於學科邊緣的彈性，我們感受到的卻是她的浪漫懷舊之情。其實，文化研究的主要場所一直在高等教育及書店等制度化機構，檢視大學裡所提供的文化研究課程是「定義」文化研究的可行方式之一，而這也就必然涉及將文化研究「學科化」。

## 文化研究的學科化

許多文化研究者反對為文化研究描繪學科的疆界，然而，如果文化研究想要招攬大學部學生（*而非只是提供研究所課程*）與爭取補助經費，以便在西方的高等教育體系裡存活，將很難拒絕學科化。在此一脈絡下，班奈特（*Bennett, 1998*）提供了若干可用來界定文化研究的元素：

1. 文化研究是一個跨學科的領域,各學科的視野可以被〔文化研究〕選擇性地徵引來檢視文化與權力關係。

2. 「文化研究關切的是與人們懷抱特定價值觀、信仰、能力、生活常規及行事習慣有關的各種實踐、制度與分類系統」(*Bennett, 1998: 28*)。

3. 文化研究所探討的權力形式是多樣貌的,包括性別、種族、階級與殖民主義等。文化研究希望探索各種權力形式間的關連,發展出關於文化與權力的各種思考方式,可以為人所用並追求變革。

4. 如同其他學科,文化研究的主要制度化場域在高等教育體系。雖然如此,文化研究試圖與學院外的活動(如社會與政治運動、文化機構裡的工人及文化管理部門)保持密切的互動關係。

循此,我們可以思慮一下這些將文化研究規範為一種特殊的論述形構或語言遊戲等的概念與關懷。這些概念當中有些在此介紹(雖然其中有些概念在後面的章節才會出現),每一個概念會在書中詳細討論,而且這些概念貫串全書。讀者也可參考書後所附的名詞解釋部分。

## 文化研究核心概念:文化與表意實踐

如非聚焦於**文化**(見第二章)的研究,文化研究無以得其名。如霍爾指出,「此處所謂文化,我指的是實際紮根於特定社會的實踐作為、再現方式、語言及習俗。同時,我指的是常識的矛盾形式,生根並協助形塑了常民生活」(*Hall, 1996c: 439*)。換言之,文化的關切點在於共享的**社會**意義,也就是我們理解世界的各種不同的方式。然而,意義並非理所當然地懸浮在「某處」那般簡單,而是透過操控符號(尤其是語言)而生產出來的。

文化研究認為，語言並非意義形成與知識的中立媒介，獨立的客觀世界也無法「存在」於語言之外，而是意義與知識本身的構成要件。這是說，物質客體的意義是語言所賦予的，而社會實踐活動也非透過語言體現不可，並在語言限定的範圍內被人理解。這些意義生產的過程可稱為**表意實踐**（signifying practices），而了解文化即在於探索意義如何在語言〔作為一種「表意系統」（signifying system）〕（見本書第三章）中被符號化地生產出來。

## 再現

文化研究相當關注**再現**問題（questions of representation）。所謂「再現」，指的是〔客觀〕世界被我們以社會的方式建構、並且對我們重新展現的過程。的確，文化研究的核心，是將文化當作再現的種種表意實踐來研究的，而這也就需要我們去探究意義的文本生產過程，也驅使我們調查意義如何在各種不同的情境脈絡中被產製出來。文化的再現與意義，無法與其他物質條件須臾分離，必須依託於聲音、銘刻、物件、影像、書刊與電視節目等，不但是在特定的社會脈絡中產製成形，也在特定社會脈絡中被使用與理解。

## 物質主義與非化約論

文化研究大部分的工作，在致力於了解現代工業化經濟與資本主義影響下的媒體文化，以及追求利潤的媒體企業所產製的種種再現。在此一脈絡下，文化研究發展出一種特別的**文化物質主義**（cultural materialism）觀點，檢視意義在其產製過程中如何（與為何）被創造出來。換句話說，關切表意的實踐之外，文化研究還試圖將之與**政治經濟學**（political economy）相扣連，同時觀照權力及經濟社會資源的分配等問題。因此，文化研究歷

來關心誰擁有並控制文化的產製與流通機制,以及這些產權及控制類型對文化地景(cultural landscape)之形貌的影響。

雖說如此,文化研究的一項特色是其堅拒**化約論**(reductionism)。文化有其自身獨特的意義、法則與實踐方式,不能簡單地化約為其他因素或社會形構的結果,也不應以任何其他的單一因素解釋之。〔在各種化約論中,〕文化研究尤其反對經濟化約論,後者認為生產過程的〔政治經濟〕特性,支配/決定了任一〔文化〕文本的意義。對文化研究而言,政治經濟過程並不能完全決定特定文本的意義,也無法全面支配讀者對文本的詮釋方式。相反地,政治經濟、社會關係及文化,應以其個別的發展邏輯及形式來理解,亦即它們在特定脈絡下被「接合」的方式。

文化研究此一非化約論的立場,堅持階級、性別與性意識(gender/sexuality)、種族、族群、國族(nationality)與世代等問題,各有其生成的特殊性,不可不辨,更不可率爾化約於政治經濟因素,例如我們不能將種族問題簡化成階級問題。這些問題彼此關連,所以欲窮究國族問題,不能不理解國族意識如何被性別化,像是國族〔作為一個客體〕的存在,就經常被女性化,而英文裡所用的「種族」一詞,則隱含「人類」(Man)有優劣高下之分的概念 **2**。

## 接合

為了將社會形構裡的各個構成元素間的關係加以理論化,文化研究發

---

2.譯註:國族被**女性化**的例子極普遍,像是「台灣,咱的母親」、「母親的名叫台灣」或是英文用代名詞 She 代表「國家」,或是用 Motherland 代表「祖國」等表述方式,皆屬之。「種族」(race)一詞,在英文用法裡亦有競賽、血統譜系的意思,通常被用來指稱某一共同的**男性**祖先的後代子孫,例如「亞伯拉罕的子孫」(The race of Abraham)或是中文裡所謂「炎黃子孫」等說法。

展出所謂**接合**（articulation，或譯「構連」）的概念，指涉的是構成社會的多種因素之間一種暫時性的統一狀態。「接合」一詞，〔在英文裡〕有**表達／再現**的意思，也有「**組合在一起**」（putting-together）的雙重意涵。因此，如前文述及的性別化國族意識的例子，性別的再現可能被與種族的再現「組合在一起」，由於這種接合的情況係發生在特定情境下，充滿偶然性，無法在事實發生之前預測。接合的概念，也被用來討論文化與政治經濟的關係。因此，文化是與生產的時刻（moments of production）相「接合」，但並非以一種「必然」的方式被該〔生產的〕時刻所決定，反之亦然。結果，我們可以探索生產的時刻如何被銘刻於文本之中，但亦須探索「經濟的」過程也是文化的，可視之為一組有特定意義的人類實踐活動。

## 權力

若要找出一個從事文化研究的人都會同意的核心研究議題，滲透於社會關係各個層面的**權力**概念（the concept of power）必然中選。權力不只是社會凝聚的黏著劑，也不只是使一群人屈從於另一群人的強制力量（雖然確實可作如是觀），而是產生與促成各類社會行動、關係與秩序的複雜過程。就某種意義來說，權力誠然對人施加負面限制，但也同時是促成其行動的力量。雖說如此，文化研究特別關切的是弱勢的被支配群體，早先是關切階級意義上的弱勢群體，後來更把關懷的對象擴大到種族、性別、國族及年齡意義上較弱勢而被支配的群體。

## 流行文化

造成弱勢群體被支配的原因，並非單純因為迫於暴力威逼，也可能是本身同意被支配使然。在文化研究者眼裡，**流行文化**（popular culture）正

是贏取或失去同意（consent）的場域。雖然不像過去那麼普遍，**意識形態**（ideology）與**霸權**（hegemony）這兩個相鄰近的概念，不斷被文化研究者所援引，用以捕捉流行文化與同意間的互動關係。

　　所謂意識形態，就像是一張意義的地圖，雖然表面上看來彷彿代表普遍真理，事實上卻是受特定歷史情況影響而形成的了解，遮掩了權力運作的鑿斧痕跡，而有維繫此權力運作的作用。例如，電視新聞固然提供了解世界的相關資訊，卻無法免於以特定國族立場詮釋世界；在電視新聞裡，國族被視為「自然」生成的客體，而社會形構中的階級差異與國族本身的人為建構本質，都一併被模糊了。同樣地，廣告中的性別再現，將女性描繪並貶低為只是家庭主婦或性感身體之屬，可說是否定了女性所具有的完整人格與公民身分。此類製造、維持與複製具支配性力量的主流觀念與作法的過程，是謂霸權：權力團體所組成「歷史集團」（historical bloc），透過贏取被支配群體的同意，而施展其社會權威並領導統御著後者的過程。

## 文本與讀者

　　此種同意的形成，意味著對於霸權文本（hegemonic texts）所傳遞的文化意義，一般人習焉不察而同意之、認同之。所謂**文本**，並非只是文字書寫的作品，還包括所有具表意作用的實踐活動，形象／影像、聲音、物件（例如服裝）與各類活動（例如舞蹈與運動）可被用來產製／表達意義，所以也算是文本。同樣地，形象／影像、聲音、物件與各類活動皆是符號系統的一部分，如同語言一樣有其表意的機制，因此它們可被看作是具有文化意義的文化文本（cultural texts）。

　　然而，學者從這些文化文本中挖掘出來的意義，不必然等同於**主動閱聽人**（或讀者）對同一文本的詮釋。換句話說，學者（或批評家）只是一群比較特殊的讀者。再者，作為再現的形式，文本是**多義的**（polysemic），包含許多差別意義的可能性，有賴讀者在實際的解讀過程中賦予文字與形

象某種意義。雖然我們可以檢視文本如何運作的方式，卻無法光靠文本分析（textual analysis）去「讀出」閱聽人實際上會如何詮釋文本。至少，意義是在文本與讀者的實際互動過程中形成的，因此〔文本〕消費的時刻，也同時是意義生產的時刻。

## 主體性與認同

消費的時刻標誌著我們之所以為人的過程之一。人之所以為人（亦即**主體性**）與我們與他人的相互描述（亦即**身分／認同**），是二十世紀九〇年代文化研究關切的中心主題。換句話說，文化研究探討我們之所以成為某一類人的過程，我們如何被形塑為主體，以及我們如何對自身的性別（男女）、種族（黑白）或年齡（老少）特徵產生認同（或甚至是投入相當程度的感情）。

此一論證，被稱作**反本質主義**（anti-essentialism），主張身分／認同並不是一些固定存在著的東西；身分／認同本身沒有本質的、普遍的特性。更確切的說，它們是論述的建構，是**論述**或被規約的各種談論這個世界的方式的產物。換句話說，身分／認同是各種再現（特別是語言）構成的，是人造的更甚於是被發現的。

語言遊戲、政治、位置性、論述形構、文化、社會、表意實踐、再現、文化物質主義、政治經濟學、非化約論、社會形構、接合、權力、流行文化、意識形態、霸權、文本、主動閱聽人、多義性、主體性、身分／認同、反本質主義與論述等概念，是當代文化研究用來探索和介入社會世界的主要概念工具。至此我尚未將特定的概念歸屬於某些特定的學者（雖然後面的章節我會這樣做），這是因為在某個意義上這些概念是文化研究的集體「財產」。當然，文化研究學者對這些概念的運用方式有異，這是意義最為重大之處，因為文化研究是一個空間，供人在其間進行健康的（但有時也是敵對、吵雜與粗魯的）辯論與論爭。

## 文化研究的知識傳統

前面談過的許多概念，援引自不同的理論與方法學典範。本章剩餘部分將勾勒對文化研究影響最深的幾個核心思想，也就是馬克思主義、文化主義、結構主義、後結構主義、精神分析與差異的政治學（為了方便討論，我將女性主義、種族與族群相關理論及後殖民主義納入此一名目下）。勾勒這些理論的基本觀點的用意是，提供在此（文化研究）領域裡進行思考的一個**路標**。不過，對它們更為詳盡的討論貫串全書，但我不打算以專章處理個別的理論。理論也者，充塞於文化研究所有的層面，而且需要被與特定議題和辯論扣連，而非單純地以抽象的方式討論。

### 馬克思主義與階級的重要性

就其最重要的意義來說，**馬克思主義**（Marxism）是一種歷史物質主義（historical materialism）。它強調人類事務的歷史特殊性及其社會形構的可變動性，而社會形構的特性則需置於真實存在的物質條件中予以理解。馬克思（*Marx, 1961*）認為，人類的第一優先目標是透過勞動創造營生之資。人類生產出食物、衣服與各式工具，因而形塑了生存環境，也創造了人類自身。因此，物質生產所採取的勞動與社會組織的形式（*即生產方式*），構成了馬克思主義的核心範疇。

生產方式的組織並非單純只是協調處理客體的事情，而是根本地與人和人之間的關係須臾不可分。人是社會的動物，彼此之間有合作及協調運作的關係，但也有權力與衝突。各種社會性的敵意（social antagonisms），是生產方式必然具備的部分，被馬克思主義者視為歷史變遷的原動力。尤

有進者，由於〔馬克思主義者〕將生產置於優先地位，人類關係的其他面向（如意識、文化與政治）就被看作是受經濟關係所結構（見本書第二章）。

對馬克思主義而言，歷史並非平順的演化過程，而是標記著幾次在生產方式上的重大斷裂與不連續的狀況。因此，馬克思討論古代生產方式到封建生產方式的轉化，以及後來資本主義生產方式的崛起：每一種生產方式都有其特殊形式的物質組織狀況，以及個別獨特的社會關係；一種生產方式取代另一種生產方式，肇因於後者本身的內部矛盾（特別是階級衝突），導致其轉化與被取代。

## 資本主義

馬克思著作中最重要的部分在於分析**資本主義**（capitalism）的動力，而資本主義代表的是一種以生產工具私有產權為基礎的生產方式（在馬克思的時代，生產工具包括工廠、磨坊與工作坊；在最近，生產工具包括了跨國公司）。資本主義根本的**階級**區分是在於一方是擁有生產工具的資產階級（the bourgeoisie），以及另一方是出賣勞力謀生的、無產的普羅階級（propertyless proletariat）。

在資本主義社會的法律架構及其常識想法裡，工人被宣稱是擁有自由的能動者，其出賣勞力時乃是基於自由而公平的契約關係。馬克思不以為然，認為此一說法掩蓋了實際發生的根本剝削的事實。資本主義的目的在「賺取利潤」，而獲利則係透過剝削工人的剩餘價值（surplus value）而來。換句話說，投入產製某個產品的勞動價值（變成資產階級的私有財產），**多於**工人實際獲得的工資（譯按：原書此處誤植為「少於」）。

將剩餘價值以貨幣形式實現，係將財貨（goods，兼具「使用價值」與「交換價值」）當成商品銷售而來。商品是在市場上銷售的財貨，**商品化**（commodification）則是與資本主義不可分割的過程，透過商品化過程，客體、品質與符號皆可被轉變為商品。財貨透過市場機制銷售的表象，模糊了這些商品係源自於剝削關係的事實，此即馬克思所謂的商品崇

拜（commodity fetishism）。再者，工人所面對的事實是：工人與透過他們勞動而生產出來的產品疏離，而造成了異化（alienation）的情況。無產階級與其自身勞動（人類的核心活動）發生異化，終至於與他們自己發生異化。

資本主義是一個動態的體系，其利潤導向的機制，使之不斷追求生產工具的變革及開發新的市場。對馬克思而言，這是資本主義相較於封建主義（feudalism）的一大長處，因為它預示了歐洲社會在生產力上的擴張，把歐洲社會引進有鐵路、大量製造、城市與形式上較為公平與自由的人類關係（就法而言，人們不再是其他人的財產〔例如封建社會下的農奴〕）的現代世界。

然而，資本主義的機制也同時導致持續發生的危機，而且〔馬克思認為〕最終將被社會主義所取代。資本主義的問題包括利潤下跌、景氣循環與漸增的獨占事業，而最關鍵的則是其創造出一個無產階級〔的多數人口〕，他們將會是資本主義體系的掘墓人。馬克思盼望資本主義將被階級衝突所撕裂，其中由無產階級主導的武裝力量、工會與政黨將獲得勝利，並代之以共有產權、公平分配為基礎的生產方式，最終造就出一個階級不再分化的社會。

### 馬克思主義與文化研究

從事文化研究的學者與馬克思主義有長久、曖昧但極富生產性的關係。文化研究並不是馬克思主義的分支領域，而是從馬克思主義吸取養分，但用嚴格的標準對馬克思主義進行檢驗。毫無疑問的是我們生活的社會形構是沿著資本主義而展開的，在工作、工資、住房、教育和健康醫療上有深層的階級分化情形。再者，文化實踐被大型企業化經營的文化工業商品化。文化研究並不標榜客觀中立，而是揚舉社會變革的旗幟。

然而，馬克思主義所具有的明顯的目的論迭遭批評。這是說，馬克思主義指出一種歷史的不可避免的運動方向，亦即資本主義必將衰亡，而一

個無階級的社會勢將取而代之。在理論上這是一個問題，因為從決定論的觀點閱讀馬克思主義，剝奪了人們在歷史變遷過程中可能扮演的**積極角色**（agency，或譯「能動性」），因為人類行動的結果，大半已被形而上的法則（但諷刺的是，馬克思主義強調本身是一種客觀科學）預先決定了，使得歷史獨立存在於人類行動之外。在經驗層次上，馬克思主義也有其問題，亦即相當多的無產階級革命最後都以失敗收場，甚至有些以馬克思主義為名發動的革命，造成的卻是壓迫性的獨裁統治結果。

在與馬克思主義的交往過程中，文化研究特別關切的是結構、實踐（praxis）、經濟決定論和意識形態等議題。一方面，馬克思主義建議人類生存處境有其律則或結構，存在於任何個人之外。文化研究，與其他學科如社會學，尋求探索這些結構的特徵。另一方面，馬克思主義和文化研究一樣的是，它們都致力於透過理論與行動（實踐），企圖以人類行動去改變世界。

文化研究抗拒某些人解讀馬克思主義得到的經濟決定論，強調文化有其獨特性。文化研究歷來也關切資本主義明顯的成功，試圖解釋何以資本主義不僅存活，而且還能不斷轉化與擴張的原因，認為部分原因來自於資本主義在文化的層面上贏得了共識。因此，文化研究對於文化意識形態和霸權（見第二章）的分析，大多是透過兩種被稱作文化主義（culturalism）和結構主義（structuralism）的觀點（見 *Hall, 1992a*）。

## 文化主義與結構主義

在文化研究的集體神話中，霍嘉特（*Richard Hoggart, 1957*）、威廉士（*Raymond Williams, 1965, 1979, 1981, 1983*）與湯普森（*Edward Thompson, 1963*）公認是「文化主義」時期的代表人物，而文化主義後來與「結構主義」並列為對立的觀點。的確，文化主義之說是事後命名的用語，其意涵可說是源自於其與結構主義的對比而來，因而在這場與結構主義的辯論之外，文

化主義的用詞並不常見。

## 文化的平常性

文化主義強調文化的「平常性」（ordinariness），以及人們在建構共享意義實踐時的主動性與創造力。文化主義傳統所重視的實證研究，是在探索人們主動創造文化意義的方式，其焦點在於實際的生活經驗（lived experience），並且採取較寬廣的人類學對於文化的定義，亦即將文化看作是日常生活的實際過程，而非僅侷限於所謂的「高雅」藝術（high art）。

尤其對威廉士與湯普森來說，文化主義是一種歷史的文化物質主義（historical cultural materialism），致力於探索文化及其生產與接收的物質條件的脈絡。其明顯的偏好面向是在探索文化的階級基礎，企圖讓被支配的弱勢群體有「發聲」的機會，並且檢驗在階級權力（class power）運作時，文化扮演的角色。然而，這種形式的「左派文化主義」（left culturalism）在研究取向上也多少帶有國族主義的色彩，或至少是國族中心主義的味道，很少著墨於當代文化的全球化性格，也很少觸及種族因素在英國國族與階級文化裡的作用。

## 結構主義

若說文化主義因為對照於結構主義而生出意義，從而得出人類主動行動的結果，**結構主義**強調的則是表意實踐之所以有意義是**結構**或是可預測的規則的結果，這些結構與規則在任何人的控制之外。結構主義是反人本主義的思想，不認為人類行動者是研究的核心對象，其分析角度是認為現象之所以有其意義，來自於其與其他現象間的系統化的結構關係，而此系統化的結構關係，並非任何人得以左右。一個結構主義的文化觀是關注基礎結構（通常是語言）的「關係系統」（systems of relations），以及使意義成為可能的文法規則。

結構主義至少可以被追溯至法國社會學家涂爾幹（*Emile Durkheim, 1952, 1982*）。他探尋文化與社會生活裡、外在於人為控制的種種具有限制作用的結構因素，涂爾幹反對實證主義的觀點，反對知識源自於直接經驗，而偏好尋找他所謂的「社會事實」（social facts）：社會建構、文化變異及自成一類的特定意識；也就是說，〔這些社會事實〕是外在於個人的現象。例如，人的宗教信仰、價值觀與規範（特別是天主教與基督新教之間的對比）被涂爾幹用來解釋自殺的各種類型。換句話說，即使自殺這種可能是最個人化的行為，都可透過信仰的規範性社會結構來理解。

## 語言的深層結構

涂爾幹未強調表意系統的重要性，因此不能算是文化研究領域裡的結構主義者。在文化研究上，結構主義將**表意**（signification）或意義生產看作是語言的深層結構的效應，發生於特定文化現象或說話的人，但並非純粹是出於行動者有意為之所造成的結果。因此，結構主義關切文化意義如何產生，並且將文化類比為（或是結構成像是）語言（見本書第三章）。

索緒爾（*Ferdinand de Saussure, 1960*）是結構主義發展的關鍵人物。他認為意義是透過語言的結構化差異而產生的，也就是說，意義係出於語言規則與慣例影響的結果，亦即〔索緒爾所謂的〕「語言慣例」（langue），而非人們日常生活的特定使用情況〔亦即索緒爾所謂的「說話」或「言詞」（parole）〕。

根據索緒爾的理論，意義是透過**符號**（signs）的選擇與組合而形成的，符號可分為兩個軸線，一是句法學的（syntagmatic）軸線（例如以線性方式構成的句子），一是詞形變化學（paradigmatic）的軸線（例如同義詞），集合而成一個完整的表意的系統。符號——由**符徵**（signifiers，或譯「能指」，意指被用來承載意義的媒介）與**符旨**（signifieds，或譯「所指」，即符號所指涉的意義）構成——並非根據「真實世界」裡的實體存

在的現象而來，而是透過符號之間的相互指涉而來。因此，意義可看作是透過符號關係而構築出來的社會習慣。

簡言之，索緒爾與一般所謂的結構主義，關注的是使語言產生意義的語言結構本身，較不關心語言被實際應用時所發生的變異情況。值得一提的是，索緒爾主張這是一門關於符號的科學，或謂**符號學**（semiotics）。我們也應注意的是，結構主義傾向於以二元對立的方式進行分析，例如前述「語言慣例」與「說話言詞」的對比，或是一組恰成反比的符號間的分析，像是「黑色」只有在與「白色」對照時才有其意義，反之亦然。

### 把文化看作語言

結構主義從「語言文字」（words）延伸到更廣泛的文化符號的語言機制，因此人類關係、物質客體或是形象，無不可納入符號的分析範疇。在李維史陀（Lévi-Strauss）的著作中（見 *Leach, 1974*），把親屬關係形容成「像是語言一樣」，不難發現結構主義的操作原則。也就是說，結構主義者將家庭關係看作是受到二元對立的內在組織原則所結構。例如，親屬類型是圍繞著亂倫禁忌（incest taboo）而構成的，從而將人們區分為可婚配的與不可婚配的兩類。

李維史陀典型的結構主義分析，在於他對食物的解析；用他的話來說，食物的好處固然是在可以供人食用，更在它可以讓我們思考。道理很簡單，食物本身可被視為是**象徵**意義（symbolic meanings）的符徵。文化慣例告訴我們，食物是什麼，不是什麼，也告訴我們食用時的儀節習慣與各種食物代表的意義。李維史陀訴諸結構主義經常使用的轉喻，也就是二元對立的符號關係：生食與熟食、可食的與不可食的、自然的和文化的。只有同時關照兩者間關係，二元對立關係中的任一符號方有其意義可言，準此，烹煮過程把生食變熟食，即可看作是將自然轉化為文化。

其中，可食的與不可食的之間的差異，並不是營養與否的問題，而是依據文化意義所做的區分，例如猶太人禁食豬肉的禁忌，以及因為奉行猶

太飲食規定而形成特殊文化色彩的猶太食物（kosher food）**3**。此處，可食與不可食的二元對立標誌了另一組二元對立，即局內人〔我族〕與局外人〔異類〕，因此形成了該文化或社會秩序的疆界。在李維史陀之後，巴特（見本書第三章）將結構主義特有的分析方式，延伸至他對流行文化及**神話**（myths）的自然化意義的分析上。巴特主張，要掌握文本的意義，不能藉由理解人在生產文本時所懷抱的特定意圖，而應將文本視為一組表意的實踐。

　　歸結來說，文化主義聚焦於特定歷史脈絡中人類行動者的意義生產，結構主義則指向文化作為一種行動者主觀意圖之外且影響行動者的語言深層結構的表達。文化主義強調〔歷史縱斷面的〕歷史性分析，結構主義則強調〔歷史橫斷面的〕共時性分析，分析特定歷史時刻的關係結構。於此，結構主義亦強調文化的特殊性，以及文化的不可化約為其他現象的特性。因此，結構主義並不認同文化係由生產的物質條件所決定的觀點。

　　最後，文化主義關注詮釋，將詮釋看作是一種了解意義的方式，而結構主義則主張符號研究自成一門科學及生產客觀知識的可能性。的確，結構主義最好被視為一種分析方法，更甚於是一種全括性的哲學。然而，結構主義慣用的二元對立及其知識保證的基礎，全在於此一概念：意義有其穩定性。此一〔意義是穩定的〕概念，已飽受來自後結構主義（poststruc-

---

3.譯註：Kosher food 是指「潔淨的猶太食物」。王良芬提供了詳細的解說：「猶太人絕對不吃豬肉與不會反芻的動物，只有牛和羊等才算潔淨可食，宰殺動物需遵循儀式，用潔淨和鋒利的刀，一刀切斷動物的氣管，讓動物在痛苦最少的方式下死去。而且血代表生命，因此不能吃動物的血。此外，肉和奶製品不能同鍋烹調、同盤盛裝和同時食用，因為戒律要求『不可用母親的奶來煮小孩』。處理犖肉前必須以鹽漬或醃泡過，以確保血液完全流淨，同時必須仔細檢查，確定牛、羊沒有帶傳染病菌，肝臟除了鹽漬外尚須烘乾去血，家禽的肉若以火烤處理，則可以免去醃漬程序，但肉類與奶類製品絕不可以混食，符合這些繁瑣程序之後，才是乾淨的食物」（引自王良芬，〈猶太人吃的文化〉，《中國時報》，2004 年 6 月 23 日）。

turalism）的批評。也就是說，後結構主義解構了語言有其穩定結構的想法本身。

## 後結構主義（兼論後現代主義）

**後結構主義**一詞暗示了「在結構主義之後」（after structuralism），對結構主義有繼承也有批判。這是說，後結構主義吸收了結構語言學（structural linguistics）的某些主張，但也將結構主義當作批判的對象，並宣稱本身較結構主義來得優越。簡言之，後結構主義拒絕接受語言有其根本的穩定結構，以及此一結構係透過二元對立（例如黑白或好壞之分）產生意義的看法。相反地，〔對後結構主義來說〕意義是不穩定的，永遠處於被延宕（deferred）與進行中（in process）的狀態。意義不是受限於單一的字詞、語句或特定文本，而是多種文本關係作用的結果，亦即後結構主義者所謂的**互文性**（intertextuality）。如同結構主義，後結構主義同樣帶著反人本主義的色彩，拒絕了所謂有產製穩定意義的統一、連貫的人類主體存在的想法。

### 德希達：語言的不穩定性

後結構主義最主要的哲學思想來自德希達（*Derrida, 1976*）與傅科（*Foucault, 1984*）（見第三章）。他們兩人思想各有強調重點，所以後結構主義不能被看作是一個統一的哲學思想。德希達關注的是語言，解構了將語言與意義等量齊觀的即時性或同一性。

德希達接受索緒爾的觀點：意義產生自各種符徵之間的差異關係，而非直接指涉獨立客觀的世界。不過，對德希達而言，符徵交互作用的結果是意義永遠不是固定的，因為字詞傳達多種意義，包括了從其他情境脈絡被使用的相關字詞所衍生的意義。例如，當我們查閱字典中某一單字的意義時，我們不斷被指引去參考相關字詞，因此該字詞的意義彷彿處在永無

止盡的延宕狀態，無法完全確定；意義沿著一連串的符徵不斷地滑行，所以一個穩定的符旨不復得見。對此，德希達另鑄新詞──「延異」（différance），意指「差異與延宕」（difference and deferral），強調意義生產是處於意義一直被延後決定，以及字詞之間不斷增補意義差異的過程。

　　鑑於意義的此種不穩定性格，德希達進一步解構了結構主義與西方哲學所憑藉的「穩定」二元對立觀點，而主張二元對立分類本身的「不定性」（undecidability）。特別值得注意的是，德希達解構、拆解了原被階層化的對立概念，像是口語／書寫、真實／表象、自然／文化、理智／瘋癲等二元對立式的分類，因為二元對立觀有意無意地排斥或貶抑了分類對象中較為「低等」（inferior）的一方（譯按：例如，瘋癲不如理智，或是真實優於表象）。

　　對德希達而言，「我們只能在符號裡思考」，在「再現」之外，別無任何所謂的原始意義，因此書寫對意義的生產甚是關鍵。德希達所論是書寫永遠已經存在於口語表達之中，意義沒有所謂的初始來源存在，也沒有自成一格的意義能夠固定符徵與符旨的關係。在此一層意義上，可說文本之外別無他物（德希達這麼說並非認定外在物質世界不存在），因此文本構成了各種實踐活動。

### 傅科與論述實踐

　　如同德希達一樣，傅科（*Foucault, 1972*）反對結構主義理論將語言看作是依循自身自主法則運作的系統。他也反對解釋或詮釋學的（hermeneutic）方法，後者企圖揭露語言的隱藏意義。傅科因此關注論述表面的描述與分析，以及論述在特定物質及歷史條件下的作用。對傅科來說，論述同時關注語言與實踐活動，並將它們看作是透過語言，對知識的管制性生產，從而使實體的客體與社會實踐具有其意義。

　　論述以一種可以被理解的方式，建構、定義並生產了知識的客體，但同時也排斥了其他思考方式為不可理解的。傅科試圖指認出各種受規約的

談論客體的方式的形成，亦即論述實踐與論述形構出現的歷史條件與決定法則。他探索聲明被合併與規約，終至形成且定義出一個知識／客體的特殊場域的狀況，這些狀況需要一套特別的概念，並且劃界出一塊特定的「真理政權」（亦即：什麼視為真理）。

對傅科而言，受到論述規約的不僅是在特定社會文化狀況下可以說什麼，還包括誰可以說，什麼時候說，在哪裡說。因此，傅科的著作有不少是關於權力的歷史考察，以及透過權力的主體生產過程。傅科並不將權力視為一種集中化的限制力，而是分散於社會形構的所有層面當中，權力是有生產性的，亦即生產出各種社會關係與身分／認同。

傅科認為主體是基進歷史化的（radically historicized），這也就是說，人完全是，也只能是，歷史的產物。他探索身體的**系譜學**（genealogy），將身體視為一個形塑主體的規訓實踐的場域（a site of disciplinary practices）。此種實踐受到關於犯罪、懲罰、醫學與性意識的一套特定歷史論述的影響。因此，傅科（*Foucault, 1973*）分析關於瘋癲的某些聲明，這些聲明給了我們某些關於瘋癲的知識，以及規定了（關於瘋癲）什麼「可說」或「可想」的法則、將瘋癲個人化的主體，以及在制度之中處理瘋癲狀況的若干實踐（見第三章）。

### 反本質主義

後結構主義在文化研究領域中發生的影響，意義最重大的或許在於它的「反本質主義」（anti-essentialism）立場。**本質主義**（essentialism）認定文字有固定的指涉對象，社會類別對應著基本的身分／認同；因此，女性和黑人身分／認同有其穩固的真實性與本質，在那兒等著人去發現。然而，後結構主義的觀點認為，在語言之外，世間並無所謂固定的真理、主體或是身分／認同存在，而語言亦無穩定、對應的指涉對象，因此不可能再現固定的真理或是身分／認同。就這層意義來說，女性特質或黑人身分／認同並非固定、普遍適用的事物，而只是語言描述，透過社會規約而

「被當作是真理看待」（換言之，意義如有任何穩定的狀態，也只是暫時的）。

對後結構主義而言，個人或主體並非一種穩定、普遍的實體，而是語言的效應，透過文法規則建構出來的「我」。說話的主體依賴的是論述的**主體位置**（subject positions）：在主體位置之上，人得以理解世界，而主體位置代表的是論述裡頭的某種空間或功能。個人勢必需要「採取」某種主體位置，以便理解世界，並且使自己在他人眼裡產生始終如一的形象。

抱持反本質主義的立場，並不是說我們不可以談論真理或身分／認同。相反地，反本質主義指的是，真理或身分／認同並非自然、普遍適用之物，而是受特定時空限制的文化產物：發聲的主體，必須先有所謂論述位置的存在；與其說真理是被發現的，倒不如說是被製造的，而身分／認同是論述建構出來的。一反結構主義隱含的科學精確性，後結構主義提供的是**反諷**（irony），體悟到自己的信念與了解乃出於偶然（contingency）和建構，缺乏堅實的普遍基礎。

## 後現代主義

雖然共享「後」（post）這個前置詞導致混淆，後結構主義與**後現代主義**（postmodernism）之間，不能被直接劃上等號。不過，兩者確實有著共同的認識論趨向，拒絕將所謂真理視為固定永恆。德希達論及意義的不穩定性，傅科主張真理充滿歷史與偶然的性格，而李歐塔（Jean-Francois Lyotard）對「後設敘事的懷疑」（incredulity towards metanarratives），也呼應了德希達與傅科的看法。李歐塔（*Lyotard, 1984*）拒絕那些提供人類「發展」方向、意義與道德途徑的確定知識的「大敘事」（grand narratives）。在李歐塔看來，所謂「大敘事」包括馬克思主義的目的論、科學的確定性，以及基督教的道德性。

後現代主義學者如李歐塔或羅逖（*Rorty, 1989*）同意傅科所謂知識並非形上、先驗或普遍的，而是因時因地而異的。對後現代主義來說，知識好

比人的視野，因此所謂掌握世界「客觀」面貌的總體知識並不存在。相反地，我們需要多重視野或多重真理（multiple viewpoints or truths），以便詮釋複雜、異質的人類生存經驗。所以，由於深知知識之受限於「語言遊戲」，後現代主義同時擁抱的是各種在地、多元與互異的知識（knowledges）。

後現代主義當中有一派很關切這些認識論層次的問題（亦即關於真理與知識的問題），同樣重要的另一類著作則強調當代生活的重大文化變遷。一種充滿支離破碎、意義曖昧與不確定感的世界，被高層次的的反思能力／反身性（reflexivity）所標記，也被認為是後現代文化的特徵。這種觀點與另一種對於偶然性、反諷與文化邊界（cultural boundary）模糊化的觀點互為表裡。文本的特徵是自我意識（self-consciousness）、拼貼（bricolage）及互文性。對某些思想家而言，後現代文化預告的是，現代所謂真實與擬仿的區分行將瓦解。

後結構主義與後現代主義皆有反本質主義的色彩，強調語言的不穩定性及其構成作用。他們認為，主體性是語言或論述的效應，而主體是斷裂的、破碎的——我們可採取論述所提供的多重主體位置。然而，與其強調外在論述的「支配」，某些學者關注的是精神分析，特別是拉康（Jacques Lacan）[4] 對佛洛依德（Sigmund Freud）[5] 進行的後結構主義式的解讀，從中思考主體的「內在」構成方式。

---

4. 譯註：拉康（1901-1981）是法國精神分析學家，思想受超寫實主義、達達主義及結構主義影響，也反過來在這些領域中發揮其影響力。
5. 譯註：佛洛依德（1856-1939）是著名的精神分析與心理學家。1899 年，佛洛依德出版了他自認為最重要的一部著作《夢的解析》（*The Interpretation of Dreams*），對精神分析領域的發展具有深遠影響。

## 精神分析與主體性

**精神分析**（psychoanalysis）是一支有爭議的思想體系。對它的支持者來說（*Chodorow, 1978, 1989; Mitchell, 1974*），精神分析的長處在於它拒絕主體與性意識有任何固定的本質。也就是說，精神分析聚焦於主體性的建構與形構過程，不問主體是什麼，而是探問他／她透過何種過程而形成。精神分析被宣稱是展示了心理過程如何組織了嬰兒的人性化，以及在語言和文化的符號範疇內，永遠已經性別化的主體是如何被構成出來的。

### 佛洛依德的自我概念

根據佛洛依德（*Freud, 1977*），自我（the self）係由「本我」（ego，即有意識、理性的心靈）、「超我」（superego，即社會良知）與「無意識」（the unconscious，即心靈活動的符號來源及庫存地，此心靈活動與理性的運作邏輯有異）構成的。人類主體的結構過程，並非與生俱來，而是透過與我們直接接觸的「照顧者」（carers）的互動關係而得到的。根據定義，既然自我裂解為本我、超我與無意識，關於自我的統一敘事，其實是我們因為進入語言與文化的符號秩序之中，並且經歷相當時間才獲得的。透過**同一化**（identificaiton）他者和社會論述的過程，我們創造出一個〔關於自我的〕身分／認同，〔而此一身分／認同〕體現了有一個完整的自我的幻覺。

在佛洛依德理論裡，力必多（libido，或譯「性衝動」）並無預定的固定目標或對象；透過幻想，任何客體（包括人或其部分身軀）皆可能幻化成慾望投射的目標對象，導致存在於人類性意識之中的性客體與性實踐方式，多到幾乎是數不勝數。不過，佛洛依德的著作，主要是記錄並解釋此一「多樣相的變態」（polymorphous perversity）如何被規約與壓抑，並且透過「戀母情結」（the Oedipus complex，或譯「伊底帕斯情結」）的

解決（或未解決），而變成「正常」的異性戀的性別關係。

## 戀母情結

在古典佛洛依德思想中，戀母情結標記了本我與性別化主體性（gendered subjectivity）的形成。在戀母時刻（the Oedipal moment）發生之前，我們無法區辨自己與其他客體，也沒有自己身為男性或女性的自覺。處於前戀母階段的嬰兒，只是透過感官探索與自體性慾（auto-eroticism，如自慰）的方式經歷周遭的一切。它們尋求身體滿足，主要聚焦於母親作為溫暖、舒適與食物的提供者。影響所及，嬰兒的第一個愛戀的對象是它的母親，既是其認同也是慾求的對象。這是說，嬰孩想要「成為」像母親那樣的人，也想「占有」母親。戀母情結的解決，牽涉了拒絕再將母親視為愛戀對象，並且將自己轉化成一個獨立於母親的主體。

對男孩來說，亂倫禁忌指的是其對母親的愛慾行不通，而且遭受被閹割懲罰的威脅，從而將其認同對象從母親轉移到父親，逐漸接受男性特質與異性戀為可欲的主體形式。對女孩而言，其與母親的愛慾關係更加複雜，甚至可說是從未完成（像男童那樣）與母親分離的過程。女童無法完全斷絕對母親的認同，而且也無法轉而認同父親。不過，她們確實感受到陽具圖像（the Phallus）的力量，是她們缺乏（或謂「陽具妒羨心理」）、但父親擁有的東西。既然她們沒有陽具（或具有象徵作用的陽具圖像），她們無法成為或〔像男孩一樣〕從母親認同轉成父親認同。雖說如此，女孩可以戮力以求占有之，透過其他男性（取代父親作為陽具的圖像）孕育子女，滿足其陽具妒羨心理。

精神分析作為一種反歷史的、普遍的主體性的觀點，標舉跨越歷史的人類心理過程，而且認為它在本質上是父權與陽具妒羨的；此種觀點在文化研究裡被證明是無法接受的。不過，同情的批評者認為，精神分析可以被重新打造成一種關於主體形構的歷史偶然性的觀點。也就是說，將精神分析的論點應用在特定的歷史情況之下。文化和符號秩序的變遷被說是導

致主體形構的變遷，反之亦然。精神分析具有顛覆的能量，因此是植基在它對社會秩序的斷裂（包括性別化的關係），試圖產生新的思想與新的主體性。因此，論者認為，精神分析可能去除原有的**陽具中心主義**，並且可能被重塑成有利於女性主義（feminism）的政治方案（見第八章）。

## 差異的政治：女性主義、種族與後殖民理論

結構主義與後結構主義的一個主題是認為意義的產製，乃是透過一連串的符徵之中有關差異的運作。主體是透過差異而形成的，我們是誰一部分是透過確認我們不是誰而構成的。在此一思考脈絡下，學界越來越強調社會場域中存在的各種**差異**，特別是性別、種族與族群等問題。

### 女性主義

**女性主義**（見本書第八章）是一個理論與政治的領域，包含了彼此競爭的觀點與行動的訓令。然而，一般而言，我們或可界定女性主義，它是一種將**性**視為構成社會組織的根本的與無法化約的軸心概念，並且到目前為止，此一軸心使得女性受制於男性。因此，女性主義主要關切的是性作為社會生活的組織原則，而**兩性**關係則是充塞著權力關係。女性受制於男性的處境，可見於各種社會制度及實踐當中，亦即男性權力與女性受制有其結構性。這導致女性主義者採取**父權體制**（patriarchy）的概念進行分析，而父權體制一詞的衍生意義是男性主導的家庭、「家長式的權威支配」（mastery）與男性的優越。

女性主義是由多種分析方法與行動策略構成的，包括自由主義的女性主義、差異或基進女性主義（radical feminism）**6**、社會主義或馬克思主義

---

6. 譯註：「基進」（radical）一詞的字源是「根本、基本」（root）。因此，為了避免譯為「激進」令人誤解其手段激烈、不理性，故一般主張中譯為「基進」較佳，取其「基本而進步」之義。

的女性主義、後現代／後結構主義的女性主義，以及黑人女性主義等流派。自由主義的女性主義強調女性應享有與男性平等的機會，而且認為此一目標可以在既有的法理與經濟架構的寬廣結構下實現。相反地，社會主義的女性主義指明階級與性別的相互關連，包括性別不平等的根本地位與女性在資本主義再製過程中所扮演的雙重角色（家務勞動與工資勞動）。與強調平等和同一的自由主義與社會主義的女性主義不同，差異或基進女性主義主張，女性與男性之間有根本差異存在，並且認為這是值得頌揚的女性創意差異（creative difference），也代表了「女性柔性」（feminine）價值的優越之處。

### 父權體制的問題

有一種對於所謂父權體制概念的批評強調，此一概念將女性視為無區別的類屬，亦即視女性都具有某種共同的基本特質，並且與所有的男人截然相反。對此一概念隱含的假設，黑人女性主義者一再提出質疑：女性主義運動在批判父權體制的同時，已先行將女性定位為白人女性，忽略了黑人女性與白人女性之間的經驗差異。此一對於差異的強調，也見於師法後結構主義與後現代主義的女性主義者，她們論證性與性別都是社會與文化建構的產物，既無法單純以生物學解釋，也不能化約為資本主義的運作結果。這種思想立場是反本質主義的，強調女性與男性特質不是本質的與普遍的類別，而是作為論述的建構而存在。準此，後結構主義的女性主義關切主體性本身的文化建構過程，認為有多種男性特質與女性特質同時存在的可能。

### 種族、族群與混雜性

另一個在文化研究中漸獲重視的「差異的政治」是關於後殖民時代的種族與族群問題（另見本書第七、十二章）。**族群性**（ethnicity）是一個文化的概念，其核心為規範、價值觀、信仰、文化象徵與文化實踐活動，

凡此種種皆有標明了文化邊界形成的過程。「種族化」（racialization）此一概念已被用來闡明關於種族是一種社會建構（故不具生物或文化上的普遍性或本質性）的論點。種族不存在於再現之外，而是在再現之中，在社會與政治的權力鬥爭之中被種種的社會再現所形塑出來的。

　　兩個獲得關注的主要問題在**後殖民**（postcolonial）的相關理論中浮現（*Williams and Chrisman, 1993*），亦即支配—受制（domination-subordination）與**混雜性**—混語化（hybridity-creolization）的問題。支配與受制的問題最直接可見於透過殖民軍事控制，以及被種族化的團體所面臨的結構性受制狀況。用更具文化意涵的術語來說，後殖民理論關切的問題在於殖民及帝國勢力否認並使「本土／土著」文化遭受宰制的情況，也關切**地方**（place）與**流離群落**（diaspora）的認同之間的關係。

　　混雜性或混語化問題所點出的一個事實是：殖民文化〔語言〕或被殖民文化〔語言〕均不能被呈現成「純粹」（pure）的形式；兩者皆無法從對方分離開來，而是共同地促成了某種混雜的形式。在都會文化如美國與英國，此一概念被重新發展，從而將混雜文化（如拉丁美洲裔及移民英國的南亞族群文化）視為構成英美當地都會文化的一部分。

# 方法論問題

　　文化研究並未正視研究方法與方法學問題，而阿拉蘇塔利（*Alasuutari, 1995*）與麥奎根（*McGuigan, 1997b*）的著作是少數的例外。的確，我在此關切的不是方法的操作技術問題，而是更深層的哲學途徑，亦即方法學的層面。由於本書聚焦於文化研究的理論性和實質性論證，我的選擇也就難免於一般文化研究的通病，也就是說，我提供的只是非常簡短的有關方法學作為特殊關懷層面的討論。

## 認識論

在**認識論**上最核心的辯論是有關知識與**真理**的定位問題，辯論的兩造是持再現主義（representationalist，包括持寫實主義立場的人）與反再現主義（包括後結構主義者、後現代主義者與實用主義者）觀點的人。與這場辯論有關的語言、再現問題，在第三章（論語言）及第五章（論後現代主義）會有專章討論，在此僅簡要說明。

持寫實主義立場的人，通常是採取近似馬克思主義的立場，認為以某種程度的知識理解獨立的客體世界（真實世界）是可能的，即使方法學上必須審慎與反思。相反地，後結構／後現代主義的認識論採取尼采（*Nietzsche, 1967*）的觀點，主張真理只是「隱喻與轉喻的快速反應部隊」，亦即文句是唯一可判別真假的東西，知識在此處無關真實的發現，而是對世界所做的詮釋建構。若說真理具有某種歷史目的，那是因為權力運作的結果，從而決定了誰的詮釋被當作真理。

現代寫實主義論者的種種真理宣稱（truth claims）展現了矛盾的傾向：一方面，他們是普世的，宣稱其所發現的真理適用所有的人與所有的地方；另一方面，他們體現了方法論的懷疑精神（principle of doubt），知識因而需要長期與持續的修正（*Giddens, 1990*）。後結構主義與後現代主義則強調真理透過語言遊戲而產製的過程，亦即真理是建立在語言遊戲的基礎上。後結構主義與後現代主義認為「真實」有多重的真理宣稱、論述與再現，而且承認它們的正當性。這種關於知識的「後現代」理解，在文化研究領域漸成主流，但仍然充滿爭議性，有論者主張為了賡續文化研究向來堅持的政治方案，可能還需要〔比後現代主義和後結構主義〕更確定的認識論作為知識基礎。

## 文化研究的主要方法學

雖然關於知識的定位充滿爭議，而且學者對個別研究方法的相對價值並無共識，但要判斷哪些研究方法在文化研究中被廣泛應用是相當清楚的。我們可先從標準的方法學區分即量化與質性研究方法入手，前者崇尚數字與計算（例如統計與調查），後者透過各類參與式觀察（如訪談、焦點團體座談與文本分析）探索行動者所產製的意義。整體而言，文化研究偏好質性研究方法，關注文化意義層面的問題。

文化研究的著作集中在下列三種研究途徑：

1. **民族誌學**（ethnography），通常與文化主義的途徑緊密相連，強調「實際的生活經驗」（lived experiences）。

2. 各種**文本分析方法**（textual approaches），通常從符號學、後結構主義及德希達的解構主義汲取養分。

3. 一系列的**接收分析**（reception studies），在理論根源上採取折衷主義、兼容並蓄的立場。

### 民族誌學

**民族誌學**是繼承人類學的一種經驗研究與理論途徑，透過密集的田野調查，尋求對文化進行詳細而全面的描述與分析。就其古典意義來說，它指的是「民族誌學研究者長時間地參與人民的生活，觀察發生了什麼，聆聽他們說些什麼，並且向他們發問」（*Hammersley and Atkinson, 1983:2*），目的在生產紀爾茲（*Geertz, 1973*）所謂對「複雜概念結構的多重性」進行「厚描」（thick descriptions），包括關於文化生活的未明說的與被視為理所當然的假設。民族誌學關注在地生活的細節，並把它們連結到更寬廣的社會過程。

　　民族誌學取向文化研究的研究核心，乃是致力於對「生活的全部方式」脈絡下的價值與意義問題，亦即文化、生活世界（life-worlds）與身分／認同問題進行質性研究。正如莫利所言，「質性研究策略如民族誌學主要立意在於接近『自然化的領域』及其特定活動」（*Morley, 1992: 186*）。然而，在媒介導向的文化研究的脈絡下，「民族誌學」已經變成許多質性研究方法的代稱，包括參與觀察法、深度訪談與焦點團體座談。在此，民族誌學的「精神」（亦即以質性方法了解特定脈絡中的文化活動）被刻意用來對抗量化傳播研究的傳統。

## 再現的問題

　　雖然對研究者本身的**反思能力／反身性**有所保留，民族誌學確實試圖「再現他者的主觀意義、感覺與文化」（*Willis, 1980: 91*）。透過此一方式，民族誌學依賴的是含蓄的寫實主義認識論。但是，民族誌學認為可能以自然的方式重新再現人們「真實」經驗的想法，已遭受相當程度的批評。

　　首先，論者指出民族誌學研究者所呈現的資料本身已經是人為詮釋，透過民族誌學研究者的眼睛觀察，因此也就不能免於個人的主觀立場。然而，此一論點可以用來批評所有的研究，因而此一批評只促動了「詮釋的民族誌學」（interpretative ethnography）的開展。其次，比較有力的批評來自後現代主義，除了指出民族誌學的寫實主義認識論的問題外，更具體地批評民族誌學是一種隱含修辭技巧且企圖維護其寫實主義宣稱的書寫類型（a genre of writing）（*Clifford and Marcus, 1986*）。換句話說，民族誌學的成品本身永遠是一種文本。克里弗（*Clifford, 1988: 25*）的批評指出了問題所在：

　　　　如果民族誌學是透過密集研究經驗而產製出某些詮釋，那麼凌亂的經驗如何被轉化成權威性的書寫作品？精確地說，絮聒的、多元決定的跨文化接觸，如何在充滿權力關係與個人誤解的

情況下，被轉化成關於「另一個世界」的適當詮釋，可以由民族
誌學研究的作者獨力撰作出來（*Clifford, 1988: 25*）？

受到此類批評影響，民族誌文本開始受到嚴格檢驗，特別是其中涉及
修辭的面向，而更反思與對話取向的民族誌研究則要求民族誌學者說明他
們自己的假設、觀點與立場。尤有進者，與民族誌的「主體」（譯按：即
作為民族誌的寫作對象的人們）進行諮商被視為是必要的，從而使民族誌
減少其作為「事實」探險的味道，而變成更像是研究過程中研究者與參與
者之間的對話。

對民族誌學的認識論宣稱進行批評，並不意味著它的價值減損或是應
該予以拋棄。民族誌與多層次小說（a multi-layered novel）之間並無認識
論上的根本差異，小說的價值不在於產製了世界的「真實」圖像，而是產
製出移情共感，以及人類團結圈的擴大（*Rorty, 1989*）。因此，民族誌學有
其個人的、詩學的與政治的（而非認識論的）存在理由。

根據此一觀點，民族誌學資料可說是讓來自其他文化或文化「邊緣」
的聲音，以詩學的方式表達出來。將這些聲音書寫出來，不是作為「科
學」報告，而是以詩學的探索與敘事存在，可以傾注新的聲音於羅逖所謂
的「普世精神的人類對話」之中。因此，民族誌學資料提供了一條路徑，
讓我們對自身的文化產生陌生的距離，從而允許我們以新的方式理解自身
的文化。

民族誌學研究的成就在於持續地重新定義我們所處的世界，而這是值
得做的一件事，因為透過對於社會實踐的不同再現方式，它提供了改善人
類處境的可能性。對於世界不同的實踐與描述可以被相互參照、比較與並
列，在人類不斷進行的對話之中，尋求人類處境的改善並產生更多描述這
個世界的方式。例如，民族誌學研究可能幫助我們從異文化中學習，供應
「新的改革方案的立足點」，並且提供「使人們願意聆聽不熟悉想法的動
力」，這些可以用來破除我族中心意義，並且提供新的想法豐富我們自身

的文化（*Rorty, 1989*）。

上述這些論點不意味我們可以摒棄方法學上的嚴謹。首先，證據（evidence）與詩學般的寫作風格是實用主義意義上對真理與行動的保證，在認識論層次上類同於物理科學上的程序協議（procedural agreements）。這是說，科學上的「客觀性」在民族誌學裡意味的是社會團結，而真理指的是最大量的社會共識（*Rorty, 1991a*）。其次，觀察與證據的語言是民族誌學不同於小說的諸多慣例之一。

第三，拒絕所謂普遍客觀真理，是基於文字和話語世界不可能對應於真實世界（word-world correspondence），因此正確或適當的再現亦不可能，但這不意味我們必須拋棄在文字話語間進行傳譯（word-word translation）。這是說，對於他人的話語或行動，我們可以做到「夠好」的報導，而不必宣稱此一報導代表普遍真理。使用錄音機去記錄研究對象的言行，要比憑空杜撰好得太多，因為：(1)就實用目的而論，這些記錄使我們得以傳譯並了解他人的話語；而且(2)我們將更能夠根據這些記錄預測他人的行動。

民族誌學的問題是傳譯的問題，而其存在的正當理由不在於追求普遍或客觀的真理。語言（以及文化和知識）不是由不可傳譯或不相容的規則構成，而是由後天學習的**技巧**（learnable skills）構成的。根據戴維森（*Davidson, 1984*）的說法，沒有無法學習的語言，因為這將意味著我們完全不承認「他者」也是語言的使用者。由此觀之，民族誌學的內容是對話（dialogue），而其企圖則是在研究過程裡設法取得參與者間對於意義達成務實的共識。沒有任何既定理由可保證此企圖一定成功，因為共識可能永遠無法達成，但也無任何既定理由認定此一企圖必定失敗（*Rorty, 1991a*）。

至此，我已用相當篇幅討論民族誌學，比稍後要討論的文本與接收分析還多。我這麼做的原因有二：第一，民族誌學提出了重要的認識論問題，在某種程度上此一問題也出現在其他研究方法上，因為有關寫實主義、詮釋與再現的問題也適用在文本與接收分析的方法學。第二，本書提

供的大量「證據」來自文本、接收分析與理論性的著作，因此用較多篇幅
先行討論民族誌學取向文化研究，似乎是合宜之舉。

### 文本取向

雖然文本分析的作品有多種形式（包括「文學批評」），文化研究裡
主要的三種文本分析方式來自於：

1. 符號學（semiotics）。
2. 敘事理論（narrative theory）。
3. 解構主義（deconstructionism）。

### 文本作為符號

符號學探討文本產生意義的過程，亦即文本如何透過符號的特殊安
排，以及文化**符碼**（codes）的使用（見本書第三章）。此一分析引導人
們注意文本中隱藏的意識形態和神話，例如符號學分析已彰顯電視新聞是
一種經過建構的再現，而非如鏡子般反映真實（見第九章）。媒體的再現
是選擇性的，充斥著特定價值觀，因此不是「真確」的世界圖像，而是攸
關意義與何謂真相的鬥爭。無懈可擊的編排手法與「看不見」的剪接技
巧，使得電視或可令人誤為很「寫實」，但此種**寫實主義**是由一整套的電
視美學**慣例規則**（conventions）所構成，並非所謂「真實世界」的反映。

### 文本作為敘事

不管是愛因斯坦的相對論、霍爾的身分／認同理論，抑或是最新一集
的《辛普森家庭》，所有的文本都在向我們說故事；因此，**敘事**理論在文
化研究裡扮演一定角色。所謂敘事是指一種有時間先後次序的描述，意在
記錄某些事件發生過程。敘事有其結構的形式，而其所說的故事則有助於
解釋這個世界的諸多面貌。各種敘事提供我們藉以理解世界的許多框架，

以及社會秩序建構方式的參考法則，從而為這個大問題提供了答案：我們將會以何種方式生活？

　　雖然故事有很多形式，涉及形形色色的人物角色、主題和敘事結構（或謂說故事的方式），結構主義關切的是故事形構的共同特性。根據托德洛夫（*Todorov, 1977*）的看法，敘事最低限度是關切某種均衡狀態的中斷，並且追蹤此一中斷造成的結果，迄於另一個均衡狀態的達成。例如，肥皂劇裡先是鋪陳一對夫妻彼此恩愛的情節，作為某一方後來發生外遇的前奏，問題是：外遇事件是否會終止這對夫妻的婚姻關係？不管劇中這對夫妻最終復合或離異，在這一結果發生之前，劇中定然需先為此提供一大堆的對白、情緒與解釋。肥皂劇是一種**類型**（genre）的名字；類型結構並且限制了敘事過程：類型透過特定元素與諸般元素的組合，建立故事的連慣性與可信度，並且以特殊方式規約了敘事的過程。因此，類型意味的是：敘事中呈現問題與解決方案時所援用的那一套系統的和重複的方式（*Neale, 1980*）。

### 解構

　　**解構主義**通常被用來與德希達對西方哲學範疇的「拆解」（undoing）相提並論，也與後者在文學領域（*代表人物如德曼*〔Paul De Man〕）乃至於後殖民理論（*如史畢娃克*〔Gayatri Chakravorty Spivak〕）的發展有關。「解構」意指剖析、拆解，目的在找出並展示文本內隱藏的假設。特別的是，解構涉及的是破解了階層式的概念對立如男／女、黑／白、真實／表象、自然／文化、理性／瘋癲等，這些對立被用來保證真理，透過排除並且貶抑二元對立概念中被視為較為「低等」的部分，所以口語被看作優於書寫，真實被視為優於表象，男人優於女人等。

　　解構的目的並非單純是去逆反二元對立的等級次序，而是要展示它們彼此寓意於另一方。解構尋求的是暴露文本的盲點、那些未被承認但卻影響文本實際操作的假設。這包括文本的修辭策略與文本論證邏輯互相矛盾

之處，亦即文本意圖說什麼與文本被限定應意味著什麼之間的緊張關係。

　　解構主義最大的問題，在於它不得不使用它試圖拆解的概念、語彙本身。例如，要解構西方哲學，無法不使用西方哲學提供的概念、語彙。為了標誌此一緊張關係，德希達對他試圖解構的概念加上刪除符號（under erasure），亦即先寫出某個字詞，然後再將這個字詞加上刪除符號，並且同時保留這兩種版本。如同史畢娃克所解釋的：「因為這個字詞是不正確的，所以它被加上刪除符號。因為這個字詞又是必要的，所以把它保留在可被辨認的狀態」（*Spivak, 1976: xiv*）。將人們慣用或廣為人知的概念「加上刪除符號」，是為了打破原先熟知事物的穩定狀態，凸顯這些概念是有用的、必要的，但它同時也是不正確的與錯誤的。因此，德希達尋求闡明的是意義的不定性（the undecidability of meaning）。

## 接收分析

　　接收或消費研究的支持者論稱，不論批評家對文本意義採取何種分析，無法確定的是分析得出的文本意義，哪些會等同於實際的讀者、閱聽人或消費者從文本中得出的意義，而這意味了閱聽人是能夠主動創造文本意義的人。閱聽人在接收特定文本之前，隨身配備著先前獲得的文化素養，因此，出身背景不同的閱聽人，對同一文本會有不同的解讀方式，從而產製出關於同一文本的不同意義。

　　在理論層面上，兩個研究領域已證明其特殊的影響力：霍爾（*Hall, 1981*）的「製碼—解碼」模式（'encoding-decoding' model），以及出於文學領域的接收研究。霍爾主張，意義的生產，不保證意義的消費方式會如製碼者所願，因為〔電視〕訊息作為一種被建構的符號系統，其意義是多重的，或可稱是「多義的」（polysemic），文本可能被閱聽人解讀出來的潛在意義不止一種。閱聽人分享著越多與電視節目產製者相同的文化框架，那麼閱聽人解碼出來的，會更近似於文本所製碼的。然而，閱聽人成員置身於某些與產製者不同的社會位置（例如階級、性別等），而且擁有

與後者迥異有別的文化資源，因此他們將有能力以另類的方式解碼這些電視節目。

受詮釋學傳統與文學接收研究影響的著作（*Gadamer, 1976; Iser, 1978*）論稱，了解，總是從實際了解的人的位置和觀點出發，涉及了不只是文本意義的複製，還包括讀者所生產的意義。文本或可藉由引導讀者閱讀而結構了意義的某些面向，但它無法將意義固著化，因為意義是往返於文本與讀者想像之間而產生的（見本書第九章）。

### 理論的地位

文化研究中有一類重要著作，並非經驗性的實證研究，而是屬於理論性的研究。**理論**可以被理解成是一種敘事，企圖區辨並解釋足以描述、定義與解釋關於周遭世界所發生的種種被察知的事件或活動。然而，理論的企圖不在於精確描繪世界，而是一種手段、工具，或說是一種透過描述、定義、預測與控制等機制，一種詰問現實世界的**介入邏輯**（logic for intervening）。理論建構是一種自我反思的論述實踐，尋求詮釋並調解這個我們所處的世界。

理論建構涉及透過概念與論證的思考，通常是重新定義和批評前人著作，意在提供思考這個世界的新的手段。此一學術路數在文化研究中具有明確的立場。理論著作可被想成是將引導我們的文化的路標和地圖加以精鍊化。對於經驗主義者宣稱的知識只是等於蒐集事實，而且理論脫胎於事實，可由事實加以檢驗的說法，文化研究已經拒絕。相反地，對文化研究而言，透過主題的選擇、研究採取的焦點，以及個別研究用以討論與詮釋的概念，經驗研究早已預設某種理論，而且此一理論永遠已經是暗含在經驗研究當中。換句話說，「事實」並非中立的，而且沒有理論，光是堆砌再多的「事實」也不足以解釋人們的生活。的確，理論精確來說是有關人類的故事，有其指導行動和對行動的結果進行判斷的深刻意涵。

文化研究尋求扮演的是一個去除神秘化的角色，剴陳文化文本的建構

特質，以及深植於其中的各種神話和意識形態，希望藉此創造出新的主體位置，以及有能力反抗自身被支配宰制的從屬地位的主體。作為一種政治理論，文化研究希望組織各類異質的反對運動，使它們形成一個介入**文化政治**（cultural politics）的結盟力量。然而，班奈特（*1992, 1998*）認為，諸多由文化研究產製出來的文本政治：(1)並未與許多活生生的人們連結起來；(2)也忽略了文化權力的制度面向。因此，他期許文化研究能夠採取一個較為實用主義的取向，並且和參與**文化政策**建構與執行的文化生產者一起努力。

## 本章摘要

文化研究是一個存在著內部爭辯與具有多元性的研究領域，企圖透過理論的生產，介入文化政治之中。文化研究將文化當作表意實踐活動，並置文化於社會權力的脈絡中來探究。在這麼做的同時，文化研究援引了各式各樣的理論，包括馬克思主義、結構主義、後結構主義與女性主義。在方法上，文化研究採取的是折衷的立場，由於它堅持所有的知識皆有其〔發言〕位置，文化研究產製的知識自不例外，而且是圍繞著許多關鍵概念如文化、表意實踐、再現、論述、權力、接合、文本、讀者與消費等，成就了一種前後一貫的思想理路。

**文化研究**是一個跨學科或後學科的研究領域，探索意義地圖的產製與灌輸。它可以被描述為一種語言遊戲或論述形構，關切人類生活各種表意實踐活動之中的權力議題。文化研究是一個令人振奮與充滿流動性的研究方案，它告訴我們的是關於這個變遷中的世界的故事，並且懷抱著改善這個世界的宏圖。

## 第二章

# 文化與意識形態

　　「**文化**」一詞的重要性對文化研究而言無可置疑，然而卻無「正確」或是絕對的定義。說它是「英文語彙裡最複雜的兩個或三個詞之一」，威廉士（*Raymond Williams, 1983*）點出了文化與文化研究引人爭議的性格。文化，並非「在那裡」（out there）等著被理論家正確地去描述，〔這麼做的〕理論家經常出錯。作為研究思考的工具，這個概念（「文化」）對我們多少有些用處，正因為文化是活生生的形式（a life form）。結果，其用法及意義繼續變化，而思想家則希望藉由文化概念處理不同的事務。我們應該問的不是文化「是」什麼，而是文化一詞如何被使用，以及人們為了什麼目的而使用它。

　　社會學、人類學與文學等領域對文化的研究，早於作為一支有其特定主題與理論偏向的文化研究。雖然對文化的研究並無根源，**文化研究**作為一種制度化的**論述形構**（discursive formation），確有其特殊的歷史（縱使是有神話成分的歷史）。這意味著英國文化研究（如霍嘉特、威廉士與霍爾等人所代表的），可被視為現在被我們稱作為文化研究的發展軌跡的重要時刻。追溯英國文化研究健將們如何界定與使用文化一詞，我們也等

於是在探索文化研究變動中的關懷。

## 首字大寫的文化：文學傳統強調的高雅文化

　　根據威廉士（*Williams, 1981, 1983*），「文化」一詞的字源與栽培農作物有關，亦即栽種、培植（cultivation）。後來，此一概念被擴展為含括人類心靈或「性靈」（spirit），衍生出受過教化或有文化的人等概念。然而，在十九世紀，一個較具人類學色彩的定義開始浮現，將文化定義為「一個完整而特殊的生活方式」，強調的是「實際的生活經驗」（lived experience）。在這些定義的拉扯之中，英國文化研究有了其論述的與神話的源起。

　　在文化研究的**敘事**（narrative）中，十九世紀英國作家阿諾德（Matthew Arnold）有其鮮明特出的地位。廣為人知的是他將文化譽為「世間被想到的與說過的精髓」（*Arnold, 1960: 6*），並將「閱讀、觀察與思考」視為通往道德完美與社會共善的必要途徑。文化作為一種人類「文明」的形式，恰好對立於「原始與未受教化的大眾」的「無政府狀態」。準此，阿諾德的美學與政治觀點是對〔被通稱為〕「高雅文化」（high culture）的辯護。

### 利維斯主義

　　阿諾德的著作影響了同樣視文化為高雅文化的人物如利維斯（F.R. Leavis）[1] 與利維斯夫人（Q.D. Leavis）。自一九三〇年代伊始，利維斯夫

---

1. 譯註：利維斯（*1895-1978*）是英國文學批評家與文學理論家，是二十世紀最具影響力的文學批評家之一。關於其人其事，另見：馮建三譯（*1993*）：《大眾文化的迷思》。台北：遠流，第一章；彭淮棟譯，《文化與社會》。台北：聯經。

婦的影響力綿延達四十載之久。他們所代表的「利維斯主義」（Leavisism），
與阿諾德的文化觀有共通之處，均認為文化是文明的極致表現，是少數
〔受過教育的〕精英人士的關懷對象。利維斯論稱：在工業革命來臨以
前，英格蘭同時擁有純正的常民文化與教育精英的少數文化。對利維斯而
言，那是「有機社群」（organic community）的黃金時代，是擁有「民俗
歌曲及民俗舞蹈」的「鮮活文化」（*Leavis and Thompson, 1933: 1*），後來卻
因〔工業化〕大眾文化的「千篇一律和向下沈淪」（*Leavis and Thompson,
1933: 3*）而喪失殆盡。高雅或少數文化的存在目的（利維斯認為只剩文學
傳統之中尚可得見），在於存續、培養並傳布足以區辨文化良窳的能力。
對持利維斯主義的人而言，要緊的是定義並捍衛文化精華，亦即一面建立
判別好作品的文學典律，一面批評使人「耽溺」與「喪志」（distractions）
的廣告、電影和通俗小說（這些代表著大眾文化中最壞的部分）。

　　文化研究所對抗的，就是上述的文化觀；透過此種抗爭，文化研究也
定義了自身。這是說，在英國，利維斯與阿諾德作為關鍵人物，是文化研
究敘事的一部分，但類似的論點也體現在其他國家的作家身上，而且時至
今日仍一再被重複。雖然，後見之明，不難批判阿諾德與利維斯作品裡的
武斷與精英性格，但也可以說他們藉由「藝術與文學」的分析工具與概
念，開闢了流行文化領域的研究。

# 文化的平常性

　　對立於文化的美學與精英主義概念，威廉士（Raymond Williams）發
展出其對文化的理解，強調文化日常、實際生活的性格，是「生活的全部
方式」（a whole way of life）。威廉士特別關切工人**階級**的經驗及其對文
化的主動建構。如此，威廉士的文化觀，不比阿諾德的文化觀更少政治

性，關鍵的是代表著不一樣的**政治**，強調的是民主、教育與「革命之途長且遠」（the long revolution）（*Williams, 1965*），亦即工人階級透過當代生活制度及文化和政治的民主化而向前邁進。對威廉士而言：

> 一種文化會有兩種面向：已知的意義和方向是其一，該文化的成員學而知之；另一種面向是新的觀察和意義，供人測試。這是人類社會與人類心靈的平常過程，而我們從中明白了文化的本質：文化永遠是既傳統又創新的，同時是最平常且人所共知的意義，又是最精鍊的個人意義（譯按：文化可說是「共性」與「個性」兼而有之）。我們用文化一詞代表兩種意思：意味著生活的全部方式──即共享的意義；也意味著藝術與學習──探索與創意活動的特殊過程。某些作家只強調其一，而我則強調兩種意涵，以及兩者關連作用的重要性。我對有關文化所問的問題，與我們一般及共同的目的有關，也與深層、個人的意義有關。文化是平常的，存在於每一個社會、每一顆心靈之中（*Williams, 1989: 4*）。

文化既是「藝術」，也是日常生活裡的價值觀、規範與符號財（symbolic goods），一方面文化關切的是傳統與社會複製的問題，一方面又關切創造力與變遷的問題。

## 文化的人類學研究取向

威廉士的文化觀可說是「人類學的」，因為它是以日常生活的意義為核心，包括價值觀（抽象理念）、規範（清楚的原則或規則），以及物質或符號財貨。意義並非個體的創造，而是集體的產物，故文化一詞指涉的是**共享的意義**（shared meanings）。

　　　　說某兩個人隸屬一種相同的文化是說他們以大致相同的方式
詮釋世界，他們以能夠相互了解的方式，表達自我並分享彼此對
世界的想法與感覺。因此，文化的存在，有賴其成員以有意義的
方式詮釋周遭發生的事件，並且以大致相仿的方式「理解」這個
世界（*Hall, 1997a: 2*）。

　　如麥奎根（*McGuigan, 1992*）指出，採取人類學版本的文化觀，若只被
用來解釋殖民地人民的文化情境，而不能進一步將其應用於解釋現代西方
工業社會的生活與社會組織，此一文化觀可能會流於陳腐。再者，在英國
文學批評的情境中，人類學式的文化定義提供了一種批判的與民主的有利
條件，將文化理解為「生活的全部方式」有其實用的結果，亦即將此概念
從「藝術」的意涵上分割出來，從而正當化流行文化，並且開展將電視、
報紙、舞蹈、足球和其他日常事物與實踐活動置於批判但同情的分析之中。

## 文化主義：霍嘉特、湯普森與威廉士

　　在文化研究回顧性質的敘事之中，霍嘉特、湯普森與威廉士等三人，
被譽為對現代情境中的文化貢獻了具人類學內涵與歷史深度的理解，並稱
為「文化主義」（culturalism）的代表人物（*Hall, 1992a*）。雖然他們三人
有顯著差異，霍嘉特、湯普森與威廉士都同樣強調文化的「平常性」（ord-
inariness），以及一般人具有主動、創造的能力去建構共享的意義實踐。
再者，對英國工人階級歷史的脈絡下的階級文化、民主與社會主義等問
題，他們三人都同樣特別有興趣。就威廉士與湯普森來說，他們還對馬克
思主義介入甚深，以及所謂「人類創造他們自身的歷史，但並非隨心所欲
地創造；他們不是在自己選擇的狀況下創造歷史，而是在由過去直接遭
遇、給定與傳遞的狀況下創造」（*Marx, 1961: 53*）。

## 霍嘉特：識讀之為用

　　霍嘉特的《識讀之為用》（*The Uses of Literacy*）（1957）探索英國工人階級文化的性格，析論英國工人階級文化在一九三〇年代到一九五〇年代的發展與變遷。該書可粗分為兩大部分——「一個『較老舊』的秩序」及「讓位給新秩序」——標誌了霍嘉特所採取的歷史與比較研究取向。在第一部分裡，以他自己的成長經驗的回憶為基礎，霍嘉特對於工人階級的鮮活文化（包括海灘弄潮的周末、創造性挪用（creative appropriation）和流行歌曲的使用），有充滿同情、人本主義和詳細的描述。聽在我們這些成長於商業文化和流行音樂的人耳裡，霍嘉特的工人階級文化觀似乎充滿了對已經失落的由下而上創造的文化的**純正性**（authenticity）的懷舊之情，因為在該書第二部分，霍嘉特給了一個尖酸的批評，論及由「點唱機男孩」、「美國笨伯」和嘈雜音樂構成的「商業文化」。雖然如此，霍嘉特留下來的重要思想是他對翔實研究工人階級文化的工作賦予了正當性；〔工人階級文化，〕亦即一般人的意義與實踐，正如他們尋求過他們自己的生活，並且創造他們自己的歷史。

## 湯普森：英國工人階級的形成

　　「來自社會底層的歷史」（或譯「由下而上的歷史」）（History from below）是湯普森撰作《英國工人階級的形成》（*The Making of the English Working Class*）（1963）一書的核心旨趣 [2]，關懷的是工人階級的生活、經驗、信仰、態度與生活實踐。與威廉士一樣，湯普森將文化理解為實際生活的與平常的，雖然他也關切在他看來非屬文化的而是社會經濟的層

---

2.譯註：本書有簡、繁體兩種中譯本，分別是：錢乘旦等譯（2001）：《英國工人階級的形成》，南京：譯林出版社；賈士蘅譯（2001）：《英國工人階級的形成》，台北：麥田出版社。

面。對湯普森而言，階級是一個由人提煉與創造出來的歷史現象；不是〔靜態的〕「東西」，而是一組〔動態的〕社會關係與經驗。

> 當一批人基於共同經驗（不管這種經歷是從前輩那裡得來還是親身體驗），而感受到並明確表達出他們之間的共同利益，他們的利益與其他人有異（而且通常是對立）時，階級就形成了（*Thompson, 1963: 8-9*）**3**。

湯普森強調的是，英國工人階級在其自身形成過程裡（雖然不是在他們自己決定的條件下）的主動性與創造性，並且尋求在歷史書寫中搶救工人階級的生活經驗，一如他著名的宣稱：「我想把那些窮苦的織襪工、盧德派的剪絨工、『落伍的』手織工、『烏托邦式』的工匠，乃至因為受騙而盲從喬安娜‧索斯科特（Joanna Southcott）的人，從後世的不屑一顧中解救出來」（*Thompson, 1963: 12*）。**4**

### 威廉士與文化物質主義

霍嘉特與湯普森一直是文化研究發展過程中舉足輕重的人物，而威廉士留下來的知識遺產則更是歷久彌新。對威廉士而言，作為日常生活中的意義與價值觀，文化是社會關係展現出來的總體的一部分。因此，「文化理論」被定義為「研究生活的全部方式之中的各種元素間的關係」（*Williams, 1965: 63*）。

---

3.譯註：此段譯文參考錢乘旦等（*2001〔1963〕*）：《英國工人階級的形成》。南京：譯林出版社，頁 1-2。

4.譯註：此段譯文參考自錢乘旦等（*2001〔1963〕*）：《英國工人階級的形成》。南京：譯林出版社，頁 5。

即使就其最一般性的定義來說,我們也有必要區分文化的三種層次:一是存在於特定時空的鮮活文化(the lived culture),而這只有那些生活在該時空中的人才能完全領略;二是各式各樣的記錄文化,也就是特定階級的文化,從藝術到最日常生活的事實,稱之為階段文化(the culture of the period);當然,在聯繫鮮活文化與階段文化的因素,有第三種稱之為經過選擇的傳統文化(the culture of the selective tradition)(*Williams, 1965: 66*)[5]。

對威廉士來說,文化分析的目的在於探索並分析特定時地經人記錄的文化,以求重建其「感知結構」(structure of feeling)或共享的價值觀與視野,並且隨時覺察此類經人記錄的文化是一種被選擇性保存與詮釋的「傳統」的一部分。更有甚者,威廉士堅持文化必須透過日常生活的再現與實踐活動來了解,並且置於導致其形成的物質條件的脈絡之中。此一觀點,威廉士名之為**文化物質主義**(cultural materialism),涉及的是「在導致其形成的實際工具與條件之中,分析所有**表意**的形式」(*Williams, 1981: 64-65*)。因此,威廉士(*Williams, 1981*)建議我們探索文化時聚焦於以下面向:

1. 藝術與文化生產的**制度**(或機構),例如工藝或市場形式。
2. 文化生產所涉及的各種**形構**,即學派、運動和派系。
3. **生產方式**,這包括了文化生產的物質工具與外顯的文化形式之間的關係。
4. 文化的**同一性**(identifications)或**形式**,這包括了文化產品的特殊

---

5. 譯註:此段文字之翻譯委實不易。承蒙長庚大學王賀白教授提供不少建議,特此致謝。

性、美學目的，以及產生並表達意義的特殊表現方式。

5.意義與實踐（牽涉了社會秩序與社會變遷）的選擇性傳統在時間與空間之中的**再製**。

6.從一種所謂「被實現的表意系統」的角度言，「經過選擇的傳統」的文化是如何被**組織**出來的。

此一研究策略或可應用在當代音樂與其相關連的影像與實踐活動，因此饒舌音樂（Rap）、嘻哈（Hip-Hop）、銳舞音樂（Rave）等，被理解成在唱片公司及廣告公司所產製的流行音樂形式。流行音樂的生產方式還包括了錄音室的技術工具，以及根植於資本主義社會關係之中的實踐活動。很清楚地，嘻哈或銳舞等音樂形式涉及了特殊社會團體形成認同的特定樂音、歌詞與影像的組織方式。因此，我們可以分析樂音與**符號**作為表意系統的特定組織方式，像是嘻哈等音樂形式再製並改變美國非洲裔音樂的方式，以及這些音樂形式在歷史過程中形成的鮮活文化的價值觀（亦即嘻哈對年輕的非洲裔美國人的意義）。

## 文化是生活的實際經驗

總而言之，對威廉士來說，文化是由尋常男女所創造的意義與實踐活動構成的。文化是一種實際生活的經驗：所有人在生活之中所涉及的**文本**與實踐活動，以及這些文本與實踐活動對他們的意義。這些意義與實踐發生的外在條件不出於我們自己的創造，即使我們奮力有創意地形塑我們的生活。文化並非是在生活的物質條件之外浮動，相反地，對威廉士來說，「無論文化實踐可能服務著何種目標，它的生產工具永遠無可爭辯是物質的」（*Williams, 1981: 87*）。因此，實際生活的文化的意義將在它們的生產條件、從而形成文化作為「生活的全部方式」的脈絡下被理解。

## 高雅文化／低俗文化：美學及其邊界的崩解

　　利維斯與阿諾德關於文化有好壞、雅俗之分的主張，問題核心在於美學品質（aesthetic quality）問題，亦即有關美、善與價值的判斷問題。歷史上，源自於文化品味被制度化且立基於特定階級的論事立場，刻意維持了何謂「佳作」（good works）的典律標準，導致流行文化被排除在品質判斷的對象之外。此種文化品味的階層化，有其形成的特殊社會和歷史脈絡，但卻被它的辯護者當成是一種普遍適用的美學判準。不過，有關美學品質的判斷問題，一直是容易引人爭議的。隨著時代演進，再加上人們對於流行文化的興趣漸增，一批新的理論家論稱，將有〔美學〕價值的與無〔美學〕價值的文化一刀切，是不具正當性的作法。評價並非批評家的永續工作，他們的義務應該是去描述並分析意義的產製。這種觀點有極大的長處，特別是開放了一大批全新的文本（例如：肥皂劇）供人進行正當的討論（*Brunsdon, 1990*）。

### 品質問題

　　艾倫（Robert Allen）論稱，「直到最近，有關肥皂劇的美學論述，充斥的幾乎都是對於此一戲劇形式的蔑視」（*Allen, 1985: 11*）。對主流批評觀點而言，「藝術客體」是由「藝術靈魂」所創造的浪漫想法，與所謂藝術作品的複雜性和純正性扣連在一起，認為讀者必須具備某些必要的技巧方得以親身體驗真實的審美經驗。從這個批評的典範出發，被當成是一種大眾文化表達的肥皂劇，自被看作是膚淺與不能令人滿意的。然而，藝術的形式及其脈絡，不足以確保其具有普遍的意義。美、和諧、形式與品質

等概念，可以適用於分析蒸汽火車，如同其適用於分析小說或一幅繪畫作品。

美、形式與品質等概念是文化上相對的。在西方思想中，美的概念可能與其他文化不同。藝術可以被理解為一種社會創造的類別，被連結於某些外在和內在的符碼，從而使藝術本身獲得承認。藝術作為一種美學的品質是被西方文化及階級精英所標籤出來的。將藝術視為「一種獨特不同的作品，有其獨一無二或甚至是先驗的產物，是錯誤的想法，卻被謬誤地通則化並被視為藝術價值的本質」（*Wolff, 1980: 17*）。

流行文化形式如電視肥皂劇，或因社會的因素，或因其「創意」的緣故，長期被研究者忽略。更有甚者，我們或可注意到，在所謂高級藝術及流行文化形式之間，不只存有差異，更有類同之處。〔達芬奇的名畫〕《蒙娜麗莎》或電視肥皂劇《朱門恩怨》（*Dallas*），都不是所謂天才的神奇實踐的結果，而都只是勞動的產物，即人類透過勞動將物質環境予以轉化。藝術也是一種產業，有其所有者、經理人和工人根據利潤法則運作，而此一現象與流行文化和電視節目的產製別無二致。因此，基於藝術活動（美學品質）的獨特性，而將肥皂劇排除在藝術的範疇，缺乏正當的理由。

## 形式與內容

許多批評者論稱，高品質的作品是那些在形式上精緻、複雜及其對於內容的形式表達是最正當的。然而，此一論點依賴的所謂形式—內容的區分，是很難成立的，因為兩者同樣是一個客體所具有的不可區辨的面向。或者，有人可能會說，高品質的的作品（就它與其指涉對象的關係來說）是那些最貼切與最善於表達的，亦即好的藝術比壞的藝術要來得優越，在於前者較能闡明真實世界。然而，許多學者很難支持此種**寫實主義的認識論**（the epistemology of realism）。藝術並非世界的複本，而是一種特定

的社會建構的再現。

## 意識形態分析

這種創造審美判斷標準，並冀望其無論何時何地均能適用的企圖，不免遭致相對主義的批評，後者論稱不同的審美判準無法適用於不同的時空脈絡。影響所及，文化研究捨棄追尋普遍適用的美學標準，轉而以建構與傳布關於世界的特定論述的種種社會與政治結果為主題，逐步發展出文化研究的獨特論證。文化研究所發展出來的評估判準，係基於政治價值觀與意識形態分析（*而非美學*），因而文化研究開展的批評，在於更全面地理解文化與符號過程，以及它們與社會、政治和經濟等**權力**的關連（*Eagleton, 1984*）。依循此一理路，討論文化在形式上或美學上是「好」或「壞」並無太大意義，我們需要的是考量（*無可避免是帶有特定價值觀的立場*）文化的意識形態建構及其潛在後果。

例如，坎特（*Cantor, 1991*）論稱，美國電視的家庭劇主要是一種關於我們應該如何生活（*特別是如何教養子女和何謂適當的愛情關係*）的道德劇。她宣稱，電視所播放的，是主流價值規範的各種再現。雖然家庭的再現方式總是有些變化，家庭類型有所增加，但電視肥皂劇中奉為理想的類型卻仍然是一夫一妻制的家庭或是核心家庭。即使電視情境喜劇中偶爾出現「古怪」（off-beat）的非主流家庭，劇情中浮現的問題最後總是透過關愛、團聚、愛與和平等價值獲得解決。電視上的家庭論述的結果可能是將大多數不生活在核心家庭的人妖魔化，支持的是壓迫女性的父權制度，並且暗示我們應在家庭內找尋社會問題的解決之道，認定家庭應為「犯罪」或「社會保險」等問題負起責任。

### 價值判斷的問題

在文化研究之中「價值」的相對性導致在討論上面對兩難困局。一方

面，文化研究在面對西方高雅文化美學論述時，有其想要將流行音樂和非西方音樂正當化的欲望，另一方面，文化研究又不願採取特定立場，因為這樣將意味著文化工業生產出來的文化商品只要蔚為流行就都是可被接受的，以至於我們無法做出任何的美學價值判斷，而且使得權力及其社會、政治結果的論述變成了批評的標靶。對於什麼是可欲的結果，我們仍然必須進行價值判斷，這些是政治的更甚於是美學的判斷。道德與政治判斷是我們無可逃避的，我們也不應該逃避，因為人類生活的核心議題在於根據價值觀做決策。

所謂高雅文化與低俗文化的區分是不能成立的，這與流行文化能見度與地位的揚升，一起導致論者建議「在我們之間，高雅文化變成只是諸多次文化的一種，諸多意見的一種」（Chambers, 1986: 194）。然而，雖然文化分析者可能質疑所謂高雅─低俗文化邊界的效度，這並不意味著此一分野不再被積極地利用來維持社會權力的運作。如布爾迪厄（Pierre Bourdieu, 1984）所論稱的，品味與文化價值判斷的問題仍然是一種資源，呼應著階級區分和標誌階級分界的社會權力、文化能力及文化資本（cultural capital）。

## 大眾文化：流行文化

有種論點傾向於苛責商品導向的文化是不純正、人為操控與無法令人滿足的，不脫所謂高雅─低俗文化之間涇渭分明的說法，一再予人以流行文化是「庸俗低劣」的印象。此一論點有鑑於商品化的資本主義「大眾文化」並非產生自「人民」，而抨擊大眾文化不是純正的文化，更以其目的在販售牟利，所以是人為操控的文化，並且認為該類文化商品內容膚淺，消費時不需具備任何素養，故不能帶給消費者在性靈上真正的滿足。持這種觀點的包括保守派的文化評論家如利維斯與受馬克思主義影響的法蘭克福學派。因此，阿多諾與霍克海默〔在「大眾文化」之外〕另鑄新詞──「文化工業」（the Culture Industry），以表明文化已與資本主義企業的生

產及**政治經濟學**犬牙交錯的現象。在此一脈絡底下，他們試圖探索大量生產的文化的意義，以及他們認為此一文化對人們及社會秩序的意涵。

## 文化作為一種大眾欺騙

阿多諾與霍克海默對大眾文化的態度清楚大膽地表達在一篇名為〈文化工業：啟蒙作為一種大眾欺騙〉的文章（*Adorno and Horkheimer, 1979*）。他們論稱，文化產品是由文化工業所生產出來的商品，表面上看來是民主的，充滿個人主義和多樣性，實際上卻是威權、順從和高度標準化的。因此，「文化在任何東西上蓋上戳記。電影、廣播和雜誌共同組成了一個系統，在這個系統裡，統一具現於構成整體的每一個部分」（*Adorno and Horkheimer, 1979: 120*）。文化工業產品表面上顯露的多樣性，只是一種幻影，因為「它提供全部人同一套東西，而且沒有人可以遁逃」（*Adorno and Horkheimer, 1979: 123*）。

阿多諾（*Adorno, 1941*）認為，流行音樂，特別是爵士樂，是形式化的，缺乏原創性，而且不需要閱聽人具備思辨賞析藝術的素養。對阿多諾而言，標準化、規格化的〔流行〕音樂，其目標只是對生活做出制式反應與確認。這不僅止於是〔這些音樂本身〕明白傳達什麼意義的問題，而是涉及了人類心智被捏塑而傾向順服的問題。汲取意識形態（作為思想）概念與佛洛依德心理學，阿多諾論證了文化工業與家庭協力造成了「本我的軟弱」（ego weakness）與「威權人格」（authoritarian personality）。

相反地，對阿多諾來說，具批判性質的藝術不以取悅市場為導向，而是致力於挑戰這個物化社會的智力標準。對阿多諾而言，批判藝術的一個例子是荀白克（Arnold Schoenberg）具有無調性作曲特色的音樂（atonal music）；阿多諾宣稱，〔荀白克的音樂〕迫使我們以新的方式去看待這個世界。我們或可留意到阿多諾在此處的論點大體上是關於形式更甚於內容，特別是強調非寫實主義與藝術所展現的「異類」特質，透過「烏托邦式的否證」（utopian negativity），而對人有激勵、鼓舞的作用。

## 對法蘭克福學派的批評

法蘭克福學派提供的文化分析是悲觀的，其所抱持的文化工業的觀點過於僵化，而且完全否定了流行**文化政治**（popular cultural politics）可能具有的效力。流行文化在他們看來，無論就美學或政治意義來說，都是低劣與被污染的。法蘭克福學派與利維斯類同之處（雖然他們在其他方面迴然不同），在於他們都很依賴文本的分析。他們稱之為「內部批評」（im-manent criticism），亦即對文化產品的「內部」意義進行批判分析；法蘭克福學派這樣做是根據從文本中指認出的意義會被同一文本的閱聽人照單全收的假設。因為此一緣故，法蘭克福學派被訾為過度強調美學及文本的內在建構，以及用文本的內部批評來**臆測**閱聽人〔對文本〕的反應。前述立場乃受到後來文化研究中**主動閱聽人**的典範挑戰。的確，圍繞法蘭克福學派分析的各種論證，反映的是更廣泛的辯論，而兩造包括了那些將意義產製擺在生產／文本的學者，以及將意義產製擺在消費時刻的學者。

### 創造性消費

消費導向的文化研究論稱，雖然流行音樂、電影、電視與流行時尚是控制在跨國資本主義公司的手上，其意義卻可在消費的層次被人們產製、更動與管理，因為人們是意義的主動生產者。此說特別明顯出現在「符號學的過度」（semiotic excess），因為本質上是**多義的**符碼的廣泛流通，使其很難固著於任何具支配性的意義。

學者如錢伯斯（*Chambers, 1987, 1990*）、費斯克（*Fiske, 1989a, 1989b*）和赫布迪齊（*Hebdige, 1988*）曾討論消費者透過拼貼（bricoleurs）、選擇和重新安排物質商品的元素及有意義的符碼，而有種種具有創造性的意義產製活動。同樣地，威利斯（*Willis, 1990*）也論稱，與其說意義和價值內在於商品之中，不如說意義與價值是透過消費者的實際使用過程中建構出來的。總的來說，此論主張的是，人們跨越一系列的意義的疆界和場域，

能夠從這些原非他們生產出來的意義之中主動產製出新的意義。

　　對理性化、不斷擴張且同時是中央化、喧嚷的、令人目眩神
迷的生產來說，與之相對應的是另一種生產，可以「消費」名
之。後者是迂迴的、分散的，滲透於每個地方，但卻無聲（且幾
乎是）無影地，因為它並不透過其產物來彰顯自身，而是透過它
對於主控經濟秩序所強加的產品的使用方式而形成（*de Certeau,
1984: xii-xiii*）。

　　呼應德塞圖（Michel de Certeau）[6]的理論觀點，費斯克認為，所謂流
行文化，是由人民產製的意義所組成的，而非那些可在文本之中被指認出
來的東西。雖然他相當清楚流行文化大多是由資本主義的企業所生產的事
實，他「聚焦的是人民處理、逃逸或抵抗這些勢力時所採取的策略」（*Fiske,
1989a: 8*）。費斯克發現，「人民的舉足輕重與創造力」導致「社會變革的
可能性，以及推動變革的動機」（*Fiske, 1989a: 8*）。再者，他論稱「雖然
極度運用行銷手法，百分之八十至九十的新產品還是失敗」，據以主張文
化工業要讓我們消費大眾文化，必須使出非常大的力氣。消費者並非被動
的笨蛋，而是極為挑剔、有能力主動產製意義的人。值得一提的是，雖然
強調生產面的批評者言必稱「大眾文化」（mass culture），一些強調消費
面的學者偏好使用「流行文化」（popular culture）一詞，兩者在用語的差
異，反映了他們對於商品價值和消費者能力的不同評價。

### 流行文化

流行文化一詞有許多不同的用法（見 *Storey, 1993*）。例如，它可以指

---

6.譯註：德塞圖（1925-1986）是法國哲學家，著有《日常生活的實踐》一書。另見
本書第 11 章有關德塞圖的理論觀點介紹。

涉在高雅文化的典律決定之後被「遺漏」的部分，或是指涉了被文化工業大量製造出來的文化。這些觀點與前述利維斯和阿多諾等人語出同調，認定流行文化是在二元分立的文化領域屬於較為低下的地位。由於它嚴肅對待流行文化，文化研究致力於反對這些精英主義式的定義。

其中一種關於流行文化的理解，被那些對商品文化不具好感但不想全面否定庶民的學者，將大眾文化對比於人民產製出來的純正民俗文化。此一觀點不斷縈繞在學者對於黃金時代的懷舊式的追尋，保守的文化理論家和批判**文化商品化**的左派批評家皆然。然而，如同費斯克論稱，「在資本主義社會，不存在所謂純正的民俗文化，遑論用它來對比大眾文化的『不純正』，因此哀悼文化純正性的失落，無異於浪漫式的懷舊，只是徒然之舉」（*Fiske, 1989a: 27*）。

流行文化主要是以商業形式生產出來的文化，而且沒有理由認為這種情況在可預見的未來會有所改變。不過，〔費斯克等人的〕前述觀點認為，庶民閱聽人有能力在接觸流行文化文本時，產製屬於他們自己的意義，他們有自身的文化能力和從事論述的資源。在此，流行文化被看作是：庶民閱聽人在從事消費時，自行產製的意義與實踐活動。因此，流行文化的研究也就等於是以閱聽人如何運用流行文化為核心。這些論點代表的是逆反傳統的問題，不問文化工業如何將人們變成有利於文化工業本身的商品，而是探索人們如何將文化工業的產品轉化為有利他們自己的流行文化。

### 流行即政治

文化研究對流行文化持正面的觀點，認為流行文化有其價值，同時又值得批判地加以分析。文化研究拒絕精英主義式的高雅─低俗文化區分，也拒絕後者對於大眾文化的全盤否定。正如麥奎根所論，文化研究有民粹主義的傾向，「文化民粹主義是其知識上的假設，此一假設由某些流行文化的研究者所提出，亦即認定一般人的符號經驗和實踐活動，就分析及政

治的意義上來說，要比英文字彙首字大寫的文化（譯按：即用首字大寫的英文 Culture 一詞來強調其意義為高雅文化）要重要得多」（*McGuigan, 1992: 4*）。

　　流行文化的構成是透過在消費的時刻發生的流行意義的產製。這些意義是對於文化和政治價值觀的鬥爭場域。如霍爾（*Hall, 1977, 1981, 1996c*）剴陳，流行文化是一個同意及反抗的場域，所抗爭者無它，唯文化意義是問；是在這樣的一個場域裡，文化霸權獲得確保，或是遭到挑戰。

　　霍爾引領我們回歸流行文化的政治意涵，亦即流行文化作為一個意義抗爭的場域。有關流行文化的判斷關切的不是文化或美學價值（好或壞）的問題，而是權力的問題，以及流行文化在更大的社會形構內的地位。流行這個概念挑戰的不只是高雅─低俗文化的區分，而且是藉由權力將文化予以分類的這個舉動本身（*Hall, 1996e*）。

## 文化與社會形構

　　文化研究之所以關注文化的政治意涵，有其淵源，特別是有關文化在**社會形構**之中的地位的辯論，以及文化與其他社會實踐活動（*尤其是經濟和政治*）的關係。這場辯論的歷史發展是發生在文化研究繼承馬克思主義這樣的一種脈絡之下。

### 馬克思主義與上下層結構的隱喻

　　**馬克思主義**（*或謂歷史物質主義*）是一種哲學思想，試圖將文化的生產和再製與生活的物質狀況的組織聯繫在一起（見第一章）。文化是一種物質的力量，與生存的物質條件的社會性、組織化的產製，兩者間有密切的關連，指涉的是社會存在狀況於特定歷史條件下採取的形式。所謂文化

被物質存在狀況的產製與組織所決定的想法，在馬克思主義裡透過基礎和上層結構的隱喻所接合，見於下列馬克思本人著作經常被引用的段落：

> 在社會生產過程中，人類進入一種無可避免的特定關係，此一特定關係獨立於他們的意志之外；這些生產關係與他們的物質生產力的特定發展階段之間，存在著一種對應關係。這些生產關係的總體性，構成了社會的經濟結構——真實的基礎（結構），在其之上支撐起法理與政治等上層結構，而且〔這個基礎結構〕也是特定形態社會意識呼應的對象。物質生活的生產方式，決定著生活的社會、政治與精神等各個層面。不是人的意識決定著他們的存在，而是他們的社會存在決定著他們的意識（*Marx, 1961: 67*）。

## 文化的基礎

所謂生產方式（mode of production），是由生產工具（means of production，如工廠、機器）的組織方式，以及不斷被再製的特定社會關係（例如階級）所構成的，而特定的社會關係（如階級），則是由這些生產力的組織方式所形塑的。值得注意的是，此一生產方式被看作是支撐法理與政治等上層結構的「真實基礎」（the real foundation），亦即經濟領域的生產方式，「決定了」社會、政治與精神的領域。因此，經濟的生產方式形塑了上層結構（如文化、法理或政治等領域）（見圖 2.1）。

文化，生產的特定歷史形式造成的結果，並非一個中立的領域，因為「個人間在生產上的既存關係，必然是同時自我表達為政治的和法理的關係」（*Marx, 1961: 92*）。文化是政治的，因為它表達了權力的關係，因此「統治階級的思想，在每一個時代，也是占支配地位的思想，這也就是說，在社會的物質生產力上占據支配地位的階級，也同時支配了該社會的智識思想力量」（*Marx, 1961: 93*）。

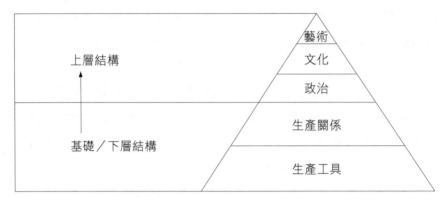

說明：箭頭表示因果決定關係

**圖 2.1　馬克思理論中的基礎與上層結構**

　　尤有進者，在市場機制裡，本質上被視為理所當然的資本主義的一整套社會關係，掩飾了它在生產領域以剝削為基礎的事實。所謂「自由」勞動的講法模糊了經濟的剝削，而表面上的市場主權與平等（大家都是消費者）模糊了在生產層次上不平等的「真實」基礎。特定歷史情況下產生的某種人與人間的社會關係，從而在表面上變成了事物之間自然而普遍的關係，亦即偶然性的社會關係被實／物化（reified）了（被自然化為固定而具體的事物）。

### 文化是一種階級權力

　　簡言之，文化是政治的，因為它表達了階級權力的社會關係，並且在某種方式上自然化了這個社會秩序，讓人以為是不可避免的「事實」，如此則掩蓋了存在社會剝削的根本關係。如是觀，文化也是意識形態的。所謂意識形態，指的是一張意義地圖，雖然看起來像是普遍真理，但實則是有其特殊歷史成因的了解，掩蔽了並且維繫權力的運作。或者，換個更露骨的講法，具支配力的思想，也就是位居統治地位的階級所持有的思想。

　　用這種方式表述，經濟基礎與文化上層結構的關係是一種機械的與經

濟決定論的關係。所謂經濟決定論（economic determinism）指的是獲利動機與階級關係，**直接地**決定了文化產品的形式與內容。經濟決定論意味著，由於電視公司受到獲利的需求所驅使，那麼該公司生產的所有節目將都會是傾向於支持資本主義的。此一機械的與充滿決定論意味的模式，在文化研究之中衰微已久。與此不同，文化研究的敘事涉及了一種與經濟**化約論**的分道揚鑣，轉而強調語言、文化、再現與消費的自主邏輯。這向來是文化研究之中激起許多論辯的主題。

## 文化的特殊性

文化研究陣營中大多數的學者，拒絕經濟化約論，以其過度簡化且無力賦予文化實踐任何自身的特殊性。雖然經濟決定論的分析對於了解文化或有必要性，但光靠經濟決定論的分析是不夠的。我們需要根據文化自身的規律、邏輯、發展與效能去檢視文化現象，重點是在於多重學科領域與多重視野的可欲性，用以了解文化並且試圖掌握經濟、政治、社會與文化層面的錯綜複雜關係，而不將社會現象化約為其中任何一種層次。此處，對於發展一種非化約論的觀點去了解物質／經濟和文化現象之間的關係，威廉士的著作（*Williams, 1965, 1979, 1981, 1989*）再次被證明有深遠的影響力。

## 威廉士：總體性與實踐的變動距離

威廉士（*Williams, 1981*）認為，對人類關係與實踐的社會總體性而言，文化同時是其構成要素與表達形式。他用「設定限制」（setting limits）的概念，討論了經濟與文化的關係。所謂「設定限制」指的是經濟設定了在文化之中我們能做什麼或說什麼的限制，但無法以一種直接的對應關係去決定文化實踐的意義。威廉士言及「實踐的變動距離」（the variable distance of practices），意指植根於工資勞動過程與生產工具產權的社會關

係，是關鍵且具支配性的一組社會關係。其他的關係和實踐允許的是某種程度內的決定性、自主性與特殊性。簡言之，一種文化實踐與核心的經濟關係的距離越近，那麼前者受制於後者的程度越大；一種文化實踐與核心的經濟關係的距離越遠，則受制於經濟關係的程度越小，而能以文化自身的邏輯運作。藉由此一思考，個別產製的藝術，要比大量產製的電視節目，擁有更大的自主性。

威廉士的論點是建議性的，代表的是告別粗糙的經濟化約論。不過，雖然電視節目的產製可能比繪畫更鑲嵌於資本主義的生產體系，這絕非意味著繪畫的意識形態或政治意涵一定比電視節目要少。所謂「設定限制」的講法也未告訴我們太多關於電視節目採取的形式，也未明示何以電視節目與繪畫有異。威廉士於此有自知之明，並且投入極大精力分析文化形式的特殊性。然而，他並未適當地解決或概念化文化與經濟的關係。

在威廉士的思想架構裡，粗糙的基礎─上層結構模式不可取，而將社會概念化為一個「表達的總體性」（an expressive totality），其中各種社會實踐（包括政治、經濟與意識形態層面的實踐作為）之間，彼此是互動、中介與相互影響的。如霍爾（*Hall, 1992a*）曾經如此評論，在威廉士的文化主義之後，文化研究進入一個新的理論發展階段，企圖了解總體性（totalities）的追求於焉中斷；那是**結構主義**（見第一章及第三章）在文化研究獨領風騷的歲月，特別是阿圖舍的結構〔主義的〕馬克思主義（structuralist Marxism）。

## 相對自主性與文化實踐的特殊性

結構主義將社會形構描述成被複雜的**結構**或律則所構成，並以不同的形成結構的構成元素以及它們之間接合或連結的方式來加以分析。這不是將文化分解而回到經濟的解釋（如基礎─上層結構模式的解釋），而是強調文化的不可被化約性，作為一組獨特的實踐，有其自身的內在組織或結

構。結構主義關切的是文化意義如何被產製出來，視文化為類比於語言（或是有著與語言類似的結構方式）。

### 阿圖舍與社會形構

阿圖舍（*Althusser, 1969, 1971*）察覺社會形構不是一個總體，而以文化作為其表達形式；他將社會形構視為不同事例（在不同層次或實踐活動上）所形成的複雜結構，形成一種「支配的結構」（structured in dominance）。這是說，不同的事例如政治、經濟與意識形態被接合在一起，形成一個整體，並且作為非單向基礎結構決定上層結構的結果，而是源自多種不同層次的決定，因此社會形構是「多元決定」（over-determination）的產物，意思是說任何特定的實踐或事例是許多不同因素導致的結果。這些獨特的決定是實踐的層次或類型，各有其自己的運作邏輯和特殊性，不可被化約為（或解釋成）其他的層次或實踐。

這一論證得到霍爾（*Hall, 1972*）譽為「重大的突破」，因為它容許我們將文化現象當作一個獨立的表意系統（有它自己的效應和決定過程，不可被化約為經濟因素）來檢視。的確，文化與意識形態的概念，可說是幫助了我們對經濟因素有更真切的了解。

### 相對自主性

雖然特殊性被視為存在於不同的層次或實踐活動當中，阿圖舍並不認為每一個事例皆有其絕對自主性（total autonomy），而是主張經濟因素仍然是發生了至為關鍵的「最後」決定作用（determination in the last instance）。在他看來，文化之於經濟，有其「相對自主性」（relative autonomy）（此一論點相當含混且有問題，因此一度曾是激烈辯論的主題）。在解釋何謂相對自主性時，阿圖舍給了一個例子說明，在封建社會的脈絡下，扮演支配與決定力量的是政治而非經濟，但這本身是經濟起「最後」決定作用的結果。也就是說，是封建社會的經濟組織方式本身的生產方

式，決定了政治變成一種具支配力的實踐。

　　雖然這場由阿圖舍引起的辯論的複雜性，不再像過去那樣在文化研究領域吸引眾人注意，但此一脫離經濟化約論的嘗試，透過將社會形構視為相對自主的實踐，接合於複雜且不均等的決定方式，仍然有其深遠的意義。比方說，它構成了霍爾以下說法的基礎：「社會或社會形構必須被『思考』成向來是由一組複雜的實踐構成的；每種實踐都有其自身的特殊性、自身的接合方式；每種實踐與其他實踐之間，有一種『不均等發展』（uneven development）的關係」（Hall, 1977: 237）。所謂**接合**（articulation），指的是不必然非「在一起」（go together）不可的論述元素之間，偶然達成的一種暫時的統一狀態（a temporary unity）。接合是一種連結的形式，在某種條件下，**或可**將兩個以上不同的元素統一。就字面上來說，接合一詞暗示的是表達／再現（expressing/representing）與連結在一起（joining together）的雙重意義。此處，所謂統一被理解成「社會」在一個社會形構各層面的關係與意義之間，在獨特的、特定歷史脈絡下達成暫時性的穩定狀態（見第三章及第十二章）。

### 接合與文化迴路

　　在其最近對這些議題的討論中，霍爾等人提出「文化迴路」（circuit of culture）的概念，以及生產與消費的接合關係（*Du Gay et al., 1997*）。在此模式中，文化意義的產製與嵌合，見於此一文化迴路的各個層面，其中每個層面對於作品的意義都有必然的影響力，但各自卻不足以決定此迴路中下一時刻的意義產製情況。每一個時刻（即生產、再現、認同、消費與管制）都涉及意義產製，並且與下一個時刻相互接合、連結在一起，但卻無法完全決定意義會如何被接收或生產（見圖 2.2）。

　　舉例來說，新力牌的隨身聽可以根據其在設計和製造的層面來分析其意義，但新力牌隨身聽所代表的文化意義旋即可能被修正，例如當該牌隨身聽出現在廣告上的時候，它可能被賦予了新意義。接下來，透過〔廣

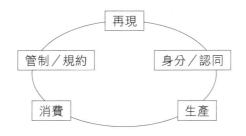

圖 2.2　文化迴路（修改自 *Du Gay et al., 1997*）

告〕再現出來的意義，可能會連結於並且協助組構出隨身聽使用者的有意義的身分／認同。被嵌合在生產和再現層次的意義，可能或可能不會在消費的層面上被全盤接受，因為新的意義可能再次在消費過程中被產製出來。因此，在生產層面上產製出來的意義，或可能影響消費層面上的意義，但無法全然決定它以何種意義的面貌被消費。再者，再現與消費也可能反過來影響生產的層面，例如隨身聽的設計與行銷方式。

### 兩種經濟

　　雖然霍爾堅持需要了解文化迴路中不同時刻的接合關係，但有些抱持非化約論立場的學者則是〔矯枉過正地〕將經濟的與文化／意識形態的範疇完全分開。例如，費斯克（*Fiske, 1987, 1989a, 1989b*）描述兩種分立、不相統屬的經濟現象：生產面的金融經濟與消費面的文化經濟。前者主要關切金錢與商品的交換價值，後者關切的是文化意義、愉悅與社會認同的場域。雖然在任何針對文化的研究中，生產面的金融經濟「需要被考量」，但它並無法決定或否定閱聽人在消費層次所擁有的意義產製者的權力。的確，流行文化被視為是一個符號學爭戰的場域，也是閱聽人採取策略躲避或抵拒生產者產製並銘刻於文化商品裡頭的意義。

　　在這場辯論之中，**意識形態**（ideology）概念在經濟範疇與文化範疇之間扮演了關鍵性的中介角色。如特納（*Turner, 1990*）所言，意識形態或

許是英國文化研究底座上最重要的一個概念，甚至可說在相當一段期間可被看作是「關於意識形態的研究」（ideological studies）。

## 意識形態問題

馬克思主義者對意識形態的關注，乃鑑於無產階級革命的失敗，以及歷史物質主義無法適切地處理**主體性**、意義和文化政治等問題。簡單地說，〔馬克思主義者〕對意識形態的關注，最初是為了要探究為何**資本主義**〔作為一種經濟與社會關係的剝削體系〕沒有被工人階級所推翻。是否無產階級革命的失敗，係緣於無產階級無法正確認識他們的真實處境？是否工人階級受制於某種「虛假意識」（false consciousness），亦即錯誤地擁抱了資產階級世界觀，而有利於資產階級的利益？

### 馬克思主義與虛假意識

馬克思本人的著作，有兩個面向可能對這種強調「虛假意識」的思考路線提供了基礎。首先，馬克思（*Marx, 1961; Marx and Engels, 1970*）論稱，社會上占據優勢地位的支配意識形態，等同於統治階級的意識形態。其次，他論稱我們在資本主義體系裡誤認為真實自然的種種社會關係，究其實不過是市場機制創造出來的神話。這也就是說，在這個資本主義社會所展現的種種表象裡，我們不知不覺接受了自己可以自由出賣勞力的想法，也以為可以用勞動換得合理的報酬。然而，馬克思認為資本主義在生產的環節涉及了種種剝削，尤其是從無產階級手上榨取他們〔用勞力創造〕的剩餘價值（surplus value），結果是公平的市場關係的表象，掩蓋了剝削的深層結構。

循此我們得出兩種關於意識形態的概念，可以解釋意識形態如何將少數權力階級的利益予以正當化：

1. 意識形態是關於這個世界的一種有條理的陳述，而資產或資本家階級占據主導支配的地位。
2. 意識形態代表的是世界觀，是資本主義結構產生的系統性的結果，誤導我們以不適當的方式去理解社會世界。

對馬克思主義而言，意識形態無法獨立於物質與歷史條件；馬克思主義者認為，人們的態度與信念，與其存在的物質狀況，有系統性與結構性的關連。不過，此一非常寬廣的意識形態與物質條件的概念，留下若干關鍵問題未能解答：

1. 問題在於意識形態如何與存在的物質條件發生關連？
2. 若「基礎—上層結構模式」（base-superstructure model）不適當（許多文化研究學者如是說），那麼意識形態與物質條件之間可能存在何種關係？
3. 在何種程度上，所謂意識形態是「虛假」意識的說法是正確的？
4. 我們都是過著虛假意識支配的生活嗎？從何得知這是事實？
5. 誰有能力察知「真理」，並將之與意識形態分隔開來？此一行動如何是可能的？
6. 若意識形態問題不全然關於本質的真理而是關於適切性，亦即意識形態的問題不在其虛假與否，而在於它的片面性，那麼我們應該站在哪一個思考的制高點上提供一個較適切的解釋？

上述這些問題是意識形態這個概念對我們提出的問題，甚具影響力的學者如阿圖舍與葛蘭西提供了若干思考方向。

### 阿圖舍論意識形態

對阿圖舍而言，意識形態是一個社會形構的主要場域或範疇之一。循此，意識形態被他看作是相對自主於其他範疇（例如經濟範疇），雖然經濟範疇對意識形態「起最後的決定作用」。此處，意識形態作為「一種再現（如影像、神話、思想與概念）的系統（有其自身的運作邏輯）」（Al-thusser, 1969: 231），被理解為一種生活的實踐活動，具有轉化物質世界的潛在可能性。在阿圖舍的著作中，四個面向構成了他對意識形態的理論核心：

1. 意識形態具有構成主體的普遍功能。
2. 意識形態透過生活實踐而存在，因此不全然是虛假的。
3. 意識形態作為有關存在的真實狀況的誤認是謬誤的。
4. 意識形態涉及社會形構的複製及其權力關係。

#### 意識形態國家機器

對阿圖舍來說，我們進入〔語言的〕**象徵**秩序，以及因此逐漸成為主體（人）的過程，係出於意識形態的作用。在他撰作的《意識形態和意識形態國家機器》（Althusser, 1971）一文中，阿圖舍論稱，「意識形態召喚或質問具體存在的個人，使之成為具體的主體而存在」，亦即意識形態「具有將個人構建成主體的作用」。此一論點反映了阿圖舍的反人本主義，亦即主體被看作不是透過人的主觀施為而自行構成的，主體是結構造成的「結果」。以此角度論事，意識形態的作用造就了主體，因為「除了透過意識形態與在意識形態之內，別無人的實踐可言」。簡言之，意識形態論述建構**主體位置**，或謂主體站在一定位置上而得以理解世界。

主體的形成是**論述**造成的效果，因為主體性的構成，是因為論述強迫

我們接受某種主體位置所致（因為我們的主體位置是在論述中且被論述構成的）。論述指涉的是透過語言進行的知識生產，從而賦予物質客體與社會實踐某種意義（見第三章）。論述是以一種可辨認的方式建構、定義並產製了知識的客體，但同時也將其他的思維方式視為無法辨認的而予以排除，所以論述有意識形態的作用，因為它是片面而不完整的。再者，由於透過不完整方式去了解世界，從而形成的是再製社會秩序與服務權勢階級利益的主體。

### 支離破碎的主體

在阿圖舍所提出的典範內，形成於意識形態之上的主體並非統一的整體，而是支離破碎的主體，同時採取了多元的主體位置。例如，階級不是一個客觀的經濟事實，而是一種論述形成的集體的主體位置。結果，階級意識既非不可避免，也非一個統一的現象。同一階級的人們，雖然共享某些存在條件，但並非自動形成一個核心、統一的階級意識（class consciousness）；他們的形成與分解，在實際的歷史發展過程中涉及諸多利益衝突。至少可以這樣說，階級意識與性別、種族與世代等因素之間，是相互影響的。

### 意識形態的雙重性格

意識形態在阿圖舍看來，有如雙面刃。一方面，它構成了人們生活的實際處境，構成了人們據以生活與經驗世界的世界觀。在此意義上，意識形態並非虛無縹緲之物，因為它構成了被用來再現的類別與系統本身，從而使社會團體得以理解世界；因此，意識形態是活生生的經驗。另一方面，意識形態也被視為是一組比較精微的意義，使得人們透過一種被誤認的與錯誤再現的權力和階級關係去理解世界（亦即一種包藏著意識形態的論述）。意識形態再現的是個人與其真實存在狀況之間的想像的關係，因此，如果我將資本主義社會之中剝削的階級關係，誤會成人類彼此之間自

由與平等的關係，那麼我等於是臣服於意識形態提供的幻覺與欺妄，並且受制於它。

阿圖舍認為，意識形態存在於社會機制及其相關實踐作為之中；結果，他進一步指認出一系列的制度化機制如家庭教育體系、教會與大眾媒體，俱為「意識形態國家機器」（ideological state apparatuses, ISAs）。雖然教會是一種支配性的前資本主義的意識形態國家機器，他論稱在資本主義的脈絡下，其地位已被教育體系所取代，後者在意識形態〔及實體〕的勞動力複製和社會生產關係的複製扮演要角。意識形態，阿圖舍論稱，對於維持階級權力，遠不如實體的暴力來得有效。

對阿圖舍而言，教育不僅傳遞一般的統治階級意識形態，為資本主義辯護並且正當化，它同時也複製了各個階級團體在社會分工上應持有的態度與行為。意識形態教導了工人去接受並屈從於他們遭遇的剝削狀況，同時教導管理及行政階層為占據支配地位的統治階級去操作種種統御的手段。根據阿圖舍的說法，每一個階級實際上都被提供了在階級社會裡恪守其職分的意識形態。尤有進者，意識形態執行了波蘭札斯（*Poulantzas, 1976*）所謂的「分化與統一」（separation and uniting）：它遮掩了存在於物質生產的「真實」剝削基礎，透過轉移思想重點從生產到交換〔消費〕，強調人們作為個體存在，從而瓦解任何可能存在的〔集體〕階級意識，接著再重新塑造成一種想像的群體，作為一種被動消費者的共同體，或是被吸納於國族的概念之內。

## 阿圖舍與文化研究

阿圖舍的影響力相當重大，特別是將關於意識形態的辯論提升至文化研究的思考前沿。尤有進者，阿圖舍的思想遺產在於視社會形構為一個由相互關連但相對自主的事例所組成的複雜結構，其影響力可見於霍爾、拉克勞（Ernesto Laclau）與墨芙（Chantal Mouffe）等人的著作（見本章及第十二章）。然而，阿圖舍關於意識形態的觀點，現今被認為是有其問題的：

1. 阿圖舍關於意識形態國家機器運作方式的觀點，有過於功能主義的傾向：意識形態似乎是在人們的背後運作，在功能上滿足一個無能動性的系統的「需要」。阿圖舍意識形態論點的另一個問題是太過於協調一致（雖然主體被看作是支離破碎的），因為拿教育系統為例，是一個充滿矛盾與意識形態**衝突**的場域，而非一個無問題和同質的複製資本主義意識形態。

2. 阿圖舍關於意識形態在一個社會形構中占的地位，也就是作為相對自主但最終為經濟因素所決定，這樣的觀點失之不夠精確，而且也冒著將分析倒退回它原先想要避免的經濟化約論的危險。

3. 阿圖舍的著作有重要的認識論的問題，亦即關於真理和知識的問題。如果我們都是在意識形態中形成自我，那麼一種允許我們解構意識形態的非意識形態的觀點從何而來，又如何辨認？阿圖舍的回答是科學的嚴謹（以及特別是他自己所代表的科學）可以揭露意識形態，或許同時是精英主義與站不住腳的觀點（見第三章）。

雖然葛蘭西的著作早於阿圖舍，但它對文化研究的影響力卻晚於阿圖舍的著作（阿圖舍的著作曾受葛蘭西影響）。的確，葛蘭西在文化研究之中蔚為風潮，部分原因是由於文化研究對阿圖舍理論的問題做出的回應，而葛蘭西似乎提供了關於意識形態的性格與運作方式一個更彈性、精微與實踐的解釋。

## 葛蘭西、意識形態與霸權

文化的建構，可從意義串流的多樣性展現，而且包含了許多不同的意識形態和文化形式。不過，學者們如此論稱（*Williams, 1973, 1979, 1981; Hall, 1977, 1981*），其中有一組特殊的意義可以被稱作是主控的或優勢的。形成、維持和複製這類權威性的意義與實踐的過程，學者們追隨葛蘭西的用

法，把它稱作**霸權**。

## 文化與意識形態霸權

對葛蘭西而言，霸權一詞暗示的是一種情境，特別是當一個統治階級諸派系構成的「歷史集團」施展社會權威，並且掌握對被統治階級的領導權，透過暴力，更重要的是透過被統治階級的認可（另見第十二章）。因此，

> 在典型的議會政體之中，霸權的正常施展，其特色是結合了暴力和同意，兩者以互惠的方式相互平衡，使得訴諸暴力不至於凌駕於透過同意的手段。的確，它的企圖永遠是確保即使在動用暴力時，仍然顯得基於多數同意，以所謂的民意的機制表達出來，如報紙和人民團體等（*Gramsci, 1971: 80*）。

在葛蘭西的分析當中，意識形態被理解為思想、意義與實踐，雖然被視為普遍適用的真理，然則事實上卻是一張用來捍衛特定社會團體權力的意義地圖。最重要的是，意識形態並不與生活的實際活動分離，而是一種物質現象，植根於日常生活處境之中。意識形態提供人們實踐行動與道德行為的法則，等同於「一種被了解成世俗意義的信仰統一，在有關世界的概念與相映的行為規範之間」（*Gramsci, 1971: 349*）。正式教育系統的再現為一種精英體制，提供所有人一種公平社會中同等的受教機會，但又同時將有色人種再現為「天生」低等與能力較低，遠遜於白人。這些再現可說都是帶有意識形態的再現。

一個霸權的歷史集團未曾是單一的社會經濟類別／團體，而是透過與其他社會類別／團體的一系列結盟關係，某個團體取得了領導權的地位。意識形態扮演一個至為關鍵的角色，允許各團體（原先被理解為各階級）之間得以形成結盟關係，並且克服狹隘的經濟─會社的利益（economiccorporate interest），達成支持「國族—人民」主導的局面（'national-popular' dominance）。因此，「社會—文化的統一」的達成，是「透過將分散意志、異質目的的複雜多樣面貌，轉變成擁有單一的共同目標，形成平等與共同的世界觀的基礎」（*Gramsci, 1971: 349*）。共同世界觀的打造、維持或顛覆，是意識形態抗爭過程之中的一個面向，涉及了透過對既存的人民意識形態的批評。

## 意識形態與流行文化

意識形態是活生生的經驗，也是一組系統性的思想，其角色是組織並將一大區塊的不同的社會元素綁在一起，作為一種社會的黏著劑，從而有助於形成霸權的與反霸權的各種歷史集團。雖然意識形態可能採取整合一致的思想形式，它更常的是以「常識」（common sense）的面貌，散見且深植於各種再現之中。

對葛蘭西來說，所有的人都在觀照這個世界，而且透過流行文化的「常識」，組織他們的生活與經驗。因此，常識變成了一個意識形態衝突的關鍵場域，尤其是爭奪型塑「好的常識」（good sense）的權力，對葛蘭西而言，在於承認資本主義的階級性格。常識是意識形態抗爭過程中意義至為重大的場域，因為它是「被視為理所當然」的領域，是一種引導日常生活世界之中的人類行動的實踐意識（practical consciousness），更一致的哲學思想被爭辯且轉化到常識的領域。因此，葛蘭西關切的是流行思想與流行文化的性格。

> 每一個哲學思潮留下的是一個「常識」的沈積；這等於是對它（一個歷史思潮）的歷史效能所做的紀事。常識不是僵化與死板的，它會不斷轉化它自身，並且以科學概念和哲學意見強化自身，進入日常生活之中。常識創造了未來的民俗，那是一種流行知識，在特定時間與空間變得相對牢固（*Gramsci, 1971: 362*）。

## 霸權的不穩定性

霸權可被了解成優勢團體（無論就階級、性別、族群或國族構成的意義上）維持其世界觀和權力的策略。然而，這必須被看作是相對的、關係性的（in relational terms），而且在本質上是不穩定的。霸權是不同的社會團體之間，達成一種**暫時性**的安排與動態的結盟關係，而這種暫時性的安排與結盟的關係，是必須被贏取的，而非給定的。更有甚者，它需要經常地被贏取、重新協商，是以文化是一個有關意義的衝突與鬥爭的場域。霸權不是一個靜態的實體，而是一系列本質上與社會權力息息相關且不斷變遷的論述和實踐。葛蘭西將霸權刻劃為「一個與不穩定的均衡狀態的形成與瓦解有關的持續過程，〔此一均衡狀態〕存在於基礎團體與從屬團體的不同利益之間，……在此一均衡狀態之中，占主導地位的支配階級的利益位居上風，不過只能說在一定程度之內是如此」（*Gramsci, 1968: 182*）。

由於霸權必須一直被再造與贏取，因此也開啟霸權被挑戰的可能性，亦即從屬團體、階級形成一個反抗霸權的集團（a counter-hegemonic bloc）。對葛蘭西而言，在試圖取得國家力量之前，此一反霸權抗爭必須先尋求在市民社會中取得領導權（亦即需先與正式政治範疇之外的力量形成結盟關係，包括家庭、社團、報業及閒暇活動等）。葛蘭西做了一個區分，一是尋求在市民社會的領域中贏取霸權的「陣地戰」（war of position），一是對國家權力發動攻擊的「機動戰」（war of manoeuvre）。葛蘭西認為，「機動戰」是否能成功，端賴透過「陣地戰」先行奪得霸權。

## 受葛蘭西影響的文化研究

文化研究對葛蘭西思想的引進與採用，有其長遠的意義（見第十二章），尤其因為核心重要性被置於流行文化作為一種意識形態抗爭的場域。實際上，葛蘭西使得市民社會之中的意識形態抗爭和衝突，變成了文化政治的核心領域，而霸權的分析，則成為思索其中各種相關勢力折衝的

方式。葛蘭西的論點是「維持意識形態世界在一個國家之內移動的文化組織的具體形式，以及檢視它們如何在實際上運作，會是有趣的研究課題」（*Gramsci*, 轉引自 *Bennett et al., 1981: 195-196*），至少在關於**後結構主義**和**後現代主義**的辯論崛起之前，葛蘭西對文化研究的影響力是無人出其右的。

例如，早期有關廣告的研究，即是從意識形態和霸權的問題意識出發。對廣告的文本和意識形態分析，強調廣告販賣的不只是商品，而且還是觀看世界的方式。廣告的職能是在各種相互競爭形象的疲勞轟炸中，透過連結一個品牌與可欲的人類價值觀，為產品創造出一種「認同」。購買一個品牌不只是關於買一個產品，而且是買進一套生活風格和價值觀。誠如溫席普論稱，「女人變成只是她所穿戴塗抹的那些商品而已：口紅、襯衣、衣服等等，這就是『女人』」（*Winship, 1981: 218*）。

對威廉森（*Williamson, 1978*）而言，廣告中的客體是意義的符徵，而我們是在一個已知的文化系統中去解碼它們，並把這些廣告中的產品與其他的文化「財貨」（goods）產生聯想。雖然特定產品的形象的外延意義可能只是豆子或一輛汽車，它是被用來暗示「自然」或「家庭」等內涵意義，因此廣告在產品與生活風格之間，創造了一個差異的世界，供我們「購買並融入其中」（buy into）。在購買這些產品時，我們也等於是購買了這些形象，從而透過消費過程而建構了我們的身分／認同。對威廉森而言，廣告是意識形態的，因為它透過自由與平等消費的形象，而遮掩了在生產層面上的經濟不平等。

## 意識形態的問題

自一九七〇年代晚期以降，雖然新的葛蘭西「霸權理論」已成為文化研究領域裡相當被強調的分析方式，但此一理論並非未遭遇任何挑戰。柯林斯（*Collins, 1989*）拒絕霸權概念，基於文化無論就生產或意義而言，都已不再有所謂支配主控的中心。相反地，從已產製出來的文本多樣性及文

本內彼此競爭的意義多樣性來說，文化是充滿異質性的。阿博克隆比等人（*Abercrombie et al., 1980*）拒絕所謂的「支配意識形態論」（the dominant ideology thesis），因為他們認為一個統一、完整的支配文化並不存在，而權力的行使則主要是在經濟與社會層面（並非在文化層面）。換言之，他們認為經濟需求所驅動的力量，已足夠解釋工人階級政治行動付之闕如的原因，不必再動用意識形態這個概念。

### 意識形態即權力

整個意識形態概念本身，遭受一些質疑，因為它涉及了至少兩個核心的問題：

*1.* 適用**範疇**的問題。
*2.* **真理**的問題。

早期的馬克思主義者與社會學者，將意識形態概念限定在與優勢階級維護其權力有關。稍後的發展，除了階級的層面之外，還將此概念的延伸適用於**性別**、**族群**、年齡（世代）等方面。紀登思認為，意識形態概念應從「表意的結構如何被動員來正當化霸權團體的利益」（*Giddens, 1979: 6*）來理解，代表了當代對於意識形態的定義，反映的正是前述的延伸思考方向。換句話說，意識形態指涉的是意義被用來正當化優勢團體的權力的方式，而優勢團體除了是優勢的階級之外，也可能包括了基於種族、性別或世代而形成的優勢團體。

雖然紀登思對意識形態的定義，指涉的只是優勢團體的思想，其他版本的定義（包括阿圖舍提供的定義）視意識形態為正當化**所有**團體的行動。換句話說，邊緣和從屬團體也有其意識形態，用以組織和正當化關於他們自己與世界的思想。當然，此一較為寬廣的定義也可以涵蓋一個較窄化的定義，如傅科（*Foucault, 1980*）所言，我們都涉入於權力關係之中。占支配地位的優勢團體和從屬團體之間的差異，因此是一個權力程度的問

題，以及具實質差異的世界觀，而非在思想上有所謂意識形態與非意識形態之分。

### 意識形態與誤認

關於意識形態的另一根本問題與它的認識論地位有關，亦即意識形態與**真理**和知識的關係。這些問題將會在第三、第五章詳細討論。不過，我們可以在此指出，意識形態普遍被拿來與真理做對比，例如阿圖舍將意識形態與科學做比較，貶抑前者為一種「誤認」（misrecognition）。然而，科學是一種思考方式，有其產製某類知識的一組程序，而非崇高神聖的知識形式，可以產製無爭辯餘地的客觀真理。所謂普遍正確的世界圖像是不可能的，有的不過是關於什麼算是真理的同意程度。由於這個緣故，思想家如傅科（*Foucault, 1980*）和羅逖（*Rorty, 1989, 1991a, 1991b*）完全拒絕所謂意識形態的說法。

傅科顯然認為知識與權力是不可須臾分的，因此他提出所謂**權力／知識**（power/knowledge）的概念，意指權力與知識之間存在著一種相互構成的關係，因此知識無法脫離各種權力政權（regimes of power）。知識是形成於權力關係與實踐的脈絡之內，從而有助於新的權力技術的發展、精鍊與擴散。然而，沒有任何純粹未污染的「真理」可以被用來與權力／知識對比，因為在權力／知識之外，亦無所謂真理存在。

羅逖（*Rorty, 1989*）認為知識是一系列關於世界的描述，而這些描述有其實際的影響。他們可以用價值觀來加以判斷，但無法用絕對真理的標準來衡量。對羅逖而言，「真理」是一種社會讚許（social commendation），亦即那些我們認為「好的」知識，然則卻不能稱得上是普遍（絕對客觀、真實）的知識。因此，我們可以用它們的價值觀、影響及生產的社會歷史狀況，來比較不同的世界觀（意識形態），但無法根據終極真理或非真理的對比來比較它們。

## 什麼是意識形態？

假設意識形態不限於階級的問題，而且少有人認為意識形態應該限定在階級問題的層次上討論，那麼我們可以透過下列方式去看待意識形態：

1. 優勢團體的世界觀，被用來合理化並維護他們的權力，因此〔意識形態〕與真理是相左的。
2. 任何社會團體的世界觀，被用來合理化他們的行動，因此〔意識形態〕與真理是相左的。
3. 優勢團體的世界觀，被用來合理化並維護他們的權力，但不見得與真理是相左的；然而，它們本身可以被重新定義，因此不見得必須被人接受。
4. 任何社會團體的世界觀，被用來合理化他們的行動，但不見得與真理是相左的；然而，它們本身可以被重新定義，因此不見得必須被人接受。

明言哪一個版本的意識形態觀是「正確」，或甚至斷言哪一種被文化研究普遍接受，也許皆非明智之舉。學者在使用意識形態這個概念時，有責任自行把它的意涵界定清楚。我自己的觀點是，將意識形態對立於真理的講法是不能成立的（見第三章），況且，所有的社會團體都各有其意識形態。在此意義上，唯一可以被接受的意識形態概念，應是那種可與傅科的權力／知識概念相容的。果能如此，意識形態不能被視為是一種簡單的支配工具，而應被看作是對社會關係各層面的權力關係具有一定的影響力（包括為優勢團體辯護並維持其優勢地位）。

# 本章摘要

　　文化研究的第一個故事，關切的是從將文化看作是「藝術」轉移到將文化看作是「平常」，囊括「生活的整體方式」亦即從廣泛的文學轉移到人類學式的定義。文化研究的第二個故事，關切的是文化在社會形構中的地位，亦即文化與其他社會實踐如經濟與政治之間的關係，文化研究拒絕文化〔完全〕受經濟力量**決定**的想法，主張應將文化理解成一個**自主的**意義與實踐活動，有其自身的邏輯。與此邏輯並行不悖的是，文化研究自此將文化從人文與社會科學的邊陲，轉化成人文與社會科學的核心概念之一。

　　文化的定義充滿爭議，但在文化研究裡普遍接受的是將文化理解為一張「意義的地圖」，據此提出一系列問題：何種意義被流通？被誰？為了什麼目的？服務誰的利益？因為，如費斯克（*Fiske, 1992*）所言，在文化研究裡，文化的概念最重要的是作為一種政治的概念，關切的是**權力**的問題。影響所及，許多文化研究的作品關注權力、知識、意識形態與霸權等問題。

　　對於意義的考量，使得文化研究關切究竟我們手上這張意義的地圖是如何被產製出來的，從而關切文化是一組**表意實踐**，亦即使意義得以產生的符號組織方式。其中最主要的一種運作中的符號系統是語言，導致理論家對論述（discourse 或被管制的說話的方式）概念的重視。簡言之，文化研究，如同整個人文與社會科學，發生了一場「語言學的轉向」（linguistic turn），這個主題將在本書的下一章裡討論。

# 第三章

# 文化、意義與知識：
# 文化研究的語言學轉向

◉初稿翻譯協助：蕭景岳

　　為了了解**文化**和知識建構，語言已在文化研究與「人文社會科學」裡躍居首要議題之一。原因有二：

　　*1.*語言是一種地位優越的媒介，藉此文化意義得以形成與傳播。
　　*2.*藉由語言這種工具與媒介，我們得以了解自己及**社會**世界。

　　對價值觀、意義與知識的形構和傳遞來說，語言並非中立的媒介；更確切的說，語言是這些價值觀、意義與知識的**構成要素**。也就是說，語言賦予了物質客體與社會實踐某種意義，使我們在語言限定的範圍內得以觀照、理解它們。語言並非單純反映非語文意義，也不單純反映語言使用者的意圖，而是建構意義。語言決定了在特定的情況下，發話者可以採用哪些意義。要了解文化，必須探究意義如何透過語言的**表意實踐**而產製出來。這一向是符號學（semiotics）的範疇，通常被理解為符號之學（the study of signs），始自語言學家索緒爾的先驅研究。

# 索緒爾與符號學

索緒爾是**結構主義**（structuralism）的先驅，因為他根據語言的結構差異解釋意義如何產生。他研究語言慣例（langue）組成的規則和慣例，而非專注於人們每天使用的特定用法與說話／言詞（parole）。索緒爾和結構主義傾向於關心語言的**結構**甚於語言的實際表現。結構主義著重文化的意義如何產生，認為文化意義有其結構，「就像語言一樣」。結構主義者將文化視為潛在結構下的「關係系統」，藉此形成文法，以產生意義。

## 表意系統

索緒爾主張（*Saussure, 1960*），語言並不反映某一獨立客體的先存與外在真實，而是透過一串概念與發音的差異，從語言本身建構出意義。他認為，語言中只存在不具明確關係的差異。對索緒爾來說，表意系統是由一系列的**符號**（signs）構成，這些符號的組成分子則包括了**符徵和符旨**[1]。**符徵**是指符號的形式或媒介，例如，聲音、圖像、或形成頁面上文字的記號。而**符旨**則是概念與意義。聲音和語言的記號（符徵）和它所代表的事物（符旨）之間的關係不是一成不變的。相反地，它們之間的關係是**任意的**（arbitrary），也就是說，我們可以說「貓咪」坐在「草蓆」上，同樣也可說「咪貓」坐在「蓆草」[2]上。

---

1. 譯註：The signifier 以及 the signified 常被譯為符徵與符旨、意符與意旨、符名與符意。
2. 譯註：原文如下：……we call a 'cat' as it sits on the 'mat' could equally be signified by 'tac' and 'tam' or by 'el gato' and 'la estera'.

　　根據索緒爾，意義的產生是沿著句法學和詞形變化這兩個軸線，對符號進行選擇和組合。句法學軸線是透過符號以線性排列組合成句子而構成。詞形變化軸線指的是符號選取的廣度（例如：同義詞），在該範圍中選取特定符號。意義是經由句法學軸線的累積，同時句子中每一個點的意義是由詞形變化軸線的範圍內選取而成。哈特利（*Hartley, 1982: 20*）給了下面的例子：

（詞形變化軸線）
士兵
自由鬥士
恐怖份子
→　　→　　→　　→　　　　今日攻擊了 →　　　（句法學軸線）　→
志願者　　　　　　　　今日解放了
槍手

　　在詞形變化軸線上，自由鬥士或恐怖份子之間的選擇是有意義的。它可轉變我們所認定的參與者特性，也會影響句法學軸線上的組合，因為習慣上，儘管文法上許可，人們是不會把恐怖份子和解放聯想在一起的。

　　符徵和符旨的任意關係暗示意義是不定的，是依文化和歷史而定，而非固定與普遍一致的。然而，從恐怖份子與解放兩者間極不可能的組合中，亦可得知意義是受到特定的歷史社會脈絡所**規約**的。正如柯勒（J. Cul-ler）所說：「因為符號是任意的，所以完全受制於歷史，而且特定時機下的特定符徵和符旨的組合是歷史演進中偶然發生的結果」（*Culler, 1976: 36*）。

## 文化符碼

　　符號學用的一個「典型」例子是顏色被組織並納入交通號誌的文化**符碼**（code）之中。顏色是人們將連續的光譜打破，再用紅色、綠色、黃色等符號一一區分。當然，沒有一個普遍適用的理由可解釋何以「紅色」必須指某種特定顏色，這種關係其實是任意的。「同樣的」顏色可以指定給「rojo」這個符號。索緒爾的核心論點是，紅色只有透過和綠色、黃色等顏色的差別關係才有意義。這些符號接下來透過在特定情境下使用的文化慣例，以一定順序組織起來而形成意義。因此，交通號誌利用「紅」來表示「停止」，用「綠」表示「通行」。顏色和意義的關係是透過交通號誌系統中的文化符碼暫時固定起來的。符號變成自然而然、中立的符碼。看似清楚易懂的意義（我們「知道」何時該停何時該走）其實是文化實踐的結果，其作用在於隱藏文化符碼的運作與實踐。

　　索緒爾的貢獻在於研究定義較狹隘的語言學。然而，他預言了一個更廣的「在社會範疇下研究符號生命的科學」。這是因為文化客體傳達意義，而所有的文化實踐都根據符號衍生的意義在運作。因此，文化被認為是以「語言的形式」運作，且所有的文化實踐都可引入符號學研究中。因此，巴特（*Barthes, 1967, 1972*）採用索緒爾的方法，修正並應用到**流行文化**的研究中，以了解這些事件如何產生意義。

## 巴特與神話學

　　巴特認為我們談及兩種**表意**（signification）系統：外延意義（denotation）與內涵意義（connotation）。外延義是指描述性、字面上的意義，

幾乎通用於該文化的所有成員。因此，「豬」這個概念意指一種粉紅色的農場動物，有一個大鼻子和蜷曲的尾巴等等。在第二個層級，內涵義中，意義是藉由符徵與更廣的文化作連結而產生：信仰、態度、框架和社會形構的意識形態。意義變成了符號與其他具意義的文化符碼連結的結果。因此，根據運作中的次層符碼（sub-codes）和字彙，「豬」可能暗指惡劣的警察或男性沙豬。

意義被認為會從單一符號繁衍，直到該符號已經承載各種意義為止。內涵義的含意來自於線性排列後累計的意義（就句法學來說），而更常是透過比較未被選擇的意義而來（就詞形變化上而言）。當內涵義內化成為具強勢性，也就是被認為是「正常」、「自然」時，他們會成為概念上意義的地圖，使世界產生意義。這就是**神話**（Myths，或譯「迷思」），雖然神話是文化建構的，它們可能會被視為是先驗的普世真理，並且被當成常識的一部分。因此，神話類似**意識形態**的概念，同樣都被認為是在內涵義的層級中運作。的確，伏洛西諾夫（*Volosinov, 1973*）主張意識形態的領域與符號的範疇相符。哪裡有符號，哪裡就有意識形態。

對巴特來說，神話是第二層的符號系統或後設語言。它是第二種語言，表達的卻是第一層語言。產生外延義的第一層系統的符號（*符徵與符旨*）在具神話意義的第二層內涵義中會變成符徵。巴特（*1972*）將此以一空間的隱喻來表達（見圖 3.1）。

圖 3.1　巴特：神話的表意系統

〈今日的神話〉

巴特在他的文章〈今日的神話〉中用一個日後常被引用的例子來說明
表意、神話及意識形態的運作。這個例子以一本法國雜誌 *Paris Match* 的
封面作說明，封面是一個年輕的黑人士兵，他穿著制服對著法國國旗敬
禮。他的眼睛往上看著法國國旗。就外延義的層級，這可被解讀為「一個
黑人士兵朝法國國旗敬禮」。然而，對巴特和他的時代（包括法國的殖民
史，和他們在阿爾及爾城〔北非國家阿爾及利亞的大城〕的軍事行動）來
說，這個可能的文化符碼解讀範圍使他用更意識形態的角度來解讀這個意
象。對他來說，這畫面的內涵義是在暗示法國黑種人對法國國旗的忠誠，
以用來掩飾法國的帝國主義行為。正如巴特所說：

> 我在一個理髮店裡，然後拿到一本 *Paris Match* 雜誌。在封
> 面，一個年輕的黑人穿著法國的制服在敬禮，而他的眼睛往上
> 看、或許是在注視著旗子顏色的褶痕。這就是這個圖片的意義。
> 但是，或許有點天真，但我卻很了解這想傳達給我什麼：就是法
> 國是個偉大的帝國，所有的子民不分膚色，都忠誠地服從這面國
> 旗。若連黑人都熱忱地服從國家，這不正是對認為法國是帝國主
> 義者的最好的回應？（*Barthes, 1972: 125-6*）

根據巴特的說法，神話和意識形態的運作，是對特定歷史人物的偶然
性進行**自然化**的解讀。也就是說，神話讓某種特定的世界觀看似不容置
疑，因為它是自然的、天賦的。「神話將一歷史事件自然而然地合理化，
並讓當初的偶然解讀維持長久」（*Barthes, 1972: 155*）。在另一個分析中，
巴特談到了一個法文的廣告如下：

　　現在我們看到一個盤茲尼的平面廣告〔照片〕[3]：一袋通心粉、一罐麵醬、一包香料、一些蕃茄、洋蔥、胡椒和蘑菇，從一個半開的網袋裡露出來，在紅色的背景裡反襯出鮮明的黃色（譯按：義大利麵的顏色）和綠色（譯按：盤茲尼的綠色商標）（Barthes, 1977: 33）。

　　接下來的分析中，他先對語言符碼（法文、盤茲尼的商標）和由一串符號建構的視覺符碼作區分。他特別指出一個「半開的袋子、讓食物散置在桌面上」的視覺符徵。他將此解讀為「從市場回來」，暗示「新鮮」和「家庭烹調」。第二個符號把「洋芋片、胡椒和海報的紅、黃、綠三色合在一起，它的符旨是義大利或**義大利風格**（Italianicity）」（Barthes, 1977: 34）。整個構圖呈現出來的是義大利的形象。

　　索緒爾的作品和早期的巴特是當代文化研究的奠基者，代表了由文化主義走向結構主義的轉變。他們兩者都對文化研究相當有貢獻，打破了原先文字為純然意義負載者的概念。他們主張所有的文化文本都是由符號所建構。然而，結構主義的語言觀也招致批評。特別是二元對立與外延義的概念，使人認為符號有穩定意義，但隨後為巴特、伏洛西諾夫（Volosinov）／巴赫汀（Bakhtin）所推翻。

## 多義的符號

　　後期的巴特認為，符號並不是只有一個穩定的意義，而是**多義的**，亦即符號有許多隱含的意義。因此，文本可以不同的方式解讀。意義的產生

---

3.譯註：盤茲尼（Panzani）是一種義大利麵的品牌。巴特分析的這一幅平面廣告照片可見於 http://web.nwe.ufl.edu/~dilger/f01/1131/barthes.shtml。

牽涉到讀者的主動參與，並且需要文化的薰陶以使讀者能隨特定目的而修正文本的意象。因此，**文本**的解讀需要讀者的文化經驗與社會符碼的知識，這是隨著階級、性別和國籍等而有所不同。

透過伏洛西諾夫（*Volosinov, 1973*）的著作和他符號「多重音」（multi-accentuality）的概念，此觀念被帶入文化研究中。對他而言，符號不只有一種意義，而是具有一種「內在辯證的特質」（inner dialectical quality），以及一種使符號可表達某個範圍的意義的「可變調性」（evaluative accent）。符號意義的改變，就如同社會慣例和社會抗爭，是為了追求穩定意義。也就是說，符號的意義不是固定、而是可協商的。意義不斷地被挑戰，使得「符號本身變成階級鬥爭的場域」（*Volosinov, 1973: 23*）。這種意識形態的抗爭是一種符號意義的競賽，爭奪規範並「固定」其流動意義的權力。

霍爾（*Hall, 1996e*）認為，伏洛西諾夫一九七三年的作品（*Volosinov, 1973*）與巴赫汀一九八四年的作品（*Bakhtin, 1984*）相呼應，論稱所有的了解在本質上都是對話的（dialogic）。巴赫汀暗示，符號並沒有一個固定的意義，反而認為，意義是透過說者與聽者、發言者與接收者的二面關係而成形。許多人認為，巴赫汀其實是用伏洛西諾夫的筆名寫作。總之，兩者都暗示，意義是沒有保證的。它不是純粹的，而是矛盾、模糊的。意義是本質上不穩定的爭議場域，而不是已完成的、穩當的語言的成品。

伏洛西諾夫的作品將符號的多重音特性帶入文化研究之中，強調意義是政治與權力運作的結果。意義在本質上的不可決定性，以及管制／規約權力的重要地位，俱為後結構主義的主題，也在文化研究中更具恆久的影響力。

## 後結構主義與互文性

**後結構主義**（poststructuralism）這個詞暗示的是「在結構主義之後」。它包含了批判與繼承。也就是說，後結構主義接納了結構主義語言學的某些層面，而同時從更高的層次對其提出批評。簡言之，後結構主義反對深

層結構中所謂外延義是明確、可描述而且穩定的概念。反之，意義總是被延宕而處於發展中的。這也就是「後期的」巴特在如下所認為的：

> 一個文本並不是由排列出來的字所表達出的單一「絕對的意義」（作者如上帝般所傳達的「訊息」），而是一種多次元的空間，在其中各式各樣的寫作（沒有一個是原創），彼此混合和碰撞。文本是從一個文化的無數中心點表達出來的一部分（*Barthes, 1977: 146*）。

換句話說，文本的意義是不穩定的，而且也不能被侷限在單一的字詞、句子或一段文字。意義沒有單一原創的來源，而是文本間相互作用關係下的產物，也就是**互文性**（intertextuality）。〔如早期的巴特著作所示〕一個明確而穩定的外延義是不存在的，因為所有的意義都殘留來自於不同地方不同意義的痕跡。

如果我們去研究德希達（Jacques Derrida）——對當代文化研究影響極大的哲學家，就會發現前述這些觀點是很有道理的。這引起了一個問題，因為德希達刻意抗拒其作品的意義被定調。然而，雖然有將它過度簡化的危險，我仍試圖將德希達作品的主要觀點勾勒出來，因為這些觀點一直在文化研究中被使用著。

## 德希達：文本性與延異

### 除了符號，別無他物

德希達將索緒爾的一句話視為格言（雖然他認為索緒爾自己反而與此句矛盾），認為語言是一種由符號組成的系統，其中意義的產生是透過其

間的差異，而非透過一個既有絕對的意義或藉由指涉一個「真實」的事物而產生。因此，「意義從不存在，只有符號存在。我們只能透過符號來思考」（*Derrida, 1976: 50*）。沒有一種存在於符號之外的原創意義，而符號是一種圖像「再現」的形式，因此寫作便是一種意義的源頭，我們不可能不藉由符號，也就是寫作，來思考知識、真理和文化。對德希達來說，寫作是永存的留跡，**早已存在**於我們能夠感知其存在之前。因此，德希達解構了言說提供符號和意義一致性的概念。

德希達從許多角度來闡述這個論點，例如他反對自然與文化的對立。德希達認為自然原本即是個在語言（亦即文化）中才存在的概念，而不是一個超越符號的純然存在狀態。天主教被認為是奠基於上帝所說的絕對真理，但上帝的話卻只能透過寫作形式這種依靠不穩定意義的方式來傳達，也就是聖經。所以，德希達主張，字面意義的概念轉換是由「文字」也就是寫作來決定，而字面意義因此是以隱喻（明顯的對立）來建立的。如德希達所說，「所有論述中的隱喻功能都加強了一種標誌的存在，且也找到了寫作中『字面』的意義：一個表達自己的符號也表達了一種永恆的標誌」（*Derrida, 1976: 15*）。

德希達批評西方哲學界中所謂的「理體中心主義」（logocentrism，或譯「邏各斯中心主義」）與「語言中心主義」（phonocentrism）。德希達的說法是，理體中心主義是指依賴一種固定、先存、絕對的意義，也就是一種早在任何形式的思想前就已存在於人類理性中的普遍意義、概念和邏輯的形式，例如理性與美感這種普遍的概念。而德希達的「語言中心主義」指的是對聲音與言說的重視超過對寫作的重視。

根據德希達的說法，蘇格拉底認為言說是直接發自人心和自我的，而寫作卻被認為是一種矯飾的形式。對德希達來說，這反映出蘇格拉底企圖不透過符號的媒介找到智慧與真理。德希達認為，這種對論述的重視讓哲學家們認為主體性的形成是未經符號媒介的、是「來自於對符旨的獨特經驗，而這符旨卻是從自己內部自然而然流露出來的」（*Derrida, 1976: 20*）。

德希達認為這是一種對普遍絕對的真理的追求，而這種真理是自我的來源，是自然發生的。德希達對此提出反駁，表示這種對言說的重視來自於一個無根據的想法——即認為我們和真理與穩定的意義間有一條直接的管道。這種想法之所以站不住腳是因為，為了讓一種存在於**再現**之外的**真理**再現，我們必須再次再現才可達成。也就是，在再現之外沒有真理與意義存在，所有的一切都是符號。

### 延異

對德希達而言，因為意義產生是透過符號的運作，不是藉由指涉一個現實中的獨立客體來達成，所以不可能有固定的意義。文字帶有多重的意義，意義的來源包括來自其他情境中相關文字的意義與呼應。語言是非再現的、且意義本質並不穩定，所以意義隨時都有流動的現象。因此，德希達的關鍵思想——**延異**（différance），意指「差異與延宕」。在表意行為中，一個意義的產生會與其他意義發生交互作用，而彼此不斷地進行著延宕與增強。

> 在文本位置（textual location）和言談情境之外，意義便不再是固定的，而且永遠與一些另外的文本位置發生關連，而後者是同一個符徵出現在別的場合。一個符徵在每次被接合時，都帶著先前它在其他接合情況的**軌跡**。符旨並非是固定且先驗的，因為概念的意義經常是〔透過這些軌跡的網絡〕被與它們在別的論述中被接合的情況相互參照：意義無法固定下來，一直是處於**被延宕**的狀態（*Weedon et al., 1980: 199*）。

德希達的研究核心，是以「增補」（supplement）的邏輯來挑戰一致性這個法則。後者認為意義與一個字所指涉的某物件有一致性的關係，然

而增補則是意指意義會被添補與取代。例如，寫作會以添補和取代的方式
增補言說，同時一個字的意義也會經過其他字來進行增補。然而，即使是
用「增補」來表示也是有問題的，因為它假定了增補是作用在一個原本靠
著自己即可存在的原始意義。相反地，增補早已成為被增補物的一部分。
意義總是被取代、延宕的。這種意義不斷被延宕的過程——透過符碼的運
作不斷地被取代、不斷地被添加——直接挑戰了聲音與記號與其固定意義
的一致性。

## 德希達的《明信片》

在《明信片》（*Le Carte Postal, 1980*）一書中，德希達對明信片與郵政
系統玩味再三，用來當作描述意義產製與循環的隱喻。德希達用明信片的
概念反駁所謂意義是在封閉迴路內運作（其中被傳送與接收的意圖和訊息
毫無含糊曖昧之處）的講法。究其實，明信片可能郵遞錯誤，它可能會送
錯對象而滋生非意圖的意義。在這情形下，「真正」的意義與傳播的概念
被取代，因為在意義的流通過程中，沒有任何絕對的起始點或終點。理性
無法永遠固著與定義概念的意義；明信片註定是為某位特定的人寫的，他
或她明白德希達寫的那種密碼般的訊息（亦即書寫具有不可化約的特殊性）。

## 寫作的策略

「書寫」（writing）一詞，德希達指的並不純粹是頁面上的文本，而
是他所謂的「**原初書寫**」（arche-writing），意指沒有所謂文本「以外」
的東西存在。寫作已經成為文本以外的一部分，而文本也構成了文本以外
的世界。在這層意涵上，可以說文本之外不存在任何東西，或者是除了文
本，別無他物（這並非指外在世界不存在），文本自身是各種實踐活動的
構成元素。

在德希達的著作中，書寫扮演著重要的角色。首先，相對於〔意義得

以自我展露的〕口語，書寫並非衍生自〔或從屬於〕口語。相反地，書寫是構成口語與意義的必要元素。不只是書寫早已包含於口語中，同時因為書寫是「符號的符號」，所以文字的意義不可能是穩定並與固定概念相一致，而會受到其他文字的延宕。。第二，哲學〔以及其他知識的形式〕中的真理與意義總是以書寫形式表達，總是必須經過修辭、比喻，以及書寫策略的運作。真理並非處於書寫之外，仰賴後者的闡述。相反地，真理是由書寫的策略所構成的，且真理也可能被其解構。

## 解構

談到德希達，總令人聯想到**解構**。解構指的是分解、還原的動作，以試圖尋找和展現一個文本的假設。特別是，解構牽涉到對原有階層化二元對立結構的拆解，例如口語／書寫、真理／表象、自然／文化、理性／瘋癲等，這些都是藉排除或貶低二元對立分類中被視為較低等的一方來呈現真理。因此在西方文化的傳統中，言說優於書寫、真理勝於表象、男人勝於女人。解構理論試圖揭露這些文本的盲點、找出未被發現的文本運作的前提。這包括文本的修辭策略違反其自身論證的法則部分，也就是存在在一個文本原本想要說的和文本所能說的之間的衝突。例如，索緒爾主張符旨與符徵之間的關係是任意的。然而，德希達企圖以解構索緒爾的作品來表示他的文本是以不同的邏輯運作，在其中口語優於書寫，而且符號的任意性也不是那麼地絕對。

德希達必須用他試圖復原的西方哲學的概念語言，來解構西方哲學的二元對立以及攻擊「現實的形上性」（例如，穩定的自我呈現意義的概念）。在德希達的看法中，從理性，也就是從哲學的概念逃脫是不可能的。為了表示這個以逆向邏輯，而非駁倒或取代，來呈現的衝突關係（例如將書寫置於口語之前，或表象置於真理之前），德希達提出了他「加上刪除符號」的概念。

所謂「加上刪除符號」（under erasure，或譯「抹除」）指的是：寫下一個字，然後把它劃掉，再留下了這個字和被劃掉的痕跡。例如，理性與~~理性~~。史畢娃克的解釋是，「因為這個字是不正確的，所以我們劃掉它。而又因為這個字是必須的，所以我們還讓它保留在可辨認的狀態」（*Spivak, 1976: xiv*）。「加上刪除符號」是將原本曾經為人所熟知的概念，將其為人所熟習的部分去穩定化，同時也包括了將其有用、必要，卻也不精確、為人所誤解的部分去穩定化。因此，德希達從哲學的角度出發來反駁哲學本身，並反駁了哲學以決定什麼可被當成主題、論辯與策略的方式來維持該哲學權威的地位；藉此論辯，德希達企圖揭露形上對立及意義的**不定性**。

## 德希達與文化研究

德希達的著作複雜、精微且難懂，有許多不同版本的解讀方式。對某些人（如 *Norris, 1987*）來說，德希達是個好辯的哲學家，試圖操作一種絕對法則，亦即試圖發現理性的根本前提——存在法則的情境。對其他人（特別是羅逖〔*Rorty, 1991b*〕）來說，德希達是個充滿詩意的作家，將一個知識的世界以另一個取代，提供我們新的想法和視野，讓我們不會只滿足於過去的舊思維。對羅逖而言，德希達使我們發現我們該摒棄再現的觀念，因為我們無法找到一個穩定的指涉關係，或找到一個真實是不需要被再次再現的。對其他人如霍爾（*Hall, 1997a*）而言，他們繼續使用再現這個字眼，但也承認再現是被建構的。

文化研究從德希達的理論中摘出了幾個關鍵的要素：書寫、互文性、不可決定性、解構、**延異**、軌跡（trace）和增補。以上都是透過文本、書寫與過去的紀錄彼此間交互運作的方式，強調了意義的不穩定性與延宕性。結果，每一種分類都是語言的社會建構，沒有一個具有本質上普遍的意義。這是文化研究中很熱門的**反本質主義論**的核心。也就是說，文字不具有普遍意義，也不指涉有本質的客體。例如，由於文字不指涉實質意

義，因此身分／認同並非是一個固定普遍的「東西」，而只是語言的敘述
（參閱第六章）。

# 傅科：論述、實踐與權力

　　除了德希達之外，傅科也是當代文化研究中最具影響力的反本質主義
者（anti-essentialist）與後結構主義的思想家，他的作品會在本書許多章
節被引用到。在此我們著重討論他的語言與實踐的概念，以及伴隨之的論
述、論述實踐與論述形構的概念。

　　傅科（*Foucault, 1972*）反駁語言的形式主義，後者視語言為一種自主
的系統，有其自有的規則與功用（例如：結構主義符號學）。他也反對企
圖用詮釋的方法來揭開語言中「被隱藏的」意義。他反而關心的是針對不
同論述面的敘述與分析，以及這些論述面所造成的影響。

　　傅科的論點是非常歷史觀的，因為他堅持語言是在特定的物質與歷史
條件下發展和產生意義的。他研究了特定與明確的歷史情境，在其中，每
個聲明都是被組合與**規約**的，形成一個知識／客體的特殊領域，需要一套
特定的概念與「真理政權」（例如，什麼被當成真理）。傅科企圖辨識的
是歷史情境和決定法則，以了解其如何影響陳述客體的特定方式的形構。

## 論述實踐

　　對德希達而言，若說意義有其無限地增殖的潛能，那麼傅科探索的則
是意義如何──透過權力與社會實踐的運作──被暫時地穩定下來，或是
被規約於某種論述之中。對傅科來說，**論述**「統一」了語言與人的實踐作
為，意指經由語言的知識產製，因此論述從而賦予物質性的客體與社會實

踐某種意義。雖然物質性的客體與社會實踐「存在於」語言之外，但它們卻因語言而有了意義，或說是「得以被看見」（brought into view），因此是由於論述而得以形構出來。論述以一種可理解的方式建構、定義與產生知識的物件，同時也排除了其他被理性認為不可理解的形式。

　　論述給人們在不同的地方、針對同一個話題討論時，有同樣類似的主題、知識、實踐或知識的形式。我們或許可以談談**論述形構**的問題。論述形構是一種論述事件的類型，它意指一種可見於許多不同場域的共同客體，或是促成其存在。它們是意義的指引，也是說話的方式，透過這種方式，客體和實踐有了意義。例如，傅科（*Foucault, 1973*）對瘋癲病症（madness）的論述研究包括 [4]：

　　*1.* 對瘋癲的聲明，給予我們有關「瘋癲」的知識。

　　*2.* 規定在有關瘋癲的討論中，什麼是「可說的」或「可想的」。

　　*3.* 可以將瘋癲論述具體化的主體，例如「瘋子」。

　　*4.* 瘋癲的論述在某一特定的歷史階段得到其自主性與真實的過程。

　　*5.* 在社會中有關瘋癲的實踐。

　　*6.* 認定關於瘋癲的不同的論述會出現在後來的歷史時刻，並將產生新的知識與新的論述形構。

## 論述與規訓

　　傅科認為論述不只規範了我們在一個社會文化情境下什麼是可以說的，也規範了誰可以說、什麼時候說、在哪裡說。因此，他的許多作品從歷史的角度分析**權力**現象。傅科（*Foucault, 1977*）在現代制度、實踐與論

---

*4.* 譯註：另請見Foucault著，劉絜愷譯（*1994*）：《臨床醫學的誕生》（台北：時報文化）。

述的「規訓」角色研究中一直是個著名的理論家。尤其是現代性的「真理政權」（regime of truth，關乎什麼被當成真實）牽涉到**權力／知識**的關係。傅科集中研究於三種具規訓作用的論述：

1. 一是「科學」，是它將主體當作客體來探究。
2. 二是「區分的實踐作為」（dividing practices），被用以分隔瘋癲或理智、罪犯或守法公民，乃至於區分敵友。
3. 三是「自我的技術」（technologies of the self），個體即透過這些〔自我的技術〕將自己變成主體。

規訓的技術（disciplinary technologies）出現在很多場域，包括學校、監獄、醫院與庇護所，產製出傅科所謂的「柔順身體」（docile bodies），可供「支配、使用、轉化、和改良」（*Foucault, 1977: 198*）。規訓涉及的是藉由一些區分的實踐作為、訓練和標準化，而在空間中組織主體。規訓產製主體的方式是循著效率、生產力（productivity）與正常化（normalization）的理路，對主體進行有等級次序之分的分類與命名。所謂「正常化」，指的是將一個系統內部分等級、分區段，使個體皆可依此而被分門別類。舉例來說，西方的醫學和司法制度，越來越傾向於訴諸統計測量和分布狀況，來判斷何謂正常。這不只造出何謂理智和何謂瘋癲的分類方式，也造出判斷「心智疾病」的病況輕重的標準。分類系統（classificatory systems）對正常化過程而言，至為基本，也影響了被產製出來的主體的類型。

通常被認為與傅科有關，且用來描繪規訓權力的隱喻是「圓形監獄」（the Panopticon）。這是一種監獄的設計，在正中央有個天井和高塔，以讓人監視周圍的建築和牢房，而牢房則有一扇窗正對高塔。高塔中的獄吏可以看到牢房中的囚犯，但囚犯卻看不到獄吏。牢房因此變成了「小劇場，在裡頭的每個演員都是孤獨自處，完美地被隔離，而且總是無所遁於被看見的狀況」（*Foucault, 1977: 200*）。圓形監獄的觀念是一種隱喻（這

是被質疑的,因為這種設計是實體化的),用來類比在社會各層的組織中,一種持續、匿名和普遍的權力和**監控**機制。

## 權力的生產性

對傅科來說,權力乃透過社會關係流通散布,不可被簡化為中央化的經濟形式或決定論,也不能被化約為其法理或司法的特性。更正確地說,權力的形式有如散布的微血管,糾結成為整體社會秩序的組織構造。進一步言,權力不只是壓抑的而是具**生產性**的,它產生了個體。權力意指「產生力量,使力量成長,並且指揮力量。而不只是阻止力量,讓力量屈服,甚至是摧毀力量的東西」(*Foucault, 1980: 136*)。例如,傅科反駁所謂的「壓抑假設」(the 'repressive hypothesis'):性意識的論述長期受到壓抑。相反地,他認為長久以來有某種「誘因鼓動論述」,有關性的論述蔓延於醫學、基督教與人口學研究等範疇。這些關於性的論述,分析、分類與規約著性意識,產製了性主體(sexed subjects),使得性意識成為主體性的構成要素。

傅科認為權力與知識間是一種互相構成的關係,因此知識與權力政權(regimes of power)分不開。知識是由權力的運作中成形,而且構成了新權力技巧的發展、修正和增值。例如,心理治療便是因為人們企圖去了解並控制「瘋癲」而產生的,因此它為瘋癲做了分類,藉此產生了新的規訓形式與新個體的種類。因此便產生了所謂「權力/知識」(power/knowledge)的分析用語(*Foucault, 1980*)。

## 論述的主體

對傅科來說,主體是受論述的規範力量「支配」的,因此主體成為了自己與其他主體的被支配者。在這裡傅科關注的是在論述中的**主體位置**而

成形的的主體性。說話者並非是一段論述的作者或原創者，說話者應只是先占有該論述位置，而〔這一論述位置〕「可被任‧表達聲明的個人填補；同理，我們要承認同一個人於同一聲明系列中，可以輪流占領不同的地位，扮演不同主體的角色」（*Foucault, 1972: 94*）**5**。

　　傅科提供我們有用的工具以了解社會秩序藉由權力的論述構成的方式。權力產生了適合、構成、生產該秩序的主體。雖然，對一些批評家來說，傅科將自我從**能動性**（agency）的形式中摘除。然而，在他後期的作品中，他轉而研究個體如何「被引導集中焦點於他們自身，如何被引導解釋、認識、承認他們自己為慾望的個體」（*Foucault, 1985: 5*）：也就是說，在自我建構、自我認知與自我反省的實踐中，一個人如何視自己為自己的主體。

　　此一對於自我產製（self-production）作為一種論述實踐（a discursive practice）的關懷，聚焦在倫理問題，亦即「關注自我」（care of the self）的模式。對傅科而言，倫理學關切的是實際的建議，像是個人應如何在日常生活中立身行事等。倫理學著重在「對他人和對自己的統理」（government of others and the government of oneself），從而形成一部分我們對「關於行為的行為」（conduct about conduct）之策略，以及「深思熟慮的行事方式」（calculated management of affairs）（*Foucault, 1979, 1984a, 1984b*）（參閱第六及第八章）。

---

5.譯註：傅科對於「聲明」（statement）一詞有其特殊用法，見 Foucault （*1972*）. *The Archeaology of Knowledge*. New York: Pantheon. 該書中譯有王德威譯（*1993*）：《知識的考掘》（台北：麥田）。

# 後馬克思主義與「社會」的論述建構

傅科在文化研究上的重大影響可從他對馬克思思想的揚棄中看出。傅科反對**馬克思主義**中的**經濟化約論**與歷史必然性（*也就是有目的地揭露歷史的不可避免*）。然而，拉克勞與墨芙（*Laclau and Mouffe, 1985*）從後結構主義觀點來看馬克思主義，並致力於馬克思主義的批評與重建，被歸為**後馬克思主義**（*Hall, 1997b*）。

## 解構馬克思主義

拉克勞和墨芙特別批評**本質主義**（essentialism）、**基礎論**（foundationalism）和馬克思主義的化約論（*參閱第十二章*）。他們不接受任何本質、普遍概念這種指涉世界中一種不變的存在（*例如階級、歷史、生產模式*）。甚至，論述的概念是不能被化約或單就經濟面向來解釋的，如馬克思主義中的化約形式。相反地，拉克勞和墨芙依循傅科的想法，主張論述建構了知識中的客體。因此，他們從真實是由論述所建構的角度來分析「社會」（*一個他們認為不適合成為分析對象的概念*）。對他們而言，「社會」是充滿著論述差異（discursive differences）的不穩定系統，而社會政治的認同，代表的是開放且充滿偶然性的文化與政治類別的接合。

**階級**在馬克思主義裡被認為是一種本質性的、統一的身分／認同，也代表一個符徵與一個特定、享有同樣社會經濟情況的團體的關係；階級，看在拉克勞和墨芙眼中，是論述的效應（the effect of discourse）。階級不只是一種客觀的經濟事實，而是一種透過論述形成的集體的主體位置。階級意識既非不可避免，亦非一種統一的現象。階級，雖然分享某些共同的

生存狀況，並不會自動地形成一個核心、統一的階級意識，反而可能會因各種利益衝突而分裂。階級和階級意識在實際歷史發展過程中形成與瓦解，並被性別、種族、年齡等因素影響。因此，不僅主體性是由論述強迫我們接受的各種發言位置所構成，就連主體也不是統一的整體：主體是支離破碎的，有著多重的主體位置。

　　對拉克勞和墨芙來說，「社會」牽涉到權力和對立的多中心性質，而非圍繞在馬克思主義中的階級衝突。權力、臣服與對立的多種形式的複雜性是不能從單一角度來化約或抽離的。因此，任何基進政治不能預設其具有一特定的政治目標（如馬克思主義的無產階級），相反地，必須先認知到，基進的政治是建構於**差異**與同一性的基礎上，而且其中所共享的共同利益也會隨時間發展。拉克勞和墨芙批評一種普遍理性的存在，主張任何發展中的價值必須在其務實的情境中被特定的道德傳統所悍衛，而非為絕對的合理化標準所保護。他們認為，所謂的公平是透過現代政治概念中的民主、正義、包容、團結和自由的恢復所形成的。拉克勞和墨芙因為追求基進民主（見第十二章），所以被視為既現代又後現代（第五章）。

## 接合的社會

　　拉克勞和莫芙認為，「社會」不是一個總體，而是暫時組成的人群，具有差異性而接合或「縫合」（sutured）在一起的。拉克勞（*LacLau, 1977*）認為論述概念間沒有必然的關連，而且這些被創造出來的接合只是暫時的、意義隱含的，這些概念被認為是透過傳統和意見的力量連結在一起的。的確，企圖把意義「永遠地」固定起來是很霸權的。我們視為理所當然的某些概念上的關連，其意義乃是一種「接合政治」（politics of articulation）的結果（見第十二章）。

　　**接合**的概念是指，原本被視為統一的社會生活（身分、國家或社會）的概念，其實只是一個暫時性的穩定狀態，或者暫時、約定俗成的意義。

文化研究
理論與實踐

如霍爾所說：

〔接合〕這個詞有絕佳的雙重意涵，因為它意味著發聲、說
出、表達。它代表了溝通中、表達中等意。但我們也這樣說，一
輛「聯結」（articulated）貨車，這種車的前面（駕駛座艙）和
後面（拖車）可以〔雖然不一定必然〕被連結在一起。兩個部分
被連結在一起，但此連結裝置也可將它們分開。因此，接合是一
種**可以**在特定情況下將兩者合而為一的連結形式，。這種連結並
非總是必然、決定、絕對與本質的。你必須問，連結會在什麼情
況下產生？所謂論述的「統一」（unity）其實是不同、獨特的元
素連結接合而成的，這些元素可以其他方式重新接合，因為它們
沒有必然的「歸屬」。重要的「統一」在於一種接合後的論述與
社會力量的連結，透過這些力量，它可以在某些特定的歷史情境
下〔雖然不必然〕被連結起來（*Hall, 1996b: 141*）。

這樣說來，我們可以視個人**身分／認同**與**社會形構**為論述元素在特定
歷史情境下的連結。例如，因為各種認同（如階級認同、性別與種族認
同）之間，沒有必然或自然形成的連結，所以黑人女性勞工不必然共享同
一種身分／認同或同一性，所有男性中產階級白人之間亦然。因此，透過
權力的運作，各種偶然性的實踐不斷地與其他實踐被「組合在一起」，而
文化研究的使命便是在於分析這種接合。

透過德希達、傅科、拉克勞和墨芙的論點，**主體性**是透過論述建構
的，這個概念已經在文化研究中被廣泛接受。然而，對有些批評家來說
（*Hall, 1996a*），過度強調論述的「外在」沒有完全地解釋情感的「內
在」，也就是，為何有些主體位置會被某些主體以投注情感的方式占去，
而非由其他的主體所占？因此，有一些文化批評家轉向**精神分析**，希望建
構出一個對語言、主體性、身分／認同的較適切的解釋，其中拉康試圖將

後結構主義對語言的看法與佛洛依德的精神分析整合在一起，雖有爭議卻相當具影響力。

# 語言與精神分析：拉康

佛洛依德（*Freud, 1977*）表示，一個人是由自我（有意識的理性意志）、超我（社會良知）和無意識（unconscious，也就是符號運作的源頭與貯藏室，且此貯藏室的運作邏輯脫離理性〔根據拉康的說法，所謂「無意識」就像語言一樣，有其自身的結構〕）所構成。人就定義上被劃分為自我、超我和無意識，因此，我們隨著時間進入了語言與文化的象徵秩序中，而從這三者的整合獲得了對自我的完整描述。透過與他人以及與社會論述的主體位置**同一化**的過程，我們可以創造出一種身分／認同，並使一體感的幻覺具體化。

根據佛洛依德，力必多（libido）或性衝動（sexual drive），原先並無固定對象或目標。相反地，透過幻想，任何的目標，不管是人或身體的一部分，都可以成為慾望投射的對象。因此，人類性行為的範圍幾乎包含了無限可能的性目標和性實踐。佛洛依德的著作關注於記錄解釋這種「多樣相的變態」的**規約**（regulation）與壓抑，亦即戀母情結（Oedipus complex）如何轉化為「正常的」異性戀關係。就這層面來看「解析是必要的」，因為我們很難從規範論述中脫離，而規範論述建構了身體的差異和**性／性別**（sex and gender）的表意。

## 鏡象階段

拉康（*Lacan, 1977*）解讀了佛洛依德後，認為戀母情結的解決，表示

無意識這個領域中包含了壓抑的成分，也代表了性別異化的個體進入了象徵秩序（symbolic order）的階段。在戀母情結克服之前，嬰兒被認為無法區分他們自己與周遭世界物體的差別。在前戀母情結階段的嬰兒是利用感官的探索與自慰來體驗這個世界的。這個階段的首要焦點是：母親的乳房為溫暖、舒適與食物的來源，而這是嬰兒所無力控制的。嬰孩從拉康所稱「鏡象階段」（mirror phase）時才開始體認到自己是獨立的個體。這牽涉到與另一人（主要是母親）產生認同為一體的感覺，以及（或者）認為自己與鏡中的影像也是「一體」的。然而，因為對佛洛依德與拉康來說，人類是碎裂的主體，這種一體的認知只是個「誤認」，亦是嬰兒部分「想像關係」的部分。

戀母情結是指男孩對母親的慾望，將母親當成一個愛慾對象，這種慾望在象徵秩序中會被以亂倫禁忌的形式所禁止。特別是，這種禁忌的想法會使男孩覺得父親帶給了他去勢的威脅。最後，男孩將認同感由母親轉移至代表權力與控制（陽具）象徵的父親。對女孩而言，因為她們認為自己已被閹割，因而導致暴怒與部分認同母親的性別角色，以及認同父親與權威、支配、特別是優勢之間的關係。對拉康來說，意義是由系統間的差異所產生，而陽具是主要普遍而絕對的符徵。具爭議的是，這使「女性」成為了第二符徵，是符號男性的附屬物，透過與男子氣概的不同來獲取意義。

## 象徵秩序

在拉康的理論中，語言扮演了關鍵角色。語言形成的動機是來自於控制感帶來的愉悅，且語言的獲得代表了透過占領符號的權力世界以規範慾望的企圖。事實上，拉康對個體核心的觀察是，語言是**失落感**的表現。特別是在鏡象階段與母親脫離所帶來的失落感；以及更廣義的，過去經歷象徵秩序階段時所帶來的失落感。

透過進入象徵秩序時期，個體才得以形成。在象徵秩序之外便是精神

病的存在。對拉康來說，象徵秩序是語言與被承認的社會意義的支配結構。人類的法律與文化，以語言的形式進行結合後而被具體化，靠著語言的結構形成了主體位置，人並依著這主體位置來發言。關鍵的是，陽具因性別化的主體位置來切斷母親小孩的關係，且表示進入了象徵秩序的階段。的確，正是陽具這個「絕對的符號」使得人們進入語言（對兩性皆然），且以破碎的主體來使一體敘述的建構成立。符號的陽具是特別且普遍的符號，因為它是法律的創始者（正如上帝是猶太教與基督教中新生與權力的象徵），它組織了象徵秩序以讓嬰孩進入其中（因為正是父親的符號禁止了對母親的妄想）。

## 「如語言般」的無意識

無意識是意義再現產生的場域，套用拉康的說法，其結構就像是語言。語言不只是通往無意識的唯一途徑，語言也是表意的中心，也就是說，意義活動的形式就像語言。特別是，佛洛依德提出壓縮與替換的機制是「主要過程」最重要的部分，拉康認為這相當類似於語言中的隱喻和轉喻。

縮合作用（condensation）[6]是指用一個概念來代表一連串符號後的一連串的意義。例如**玫瑰**，它被比喻為有香味的、有花瓣的，又被比喻為陰道、女人。玫瑰象徵女人。同樣的，隱喻牽涉到以一個符碼來替代另一個——如以玫瑰取代女人。雖然意義因為從差異／**延異**中產生，所以不被固定（或外延）。然而，在壓抑的力量下，一個符徵得到了一個符旨的狀態。當一個有意識的概念以隱喻形式呈現時，則代表了一整串無意識的意

---

6.譯註：縮合作用原本在佛洛依德的理論中是指「心理表象向自我表現出諸個聯想系列（chaines associatives），這個心理表象就處這些聯想的交匯之處」（杜聲鋒，1988：96）。見杜聲鋒（1988）：《拉康結構主義精神分析學》。台北：遠流。

義。

移遷作用（displacement）[7] 是指將一個物體或概念的能量導向另一個。以佛洛依德的話來說，這些物體利用精神的能量進行宣洩。轉喻是指用部分代替全部的過程，利用能量的替換來代表一串符碼的意義，例如用燃燒中的車來代表市區的暴動，或甚至暗指「國家的情勢」。當差異產生意義，繼之意義被延宕，固定後的意義帶來了滿足，然後便驅動了移遷／轉喻，這牽涉到企圖控制符號以戰勝失落感。藉著轉喻，意義會根據建構（二分化）無意識的文化**節點**使意義不再流動，也就是暫時將意義穩定下來。

## 拉康理論的問題

雖然在文化研究中很具份量，但拉康對佛洛依德的解讀仍留下一些未解的疑問：

1. 無意識究竟是「像語言」或者根本就是語言？
2. 陽具建構了象徵秩序與法律之父管制我們進入象徵秩序的情形，是人類共有的或是特有的文化和歷史產生的？拉康的理論是否帶有**陽具中心主義**（phallocentric）的論調？
3. 性別異化的個體如何變成屈服於象徵秩序的結果？且同時成為依賴男女差異的戀母情結的解決之道？
4. 是否有可能反抗或改變**父權體制**的意識形態，還是我們將永遠因此被形塑？

---

7. 譯註：移遷作用原指「一個心理表象的重點、興致、強度脫離開這個表象本身以過渡到另一些不怎麼強烈的表象，這些不怎麼強烈的表象是通過一個聯想鏈與第一個表象相關連的。」（杜聲鋒，1988：98〔同前註〕）

這些問題對**女性主義**來說特別重要。事實是，許多從精神分析角度來看語言與主體性而起的爭議，都是由女性主義理論者帶起的。女性主義被精神分析學（特別是拉康）吸引，同時卻也加以排斥，因為此理論似乎解釋了性別化的主體（gendered subjects）的構成（*Mitchell, 1974*），然而卻置主體性的形成為一種普遍的、反歷史的（ahistorical）、父權的（即男性支配）的過程（見第八章）。

其他人也不斷地攻擊精神分析，認為其不但不必要，甚至是個誤導人的、規範性的神話。例如，羅斯（N. Rose）同意傅科的看法，認為精神分析是一種獨特了解人的方式，由於是在十九世紀末被開拓出來的，具有其歷史的特殊性，因此精神分析不能被用來「作為了解身為人類的歷史性的基礎」（*Rose, 1996: 142*）。

不管此論點的優劣，如果我們要維持其「多樣相的變態」與社會規範的連結的話，精神分析必須被當成歷史上對人類性慾與主體性的特定解讀。精神分析所描述的這種獨特的精神解讀並不能普遍應用在全人類，而是受限於特定時空背景的。

## 語言使用：維根斯坦與羅逖

德希達、傅科、拉康的理論，代表了語言與再現的後結構主義理論在文化研究上的影響力。然而，還有另一個傳統，雖然在某些方面不同，但與後結構主義共享其反再現主義、反本質主義的立場。這個傳統以哲學家維根斯坦（Ludwig Wittgenstein），以及杜威（John Dewey）與詹姆斯（William James）等人所開創的美國實用主義傳統為代表，而羅逖是其當代最主要的倡導者。雖然其影響力不及後結構主義，但重要性日增，尤其在與**後現代主義**的辯論上（見本書第五章）。

## 維根斯坦的研究

### 語言是工具

在《哲學探索》（*Philosophical Investigations*）一書中，維根斯坦指出，為語言尋找一個普遍的理論解釋並非最有效益之途。對他來說，語言不是形而上的存在，而是人類在社會關係的脈絡下用來協調他們的行動的工具。「一個字的意義在於它在語言中的使用」（*Wittgenstein, 1953: §43: 20e*）。重要的是，我們要問「在什麼特殊情況下這個句子被實際使用，從而具有意義」（*Wittgenstein, 1953: §117: 48e*）。將語言視為工具，是暗示我們利用語言來做事。語言是行動，也導引行動。在社會使用的脈絡裡，語言的意義可以因實際需要而暫時被穩定下來。

德希達與維根斯坦的作品有些共同點，都強調：

1. 語言的非再現性。
2. 符號與其指涉對象間的關係是任意的。
3. 所謂「真理」，其本質是存在於特定脈絡。

然而，維根斯坦比德希達更強調語言的實用性與社會性，包括社會關係的重要性（〔社會關係的重要性〕有時在德希達的著作中突然就不見了）。對維根斯坦來說，雖然語言的意義確由差異關係中產生，但意義卻會因社會習慣與實踐活動，使得語言的意義被賦予某種程度的穩定性。德希達所探索的表意的無止盡的運作，也會透過實用的**敘事**而被規約與局部地被穩定下來。

對維根斯坦來說，一個有意義的表達，是指可以被活生生的人類所使用的。這是說，語言直接牽連到人類的「生活形式」（forms of life）。因此，只要「桌子」一詞的意義源自於它與其他符徵間的關係（例如桌子、書桌、櫃台桌、折疊桌等），它自身的意義就不會是穩定的。不過，因形

成了某種關於「桌子」的社會知識（social knowledge），它的意義仍可被穩定下來，像是桌子是用來做什麼的、什麼時候、什麼情況下使用等。換句話說，藉由實用敘事或**語言遊戲**（language-games），「桌子」這個字詞於是有了特定意義。

### 語言遊戲

讓我們看看維根斯坦如何討論「遊戲」（game）這個字的。在對遊戲的觀察中，他表示：

> 你找不到一體適用的東西，只有相似、關連並連續性。……看看棋盤遊戲的例子，還有它們多方面的關係。再看紙牌遊戲，現在你發現有許多第一組〔遊戲〕相符的地方，但很多相同的特質不見了，而其他的出現了。當我們再看球類遊戲時，許多相同處會保留，但許多也不見了。……而這個檢驗的結果是：我們看到了一個由共同點組成的複雜網絡彼此重疊與交叉：有時是整體的共同點，有時是細節的共同點（*Wittgenstein, 1953: 31e-32e*）。

「遊戲」這個字的意義不只是從一個遊戲的某些特別或本質性的特徵中抽出來的，而是來自於一個具複雜的關係與特徵的網絡，而只有部分特徵會出現在一個特定的遊戲中。因此，各種遊戲都具有著一組「家族相似性」（family resemblances）。家族的成員也許會與其他成員有共同的特質，但卻不一定都共有某一特徵。如此看來，「遊戲」這個字是關係性的：卡片遊戲的意義在於其與棋盤遊戲和球類遊戲的關係。更進一步看，「遊戲」這個字獲取意義的方式是，從它在遊戲中的一個特定語言遊戲的位置，以及「遊戲」這個字與其他非遊戲之間的關係。

然而，如維根斯坦所說，當企圖要對其他人解釋「遊戲」這個字時，我們很可能展示出一些遊戲並告訴他們這些就是遊戲。我們這麼做可以為

特定的目的劃下界線，此例並且說明了「意義」可以不是由一個抽象而具體化的「語言」所產生，而是對某些特定目的的實務解釋。就某種意義上，知道什麼是遊戲代表可以玩這種遊戲。雖然語言遊戲是受限於規則的活動，這規則卻不是語言的抽象成分（如結構主義），而是**構成的規則**（constitutive rules），這些規則會讓它們社會實踐中起作用。這些語言的規則建構了我們對於在社會中「如何生存」的實際了解。

### 李歐塔與不可共量性

一個較著名的，「應用」維根斯坦於文化研究中的例子是後現代哲學家李歐塔的研究。他認為維根斯坦已經揭示了「語言非一體」，語言是像小島一樣的，每個都有自己的規則系統，而不能譯為其他系統（*Lyotard, 1984: 61*）。也就是說，真實與意義是由其獨特的位置與語言遊戲構成，性質不是普遍的，知識對語言遊戲而言是獨特的。因此，後現代哲學擁抱在地、多元和異質的知識，拒絕接受鉅觀、一體化式的解釋（其中較著名的是馬克思主義）。在李歐塔的解釋中，這暗示語言和文化的「不可共量性」（incommensurability）以及不可傳譯性，因而興起了對差異與在地知識的重視。然而，同樣被維根斯坦影響的羅逖（*Rorty, 1991a*），認為我們可以把語言看作是一種運用技巧的行為。雖然正確無誤的文化或語言的翻譯是不可行的，我們依然可以學習語言的技巧來使跨文化溝通成為可能。

### 羅逖與語言的偶然性

對羅逖（*Rorty, 1980, 1989, 1991a, 1991b*）來說，人類使用聲音與記號，〔我們稱之為語言〕，來協調行動與適應環境。在此羅逖利用了維根斯坦的觀點，認為語言是被人類這個有機體使用的工具，且「搭配記號和我們發出的聲音，便可以有效地預測、控制其（人類有機體）動向」（*Rorty, 1989: 52*）。從這觀點來看，語言和物質世界之間是因果關係而非是前者再

現或表現了後者。也就是說，我們可以有效地去解釋人類有機體如何以特定有因果關係的方法來行動或說話，但我們其實無法完全將語言視為在某種程度上、對應或反映了物質世界。

### 反再現主義

對羅逖來說，「**沒有**語言的物件可以代表**任何**非語言的物件」（*Rorty, 1991a: 2*）。也就是說，語言物件的排列不會符合真實的排列。人不可能客觀、獨立地驗證某一段對於世界的敘述之真實性（*如果真實是指世界與語言之間有對應關係*）。我們沒有像上帝般的優越位置，有能力分開檢視世界與語言之間的關係，因為就算我們企圖去建立這樣的關係，我們仍不得不藉助語言。雖然我們可以用一些字詞排列來描述這個或那個論述，因為它或多或少有點用，且或多或少可以產生有些我們想要的效果，但我們不能利用指涉其與獨立現實的對應關係來達成，只能根據我們的**價值觀**來判斷。

羅逖認為沒有一種**天鉤**「可以將我們拉離我們的信仰，讓我們可以站在高處以觀察信仰與現實的關係」（*Rorty, 1991a: 9*）。然而，這也不是說物質真實不存在，或因為落入語言的陷阱使我們與物質真實有某種程度的不合（*如懷疑論者會認為的*）。相反地，因為語言是用來適應與控制環境的工具，如果我們把語言當成「被影響或影響人的」而不是「反映真實」的話，我們就可以在文化的每一個環境都與真實相合。認為語言與環境不同、語言不是從反映來了解的，這樣並沒有意義，且沒有用。如羅逖所說：

> 我們必須區分「世界就在那裡」與「真理就在那裡」這兩種主張。「世界就在那裡」、「世界不是我們所創造」，是說依一般常識，空間和時間中的大部分事物，不是由人類心智狀態所創造的結果。說「真理不在那裡」指的是，如果沒有語句，就無所謂真理；語句是人類語言的元素，而人類語言是人類創造的東

西。真理不能就在那裡——其存在不可能獨立於人類的心智——
因為語句不可能就這麼存在、或就在那裡。世界就在那裡,但是
關於世界的描述卻非「就在那裡」。只有對世界的描述才有所謂
真假;世界本身——如不藉助人類的描述活動——不可能有真假
可言(*Rorty, 1989: 69*)**8**。

## 真理是社會讚許

羅逖主張大多數我們認為「真」的信仰確實就是「真」的;不過,真
理並不是對語言與現實相符性的一段聲明。說大多數我們的信仰是真的,
是意指我們與別人都使用同樣聲音與行為模式的排列,且這模式使我們能
協調與他人的行為。也就是,「真」並不是一個認識論的詞,代表語言與
現實之間的關係,而是一個共識的詞,指涉的是同意的程度和行為模式的
協調程度。真理是社會讚許,是我們認為好的。若說某事不是真的,暗示
還有更好的描述方法,在此「更好的」是以一種方式描述世界結果的價值
判斷(包括其預測能力)。

真理、知識和了解都是置放在特定的語言遊戲裡。真理是在語言遊戲
中將譬喻文字化(或透過社會的常規習慣暫時地將意義固定下來),最終
達到羅逖所說的「最終字彙」(final vocabulary)的地步。我們認為真和
好的事是我們所經歷的**涵化**(acculturalization)的特殊形式導致的結果。
如羅逖所說:

反本質主義的一個結果是承認吾人不可能從上帝的視角來描
述一件事,當代或即將開發的科學也未足以提供天鉤,能夠把人

---

8.譯註:此處中譯另請參考徐文瑞譯(1998〔1989〕):《偶然、反諷與團結:一個
實用主義者的政治想像》,台北:麥田,頁38。

從人之所以為人係源於諸般偶然因素中釋放出來。我們受文化的涵化影響，從而使得某些選擇活生生、影響重大或是強迫，同時也是涵化使得其他選擇變得死氣沈沈、微不足道或是可有可無。我們只能盼望超越我們所受到的涵化影響，如果我們的文化包含（或者，由於外來或內發的動亂而發生斷裂，從而包含）分裂的因子，提供了創新變革的基點（*Rorty, 1991a: 13-14*）。

## 描述與評估

對羅逖而言，語言的偶然性與其後的**反諷**（反諷指的是一個人暫時相信、卻也有可能不相信的情形。也就是說，沒有普遍的基礎）讓我們問自己一個問題——我們想成為什麼樣的人——因為沒有絕對的真理和絕對的上帝可以回答我們這個問題。對我們身為個人而言，問題的形成變成「我想成為誰」，以及關於我們和其他人們之間關係的問題：「我們應如何與他人產生關係？」這些都是帶來政治價值回應的實際問題，而不是形上學或認識論這種帶來呼應真實答案的問題。

反本質主義的語言觀，其放棄追求呼應世界的真理、而偏向論述與行動的實用結果。因此借用詹姆斯的話來說，真實就是「相信它對**我們**是好的」。對自我、以及行動方針的評估及合理化並非透過形而上的真實才能得知，相反地，這種判斷是以我們原有的價值觀為基礎，再考量其結果的實用程度來得知。因為現在的好與可能更好之間有段落差，所謂「好」乃是出於與不同的**實際的實踐活動**（actual practices）進行比較而得。也就是說，當我們在比較其他做事的實際方法時，我們可期待以新的角度來看待可能帶給我們更好的結果的事情。為了不讓教化的真實使某一特定的文化或生存方式成為我們窄化的真實，羅逖建議應該儘可能地將我們置於更多可能的對世界的敘述與看法。因此羅逖認為我們應透過穿梭於各種新態度與信仰中，來捍衛政治文化多元的價值以及自我的擴展。

　　對世界的多元描述的一個實際結果是更可能找到適應與塑形世界的有效方法。第二個重要的結果是，當逃避受苦被認為是重要的政治價值時，也有較多方法傾聽那些可能在受苦的人的聲音。第三個結果是個人透過習得新字彙以成長的概念。個體的**身分／認同方案**（identity projects）與集體的**文化政治**，兩者都需要我們形塑新的語言或最終字彙、以及新的描述我們自己的方式，以重整我們在世界上的位置而得到我們想要的結果。我們不需要普遍的基礎來使政治價值或政治行為生效，相反地，就我們的價值觀而言，政治投射可透過實用主義合理化（見第十二章）。

## 論述與物質

　　有論者擔心過度強調論述與語言的建構特質（也就是本章的核心論點），是某種形式的唯心論（idealism）。唯心論關注於世界是被語言與心智之外的任何物質考量所形成。極端地來看，「一切都是論述」。然而，這並不是先前所論辯的。以維根斯坦的看法，世界的物質性只是眾多事物當中沒有疑慮的部分，而我們不得不相信這個假定。如維根斯坦所主張，我們原則上可能想像每一次我們開了一扇門，那裡就有一個無底的深淵在我們下方。然而，這麼做卻沒有意義，這對我們是不明智的。

　　如維根斯坦與羅逖認為，語言可被理解成是人類為達目的所發明的一連串聲音與記號；知識不是用來得到真理或一個客觀的真實圖像。我們生產了對世界不同的描述且使用那些似乎對我們最適合的來用。字彙對我們有多樣性，因為我們的目的有多樣性。一旦我們不再視語言為世界的反映，而認為語言是我們用來立身行事的工具，暗示語言與環境是不協調的就沒有意義了。因為語言並不反映物質世界，所以語言無法錯誤再現世界。

## 不可溶性

對傅科來說，物質與社會行為都被語言賦予了意義與加入了觀點，它們都是藉論述形成的。論述以一種可理解的方式建構、定義並生產知識的客體，然而在建構的過程中，排除了其他被理性認為是不可理解的部分。如巴特勒（Judith Butler）主張，論述與物質都是不可互溶的。她認為論述不只是我們用來了解有形物體的方法，且就某種意義上，論述也以特別方式為物質加入了觀點。例如，性別化的身體是被論述構成的，但這是不可或缺的論述建構，這種建構形塑了主體且統理了身體的物質化，因此「身體無法抽離自掌握身體物質化的規約體系、以及其物質化效果的表意」（*Butler, 1993: 2*）。

### 本章摘要

語言是文化研究的中心焦點，它是意義或表意的工具與媒介。意義這個概念在探索文化時占據核心地位，研究文化就等於是探索意義如何從符碼系統的語言符號中產生。在此，意義是透過差異形成的，亦即一個符徵與另一個符徵的關係，而非指涉獨立客體世界中的某一固定實體。

若說意義存在於一連串的符碼中，這是說，「壞」的意義存在於與邪惡－淘氣－不被認同……等的關係中，因此意義有發展為無限的潛能。意義絕非固定的，而是永遠在變動中、不斷地被添補的。因此，德希達的**延異**──「差異與延宕」──的觀念便關注意義的不穩定與不可決定性。然而，這雖然是具有生產性與詩意的語言解釋，但也有人主張在社會實際情況中，意義也會暫時地被穩定。對維根斯坦來說，這種情形發生於語言使用、社會傳統，以及對字詞使用的實用敘事。對羅逖而言，這牽涉了偶然的「最終字彙」的產生。對傅科來

說，這是透過權力滲入論述與論述形構中對意義的規約。

文化可被視為一張張受到規約的意義地圖，由交疊的各種論述構成，從而使客體與實踐取得某種意義。文化是在一個特定時空下的不同論述的掠影，一張暫時將「變動中的意義」（meaning-in-motion）固定下來的地圖。文化與文化認同是在一些重要的「節點」（nodal points）上被暫時地穩定下來，它在現代西方社會是圍繞階級、性別、族群與年齡的一種歷史形成。意義被暫時穩定的過程，也就是權力與文化政治的問題。

第二部分

# 文化研究的變動脈絡

第四章

# 新世界失序？

◉初稿翻譯協助：羅莊鵬

　　我們正處在一個社會秩序快速變遷的時代。舊有的那張深受信賴的地圖逐漸崩潰在全球失序的不確定性當中。這些多面向的、而且是相互關連的變遷，包含了經濟、科技、**政治**、**文化**（見本書第五章）與**認同**（第六章）。然而，最重要的是，變遷並不是侷限在特定的民族國家範疇，而是糾結在全球化的過程中；全球化質疑有疆界的社會與文化這個基本概念。這些變遷的複雜性，使得社會決定（social determination）的問題重新被思考，特別是承認這些複雜重疊與多元決定的肇因是混沌、非線性的，而文化在其中扮演了舉足輕重的角色。

　　在這些變遷中有許多的面向，一直被排除在**文化研究**的理論範疇之外，特別是在科技與經濟層面上，而這正反映了作者在安排這個章節上的選擇。然而，這些變遷形成了九〇年代文化研究的發展脈絡，其中許多的詞彙如後福特主義（post-Fordism）、後工業社會（post-industrial society）、後現代化（post-modernization）等，已被文化研究所吸納。此外，文化研究透過探索消費文化、全球文化、文化帝國主義（cultural imperialism）、

後殖民主義等，從文化的層面了解這些變遷。

## 經濟、科技與社會階級

### 福特主義

一九四五年後，西方世界的經濟體，特別是英國與美國，受到「福特主義」及凱因斯主義（Keynesianism）的支配，前者成為其主導的經濟實踐方式，後者則成為其作為一個民族國家的經濟政策。這些實踐方式不僅是作為經濟上的策略，它們同時建構了整個**社會形構**（social formation）的組織原則與文化關係。雖然在經濟體與民族國家之間存在著許多變異形式，但是福特—凱因斯主義（Fordism-Keynesianism）的廣義特質，其標記是在大眾消費的環境下進行標準化財貨的大規模生產，而這至少對於核心員工，需要一個較高薪資的系統。當然，相對於高薪的核心勞動力，對於女性與有色人種占絕大多數的低薪部門來說，這並不是一個流著牛奶與蜂蜜的富饒之地。

消費品的大量生產與大量消費的核心，是一套發展中的促銷與廣告文化，用來支持銷售的過程。此外，完全就業策略追求的不只是社會「共善」，更是一種持續運用權力，維持消費力以滿足生產量的方式。效率透過「科學管理」的技術達成（*Taylor, 1911*），科學管理強調：

1. 分工的組織，以允許任務的區別。
2. 運用時間與動作的研究（time and motion studies），評估並描述工作任務。
3. 財務誘因的使用，給予員工工作動機。

作為一種經濟管制的方式，福特主義需要某種程度的規劃與管理，以

維持穩定。這一切係透過美國對於世界貨幣的支配、某種程度上的國際合作，以及國家扮演企業政策制訂者與經濟管理者的雙重角色。在這個時期，國家扮演社會福利的提供者、公司衝突的解決者，以及直接雇用者等重要的干預角色。

　　雖然每個國家運用的策略不同，但是一九六〇年代的英國，可說是歷經經濟榮景的典型，尤其是大量投資在汽車與引擎〔工業〕的英格蘭東南部與中部地區。在這個背景下，勞工運動透過成功的罷工行動，在所謂「工資上漲」（wage drift）的過程中提高薪資。在政治上，一九五〇與一九六〇年代初期，保守黨的不斷勝選有賴於大量工人階級的選票支持。有些評論家歡呼此過程為「布爾喬亞化」（embourgeoisement）（見 *Goldthorpe and Lockwood, 1968*），這表現在手工勞動者賺取差可比擬中產階級的收入，以及他們採納中產階級的生活風格與價值觀。產業景象如此欣欣向榮，難怪有人說這會是左右全世界每個社會的工業化邏輯（*Kerr et al., 1973*）。

　　被描述成福特主義的經濟與社會形構的許多要素，現已發生變遷。雖有許多不同的名詞被用來描述這些變遷，但其中三個最具影響力（而且是重疊的）的是**後福特主義**、後工業社會與去組織化資本主義（disorganized capitalism）。用這些概念去描繪這些變遷，指的是位於經濟與文化前沿的最新變化。這並非意指這個模式適用於所有的生產與文化形式，而是再現了變遷的方向。

## 後福特主義

　　如哈維（*David Harvey, 1989*）所述，一九七〇年代初期福特主義體制開始面臨一些令人頭痛的問題（他認為一九七二年的石油危機是關鍵時刻），尤其是這個大量生產與消費的系統，在西方社會面臨市場飽和及隨後而至的生產過剩問題。這並非表示每個人都得以擁有自己想要的消費產品，而是消費者的消費力已達極限。此外，西方經濟面臨來自日本與新興

工業國家如台灣、南韓與新加坡的價格競爭，再加上石油生產暨輸出國家組織（OPEC）提高油價，以及美國霸權衰弱而致無力穩定世界金融市場等，造成了停滯性通膨（經濟零成長，但高度通貨膨脹）。

因為福特主義在許多方面的僵化，接踵而來的全球經濟衰退乃變得無可避免：

1. 長期與大規模的固定資本投資，原本是建立在有個穩定的大眾市場的前提上。
2. 勞動市場的結構方式，向來以工作的專殊化與分工為準則。
3. 國家在福利支出上的承諾，造成巨額的預算赤字。

面對此一問題，企業察覺到必須藉由新技術、重新組織勞動力，並加速產品／消費週期等更具彈性的生產技術，以促使公司再次成長並提高獲利率。

在生產的層次上，從福特主義到後福特主義，意味著從同質商品的大量生產，轉變為生產小量的客製化（customization）商品，從一致性與標準化，轉變成針對利基市場提供彈性與多變的產品。另外，透過及時（Just-in Time, JIT）存貨管理系統，確保只有需求產生才提供供給，以降低在福特主義生產過程中，囤積大量存貨的成本。及時存貨管理系統與小量生產依賴新科技的使用，例如運用電腦來訂貨或是修正商品的產量與（或）產品的顏色、外型、樣式與大小等。此外，由於後福特主義是將生產過程轉包（subcontract）給水平連結的「獨立」公司，因此資訊科技被用來協調合作公司之間的營運作業。

## 重新組織勞動力

後福特主義涉及了勞動過程的重新構造。它以多元技能（multi-skilling）的勞工為目標，排除僵化的工作劃分，轉而強調員工的共同責任，以創造一個較水平式的勞動組織。受到日本經濟成就的影響，品質管控（quality control）從生產後的檢驗，轉變成整個製造過程的控管。這需要能夠對品質負責且「持續提高良率」的勞動力，這也是勞工角色中最重要的部分。在某些情況下，這包含由員工組成的「品質圈」（quality circles），其中員工們能夠彼此分享改善產品品質的想法。

由於多元技能需要昂貴的員工訓練，因此公司提供核心員工較長期的工作保障，以免因為勞工流動率（labour turnover）高而造成投資浪費。日產或豐田的終身僱用制度，就是後福特主義／日本化（Japanization）圖像的典型象徵。然而，這只是核心勞動力的情況，終身僱用保障等權利並未延伸至後福特主義所依賴的龐大的邊緣勞動力。因此，許多的生產過程，特別是水平連結的供應商，僱用的是兼職的、短期合約的與低薪的臨時工，而其工作時數經常變動。女性、有色人種和青少年正是這些主要的「邊緣」勞動力。

在日本以外的地區，論者的注意力集中在「矽谷」與北義大利地區[1]。義大利的全球流行服飾公司班尼頓（Benetton），公認是後福特主義企業的「理念型」（ideal-type）（*Murray, 1989a, 1989b*）。這是一個已經建立世界性零售連鎖業務網絡的組織，但是在其總公司卻只僱用了一千五百名員工，其中許多都是擁有高超技能的設計師或行銷專才。不需直接聘僱大量勞工，而是在生產與行銷上利用資訊科技和轉包廠商的供應鍊關係，使得班尼頓擁有彈性與迅速的市場反應時間。比方說，利用直接、電子化的方式連結它的零售商，使得班尼頓隨時取得最新的銷售資訊，核心的營運部門得以快速地反映消費者的需求，並可立即據此調整轉包廠商的訂單。

### 調節學派

後福特主義指的不只是彈性專殊化的工作實踐，而是新的「積累政

---

1. 譯註：亦即艾米里亞—羅馬尼亞（Emilia Romagna）或被稱作「第三義大利」（Third Italy）的地區。

權」（regime of accumulation），以及和這個積累政權有關的「社會與政治的調節模式」（mode of social and political regulations），後者意指穩定化消費與累積間的關係，或是公司保留多少利潤與消費者花費了多少。此種分析暗示了一種存在於生產條件、社會／政治關係與生活風格之間的關連，依循的是亞格里特（*Michel Aglietta, 1979*）所代表的「調節學派」（the regulation school）的觀點。「調解學派」強調社會與文化關係（*而非所謂自由市場的「看不見的手」*）在穩固先進資本主義經濟體的角色，其中包括國家所扮演的調節生產與需求的角色。

對某些學者而言（*包括亞格里特*），所謂後福特主義的工作實踐的改變，其實應被看作是新福特主義（neo-Fordism），是福特主義實踐方式為了獲得新生所做的**延伸**（extension）。這裡所謂的新福特主義涉及了：

*1.*公司多角化經營，開發新產品。

*2.*為開拓新的市場而國際化。

*3.*追求規模經濟。

*4.*透過密集應用科技與自動化，強化其勞動力。

似乎可能的情況是，福特主義、新福特主義與後福特主義的實踐，乃是同時並存於全球特定經濟的部門之內與部門之間。不過，我將討論焦點擺在後福特主義，乃是因為後福特主義的立場在文化研究裡較常被討論與採納。

### 「嶄新時代」

生產、政治、消費、生活方式、認同與日常私人生活等層面的新形貌，構成了一種狀況，此一狀況條件被稱作「嶄新時代」（New Times）（*Hall and Jacques, 1989*）。這個所謂「嶄新時代」的研究路徑，廣泛地探索了文化、社會與經濟議題，以及它們之間的連結關係，包括：

*1.*彈性化的生產製造體系。

2.設計與品質的客製化。

3.利基行銷（niche marketing）。

4.消費者生活風格。

5.全球化。

6.新社會與政治運動。

7.國家的去管制化（deregulation）與社會福利供給的私有化（privatization）。

8.後現代主義的文化形貌。

9.階級結構的重新形構。

在此一脈絡下，所有過去用**階級**分析將經濟、社會與政治連結在一起的觀點，開始遭受質疑。有人論稱我們正目睹手工工人階級最終的式微、服務業與白領工作的上揚，以及兼職與「彈性」勞工的增加，將導致新的社會分工狀況，可表述成是二比一的社會（the two-thirds: one-third society），亦即一個社會有三分之二的人相對富裕，另有三分之一的人則因技術剝離（de-skilled）而操持著兼差性質的工作，或甚至是置身於由失業與無業可就者匯聚而成的「不成階級」（underclass）。同時，論者指出，各個階級的**文化認同**及其政治忠誠，從此變得更加難以預料。持**後工業社會**與後現代化觀點的理論家與思想家，對這些變遷提供了最為清楚的視野。

## 後工業社會與階級認同的再形構

對貝爾（*Daniel Bell, 1973*）而言，後工業社會的特徵是從工業製造轉變成以資訊科技為中心的服務產業，使得知識生產與規劃扮演關鍵角色。在此一觀點中，科技變遷驅動了社會變遷，因為資訊交換與文化生產取代重工業，成為經濟的核心。新的生產過程，以及從強調生產到強調消費的一般性轉變，使得資訊科技與傳播工具成為未來的產業。在這個變遷過程中最重要的是電腦在處理數量、速度和距離的角色與能力大增，得以產製

與轉換日益複雜的資訊。

對後工業社會概念來說，最具樞紐作用的變遷是知識的地位與工作類型、職業結構的改變（純手工勞動的工作，逐漸被白領、專業與服務的工作取代）（Allen, 1992; Burnham, 1941）。同時正在發生的是：勞工的產業部門再分配（sectoral redistribution of labour）──勞動力從初級與次級產業部門轉移至〔第三級產業的〕服務部門；勞動形式與組織的轉變──白領工作的組織方式逐漸變成沿著技藝、而非工業的軸線發展。貝爾認為，這個新的階級結構，與後工業社會中日漸重要的知識與技術技能，有著密切的關係。也就是說，「在這個正在浮現之中的新社會，其主要的階級是以知識、而非以財產為基礎的專業階級」（Bell, 1973: 374）。

### 服務階級的興起

鮮少有人懷疑西方國家在工業製造部門已漸式微的事實，以及服務業部門興起造成職業類型上的相當程度的改變。因此，在美國與英國，屬於管理的、專業與技術性的勞工在比例上穩定增加，相當於所有勞動力的三分之一（Bell, 1973; Goldthorpe, 1982）。服務階級不直接生產商品，而是販售自己的技能，依靠的是他們自己的市場力量。他們通常擁有高度的自主權，在工作上是專業的「專家」，或是負責指導其他勞工。雖然他們沒有掌握生產工具，但是他們也許是股東，或至少是身處在光譜的頂層，且（／或）擁有管理這些大公司策略方向的能力。

貝爾描繪了一種由專業階級、技師與半專業階級、事務與業務員階級及半技術與工匠階級組成的社會階級結構。值得注意的是，在這個社會階級結構中，獨缺從事手工勞動的工人階級，亦即論者如葛茲（Andrew Gorz, 1982）著書「告別」的工人階級 [2]。葛茲的核心論述是，在自動化與後工

---

2.譯註：Andrew Gorz 著有《告別工人階級》（Farewell to the Working Class）一書。

業社會經濟的脈絡下，新科技已改變社會的就業型態，移除了許多工人階級的純手工工作及其階級認同，取代了原先那個工人階級的是一個新的、現金導向的後工業的「勞動」階級，包括擁有就業保障與優越地位的勞工「貴族」與失業的下層階級。循著類似的理路，杜漢（*Alan Touraine, 1971*）與貝爾一樣，將資訊與知識的控制視為新的社會衝突的核心。因此，所謂的支配階級，就是那些能夠近用與控制資訊的人：技術官僚們占據著支配的位置，而勞工、學生與消費者則處在被支配的位置上。

## 去組織化資本主義

在指認西方世界經濟與社會的主要變遷時，後工業社會或是資訊社會理論確實有所助益。不過，這些理論也有如下問題：

1. 對許多的評論家而言，這些理論誇大了這些變遷在地理上的規模、範疇與範圍（不同的地區與國家其經歷的變遷也有所不同），而且論點太過絕對化。評論家認為，變遷的範圍侷限在特定的經濟部門，而非像這些理論所認定的那樣有著廣泛的影響。比方說，朝向資訊與服務工作的趨勢是事實，但傳統的資本主義勞動組織型態仍是主流。

2. 雖然服務階級確有成長，但是其種類卻是非常分歧的——辦公室的事務人員、商店店員、律師和多國籍企業（multi-national corporations）的總裁，皆屬服務階級。然而，這些人在職業與文化上的形式似乎天差地遠，不適合將他們視為同一個階級。的確，有增無減的碎裂化（fragmentation）與階層化（stratification），才是這個新階級組織的特徵。

3. 後工業社會理論家過度依賴各種形式的科技決定論。這是指他們將科技視為變遷的首要動力，卻疏於把科技的發展與運用，置於整個

文化、社會與經濟的脈絡下考量。科技發展的動機本身是文化的，而且科技在實際的發展過程中，深受得失損益的考量左右，不少於科技**本身**的考量。

與後工業社會理論家相反的是，拉許與烏瑞（*Lash and Urry, 1987*）將經濟的、組織的與科技的變遷，視為是全球資本主義的重構與再造。由於它繼承的是**馬克思主義**，因此以**資本主義**作為具有特殊意義的類目，拉許與烏瑞所提出的「去組織化資本主義」，相較於後工業社會理論，更快被納入文化研究之中。拉許與烏瑞論道：

> 此處所謂「去組織化資本主義」（disorganized capitalism），其意義非常不同於其他人所謂的「後工業社會」或「資訊社會」。不同於後工業社會論者，我們認為資本主義的社會關係持續存在。對我們而言，某種程度的資本積累，是資本主義去組織化時代的必要條件，而資本家階級仍然是最具支配力的（*Lash and Urry, 1987: 5*）。

## 組織化資本主義

拉許與烏瑞集中討論的是全球資本主義，亦即經濟、科技與階級組成的變遷，不囿限於任何的民族國家之內，而是全球化過程的一部分。根據他們的觀點（*Lash and Urry, 1987*），從一八七〇年代中期以後，西方世界發展出一系列的工業經濟（industrial economy），構成他們稱作「組織化的資本主義」（organized capitalism）的一部分，其主要特徵如下：

1. 在管制漸增的市場環境下，工業、銀行與商業資本的集中化。
2. 營運上產權與經營權的分離，包括了複雜的科層管理組織的發展——新的管理、科學與技術知識部門；這些部門的發展同時也強化了

技術理性與讚頌科學的意識形態。

3.在大公司就業人數的成長，以及勞工集體力量的增加。

4.在經濟管理與衝突解決上，國家扮演越來越重要的角色。

5.產業資本主義的集中，不再侷限在民族國家內，而是轉而尋找跨國的擴張以及世界市場的控制。

6.工礦或製造業發展成為主要部門，伴隨著工業大城的成長。

## 去集中化與去工業化

相反的，「去組織化資本主義」透過全球的生產、集資與銷售流通，達到全球資本的去集中化。此外，資本主義在「發展中國家」的成長，導致在工業與製造業上，與西方世界國家日益競爭，而這使得第一世界經濟的職業結構轉向「服務」部門。因此，西方世界經濟經歷了工業／製造業部門的衰退，也就是經濟的去工業化（deindustrialization），直接導致核心工人階級在絕對與相對數量上的銳減，以及服務階級的出現。此一部門的再組織造成了地區性與都市集中度的下降，勞動組織的彈性形式的興起，以及全國性集體協商手段（保障勞工權益）的衰微。

在經濟實踐與階級組成上的這些變遷，與政治思想的改變有密切關係，例如大型企業越來越獨立於政府管制之外，國家統合主義的權威之崩解與集中化的社會福利的挑戰等。國家角色的改變，是政治與政黨的重要性及其階級特徵普遍衰退的一個面向。這是由於以教育為基礎的階層系統，打破了職業與階級政治之間的連結。

## 消費模式

到目前為止，分析的焦點在於工作結構與特徵的改變。然而，我們仍需要思考改變中的階級認同與消費模式之間的關連，此一主題經由**後現代**文化理論家吸納至文化研究中（見第五章）。在這兒我們關心兩個重要的

面向。第一，勞工逐漸提升的絕對消費水準；第二，工人階級的崩解及其
消費者傾向。身處在後匱乏的情況下，西方社會的大多數人擁有足夠的住
屋、交通與收入。所以，有人論稱，勞工的身分／認同從生產的位置轉移
至消費的位置。雖然服務階級比工人階級持續享有較多的消費品與服務，
而且他們的經驗**在性質**上相仿，工人階級以消費為中心的趨勢成為工人階
級碎裂化的媒介與工具——他們透過收入與消費能力的提高，逐漸從下層
階級脫離；同時藉由「品味」（taste）喜好的不同，而逐漸呈現內部的階
層化現象（internally stratified）（*Crook et al., 1992*）。

### 後現代化

其中一個雖說是有些怪異但更具影響力的理論立場，來自後現代思考
者布希亞（*Jean Baudrillard, 1983a, 1983b, 1988*）。他認為，在消費社會的客
體，人們不再根據其使用價值而去購買它，而是為了被日漸**商品化**社會所
標記的商品符號（commodity-signs）。對布希亞而言，沒有任何客體具有
所謂的本質價值（essential value）；使用價值本身是由交換所決定的，並
使得商品的文化意義比勞動價值或其效用更加重要。商品授予使用者某種
聲望，並且表現出源自於更寬廣的「社會秩序」的文化意義脈絡下的社會
價值、地位與權力。因此，消費財貨之中或異或同的各種**符碼**，被用來表
示社會關係：〔消費財貨等〕客體「講的是一個階層化的社會」（objects
'speak of a stratified society'），文化從而接管、吸納了社會，使得社會
不再能脫離文化互動而獨立存在。

以這個觀點來看，消費大多是屬於符號的消費；而符號消費根植於商
品文化（commodity-culture）的成長、利基行銷與各種「生活風格」（li-
festyles）的營造。柯魯克等人（*Crook et al., 1992*）將此一過程稱之為後現
代化（包括超商品化〔hypercommodification〕與超差異化〔hyperdifferen-
tiation〕），生活的全部領域都被商品滲透。外在驗證（external validation）
的系統崩潰瓦解，而價值與生活風格間的選擇變成只是品味與風格的問

題，而不是根據社會形成的「純正的」（authentic）文化權威。風格形式不受正式典律或社會階層的道德禮俗侷限，而是運作在自我參照的商品世界之中（within a self-referential world of commodities）。

費哲史東（*Featherstone, 1991*）認為，這代表的是一種消費文化（consumer culture）的形成；在這種消費文化下，生活風格的創造是以美學符號的消費為中心，而美學符號的消費，與重要性從生產轉移到消費的變遷有關。確實，「重要的是把焦點放在日漸顯著的消費**文化**，而不是把消費只當是成從生產導出的結果」（*Featherstone, 1991:13*）。換句話說，消費的文化有其自身的邏輯，不可被化約為生產；同時，消費文化的邏輯鬆脫了社會階級團體與生活風格／認同之間的關連。費哲史東認為，我們正在轉向成為一個沒有固定地位團體的社會；在這個社會中，特定的社會團體與部門，與其所採行的生活風格，兩者之間已經變得越來越不相干。他們正向某種生活風格讓步，「消費文化的新英雄們將某種生活風格變成一種生活方案，從而得以展現他們的個體性與風格感，這可見於商品、服飾、實踐活動、經驗、外表與身體儀態被裝配在一起的特殊方式，整個被設計融入為某種生活風格」（*Featherstone, 1991: 86*）。

## 關於決定論的問題

福特主義、後工業社會、去組織化資本主義與後現代化等論述，不只是關於當前世界的描述，更是為一連串先後發生的事件提供一些因果解釋。由於這些論述有用經濟變遷解釋文化變遷的傾向，因此後福特主義的論點隱含了經濟**化約論**的危險。然而，霍爾駁斥所謂後福特主義典範隱含經濟化約論的講法，他說後福特主義「對文化變遷的描述與對經濟變遷的描述是一樣多的」（*Hall, 1989*）。他也說，現代文化「在其實踐上徹徹底底是物質性的」，而商品的物質世界則「完全是文化的」，尤其是設計、風格與美學已滲透到許多的生產過程當中。實際上，「不只是反映了其他

過程——經濟的或是政治的——文化被視為社會世界的**組成**，就如同經濟或是政治的過程」（*Du Gay et al., 1997: 4*，斜體字強調的部分是我另加的）。

雖然霍爾主張「文化迴路」的**接合**（*每一個階段對於下一個階段都是必須的，但並不會決定其形式*），但布希亞、柯魯克與費哲史東等人的論述則傾向於「社會的終結」（end of the social），而「文化取而代之」（culture takes over）。他們斷定，在面對中介的文化意義與認同感的關係時，相互存在獨立形成的**社會**關係將衰退。對於柯魯克等人來說，經濟、社會、政治與文化等實踐之間的關係，應該被看成在它們之間的**文化**意義的界線的相互滲透（interpenetration）與越界（transgression）。因此：

1. 不再將文化過程視為「更深層的」經濟與社會動力的作用。
2. 從它們的附屬地位獲得解放，文化的因子於焉增長、分裂且重新結合。
3. 文化的動力不但扭轉了傳統的唯物論與唯心論的層級關係，而且文化動力也扮演了關鍵角色，破解所謂經濟、政治與社會各自可以自主發展的邏輯（*Crook et al., 1992: 229*）。

對於霍爾（*1988, 1989, 1997b*）而言，重大攸關的並不是社會是否面臨崩解，而是社會與文化的重新接合——物質商品（material goods）化身為各種社會符號（social signs）。一個日漸差異化的的社會市場，產生「社會生活的多元化，使一般人可能採納的發言位置與身分／認同的選擇機會大增」（*Hall, 1988: 129*）。舉例來說，莫特（*Mort, 1989*）對支撐並構成新的身分／認同的廣告與消費文化有所討論，像是「職業婦女」（career women）、「新好男人」（new man）、雅痞與各種青少年身分／認同。

思考社會形構裡的決定過程的另一種方式，是將其運作視為「根莖狀的」（rhizomorphic）。不同於「根枝」（root and branch）途徑——以樹作喻，暗示有直線式的因果關係；「所謂根莖狀，是指生長出看起來像是根的細莖與根鬚，或者更好的是伸展成一簇根莖，這些細莖與根鬚可能盤

根錯節而生新的用途」（*Deleuze and Guattari, 1988: 15*）。而地穴本身，「以及地穴所有的功能如庇護、供給、運動、逃避與突圍」（*Deleuze and Guattari, 1988: 7*），更別提它們互連的圖像形式，本質上是根莖狀的，就像洋竽的球莖一樣。總之，我們所目睹到當代的、混沌的、盤根錯節如根莖狀的文化現況，不能被侷限在民族國家的疆界內；它們是全球化的新世界失序的一環。

# 全球化

根據羅伯森（*Robertson, 1992*）的說法，所謂的全球化是世界加劇的壓縮，以及我們對於世界的意識漸增。換句話說，這意味的是越來越豐富的全球連結，以及我們對於此一關係的了解。我們可以用現代性的制度來了解「世界的壓縮」，而反思的「世界意識的強化」可以有效地透過文化的詞語來理解。

## 現代性的動態觀

現代性是以變遷、創新與動態為特徵的後中古世紀（post-middle ages）或後傳統秩序（post-traditional order）。紀登思（*Giddens, 1990, 1991*）認為，**現代性**的制度（見本書第五章）是由資本主義、工業主義、監控（surveillance）、民族國家、軍事力量所組成。因此，現代世界的特徵是，武裝的工業資本主義民族國家，有系統的監控他們的人民。全球化可以藉由世界資本主義經濟、全球資訊系統、民族國家系統、以及世界軍事秩序等概念來了解。現代性制度在本質上是全球化的（inherently globalizing），因為現代性制度允許**時間—空間**的分離（the separation of time-space）以

及社會秩序的「離根化」（disembedding）；或是從某處的社會關係中抽離，並在另一個地方重新植根。

許多的因素構成了時空延展的模式（the patterns of time-space distanciation）；也就是社會在時間與空間上，或長或短的「延展」過程。抽象的時鐘時間（abstract clock time）的發展是其中相當重要的概念，因為它允許時間、空間與場所分道揚鑣，讓不在同一時地的人們得以發展社會關係。同時，新形式傳播與資訊控制的發展，允許跨越時空的交易處理，所以在遠方的社會影響力將滲入並形塑任何地方。例如，貨幣與電子通訊的發展，透過全球二十四小時處理的金融交易形式，使得社會關係的延展得以跨越時空。

紀登思將現代性的制度比喻成力量強大而無法控制的龐然大物，將一切阻遏它前進之物掃除殆盡。此說認為，現代性源自於西歐，繼而延伸至全球。然而，現代性與全球化之間的關係導致對歐洲中心論的批判，因為後者認定只有一種現代性，只有西方世界代表現代性。費哲史東（*Featherstone, 1995*）認為，現代性不只是一種時間的概念（例如當作是劃時代的社會轉變），也應是空間與關係的陳述。他主張，地球上不同的空間地域以各種方式逐漸現代化，所以我們需要以更多元的概念來說明全球多種的現代（modernities）。

費哲史東提出，日本並不完全適用於傳統—現代性—後現代性的直線發展模式。莫利（David Morley）與魯賓斯（Kevin Robins）也認為，「日本的成功範例足以質疑以西方世界為文化與地理中心的現代性思想」（*Morley and Robins, 1995: 160*）。日本在新科技上持續的領先，擁有好萊塢文化產業重要的部分，具有先進的後福特主義生產技術，也是世界上最大的債權國與淨投資國。也就是說，日本有其自身獨有的現代（與後現代）形式。

## 全球經濟流動

許多全球化的過程是以經濟為其特徵。因此，全世界最大的經濟體中的二分之一是由二百家的跨國公司所組成，並生產出全世界三分之一到二分之一的產品（*Giddens, 1989*）。汽車零件、化學物品、建築、半導體是其中最具全球化的產業（*Waters, 1995*）。舉例來說，百分之九十的半導體生產是由十家跨國公司所執行，而這些跨國公司地理政治中心逐漸從美國轉移到日本。藉由新科技在資訊轉換的能力，全世界的金融交易得以每天二十四小時處理。事實上，在所有的經濟實務運作上，金融部門是最全球化的部門。當歐洲匯率機制瓦解、證券交易的黑色星期一，以及所謂的「亞洲金融風暴」等，都顯示出國家任由全球的金融市場所擺布。全球化的一部分是由全球範圍的經濟活動所組成，而這些經濟活動正創造出一個相互連結的（如果是不均等的）世界經濟。

全球經濟活動的興起與成長並不是一個完全新的現象。從十六世紀開始，歐洲的商業貿易已經擴張至亞洲、南美洲與非洲。然而，當今全球化的現象受到注意乃是因為其範疇與步調。自從一九七○年代早期，我們目睹了一個**加速的**（accelerated）全球化狀態，以時空壓縮的新面向為其特徵。這是由於跨國公司面臨福特主義的危機，為了尋找新的獲利資源所驅使。全球的不景氣促進了世界經濟活動的重新全球化，藉由資訊與傳播科技的使用，加速生產與消費的流轉（*Harvey, 1989*）。因此，加速的全球化是指，在「去組織化」的時代中，資本主義實踐的相關經濟活動。

## 全球文化流動

全球化不只是經濟的問題，同時也關注文化意義的議題。雖然與**地方／場所**（place）有關的價值與意義仍很重要，然而我們正步入一個大幅超

越目前地理區位的網絡之中。當然，我們不是統一的世界國家（a world state）或是世界文化（world culture）的一部分，但我們可以看到文化整合或文化分裂的全球文化過程，非國與國關係可以盡括。

　　根據派特西（Jan van Pieterse）的論述，人們可以將文化的概念區別為有疆界的、與地理位置有關、內部的；或是將文化視為向外的「跨在地學習的過程」（translocal learning process）。他提出：

　　　　在過去很長的一段歷史中，內部的文化（introverted cultures）一直占有顯著的地位，而且掩蓋了跨地域的文化；然而，內部的文化已經逐漸退居幕後，取而代之的是具有多樣性要素所組成的跨地域文化（Pieterse, 1952:62）。

　　赫布迪齊（Hebdige, 1990）主張，世界主義（cosmopolitanism）是西方世界日常生活的一個面向。多樣性與遙遠的文化，以符號或商品的方式，透過電視、廣播、超級市場與購物中心等，已經可以被取得。在殖民主義與其結果建立起的人口移動與定居的模式，加上近來全球化的加速——尤其透過電子通訊，增加了文化的並列、相遇與混合。這個觀點主張我們應該跳脫原本侷限在地的「生活的全部方式」的那種文化模式。

　　克里弗（Clifford, 1992）主張用旅行（travel）去「取代」（re-place）場域（location），作為隱喻的文化概念。克里弗認為民族與文化四處旅行，而地域／文化是旅行者的交會點。這種例子隨處可見，例如英國的人口中有塞爾特人、撒克遜人、維京人、諾曼人、羅馬人、非洲裔加勒比海人、亞洲人等。又如美國繼承了來自於土著美國印地安人、英國人、法國人、西班牙人、非洲人、墨西哥人、猶太人、波蘭人與其他各民族的遺產。然而，晚期現代性的加速全球化，增加了以旅行為譬喻的關連性，因為**所有的**在地（all locales）在現今都受到遠處地域的影響。

## 分裂的流動

相對於強調旅行與流動（travel and movement），乃是地域政治的重新出現。對於地域的依戀，可以被視為東歐民族主義、新法西斯主義政治以及某種程度上伊斯蘭基本教義的再生。因此，全球化不只是西方世界藉由經濟力量而擴張的過程。阿帕杜瑞（A. Appadurai, 1993）論述當今全球狀態的特徵是各種族群地景（ethnoscapes）、科技地景（technoscapes）、金融地景（finanscapes）、媒體地景（mediascapes）與意識形態地景（ideoscapes）的分裂的（disjunctive）流動。換言之，全球化包含族群團體、科技、金融交易、媒體影像、意識形態衝突等動態運動，而這些過程並非由一個和諧的「大計畫」（master plan）所決定；相反地，這些過程的速度、範疇與影響是碎裂的與不關連的。

不確定性、偶然性與混沌等比喻，取代了秩序、穩定以及組織性。全球化與全球文化的流動無法只是經由線性的決定論而了解，而是一連串重疊的、武斷的、複雜的、混沌的情況，環繞著主要的「節點」（nodal point）聚集叢生。難以預測的、精巧的多元決定過程，「不是創造出一個有秩序的地球村，而是產生了更多的衝突、敵對與矛盾」（Ang, 1996: 165）。這個論點強調文化多樣性與碎裂化，不同於一般觀點將全球化看作是一個文化同質化（cultural homogenization）的過程。

## 同質化與碎裂化

### 文化帝國主義與其批判

文化同質化論點認為，消費資本主義（consumer capitalism）的全球化包含了文化多樣性的喪失。它強調「同一性」（sameness）的成長，認為經由文化帝國主義的方式，將造成文化自主性的喪失。這個觀點論述某

一文化被另一文化所支配，而通常是以**國家**的形式完成。文化同步化
（cultural synchronization）的主要代理人是跨國公司（*Hamelink, 1983*）。
因此，文化帝國主義是一連串經濟與文化過程的結果，糾結在全球**資本主義**的再生產。在此一脈絡下，魯賓斯認為：「因為它（文化帝國主義）本身將自己設定為跨歷史與跨國的，視為現代化與現代性卓越與普遍化的力量，所以全球資本主義事實上已是所謂的西方化——西方世界商品、價值、優先性與生活方式的輸出」（*Robins, 1991: 25*）。

文化帝國主義論點的主要提倡者，席勒（*Herbert Schiller, 1969, 1985*）認為全球的傳播產業是由美國掌控的公司所支配。他指出了一個連結美國電視、軍需工業承包商（defense sub-contractors）和聯邦政府的互連網絡。席勒所舉的例子說明了大眾媒體（*尤其是跨國公司*）藉由提供資本主義意識形態上的支持，而融入世界資本主義的系統中。大眾媒體扮演企業行銷的角色，伴隨著一個普遍的「意識形態的影響」，促使並強化當地人對於美國資本主義的依附。

「全球化是文化帝國主義」的這個論點有三個主要的爭論：

1. 文化**論述**的全球流動是由單一方向的流動所構成，此一論點已經不再適用（*就算曾經是如此*）。
2. 到目前為止，雖然占優勢的文化論述流動仍然是從西方世界流向東方世界，從北半球流向南半球，但這不必然代表是一種支配的形式。
3. 全球化只是一個簡單的同質化過程是不確定的，因為碎裂化與混雜化的力量也同樣強大。

毫無疑問的，第一波經濟、軍事與文化的全球化，乃是西方世界現代性動態擴散的一部分。由於這些制度發源於歐洲，我們必須承認現代性是西方的方案（project）。早期全球化的階段的確包含了西方世界對於「其他」非西方世界的質問（*Giddens, 1990*）。此外，當更直接的殖民控制取代商業貿易的擴張，歐洲強權藉由串聯軍事與經濟力量，試圖將其文化形

式強加於他國。

　　殖民控制顯示了殖民者的軍事優勢、文化優越和經濟依附的起源。占
領的土地成為帝國強權的市場與原料的來源。雖然在二十世紀初期有許多
成功的反殖民抗爭與獨立運動，但是這些國家的經濟已經整合至世界經濟
的秩序中，扮演附屬的角色（*Frank, 1967; Wallerstein, 1974*），而且是一種
不均衡的方式（*Worsley, 1990*）。

### 混雜性與複雜的文化流動

　　歐洲的殖民主義在全球都留下了文化的標記。最鮮明的例子就是南非
的種族隔離政策，將白人至上與歐洲的軍事力量結合，強化並合法化其支
配地位。在南非，歐洲的文化明顯的呈現在語言、運動、建築、音樂、食
物、繪畫、電影、電視以及在白人給人的感覺印象；歐洲文化代表高級的
文化。因此，在這個有許多種類語言的國家，英文作為最廣泛一般的語
言，其實並不是一種巧合。

　　雖然如此，在南非「外在的」文化影響力的衝擊，比單純的文化帝國
主義概念要來得複雜許多。想一想美國的嘻哈與饒舌音樂在南非黑人中盛
行與受歡迎的程度。南非饒舌歌者擷取了完全不屬於非洲風格的音樂形
式，並賦予它非洲的風格，創造出一種混雜的樣貌，而這種音樂現在重新
輸出到西方世界。因此，視為美國人的饒舌音樂，可以說是從加勒比海流
傳進入美國；而進一步追溯其源頭／路線，則可以回溯到西方黑人音樂與
奴隸制度的影響。因此，劃分「外在的」與「內在的」明確的界限已經一
掃而空。饒舌音樂沒有顯而易見的「起源」，而它的美國形式是來自於非
洲。所以，我們可以說在索威托（Soweto）[3] 盛行的饒舌音樂是所謂的文

---

3. 譯註：索威托（Soweto）一詞是由「西南小鎮」（South-western Townships）幾個
　　字的字首組成。它原是黑人礦工的臨時住宿城，後發展成為南非最大的黑人都會和
　　反種族隔離抗爭的指揮中樞。

化帝國主義嗎？

　　文化帝國主義的核心概念，在於其強調不合理的強迫與壓制。但是，要是非洲人聽某種形式的西方音樂，看某些西方電視節目，購買西方國家生產的消費品，但同時他們是樂在其中，如果不訴諸所謂「虛假」意識的論點，這種支配是如何被維持的（*Tomlinson, 1991*）？有如根莖狀盤根錯節的與分裂的全球文化流動，較少以支配的形式，而是以文化**混雜**（cultural hybridity）的方式呈現。

　　全球化並不是從西方世界到其他國家單一方向的流動，這可以從非西方的概念與實踐的衝擊，對於西方世界的影響一探究竟。例如：

　　*1.*「世界音樂」（World Music）的全球衝擊。
　　*2.*從拉丁美洲輸出至美歐地區的電視小說（telenovelas）**4**。
　　*3.*南方到北方人口移動造成種族的**流離群落**。
　　*4.*伊斯蘭、印度教以及其他世界宗教在西方世界的影響。
　　*5.*「族群」食物與服務被商品化與販售。

　　這些的總和，不只是等於西方世界關於「進步」的觀點的去中心化，也是同質的國家文化這個概念本身的被解構（見第七章）。

　　這場加速進行的全球化，其目前所處的階段，並不是那麼單向的，「不平衡發展的過程，各個部分彼此協調──導入世界相互依賴的新形式，但這裡還是沒有所謂的『他者』存在」，而這涉及了「浮現中的世界互賴與全球意識」（*Giddens, 1990: 175*）。紀登思認為，他者不但可以「還嘴」（answer back），而且交互詰問也成為可能（*Giddens, 1994*）。的確，阿帕杜瑞認為，既存的中心─邊緣模式（centre-periphery models），在面

---

4.譯註：「電視小說」（telenovelas）拉丁美洲獨特的一種電視連續劇形式，以巴西與墨西哥為其最重要的生產基地。

對一個新的「複雜、重疊且不連續的秩序」時，已經不適用了：

> 對於居住在伊利安查亞（Irina Jaya）的人來說，印尼化比美
> 國化更讓他們擔心；就如同韓國人擔心日本化，斯里蘭卡人擔心
> 印度化，柬普寨人擔心越南化，亞美尼亞與波羅的海諸國擔心俄
> 國化（*Appadurai, 1993: 328*）。

## 全球在地化

資本主義的現代性的確包含了文化同質化的要素，因為它提高了全球協作（global coordination）的層次與數量。然而，碎裂化、異質化以及混雜性的機制也同時在運作，因此，「這並不是同質化或是異質化的問題，而是這兩種趨勢已經成為跨越二十世紀晚期世界大多數的生活特徵」（*Robertson, 1995: 27*）。

畛域分明的文化、**族群**意識復甦，以及強大國族主義情感的再生，這三者與一種作為「跨地域學習過程」的文化並存（*Pieterse, 1995*）。全球與在地之間，彼此相互建構對方。如羅伯森（*Robertson, 1992*）所言，許多被認為相對於全球的在地文化，其實是跨地域文化過程相互影響的結果。民族國家本身是在一個全球的系統中建構出來的，而當前民族主義情愫的興起，也可以被看作是全球化的一個面向。

此外，全球消費資本主義目前的方向是，憑藉利基市場、客製化以及不斷認同轉換的愉悅，鼓勵無限度的需求／欲求，而造成異質性的興起（*Ang, 1996*）。因此，所謂的全球與在地的意義是相對的。在地的概念，尤其是何謂在地的，是藉由全球化的論述中所產生，而全球化的論述包含了針對差異化「在地」市場的資本主義行銷策略。強調獨特性與多樣性，可視為逐漸增加的全球論述。因此「認同宣言可預期會建立在全球化的普遍過程之中」（*Robertson, 1992: 175*）。羅伯森認為**全球在地化**（glocalization）概念是一個源自於行銷（marketing）的概念，同時表達了在地的全球生產與全球的在地化。

## 混語化

亞希克羅特等人（*Ashcroft et al., 1989*）認為，語言、文學與文化認同的混雜化與混合化，成為**後殖民**文學的常見的主題，展現出與後現代主義某種心靈的交會。殖民的或被殖民的文化跟語言，都無法以「純粹」（pure）的形式表現出來，也無法彼此分離，而造就了其混雜性。這論點不但挑戰了殖民文化的中心性以及被殖民文化的邊緣性，同時也挑戰「中心」與「邊緣」的概念。

在加勒比海語言的脈絡下，「混語連續體」（Creole continuum）的概念越來越重要。[5] 所謂的「混語的連續體」是指：將一套重疊的語言使用與符碼轉換，套用其他語言（如英語與法語）的特定模式，從而創造出本身特有的形式。混語化這個概念強調語言是文化實踐，超越了文法的抽象概念或任何「正確」用法。

混語化顯示出，對於文化帝國主義的論點，文化同質化的宣稱並不是一個有力的基礎。許多被視為文化帝國主義〔的現象〕，或許應該說是覆蓋上了一層西方資本主義現代性的產物，但卻不需要除去先前文化的形式。現代與後現代對於時間、空間、理性、資本主義、消費至上主義（consumerism）、性、家庭、性別等概念，與舊有的論述擺放在一起，並與之產生意識形態上的競爭，可能產生兩個結果：認同的各種混雜形式**以及**傳統的、「基本教義派」與國族主義認同的產生。國族主義和民族國家，將會與世界主義及弱化中的國族認同繼續共存。碎裂化與混雜化的反向流動

---

5.譯註：克里奧（Creole音譯）源自葡萄牙文crioulo，用以指稱中南美洲的歐洲移民後裔，後則被挪用來描繪多種族、語言接觸而產生之混血、融合之現象，其形成原因與殖民帝國主義有關，同時也標記著不同語言之間的權力關係。

過程與同質化的推動力，兩者一樣強大。

## 全球化與權力

雖然全球化與混雜性的概念比文化帝國主義的概念更為恰當，因為它們主張一個比較不連貫、不一致與直接的過程，但是我們不該因此放棄對於權力與不平等的探究。**權力**的擴散，或是商品被用來創造出新的混雜的認同，這些事實我們仍需要去檢驗。正如派特西論述：

> 權力與霸權的關係，被鑲嵌並再生**在混雜**（within hybridity）之中，因為當我們仔細的看，在文化、地域、世系血統中，我們可以發現不對稱的痕跡。因此混雜性引起了對**混合**這個詞的疑問，混合的情況以及混合物（mélange）。在此同時，注意霸權是以何種方式運作是很重要的。霸權不只是再生，**也重新出現並作用於**混雜化的過程之中（*Pieterse, 1995: 57*）。

舉例來說，黑人的流離群落所產生的文化混雜性，既沒有掩蓋根植於奴隸時期的權力關係，也沒有隱藏移居的經濟拉力與推力。如霍爾（*Hall, 1992b*）所論，流離群落的身分認同，在（並且藉由）文化權力中建構出來。他認為，「這個權力已經成為我們自身認同的一個組成要素。」（*Hall, 1992b: 233*）。因此，住在紐約富有白人的**文化認同**，與印度鄉下貧窮亞洲女人的文化認同，兩者大相逕庭。雖然我們都是屬於全球社會的一份子，而且沒有人能夠脫離全球社會的影響，但是仍然有不平等的參與者，全球化仍然存在著不平均、不均衡的過程。

## 現代性視為一種喪失

湯林森（*John Tomlinson, 1991*）將西方現代性的擴散視為文化的**喪失**（loss），因為它提供的是不合宜的（在性質、意義和道德上的）參考點

與經驗。湯林森同意卡斯托里阿迪（Cornelius Castoriadis）[6] 的看法，在西方世界，「發展」這個概念強調的是「貪多務得」（more of everything），特別是索求更多的物質商品，而未能提供可指出貪多無益，或是將「成長」定義為個人與有意義經驗的可能性的重要文化價值觀。再者，在人民的文化經驗不復得見之處，文化帝國主義這個概念有一定的解釋力，例如某些社會團體或在地關懷無法在媒體上呈現，乃是多國籍企業掌控當地生產的經濟的結果。

　　然而，對於不平衡或喪失的認知，不同於將全球化的過程視為帝國主義的單向過程。湯林森認為：

　　　　全球化與帝國主義差異之處，在於它並沒有那麼前後連貫而首尾相隨，它在文化方面的企圖，方向也有欠明晰。但就帝國主義這個概念來看，它容或游走於政治與經濟意涵之間，曖昧不清，但它卻有其意定的宏圖：處心積慮地將某個特定的社會體系，從一個權力中心點，往外擴散到全球各地。「全球化」這個概念卻指涉全球各地域的相互關連與相互依賴，但其生發過程卻比較沒有那麼具有目標。這樣的情勢之所以出現，是由於經濟與文化行事與過程之結果所致，但它們本身並非有意朝向全球之整編進行，雖然它們還是產製了這樣的景況。更為重要的是，全球化的效果，勢將削弱所有民族國家的文化內聚力，即使經濟上的

6.譯註：法國戰後政治與思想的重要人物。在一九五〇年代與一九六〇年代初期，他與其他知名人物如 Jean-Francois Lyotard 組成現在帶有傳奇色彩的組織「Socialisme ou Barbarie」。忠於自己的思想，立場始終堅定。他最重要的貢獻是拯救了馬克思主義裡的「自主性」概念，使之脫離僵化及教條的限制。早期即曾對共黨官僚展開激烈批評，抱持基進左翼立場。他的社會思想的主要著作是《The Imaginary Institution of Society》，法文版發行於一九七五年，英文譯本出現在一九八七年。晚近著作文集為牛津大學出版社印行的《Philosophy, Politics, Autonomy》（1991）。

強勢國家（先前時代的「帝國主義強權國家」），亦不能倖免於此（*Tomlinson, 1991: 175*）**7**。

全球化有一部分是超國族的（supra-national），也就是凌駕於民族國家「之上」運作。它影響了民族國家與其政治形式。因此，有人論稱，我們正目睹重大的的政治變遷，包括國家角色的轉變，政治意識形態的改變，以及新社會運動的出現。

## 國家、政治與新社會運動

根據紀登思（*Giddens, 1985*）的說法，現代的民族國家是權力的擁有者，由政治機器所組成，擁有特定領土區域的主權，並藉由軍事力量以維護其主權聲明。國家透過法律規範與合法暴力的獨有權以維持秩序。許多民族國家的公民對於**國族認同**有正面的觀感。即使國家的政治過程因時因地有所差異，但是某些代議制民主的形式已成為自由民主的象徵。此外，許多戰後的國家建立了福利提供組織，並且在企業經濟管理上扮演重要的角色。簡言之，現代國家主要擁有三項重要的功能：

1. 對外防禦。
2. 對內**監控**。
3. **公民權**（citizenship）的維持。

---

7. 譯註：此段引文之中譯，另見馮建三譯（*1994*）：《文化帝國主義》，台北：時報，頁 328-329。

## 民族國家衰微與歷史終結？

根據一些評論家的觀點（*Crook et al., 1992; Held, 1991; Hertz, 1957*），國家的功能面向正逐漸衰退。例如當核子戰爭使得軍事策略成為高風險的選擇時，花費大量資源以作為軍事用途，其正當性遭受越來越大的反對。以這個觀點來看，國家無法徹底地保衛它們的人民，而軍事力量除了作為解決重要經濟、政治與外交問題的最後手段之外，顯得越來越不重要。尤其在後冷戰去軍事化的情況下，國家（尤指那些前蘇聯的國家）無法負擔維持大量軍力所需的成本（*Shaw, 1991*）。依據其更清楚的政治功能來說：

> 有四個重要的要素造成國家〔權力〕的鬆動：權力與責任重新水平地被分配到自主性的企業手上；權力與責任被垂直地重新分配給地方議會、民間計畫與政府之外的組織；原屬國營事業的市場化與私有化；責任的外在化，亦即從國家手上轉移到超國家的機構（譯按：例如歐盟執委會或世界貿易組織）（*Crook et al., 1992: 38*）。

在英國，去中心化的趨勢顯現在主要公用事業（瓦斯、水利、電力、電信）和一部分政府部門的私有化。雖然各個國家在私有化／去管制化的規模與範疇有所不同，但是普遍性的原則已經為「超過一百個國家所採用」（*Crook et al., 1992: 99*），包括美國、澳洲、德國、瑞典與波蘭等。除了出售國家資產之外，去中心化也包含了賦予學校更多的在地自主權，以及徹底減少國家對於健康與社會安全所負擔的責任。事實上，私人的健康保險與個人年金方案顯示出「後福利典範」的到來（*Bennett, 1990:12*）。

最重要的是，民族國家捲入了多面向的全球化過程中，「現代民族國家的重要功能正逐漸削弱：包括國家的能力、形式、自主性、權威或合法性」（*McGrew, 1992*）。

## 形式與能力

國家逐漸無法管理與控制其經濟政策，或是保護人民免於如環境災害等全球事件的傷害。也就是說，國家的**能力**遭到了削弱破壞，轉而導向跨政府或是超政府機構的發展，改變了國家的**形式**與範疇。國際組織參與經濟與政治的事務，因而降低了國家的能力並調整其形式。主要的國際組織包含：

1. 國際貨幣基金會（the International Monetary Fund, 簡稱 IMF）。
2. 主要經濟強權國家組成的八大工業國高峰會議（the G8 summits）。
3. 歐洲聯盟（the European Union, 簡稱 EU）。
4. 歐洲人權法庭（the European Court of Human Rights）。
5. 聯合國（the United Nations, 簡稱 UN）。
6. 國際能源組織（the International Energy Agency）。
7. 世界衛生組織（the World Health Organization, 簡稱 WHO）。

## 自主性

經濟與政治過程的全球化意味國家逐漸無法直接控制政策的形成，但又必須扮演國際妥協與協議舞台上的行動者。也就是說，國家的**自主性**日漸受到限制。赫爾德（David Held）認為全球化顯示出：

> 藉由模糊國家的政治界限、改變政治決策狀況、轉換國家制度與組織環境、改造政府的法律架構與行政實務，以及混淆國家責任的界限等，這許多力量的結合，限制了政府與國家的行動自由。這些過程證明國家是在一個更複雜的國際系統中運作，這個系統不僅限制了國家的自主性，也侵犯了國家的主權。主權的概念，即國家權力對內最高與不可分割的形式已遭破壞。現今，我

們必須了解主權本身已分割給許多的組織，包括國家、區域與國
際組織，同時主權也被此種多元本質所限制（*Held, 1991:222*）。

## 正當性

如果國家的能力與自主性漸漸遭受破壞削弱，而國家的某些權力已經
轉移至超國家實體，則國家無法完全實行其現代功能。這將導致一個**正當
性**（legitimation）的危機。由於國家無法做好份內應盡的責任，使得人民
喪失對國家的信賴。

有些評論者（*Gilpin, 1987*）不接受民族國家傾頹的說法，他們認為國
家與跨國機構之間的國際合作，**增加**了國家掌握其自身命運的能力。此
外，國家主義與國家軍事力量，在國際關係上仍扮演重要的角色，看不出
來有衰退的跡象。國際外交仍然是透過國家的基礎來運作，而不是超越它
們。國家內部權力的位置仍然模糊不清。英國等國家，一方面在去中心化
的過程中達到私有化與去管制；但另一方面，在「法律與秩序」、道德、
內部監控等問題上，卻逐漸增加其獨裁主義的權力（*Gorden, 1988; Hall,
1988*）。雖然國家正逐步改變其形式，轉移部分權力到超國家實體，並歷
經某種程度上「合法性的危機」，但這並不是全貌，而且國家的面向似乎
並不會在不久的將來中消失。

### 共產主義的衰亡

到目前為止，討論的焦點集中在歐洲、澳洲與北美的自由民主國家。
然而，大規模政治與經濟的變遷也同樣發生在一九八〇與一九九〇年代的
東歐。在一九七〇至一九八〇年代之間，所有的共產國家都經歷了經濟與
社會的危機，包括生產量的減少、食物與消費品的短缺、福利服務的衰
退、犯罪、酗酒、政治異議與大眾的不滿。因此，東歐地區反極權主義的
社會與政治運動，由波蘭的團結工聯運動揭開序幕，利用戈巴契夫（**Mikhail**

Gorbachev）政權下蘇聯自由化的機會，驅逐了共產主義制度。

東歐大部分的政權以不同的速度轉變成代議制民主形式，擁護消費資本主義，並尋求加入北大西洋公約組織與歐盟。雖然俄羅斯不像波蘭或捷克那樣熱誠擁抱西方世界，然而可口可樂與麥當勞卻已象徵性地建立在莫斯科市中心。這是否代表自由民主與消費資本主義在全球最後的勝利呢？

## 歷史的終結？

自由民主與資本主義的勝利成為永久形勢，這是福山（Francis Fukuyama）提倡與推廣的論點。他認為「歷史至此終結如斯；這是說人類意識形態演化的終點，也是西方自由民主成為人類政府的最後形態的普遍化」（*Fukuyama, 1989: 3*）。他所說的「歷史的終結」，並不是指事件發生的結束，而是自由民主**概念**的全面勝利，亦即成為唯一可行的政治制度（*Fukuyama, 1992*）。歷史的終結是意識形態競爭的結束，「全世界發展出一個卓越的共識，關注自由民主制度的合法性與可行性」（*Fukuyama, 1989: 22*）。雖然福山不預期社會衝突將從此消失，但他主張在自由民主的國家與資本主義經濟和社會關係的環境下，巨型的政治意識形態（grand political ideology），將會被經濟管理與技術性的問題解決辦法所取代。

赫爾德（*Held, 1992*）對於福山的核心論點提出質疑。他認為自由主義並非如福山所言，被視為一個「統一體」。福山沒有對不同形式的自由主義加以區別及選擇，同時忽略其內部在意識形態上的競爭。再者，赫爾德認為福山並沒有探究在自由民主制度中，「自由」與「民主」兩個要素之間潛在的緊張關係，例如個人權力與公眾責任之間的關係。此外，福山並未探究市場關係，以及伴隨而來的權力與財富不平等對自由與民主造成的妨礙。換句話說，社會的不平等本身，可能是損及平等公民權利的市場力量所造成的結果。因此，「現存的經濟系統，與自由主義認為每個人都是『自由與平等』的概念並不相容，兩者間的關係並非不證自明」（*Held,*

*1992: 24*）。

赫爾德認為全球經濟的不平等，伴隨著國家、種族、宗教與政治的意識形態，將持續造成衝突，並可能引起新的大眾動員力量，此一力量甚至足以促成新政體的合法化。然而，在現有自由民主的制度中，無論是以意識形態或是以社會行動的方式促使制度改變，目前我們很難窺視出另類的經濟與政治的**系統**（systems）將由何處產生。赫爾德對於福山的批判，並沒有瓦解自由民主制度作為一種**概念的**勝利。「革命政治」（revolutionary politics）（可被視為是另一個制度）的終結，似乎可從下列現象看出端倪：

*1.*社會主義作為另一個制度**意識形態**的衰退。

*2.*共產主義的崩解。

*3.*在數量上與政治上，工人階級的力量逐漸下滑。

*4.*階級與政治之間逐漸分離。

*5.*社會與文化運動的興起，包括了生態政治學（ecology politics）與女性主義，它們的政治理念是屬於改革主義者的（用最正面的意義所理解的「改革主義者」一詞）。

就全球來看，資本主義已經勝利了。很難想像在自由主義與修補後的社會民主制度之外，是否有另一個可選擇的制度。這並不是主張（如典型的現代化理論）所有的社會都將依循西方世界的方式。地區的差異、資本主義與政治力量的特徵，無疑將在世界上不同的地方採取不同的形態。然而，資本主義已經成為全球的**霸權**，而自由民主制度也已在西方世界大獲全勝。這導致改革主義者的政治活動在制度內進行改變（見第十二章），以及／或者以壓力團體的方式進行新社會運動。

## 新社會運動

**新社會運動**（New Social Movement, NSMs）出現在一九六〇年代的

現代西方世界，與當時的學生運動、反越戰運動、公民權抗爭和婦女運動有關。新社會運動通常包含了**女性主義**、生態政治學、和平運動、青年運動與文化認同的政治學（見本書第六章至第九章）。它們脫離了傳統勞工運動的階級政治。

### 取代階級？

根據杜漢（*Touraine, 1981*）與梅盧西（*Alberto Melucci, 1980, 1981, 1989*）的論點，當代基進政治（radical politics）已經逐漸與階級決定論分離，並透過新社會運動加以組織。依照這些作者的描述，新社會運動是日漸鮮明的社會與政治的集體，植基於工作場所之外。新社會運動集體認同的形成包含了共同習慣、凝聚力與連續性的實現。新社會運動的達成是透過將社會界限視為集體行動的面向，即暫時與進行中的認同形式，必須跨越時空不斷地生產與再生產。梅盧西認為，「集體認同的形成是一個微妙的過程，需要不斷地投入」（*Melucci, 1989: 34*）。

新社會運動核心的集體認同形式，並非那些正統的階級**認同**。新社會運動的興起，與階級和政治忠誠兩者間關係的衰退有關。因此「在投票行為與政治基進主義的研究中顯示，在主要階級或職業部門，以及主要政黨之間，忠誠度持續衰退。……自從一九六〇年代晚期……，階級投票指數（class voting index）逐漸下降」（*Crook et al., 1992: 139*）。另外亦顯示出對主要政黨信賴度的下降，以及對更直接的政治行動形式所產生的興趣。比起統合主義政治（corporatist politics）所允許的妥協與協商，新社會運動包含了一套更廣泛的策略與戰術。

將新社會運動視為完全取代階級政治，或是階級消失的結果，都是錯誤的。雖然如此，我們可以將其視為對社會形成中的變遷，所做出的部分反應。例如，杜漢指出工業社會中普遍的分化與解構，伴隨勞工運動與階級政治首要地位的衰退，進而促成了新社會運動。雖然杜漢將新社會運動描述為階級鬥爭的一部分，但是新社會運動在語言、風格與階級組成上，

與工業時代的傳統有很大的差異：

> ……在一個社會中，大量的投資不再如工業社會用來改變勞
> 工組織，而是用以創造新的產品，除此之外，透過複雜傳播系統
> 的控制來產生新的經濟力量來源，之後主要的衝突隨之轉變（Tour-
> aine, 1985: 4）。

對杜漢來說，原本存在於管理階層與勞工之間的對立衝突，已被更廣
泛的鬥爭取代，以控制社會、經濟與文化發展的方向。尤其，衝突的主軸
已轉為質疑認同、自我實現與「後物質主義」的價值觀。

## 生活政治

根據紀登思（Giddens, 1992）的論點，現代的「解放政治」（emancipatory
politics）關注的是，由限制生活機會的束縛中獲得解放。也就是說，「解
放政治」將注意力集中在階級剝削的關係上，以及從傳統的穩定性中解放
的社會生活。這包含了正義、公平與參與的倫理學。相反地，賦予其某種
程度上從物質剝奪中解放，「生活政治」（life-politics）更關心自我實現、
選擇與生活方式。生活政治思考關於生活正當形式的創造，而這將在全球
的脈絡下，促進自我實現。它們關注的焦點在於「我們應當如何生活？」
的道德觀：

> 生活政治在後傳統情境下，自我實現過程中的政治議題。在
> 後傳統情境下，全球的影響力深深侵入自我反身性的方案之中
> （the reflexive project of the self），而自我實現的過程也反過來
> 影響全球的策略（Giddens, 1992: 214）。

紀登思認為，在我們持續「塑造自我」的同時，「人是什麼？」與

「我要成為什麼樣的人？」這類問題，在全球的情境下會越來越常被提及，而且沒有人得以逃脫。例如，全球資源有限的認知以及科學與科技的限制，將導致經濟的資本積累不再受到重視，並引發對新生活方式的需求。同樣地，生物科學的發展使我們質疑生命的定義、未出生胎兒的權利、身體的自主權、以及基因研究的倫理等。此種**反思能力／反身性** [8]，伴隨著社會生活的重新道德化，隱含於許多當代的新社會運動中。

## 符號社群

梅盧西的觀點指出，新社會運動的組織特徵，不同於階級政治的特徵，較少在既有的社會系統中運作。再者，雖然某些工具性目標的達成的確形成了部分新社會運動的議題，但新社會運動更關注其自身的自主性以及更廣泛社會發展的價值。梅盧西認為新社會運動具有一種以身體及「自然」世界為中心的「精神」成分，成為道德權威的來源。

新社會運動較關注直接民主（direct democracy）與成員參與，而非代議民主（representative democracy）。它們通常有明顯的反獨裁主義、反官僚，或甚至是反產業的傾向，以及鬆散、民主與行動導向（activist-oriented）的組織形式。以價值導向、特定目標和重疊、彈性與轉變的「成員身分」（membership）來說，個別運動之間的界線是模糊的。而所謂成員身分，其意義來自於參與的行動本身。

新社會運動通常訴諸「直接行動」（direct action），雖然其目標不在於政府當局與正統代議制政治的人事（例如國會議員），而是其他公民社會中的行動者或機構，例如公司、研究機構、軍事基地、鑽油平台、道路

---

8.譯註：Reflexivity 一詞多被漢譯為「反身性」或「反思能力」。何春蕤在為紀登思著作《親密關係的轉變》一書中譯本撰寫的導讀中指出，紀登思所謂的 reflexivity 一詞，沒有「反省、悔過」等道德意涵，而是指自我透過不斷重組自我的敘事來構築自我認同的過程。在這個構築自我認同的動態而開放的過程中，個人主體會根據資訊、知識不斷進行自我調節或修正，從而重新定義自我認同。

建設計畫等。新社會運動透過**符號性**的事件（symbolic events）和煽動的語言，挑戰制度性權力關係的文化符碼，一以貫之形成一個「想像的共同體」（imagined community）。

　　新社會運動的符號政治已藉由大眾媒體散布傳播。對於大眾媒體來說，這些活動與符號是很好的戲劇性新聞題材。新社會運動所產生的意象是活動的核心，同時也模糊了其形式與內容的界線。也就是說，新社會運動的許多活動是為了吸引大眾目光而設計的媒體事件。這些運動的符號性語言是**多義的**，在形成由同一群人所組成的想像社群或聯盟的基礎時，其範圍之廣足以滿足其不確切的目標。在這個意義下，新社會運動表現出一個**文化政治**的形式（第十二章），超越傳統的現代政黨政治的意義。

## 本章摘要

　　本章描繪出在變遷中的世界，當代文化研究運作並試圖介入的面向。這是一個不確定的世界。在這個世界中，政治、社會、經濟與文化之間，秩序井然與關係明確的隱喻，已經被較為混沌、盤根錯節與斷裂的關係所取代。

　　文化，一如有人這樣說，在新的全球化失序中，扮演日漸重要的角色。的確，華特斯（M. Waters）認為，全球化不只是文化範疇中最重要的，更由於符號比物質商品或服務更能輕易跨越時空。「我們可以期待經濟與政體的全球化達到文化化（culturalized）的程度，在其中發生的交換關係是透過符號的方式達成」（*Waters, 1995: 9*）。

　　儘管文化同質化的力量確實存在，但同樣重要的是異質化與在地化。因此，在二十一世紀來臨之際，比起帝國主義和同質性的概念，全球化與混雜性等概念較受歡迎。文化研究探索了混雜性及混語化與認同、音樂、青少年文化、舞蹈、時尚、種族、民族、語言和文化概

念本身（人謂所有的文化皆被混雜化了）的關係。在當代文化研究中，從德希達的解構（二元對立關係的結束，自我存在於他者之中），經由後現代主義，到族群性與後殖民性的探索，混雜性是其中一個不斷被提及的主旨。

由福特主義到後福特主義以及後工業社會的出現，我們討論了世界經濟基礎的主要變遷，包括階級崩解的程度、消費文化的興起，以及生活方式與認同的新形式。有人論稱階級與政治忠誠間的關係不像過去那樣可以預測，以及新社會運動現象的興起。我們也回顧了民族國家在角色與能力上日漸衰退的若干論證。本章指出，這些發展可以放在去組織化資本主義的脈絡下理解。

許多評論家大致同意這些是社會與文化變遷的要素。然而，在其範疇與重要性上存有不同的意見。特別在我們是否正經歷一個由現代性到**後現代性**（postmodernity）的劃時代轉變，或至少是文化與認識論層次可被稱作後現代的一種的「感知結構」的興起。這些問題仍有許多爭論，而這些主題構成下一章（第五章）的基礎。

# 第五章

# 進入後現代主義

◉初稿翻譯協助：陳景威

　　以後現代主義為主題的著作激增，或可只視之為一種學術流行。不過，這類著作的大量問世，同時也是對社會世界發生的組織與制度的實質變遷所做的重要回應。換句話說，以嚴肅態度面對這些圍繞著後現代主義的辯論，有其道理。許多關於後現代主義的主要理論之作，出於與文化研究「學門」無直接關係的學者。然而，隨著後現代主義浮現而發展出來的諸多辯論與概念圖譜，已滲入文化研究之中，形成了從事當代**文化研究**的情境，並且遍布於文化研究的研究「場域」（sites）（見本書第六至十二章）。然而，這些被視作後現代主義的爭議與概念地圖卻被歸類為文化研究。後現代主義在文化研究領域所發揮的的影響力，在於它強調文化研究應斬斷原本所繼承的馬克思主義遺產。

文化研究
理論與實踐

# 界定重要用語

　　不從**現代性**（modernity）與**現代主義**（modernism）等相關概念入手，難以理解何謂後現代理論。不幸的是，這些概念的適切意義所指為何，缺乏共識。在我看來，現代性與**後現代性**指涉的是：歷史性與社會形構。換言之，它們是把歷史分期的概念，試圖概括性地界定社會形構在**制度層面**上的變數。兩相對照，現代主義與**後現代主義**同屬**文化的**與**認識論**的概念。它們關切的是：

1. 文化形構與文化經驗，例如：現代主義是現代性的文化經驗，後現代主義則是高度現代性或後現代性的文化感性（cultural sensibility）。

2. 藝術或建築的風格與運動，亦即，現代主義是一種建築風格〔如柯比意（Le Corbusier）〕或文學書寫風格〔例如喬伊思（James Joyce）、卡夫卡（Franz Kafka）、布萊希特（B. Brecht）等作家〕。以及電影〔如《藍絲絨》、《銀翼殺手》〕、攝影〔例如謝曼（Cindy Sherman）的作品〕或是小說〔例如達克特羅（E.L. Doctorow）與魯西迪（Salman Rushdie）〕中的後現代主義。

3. 一組哲學的、認識論的關懷與立場，也就是思索知識與真理的特性。現代主義讓人聯想到啟蒙時代如盧梭（J. Rousseau）和培根（F. Bacon）等人的哲學，以及馬克思、韋伯（Max Weber）、哈伯瑪斯（Jürgen Habermas）等人的社會經濟理論。哲學裡的後現代主義則讓人想起李歐塔、布希亞、傅科、羅逖和鮑曼（Z. Bauman）等人，但他們並非個個都欣然接受後現代主義者這樣的頭銜。概括地說，〔現代主義的〕啟蒙思想追求普世真理，而後現代主義則指出「真

理」有其社會歷史與語言面向上的特殊性。

## 現代性的制度

現代是中世紀後的歷史時期，具有後傳統（post-tradition）以變遷、創新與動態聞名的秩序。現代性的制度至少有如紀登思（*Giddens, 1990*）所述包含了：

1. 工業主義（自然的變化；人造環境的發展）。
2. 監控（資訊的控制與社會監督）。
3. 資本主義（在競爭的勞動力與產品市場脈絡下的資本積累）。
4. 軍事權力（在戰爭工業化的脈絡下對暴力工具的操控）。

### 工業革命

發生在英國的工業革命，將低生產力、零成長率的的前工業社會轉型為高生產而不斷成長的社會。在一七八〇至一八四〇年間，英國經濟明顯改變，從家戶生產、自產自銷，轉變成大量生產以交換為目的的消費產品；從簡單、以家庭中心的生產，轉變成嚴格、照章辦事的（impersonal）勞力分工與運用資本設備的生產。人口成長三倍，經濟活動的價值增為四倍（*Hobsbawm, 1969*）。個人的、**社會的**與政治的生活，也發生了改變。例如：工作習慣、時間分配、家庭生活、休閒活動、居家形態上都發生改變，人們從鄉村移居都市。

## 監控

工業化勞動過程的出現導致勞工人數及分工作業的情況俱增,以及工作的機械化與密集化。工作坊與工廠被用來執行規訓與創造新工作習慣（*Thompson and McHugh, 1990*）,亦即標舉了各種新的**監控**形式。誠如紀登思所說的,「所謂現代性,彰顯的不只是各式各樣的組織,而是構成這些組織的法則——亦即跨越非限定時空距離,施加於各種社會關係的規範控制」（*Giddens, 1990: 91*）。[1] 監控指的是資訊的蒐集、儲存與檢索、對活動的直接監控以及運用資訊來監視其支配的人口。儘管現代性並未創造監控**本身**,但它引進了新的、更複雜與延伸的監控形式,包含了控制方式從親身的（personal）轉變成照章辦事。科層化、理性化與專業化,形成現代性核心的制度性結構（*Dandeker, 1990*）。

## 資本主義現代性的動力

現代性的產業組織沿著資本主義的軸線組成。在首次出版於一八四八年的《共產主義宣言》（*The Communist Manifesto*）中,馬克思對資本主義現代性特有的研究與創新過程,有以下的描述:

> 自然力的征服,機器的採用,化學在工業和農業中的應用,
> 輪船的行駛,鐵路的通行,電報的使用,整個大陸的開墾,河川

---

1. 譯註:作者此處引用紀登思觀點時所註明的出處似有錯誤。紀登思所寫的這段文字,應是出現於一九九一年出版的《現代性與自我認同》（*Modernity and Self-Identity*）的第16頁,而非一九九○年出版的《現代性的後果》（*The Consequences of Modernity*）一書的第91頁。

的通航，彷彿用法術從地下呼喚出來的大量人口——過去哪一個世紀料想到在社會勞動裡蘊藏有這樣的生產力呢？（*Marx and Engels, 1967: 12*）**2**

　　然後，生產性的資本主義動能大量產生，從煤礦到核能，從火車到火箭，從檔案櫃到電腦與電子郵件。資本主義無止息地為了追求利潤、累積資本而尋找新市場、新原料、新資源，具有全球化的天性。今天所有國家的經濟結構都整合在世界的資本經濟秩序中（*Wallerstein, 1974*）。

　　現代的動能如此這般的由其歐洲基礎擴散，終至包含了全球。起源於西方的現代制度充滿活力而促進全球化，因為，如紀登思所寫的：

　　　　現代的動能產生於**時間與空間的分離**以及它們在社會生活中以精確時、空「分區」的形式再度結合；社會系統的**離根**（一個與時空分離的因素緊密結合的現象），以及依照不斷輸入、影響個體與團體社會行動的知識，進行**反思的排序與再排序**的社會關係（*Giddens, 1990: 16-17*）。

　　現代性促進了人們與「不在場的」他者間的關係，交易可跨越時空進行，任何一個地方都被距離遙遠的社會影響所滲透與形塑，也就是說，社會關係從地方脈絡中「離根」（disembedded）或說「連根拔起」（lifted out），又跨越了時空重新結構。紀登思特別舉出象徵符號（symbolic tokens）（例如金錢）與專家系統（expert system），因此，金錢與專家知識的發展使社會關係得以跨越時間與空間而延展（或延長）。

---

2.譯註：本段譯文參考中國中央馬恩列斯毛著作編譯局《馬克思恩格斯選集》第一冊（1995 年版）之譯文。

現代生活意味著不停地依照社會實踐的資訊，測試、改變這些實踐。**反身性**則意味著應用社會生活的知識，是現代生活的基本元素，並涉及不斷地依據新知識修改社會活動。例如，政府與企業蒐集人口統計資訊的目的是政策規劃與行銷。

## 民族國家與軍事權力

今日我們知道世界可分作幾個分立的民族國家。然而，相對而言，民族國家是個晚近的現代設計，在地表上生活的大部分人類並未參與其中，也無法認同。現代民族國家是權力容器，包含了在劃定的領土區域界線內行使主權的政治機器，透過掌控軍隊的力量以維繫主權的宣示。既然國族主義的論述是全球性的，而民族國家是在彼此的關係中浮現，我們可以說這是一個全世界的民族國家系統（world-wide nation-state system）（*Giddens, 1985*）。

國族不僅是政治形構，也是文化再現的系統，藉由這系統國族認同不斷地透過論述行動（discursive actions）重製。國族認同是以一種想像的方式，對民族國家透過符號和論述的表達所敘述及創造的國家起源、延續和傳統的概念產生**認同**（*Bhabha, 1990*；*Hall, 1992b*）。

國家透過法律和獨占的、正當的暴力來維持秩序。結合國家軍隊、政治野心以及投入國族認同的情感，則成為二十世紀戰事的基礎。如紀登思（*Giddens, 1985*）論稱的，現代進行的是工業化戰爭，亦即現代軍隊中的士兵都經過訓練、教育，具有科層化的組織，其武器補給由從事國際武器貿易的資本公司所擁有的工廠生產。

# 現代主義與文化

工業主義、資本主義、監控以及民族國家出現的過程，我們可稱之為「現代化」，「現代主義」意指伴隨著現代而出現的人類文化形式（*Marshall Berman, 1982*）。在此，我們關心的是作為一種文化經驗或者「感知結構」的現代主義（*Williams, 1981*）。

## 現代主義作為文化經驗

對伯曼（*Berman, 1982*）來說，文化現代主義是一種「一切原本固定的東西都已消解於煙塵之中」的經驗，這句引自馬克思的話暗示的是變遷與不確定。工業、科技與傳播系統已經改變還將持續地急促改變人類世界。雖然這些改變提出終結物質稀少的承諾，但它們也有陰暗面。例如，電子工程學是資訊科技的基礎，而現代資訊科技是全球財富生產、傳播網絡、個人化的資訊以及娛樂系統的中心。同時，電子工程學也是現代武器系統與監控科技（從洲際彈道飛彈到裝置在大街上具監視作用的閉路電視）的基礎。

> 現代化就是在一個應許我們從冒險、權力、樂趣、成長、改變我們自己和我們的世界的環境中找到自己，但同時這也威脅著摧毀我們擁有、知道以及我們所屬的一切（*Berman, 1982: 15*）。

### 風險、懷疑與反身性

現代主義者展現出樂觀地相信科學、理性和工業的力量，能讓世界變得更好。現代主義不是一種確定文化（culture of certainty），相反地，其

動力在於不斷地修訂知識。現代制度立基於懷疑精神，因此所有的知識都形成開放修訂的假設（*Giddens, 1990, 1991*）。更確切地說，紀登思（*Giddens, 1994*）將現代主義看作是「風險文化」（risk culture）。他論稱，這不是說現代生活本質上有較多風險，而是指在制度與尋常人生活中的策略思考裡，風險估算扮演核心角色。

　　作為現代主義標誌的模稜兩可、懷疑、風險與持續的變遷，在自我的構成（the constitution of self）中展現無遺。「傳統」崇尚安定，人們處於規範的秩序，永恆不變的宇宙中，而事物之所以具有某些固定特徵是因為它們應該如此。相反地，現代主義推崇變遷、對生命加以計畫、反思。在傳統情境中，**自我認同**主要是社會位置的問題，但對現代人而言卻是個「反思方案」（reflexive project）；指的是「一種過程，其中自我認同的形成，係對自我敘事（self narrative）進行反思能力的梳理而來」（*Giddens, 1991:244*）。所謂**認同方案**（identity project），指的是認同的想法不是固定的，而是被創造、建構的，總是朝著某方向移動而不是抵達某個終點。對現代主義而言，自我不是表層的外觀，而是被**深度**的隱喻所主導（metaphors of depth predominate）。**精神分析**（當然包括潛意識）的想法與概念可充分說明。

　　浮士德（Faust）是象徵現代的人物之一，因為他決心作自己（make himself），追求自己的世界，即使付出與魔鬼交易的代價也在所不惜 **3**。根據哈維（David Harvey）的解釋，浮士德可看作是現代發展的兩難（創

---

3.譯註：《浮士德》原是德國民間的傳說，歌德據以創作成一悲劇，敘述窮究人類一切知識卻無法滿足的學者浮士德，為了跨越界限、體驗極限，與魔鬼（梅非斯特）打賭，如果他沈湎於逸樂、停止奮鬥，就失去自己的靈魂。最後，築堤攔海為人類造福，眼盲的他誤信大堤即將完成，與魔鬼訂下的契約生效，他倒下，靈魂卻沒有落入魔鬼之手，在天使護衛下進入天界。他代表著人類自強不息的進取精神，並非出賣靈魂而是與魔鬼討價還價。梅非斯特在浮士德中是魔鬼的化身。譯註參考：歌德著、綠原譯（2000），《浮士德》，台北：貓頭鷹。

造與毀滅交互影響）的文學原型。浮士德是：

> 一個準備破壞宗教迷思、傳統價值以及生活習慣，企圖在舊世界的灰燼中建立一個美麗新世界的史詩英雄，浮士德到頭來是個悲劇人物。綜攝想法與行動，浮士德迫使自己和其他所有人（即使是梅非斯特）陷入極端地組織與痛苦，耗盡一切就為了主掌自然創造新的里程碑，一個崇高的精神成就，包含了讓人從慾望與需求中解放出來的潛力（*Harvey, 1989: 16*）。

### 城市漫遊者

現代主義的重要形象是波特萊爾（Baudelaire）[4] 筆下的**漫遊者**（flâneur）。一個漫遊者（或說一個遊蕩者）漫步於現代城市裡沒有特色的空間，體驗這些街道中的商店、陳列、影像和各式各樣人的複雜、騷亂以及迷惘。這觀點強調現代主義的**都會**特質。對波特萊爾（*Baudelaire, 1964*）來說，**漫遊者**是現代生活的英雄，他接受短暫的美和生機，以及瞬息的人群印象，以一種超然的態度，見證每件事物的倏忽變化而能不陷溺其中。

**漫遊者**是城市的、當代的、風格化的，這些主題與齊穆爾（*Simmel, 1978*）所提出的現代對時尚（fashion）的關切有關。對齊穆爾來說，時尚再現了在追求個性（individuation）和納入集體之間取得平衡的動作。時尚特別具現代特徵，尤其是它快速變遷與多元的**風格**，形成自我風格化（the stylization of the self）的方案藍圖。如費哲史東評論的，這種現象：

> 引領我們朝向一個美學化、魔魅化的城市地景，透過建築、

---

4.譯註：波特萊爾（*1821-1867*）是法國詩人及散文家。

廣告看板、賣場展示、廣告、包裝、街頭符號等，以及穿越經過
這些空間的具體的人群：在不等程度上，他們都穿著時尚的服
飾、髮型、化妝，或立或動，在在都有其特定的風格（*Featherstone,
1991: 76*）。

## 現代性的幽暗面

現代的自我形象是令人興奮的科技進步的承諾，消蝕傳統打造新局，
是一個社會進步、城市發展與展示自我的世界。然而，正如同浮士德是個
困頓不安的、破壞性的悲劇人物，現代性也以工業化都市中的貧窮和髒
亂、兩場毀滅性的世界大戰、死亡集中營以及全球毀滅的威脅而聞名。齊
穆爾（*Simmel, 1978*）論稱，一方面個體的自由增加了，但人們卻必須屈服
於嚴苛的規訓與城市的冷漠。那正是韋伯（*Weber, 1948, 1978*）所探求的主
題，他對現代科層組織發展的看法，可總結為他對現代世界的深切矛盾。

對韋伯而言，科層組織的步調是更廣為擴散的世俗理性，以及基於計
算、規則與專家知識的理性決策過程的外貌之一，這也伴隨著「解除世界
魔咒」，而有利於經濟與科技發展。韋伯式（Weberian）的科層組織強調
照章辦事、功能分配、規則系統與文件紀錄的過程。科層組織由按規則的
管理、有條理的活動的架構所組成，而不論個體與他們人格特質的獨立；
仰賴一個由穩固權威所監督的固定、公務管轄的領域。韋伯確信科層組織
具有不可動搖的進步、理性與效率，還有它對個體自我表達的限制：科層
是物質「進步」的「牢籠」。

總的來說，現代主義包含變遷、速度、模稜兩可、風險，以及不斷修
訂知識的「感知結構」。這個結構以社會與文化過程的個體化、差異化、
商品化、都市化、理性化及科層化為基礎。然而，現代主義概念也包含範
圍較小、聚焦於十九世紀開始與藝術運動結合的美學形式。

## 現代主義作為美學風格

現代主義的關鍵人物包括文學的喬伊思、吳爾芙（V. Woolf）、卡夫卡和艾略特（Eliot），以及藝術家畢卡索（Picasso）、康定斯基（Kandinsky）和米羅（Miro）。雖說「一些現代主義」的說法會比「一個現代主義」來得好，藝術的現代主義包含了一些普遍主題：

1. 美學的自我意識。
2. 對語言的興趣以及再現的問題。
3. 拒絕寫實主義而傾向探索「真實」的不確定特徵。
4. 揚棄線性的敘事結構，偏好蒙太奇（montage）[5] 與同時性（simultaneity）。
5. 強調從浪漫主義獲得的美學經驗的價值。
6. 接受具有深層、普遍創作意義的想法。
7. 「碎裂化」的探索與使用。
8. 前衛高雅文化（avant-grade high culture）的角色與價值。

現代主義反對「真實」能夠透過任何直接方式再現的想法。**再現**不是模仿或複製真實的行動，而是「真實」的美學表達或規則建構。在不確定且不斷變遷的情境中，現代主義文學家認為其職責在找出能抓住世界上「深層真實」的表達方式。因此，對於美學自我意識的關注，也就是察覺到形式、特別是語言在建構意義時的重要性，在現代主義作品實驗取向的美學風格特色——企圖透過碎裂化來表達真實，即可獲得充分說明。

---

5. 譯註：將個別的鏡頭銜接後使之成為一種有意義、特殊效果的新組合，即成為一種富藝術特質的新總體。

## 寫實主義的問題

　　既然現代主義接受了表象之下或表象之外存在著真實意義，便否定了自然主義／寫實主義是能夠毫無疑問地再現真實的形式。對現代主義者來說，**寫實主義**的問題在於他們聲稱「表現事物真正的樣子」而未「體認到其（寫實主義／自然主義）本身就是一種人造物」。再者，寫實主義的敘事結構是由**真理**的「後設語言」所組成，給了編輯的位置某些特權又將它隱藏起來，而不是讓不同的論述「自己說話」或是競逐支持（*MacCabe, 1981*）。

　　對現代主義者來說，他們需要實踐來展現技術，從而能夠反思**表意**的過程，因此現代主義的故事不遵循既有線性因果的慣例或是「平常」每日時間的流動。如果說有一種風格可以概括現代主義，那就是蒙太奇的使用；透過鏡頭和再現的選擇與組合，形成並置、混合的影像與想法，這些是過去寫實主義的時間與動機概念未曾「連結在一起」的。根據先驅的電影生產者艾森斯坦，「儘管傳統式電影引發情感，智識的蒙太奇也提供了引發完整思考歷程的機會」（*Eisenstein, 1951: 62*）。艾森斯坦的技術不以隱藏編輯手法為目標，而是用剪接的瞬間，創造並置、具象徵性質的想法與影像間的智識激盪（碰撞）。同時，對高達（Jean-Luc Godard）而言，蒙太奇被用來探索真實碎裂、多重的論述，也鼓勵觀眾檢視意義建構的過程。

## 碎裂與普遍

　　現代主義結合了一方面強調碎裂、不穩定與瞬間即逝，另一方面關注深度、意義與普遍主義（universalism）的壓力。儘管現代主義作家一般來說都拒絕以神為基礎的普遍主義，然而他們卻創造了紮根於神話─詩歌故事中的人文主義的普遍性（*而藝術具有發現與建構的功能*）。藝術取代了神成為人類存在的**基礎**敘事（foundational narrative）。例如喬伊思的《尤

里西斯》以其意識流、非寫實**敘事**風格被認為是高度現代主義的小說原型。藉此，喬伊思透過新的語言運用，捕捉自我的碎裂化特徵，企圖再現真實。儘管喬伊思同意尼采所謂「上帝已死」，沒有了浩瀚的普遍性，但這還是意味著藝術能夠接近、重新形廓普遍神話中的意義。因此，一個都柏林人生命中的一天，借用了希臘神話中的普遍主義者尤里西斯的形象。

## 現代主義的文化政治

一個了解現代主義作為**文化政治**的路徑，可以從探索盧卡奇（*Lukács, 1972、1977*）、阿多諾（*Adorno, 1977；Horkheimer and Adorno, 1979*）與布萊希特（*Brecht, 1964、1977*）的作品中關於形式的爭辯著手。盧卡奇基於現代主義關注碎裂、疏離，憂心現代主義僅僅是反映世界的表象，而反對現代主義。現代主義代表了盧卡奇所謂遁入焦慮的主體世界，而外在的世界是無可改變的恐怖（*例如：卡夫卡*）。盧卡奇指稱現代主義是形式主義（formalism），意即執迷形式而漸失有意義的內容。相反地，他支持寫實主義，他論稱寫實主義在表現世界的外觀之外，還表達了真實的真正本質、潛在趨勢、特徵與結構。

儘管受到盧卡奇的影響，阿多諾（*Adorno, 1977*）採取了截然相反的立場。對阿多諾來說，卡夫卡、貝克特和荀白克的現代主義作品，在最基進的藝術形式中，正如同他們「喚醒了存在主義僅止於說說的恐懼」。現代主義強調資本主義的疏離特質，並且引發讀者方面的批判活動。特別是現代主義的「否定性」（negativity），拒絕被當代文化的支配語言所吸收，使現代主義成為希望的信號與不妥協的符號。

布萊希特將現代主義與寫實主義的分界複雜化，以化解盧卡奇認為寫實主義具有的「去神秘」（demystifying）目的（「發現社會的因果糾結」），而將它們與現代主義的技巧連結。布萊希特論稱，真實既已改變，寫實主義的政治目的也必須透過新的、現代的形式表現。布萊希特主張要成為新的、真實的、受歡迎的寫實主義者要使用現代的形式。例如，

「疏離手法」（alienation device）（直接向觀眾說話、仿希臘歌唱隊、暗示戲劇的建構特質等），目的即在改變舞台與觀眾的關係，引導人們反省意義與各種表意的過程。

### 各種現代主義

盧卡奇─阿多諾─布萊希特的論辯凸顯了談論「一些現代主義」而非「一種現代主義」的必要。能將喬伊思、卡夫卡、畢卡索與布萊希特都歸類在一起的概念，就是高度概括的層次操作。然而，我們可以說現代主義全都在談再現的問題，或是運用非線性、非寫實的模式保留「真實」這個概念。儘管現代主義拒絕形上學的基礎，卻以透過藝術闡明的進步和啟蒙的敘事加以取代。對藝術來說，就是高雅文化的作品需要其觀眾的反思與介入。因此，現代主義仍有好與壞的藝術、大眾文化與高雅文化的界線。進一步言，不論盧卡奇、阿多諾、布萊希特、高達、喬伊思與艾森斯坦間的差異，他們都共享現代的概念：世界是可知的，可能有真正的世界知識。的確，也許現代與後現代唯一最大的分野在於它們對於真理與知識的概念化，也就是**認識論**的問題。

## 現代與後現代的知識

現代性的狀況與解放方案（emancipatory project）有關，透過此方案，啟蒙理性可導致確定且普遍的真理，而這將成為人類進步的基礎。因此，啟蒙哲學與現代性的理論論述皆主張，「人類理性」（Reason）是知識與社會進步的來源。

## 啟蒙方案

啟蒙思想著名的是相信理性能去除神秘、燭照世界，對抗宗教、神話和迷信。啟蒙思想家稱頌人類的創造力、理性、科學探索是現代性所預示的打破傳統的認識論基礎。「現代性方案」（project of modernity）在其所能的範圍內，也有其道德政治議題，可概括為法國大革命的口號：「自由、平等、博愛」。在科學與道德政治方案兩方面，啟蒙哲學都尋求普遍的真理，亦即追求跨越時空與文化差異均能一體適用的知識與道德準則。

啟蒙哲學可透過十八世紀的關鍵哲學家如伏爾泰（Voltaire）、盧梭、休謨（D. Hume）與培根等人的著作來理解。但我將運用兩個較近期、互相矛盾的思潮——泰勒主義（Taylorism）與馬克思主義——來說明啟蒙認識論的實踐意涵。

### 科學管理

泰勒（F.W. Taylor）在一八八〇年代晚期發展他的想法，一九一一年出版他的《科學管理的原理》（*Principles of Scientific Management*），他在書中宣稱：以科學知識為基礎，能提供**一套**最佳的組織生產流程，進而獲致效能。茲將泰勒的論點摘要如下：

1. 組織勞動力的分工，以便區分職務與功能。
2. 應用時間與動作研究（time and motion studies）去測量和描述工作任務。
3. 指派工作給工人時，用分鐘作為計量單位。
4. 以誘因機制和金錢作為動機。
5. 管理在計畫與控制的重要性。

泰勒主義生產的組織，表現在工廠裝配線的標準化與機械化，這讓人

想起早期的福特汽車公司。然而，泰勒主義的影響範圍遠超過工廠，它被視為服務業、教育體系、國家行政甚至政黨政治的管理控制策略。對布雷弗曼（*Braverman, 1974*）來說，泰勒主義最好視為一種管理與控制的**意識形態**加以探索，其修正的形式，成為資本主義與蘇維埃共產主義技術控制的正統教條。總之，泰勒主義是哈伯瑪斯（*Habermas, 1972*）所謂支撐支配的「工具理性」（instrumental rationality），意即泰勒主義將理性與科學的邏輯用於規約、控制與支配人類。儘管承諾了物質利益，泰勒主義卻也展現了啟蒙思想的「幽暗面」。

## 馬克思主義作為啟蒙哲學

布雷弗曼和哈伯瑪斯汲取甚多**馬克思主義**的智識資源，而馬克思主義本身脫胎自啟蒙思想。對馬克思而言，透過勞力製造生存之資，「人類自己和自然對立起來」，而且「透過作用於外在世界，並改變世界，人類同時也改變了自我的本性」（*Marx, 1961: 102*）。勞力在社會上被組織為一種生產模式，為人所知的是在生產工具方面的組織（工廠、機器等），以及由此衍生的特定社會關係的再製。

資本主義以私有制與控制生產工具為前提，以便布爾喬亞階級可占取從無產階級身上搾取的大量「剩餘價值」。無產階級與生產工具以及他們的勞力所得的產物分離。儘管勞動力象徵人類創造的潛力，但由於受制於資本積累，勞動力產生「異化」的情況。資本主義透過引起**階級**衝突、散布其自身破壞和被社會主義、共產主義的生產模式取代的種子。意即，無產階級的歷史角色就是推翻資本主義，藉此解放所有人，帶來新的、建立於需求而非剝削的社會。

由於強調科學思想、歷史進步、人類的創造力以及無產階級的解放角色，馬克思主義是啟蒙思想的一種形式。然而對哈伯瑪斯（*Habermas, 1972*）來說，不同於泰勒主義，它不是工具理性而是**批判**理性（critical rationa-lity），意即馬克思主義用理性的邏輯來批判資本主義，並讓人們從剝削

和壓迫中解放。但是，馬克思主義本身是不是也有其啟蒙思想的「黑暗面」，同樣引人議論。馬克思主義延續了人們意圖征服與控制自然的理性形式。因此，阿多諾指控馬克思透過不斷地擴張的生產力，想把世界變成一座工廠。

### 科學定理與懷疑精神

對馬克思一種解讀，斷定人類的歷史顯示出不可避免的從封建主義到共產主義的發展邏輯。在此意念下，歷史有其**目的性**（telos），或謂必然的演進方向，由人類演化與發展的**法則**所支配。如此機械化地解讀馬克思主義支撐了先鋒黨（列寧主義的共產黨）的想法，先鋒黨有真正的歷史知識，而且「最清楚」（know best）如何領導我們。換句話說，也可以論稱蘇維埃式極權主義的種子，存在於將馬克思主義視為歷史哲學的認識論基礎之內。這樣看來，泰勒主義和馬克思主義都擁有基於啟蒙的科學和真實知識的一般認識論。抱持有所謂「歷史法則」存在的想法，是馬克思主義帶有科學主義（scientism）傾向的特徵，亦即希望能模仿物理和化學科學〔宣稱〕的確定性，對於現代科學的信任使其為醫藥代表的「進步」喝采，儘管現在持續受到核子毀滅的威脅。

然而，現代主義的面貌仍然模糊難辨，因為科學本身是否按照確定法則進行仍很難講。對巴柏（*Popper, 1959*）來說，科學必須經過實驗和否證（falsification）的過程。現在居主導地位的愛因斯坦典範是一種相對論。孔恩（*Kuhn, 1962*）指出了科學定期推翻自身典範的方法。紀登思（*Giddens, 1991*）認為，現代科學的前提是秉持懷疑精神的方法學原理，不斷地修訂知識。啟蒙的科學可能始自追求確定的法則，現在卻被懷疑與混沌所包圍。

啟蒙思想表現出來的是增加物質生產的水準、承諾消除匱乏和痛苦。它推廣醫藥發展、普及的教育、政治自由和社會平等。然而，有些思想家認為現代性的黑暗面不僅僅是來自啟蒙思想的脫軌（aberration）或副作用，而是啟蒙思想本來就具有的。許多不同的思想家如阿多諾、尼采、傅

科、李歐塔與布希亞批評現代性的推動力所預示的不是進步,而是宰制與
壓迫的來臨。現代世界認為必須給每件事物理性的描述,如傅科所描述的
「質問萬物」(interrogating everything)。就這個特性來說,理性並未帶
來物質需求的緩和或是哲學的啟蒙,而是控制與破壞。至少可以這樣說,
理性有可能變成選擇性的與失衡的。

## 啟蒙的批評

在《啟蒙的辯證》(*Dialectic of Enlightenment*)一書中,霍克海默和
阿多諾論稱啟蒙理性是宰制和壓迫的邏輯。透過科學和理性來控制自然的
推動力是〔他們論稱〕控制和主宰人類的動力。從這一觀點,啟蒙思想內
含了工具理性,其邏輯不僅導致工業化也帶來了奧許維次(Auschwitz)
和貝爾森(Belsen)等地的納粹集中營。從認識論上來說,霍克海默和阿
多諾描繪啟蒙思想的特徵是,斷定思考與其客體間的「同一性」(identity),
企圖將所有不同於自己的都捕獲、納入於客體之中。他們認為啟蒙理性排
除其他思考方式,宣稱自己是真理的唯一基礎,將理性變成非理性與欺
騙。如貝斯特(S. Best)和凱爾納(D. Kellner)所說:

> 在他們(霍克海默和阿多諾)的詮釋裡,工具理性與資本主
> 義的結合使用了大眾傳播與文化、科層化和理性化的國家機器、
> 科學與技術等複雜模式,管理意識與需求以確保社會整合,如此
> 個體便會順從系統的支配(*Best and Kellner, 1991: 218*)。

### 尼采:真理是隱喻的機動部隊

雖說霍克海默和阿多諾對於啟蒙的批判是中肯的,傅科的著作對於文
化研究更具影響。傅科受惠於哲學家尼采,對尼采而言,知識是「追求權

力的意志」的一種形式，純粹的知識是不可能的，因為理性和真理「不過是某些種族和物種的權宜手段，效用才是真理」（*Nietzsche, 1967: §515*）。尼采將真理描述成隱喻與轉喻的機動部隊，意即語句是唯一能被判定真假之物。知識不是在發掘真實，而是被建構來詮釋被視為真實的世界。對尼采來說，真理不是事實的集合，因為只有各種詮釋存在，而且「這個世界能用無窮無盡的方式所詮釋」。就真理的概念有其歷史的效力而論，那是權力造成的結果，也就是造成了誰的詮釋被視為真理。因此，尼采反對主張普遍理性與進步的啟蒙哲學。

### 傅科的考古學

傅科早期作品中運用的方法途徑稱為**考古學**（archaeology），指的是探究在特定決定性的歷史狀況下，結合、規範若干陳述，以形成、界定知識／客體的明確領域，需要一組特定的概念以及劃定明確的「真理政權」（regime of truth）（*即什麼被看作真理*）。傅科企圖界定形成規範性陳述客體方式的歷史狀況與決定法則，也就是論述實踐與**論述形構**。

傅科（*Foucault, 1972, 1973*）論稱，從一個時代遞嬗到另一個時代，社會世界將不會以同樣的方式被理解、描述、分類與認識，意即，**論述**是**不連續的**，其特徵是理解的歷史斷裂、客體被概念化與了解方式的改變。不同的歷史年代的特徵是具有不同的**知識**（epistemes），或知識的形廓形成特定歷史時期的社會實踐與社會秩序。例如，傅科指出對瘋癲的了解的斷裂，現代理性中斷與瘋癲對話而企圖使瘋癲和理智、正常（sane）與不正常（insane）對立起來。歷史不應透過連結的、跨越歷史時期來解釋（*儘管斷面從不是完整的，同時也必須在既有的基礎去了解*），也不該把歷史視為必然的從發源到預定命運的運動。傅科強調不連續性是他對現代的創始、神學、連續性、完整性以及聯合主體等主題提問的角度。

## 傅科的系譜學

考古學建議挖掘特定場域的過去，〔傅科稱自己晚期的研究途徑為〕**系譜學**（genealogy）則追蹤論述在歷史上的連續與不連續性。在此，傅科強調論述的物質與制度狀況以及**權力**的運作。考古學挖掘在地場域的論述實踐，系譜學則檢驗在特定、不能化約的歷史情境下，透過權力運作，論述發展與被作用的方式。

> 「考古學」是分析在地論述的適當方法，「系譜學」則是以這些在地論述的描述為基礎的策略，分析被壓制的知識的釋放與作用（*Foucault, 1980: 85*）。

> 〔系譜學〕必須在任何單向的最終性之外記錄事件中的獨特性，……必須對它們的重複發生保持敏感度，不是為了追溯其演進的平緩曲線，而是要抽離出它們以不同角色參與的不同場景，……有賴大量地累積來源材料〔史料〕（*Foucault, 1984a: 76*）。

傅科的系譜學研究檢驗了監獄、學校、醫院以表現出知識的形成與使用時，權力與規訓（discipline）的運作，包括將主體的建構視為論述的「效果」（第六章）。傅科論稱在既定社會與文化情境下，論述不僅規範了什麼被說，也規範了誰能說、什麼時候說、在什麼地方說。特別是現代的「真理政權」牽涉了**知識／權力**關係，知識是用於生產主體性（production of subjectivity）的一種權力的形式。重點是，傅科論稱：

> 批判將不再落實於尋找具有普世價值的形式結構，而是對導致我們之所以構成自身，承認自身是我們所行、所思、所說主體的事件進行歷史的調查。這樣看來，批判不是先驗的（transcendental），其目標不是達成形上學的可能：在設計上它（批判）

是系譜學、在方法上是考古學。考古學——不是超越的——這樣
看來並不企圖辨識所有知識與可能道德行動的普遍結構，而是去
處理如許多歷史事件一般，連結我們所思、所說與所做的論述的
例子。這批判將是系譜學式的，感覺上不是從我們不可能知道或
不可能做的形式演繹；但這將分開處理：得使我們之所以是我們
的偶然性，以及我們不再是、不再做或不再思考我們是什麼、做
什麼、或想什麼的可能性（*Foucault, 1984b: 45-46*）。


## 與啟蒙決裂

傅科的思考在五個關鍵的面向上打破了「古典」啟蒙思想的前提：

1. 知識不是形而上的、超越的或是普遍的，而是具體地對應特定的時
   空。傅科不談論真理，而談論「真理政權」，意即在既定的歷史狀
   況下，被「視為真理」的知識結構。
2. 知識具有觀點（perspectival）的特質。沒有一個整體的知識可以理
   解世上「客體」的特質。我們有、也需要多重的觀點與真理來詮釋
   複雜異質的人類存有。
3. 知識不被視為純淨或中立的理解方式，而被用於權力政權。
4. 傅科打破了啟蒙的中心「深度」的隱喻。他反對用詮釋或詮釋學的
   方法找出隱藏在語言中的意義。傅科關切的是描述及分析在既定的
   物質與歷史條件下，論述的表面和它們的效果。
5. 傅科質疑進步的啟蒙了解。知識作為論述，未顯露出歷史的演化，
   而是其不連續。亦即傅科發現知識的認識論跨過時間有著明顯的斷
   裂，而他拒絕任何終點的想法，或是人類歷史的必然方向。

然而，在啟蒙與後啟蒙思想間或是現代與後現代間存在一個清晰、明
確、最後的斷裂的想法，為傅科所挑戰，他提出我們無須「支持」或「反

對」啟蒙。問題不在於接收或拒絕啟蒙理性，而是問：

> 我們使用的是什麼理性？其歷史效果為何？限制何在？又具
> 有什麼危險？〔如果〕哲學在批判思考中有其功能，那正是接受
> 這一種螺旋，這種對我們指出其必要性、不可或缺性，以及同時
> 指出其危險的一道理性旋轉門（*Foucault, 1984c: 249*）。

## 後現代主義是大敘事的終結

雖然傅科未將自己定位為後現代思想家，其他學者尤其是李歐塔
（*Lyotard, 1984*）欣然地擁抱知識的視野概念（perspectival conception）與
「後現代」這個術語。李歐塔論稱「沒有一個所謂的語言整體，只有語言
孤島，各自受無法翻譯為其他語言的規則體系支配」（*Lytoard, 1984: 61*）。
真理和意義由它們在特定在地**語言遊戲**中的位置所組成，具無法普遍化的
特色。對李歐塔來說，後現代狀況既不是時間分期的概念（例如：後現代
不是歷史時代），也不是現代性與後現代性的制度特徵。而是：

> 在最高度發展社會中的知識狀況。我決定用後現代這個字來
> 描述這狀況……〔它〕為十九世紀末的轉變之後的文化情勢命名，
> 這個轉變改變了科學、文學與藝術的規則（*Lyotard, 1984: xxiii*）。

對李歐塔來說，現代知識依賴訴諸後設敘事（meta-narratives），即
是宣稱普遍有效的大歷史故事。相反地，後現代論稱知識是語言遊戲特有
的，擁抱在地、多元和異質的知識。後現代狀況包含了失去對決定現代世
界理性的、科學的、科技的、政治方案之基本計畫的信仰，是李歐塔所說
「對後設敘事的懷疑」，藉此他指出沒有任何可行的後設敘事（或高層次
的視野）可用於判斷萬物的普遍真理。對李歐塔來說，我們應該拒絕這些

信條的總體化恐怖，而應頌揚差異，在特定知識政權（knowledge regimes）中進行理解。

## 認識論的終結

對後現代主義來說，普遍化的知識論是不可能的，因為所有真理的宣稱都在論述中形成。我們無法親臨一個不受語言影響的獨立客觀世界，也沒有阿基米德的基點可用來中立地評估這些宣示。沒有普遍的人類思想或行動的哲學基礎，所有真理都與文化緊密聯繫。的確，羅逖提出，真理的概念沒有解釋力，只是在特定傳統中最佳程度的社會同意而已。他建議我們放棄認識論，承認「真理」是社會讚許（social commendation）的一種形式（*Rorty, 1989, 1991a*），是傅科描述的「視為真實」（being-in-true）的狀態。

吉根（*Gergen, 1994*）論稱在現代科學與後現代主義中，沒有任何認識論的位置能提供其自身真理宣稱的普遍基礎。然而，接受現代與後現代認識論的**結果**是不同的。根據吉根，現代真理的宣稱是普遍化的：他們斷言他們的真理可用於每個地方的每個人，潛在著由最了解「真理」者（the bearer of 'truth' know best）帶來災難後果的可能。相反地，吉根指出，真理被視為僅僅存在語言遊戲中，發現真理的後果，是接受某一範疇的真理宣示、論述與「真實」再現的正當性。

## 相對主義或發言位置？

對某些評論者而言，後現代主義是一種相對主義（relativism），亦即有一系列的等同認識論地位的真理宣示，使我們無法在知識的許多形式中判斷。吉根擁抱「相對主義」這個詞，論稱真理是／應該是彼此競爭的宣示辯論的結果。由於其與真理適用於特定文化的特色，文化研究稱為「位置性」（positionality）的概念自我矛盾，故羅逖反對相對主義。他論稱沒有一個觀點可以盡括各種不同形式的知識，認為它們具有等同價值。倒不

如說我們都**處在**文化涵化知識的位置上，真與善是我們所相信的。對羅逖來說，真與善是根據實用主義來判斷，亦即採取特定幾種了解的結果。這樣的判斷只是涉及我們的**價值觀**，而不是某種先驗的真理。例如：科學並未生產這世界的普遍真理，而是透過一組實務過程，產生數種知識的形式，使我們能更高度地控制和預測環境，而獲得或多或少較令人滿意的結果。

## 後現代主義的承諾（或者，現代性是未竟方案？）

對鮑曼（*Bauman, 1991*）而言，後現代主義具有讓解放、多元與團結的差異政治發聲的潛力。他論稱，後現代狀況是現代心靈從一個距離外反思自身，並且感受變遷的迫切性。後現代狀況的不確定性、矛盾與模稜兩可，〔鮑曼論稱〕開放了掌握偶然性變成命運的可能性，藉此我們也許能創造自己的未來。要這麼做，我們必須將容忍（tolerance）轉化成團結（solidarity）。

> 不是道德完美的問題，而是生存的條件，……要在偶然的、多樣的世界中生存，唯有每個差異承認其他的差異，是保存自身的必要條件。團結，不像寬容（它的較弱版本），意指已做好戰鬥的準備；投入為了捍衛他人的差異而非自我差異的戰爭中。寬容是自我中心且冥想的；團結是社會取向的且富戰鬥性的（*Bauman, 1991: 256*）。

### 無基礎的政治

這個方案沒有保證也沒有普遍的基礎，只有後現代文化中的可能性。

如鮑曼論稱的，這種解放仍是被去頭截尾，多樣的繁榮只透過市場驅動，寬容變成了漠不關心，而消費者取代了公民。但是，他指出，後現代文化暗示著**政治、民主、成熟的公民權**的需求，將同意權從國家的政治華廈撤回。後現代的心態要求現代實現其承諾，儘管扭曲了理由。

後現代主義的批評者擔心放棄基礎論（foundationalism）將導致不理性，而且無法落實任何基進政治（radical politics）。然而，有人可能論稱，接受一個真理宣示範圍的正當性，本身就是政治立場，標示了支持實用的後現代文化多元主義。因此，羅逖（*Rorty, 1991a*）同意拉克勞和墨芙（*Laclau and Mouffe, 1984*）：以我們的傳統價值為基礎，追求務實地改進人類處境，無須普遍的驗證和基礎。

這些是**差異**政治（第十二章）的主題，其結盟政治（coalition politics）是在公民社會中執行的長期策略，亦即社團、學校、工廠，當然還有媒體，目標在於贏得人心、改變立法。這在**種族**政治、**女性主義**政治、酷兒政治以及其他方面都能發現，而且這樣的串連和結盟，可建立於界域之中，也可跨越疆界。

## 現代性是個未竟方案

後現代的「認識論」並非未受挑戰。當代知識的懷疑與不確定特徵可見於紀登思（*Giddens, 1990, 1991*），其情境不是後現代而是「基進現代性」（radical modernity）。在他看來，相對性、不確定性、懷疑和風險是高度現代或晚近現代的核心特徵。相似地，哈伯瑪斯（*Habermas, 1987, 1989*）認為現代性的政治方案仍在持續進行，他論證的基礎是他所做的「工具理性」與「批判理性」區分。他批評啟蒙理性是工具理性，使得「生活世界」遭受「系統命令」（system imperatives）所殖民，亦即社會生存問題受制於金錢和行政權力。這樣看來，哈伯瑪斯認為理性是不平衡而具選擇性的。然而啟蒙也有其批判面，對他來說是仍未完成的解放方案的基礎。

哈伯瑪斯追求批判理論的傳統，尋找評價判斷與主張對人類解放的確認的基礎。他藉由論稱所有人類互動都以語言為前提，在語言的結構中，可找到適用於所有社會組織形式本質的根本基礎條件。當我們說話時，哈伯瑪斯提出，我們做了四個有效的主張：可了解性（comprehensibility）、事實、適當（appropriateness）與真誠。這些主張，他認為可用於真理的邏輯正當化與理性辯論的社會脈絡。哈伯瑪斯假設「理想語境」（ideal speech situation）的存在，在其中相競爭的真理宣稱都服膺理性辯論。在「理想語境」中，真理未受制於真理尋求者的既得利益與權力遊戲，而是在論辯中浮現。

## 公共領域

對哈伯瑪斯而言，我們做出真理宣示的能力有賴於民主組織的近似「理想溝通情境」的**公共領域**（public sphere）。公共領域的概念是哈伯瑪斯溯及歷史，浮現於特定「布爾喬亞社會」階段的領域，是一個中介於國家與社會的空間，公眾在此組成，「民意」也在此形成。哈伯瑪斯描述文學俱樂部與沙龍、報紙、政治期刊與政治辯論制度在十八世紀的興起與參與。公共領域藉由私人個體的資源，部分地排除教會與國家，原則上（但實際上不是）對所有人開放。在這領域中，個體可以發展自我，參與社會走向的理性辯論。

哈伯瑪斯接著闡明面臨資本主義日趨獨占的發展以及國家的強化、公共領域的衰落。大企業造成了生活的日漸**商品化**，使得人們由理性的公民變成了消費者，被廣告與公關業的非理性產品所圍繞。與公共領域的侵蝕同步發展的是，國家在經濟領域是企業的管理者，在私領域則透過提供福利與教育的管理而日增其權力。

在哈伯瑪斯著作中，公共領域是一個哲學的、歷史的和規範的概念。在其歷史層次、概念的歷史正確性（*Curran, 1991*）以及男性性別偏見的布

爾喬亞社會公共領域（*Fraser, 1995b*）都遭到相當多的批評。也有人（*Thompson, 1995*）提出現代媒介實際上擴張了公共領域。哲學上來說，有些後現代的批評，特別是李歐塔（*Lyotard, 1984*）論稱，哈伯瑪斯重製了「啟蒙理性」的全體化論述，不理會其壓迫性。漢納斯（*Honneth, 1985*）反擊指出李歐塔對哈伯瑪斯論述倫理（discursive ethic）的詮釋有誤，因為哈伯瑪斯的目標不在於共同需求的最終決定，而在對那些讓不同需求得以形成與實現的社會規範，達成互為主體的同意（intersubjective agreement）。藉此，他意指哈伯瑪斯強調民主過程的重要性，而非過程的結果。

### 一個規範的方案

不論哈伯瑪斯著作中有任何歷史的問題，作為**規範性的**（normative）地位，公共領域的概念仍具有吸引力。後現代主義者、後結構主義者以及新實用主義者都認為哈伯瑪斯錯在企圖建立公共領域普遍、超越的合理正當性。然而，此概念在文化多元的實用基礎（*而非認識論的基礎*）上可證明其正當，因此仍有規範性的政治影響。意即，公共領域（或是一些公共領域）應以能容納差異為關鍵原則。在差異、多元以及團結的基礎上，現代性的解放方案與公共領域可能為「後現代」一些公共領域的承諾而服務。

# 後現代文化

即使同意哈伯瑪斯所言現代尚未過去，或同意紀登思（*Giddens, 1990*）所說大部分描述為後現代的元素，都是現代就已經存在，當代生活發生了重大的、以「後現代」這個詞來描述的顯著**文化變遷**。既有的這些社會與文化變遷是社會的前沿，並指出在未來（*或已是優勢結構*），我們將被歸

類為生活在「後現代時代」中。後現代無需展現出明顯的與現代的斷裂，而是改變經濟、社會和文化模式，形塑未來輪廓的過渡期。後現代不必然意味著後現代性（作為一個歷史時期）而是指一組「感知結構」（*Williams, 1979, 1981*）以及一組**文化實踐**。後現代「感知結構」的核心是：

1. 碎裂感、含糊曖昧感以及生活的不確定本質。
2. 體認到偶然性的中心地位。
3. 承認文化差異。
4. 生活步調的加速。


## 反思的後現代

缺乏傳統宗教與文化信念的確定性，現代生活顯露出一系列激增的、缺乏決定基礎的選擇，這鼓勵我們更加反思自身，沒有退卻的確定性。反思能力可以理解為「經驗論述」（discourse of experience）（*Gergen, 1994: 71*）。反思是在建構更進一步的論述時，分享某一範圍的論述與關係，其增加了有趣的多重認同的自我建構（self-construction of multiple identities）的可能性。這也需要我們比較我們與他者的傳統，結果，後現代文化邀請了現代性的「他者」，促使那些被現代驅力壓制、消滅差異的聲音，能夠找到許多發聲的管道。這些聲音包括了女性主義、**流離群落**、生態保育運動者、出入銳舞舞會者，以及旅行者。

反思鼓勵「以前說過」的反諷感：一種無法創造新事物，只能把玩既存事物的感覺。艾柯（*Eco*，轉引自*Collins, 1992: 333*）提供了一個好例子：一個人不能（不反諷地）說「我愛你」，又同時用「像芭芭拉‧卡特蘭會說的」（As Barbara Cartland would say）當開場白──事情已被說過，而承認非原創。的確，**反諷**（irony）被理解為對個人價值與文化偶然性進行反思的了解，是後現代的感性批判，散見於電影、電視、音樂和文學中的

歷史意識促成了這種感性。例如，電視有歷史，而且重複頻道內與跨頻道間的歷史，因此「電視產製了反諷意識的狀況」（*Caughie, 1990: 54*）。

作為解放概念的反思性的後現代文化，需附加兩條款：

1. 社會與制度上反思能力的增加，表現在勞工、消費者與顧客對於制度想知道更多的欲望。這包含了從購物中心的攝影機、工作的「品質管理」到行銷重要性的提升等監控形式的增加。
2. 後現代文化的經驗不能假設所有人都一樣，而不考慮其階級、**族群**、**性別**、國家等。較恰當的社會學分析應考慮後現代文化的多變經驗。

## 後現代主義與文化邊界的崩解

拉許（*Lash, 1990*）指出從論述到圖像的轉變是後現代轉向的核心，意指現代與後現代的表意邏輯以不同的方式運作。對賴許來說，現代主義者的「意義政權」是文字優先於影像，散播理性主義者的世界觀，探索文化文本的意義，疏遠觀察者與文化客體。相反地，後現代「圖像」較為視覺化，取之於日常生活，質疑理性主義者的文化觀而且使觀察者沈浸在他／她對文化客體的欲望中。漸趨顯著的後現代「圖像」是「日常生活的美學化」（aestheticization of everyday life），以及對現代文化邊界的侵蝕所不可或缺的要素。

因此，後現代文化標榜的是傳統上**文化與藝術**、高雅與低俗文化、商業與藝術、文化與商業間邊界的模糊與崩解。舉例來說，電子媒介加速了**流行文化**的能見度（visibility）與地位的提升，意味著高雅與低俗文化界線不再有效。「精緻文化在我們之中變成不過是另一種次文化，另一種意見」（*Chambers, 1986: 194*）。更進一步說，由於維持藝術／精緻文化與商業／低俗文化間界線的意圖的傾頹，加上對**主動閱聽人**的認知，消解了政治上「左派」與「右派」雙方對商品文化批評的顯著性。

## 拼貼與互文性

後現代以歷史的模糊著稱。意即，過去與現在的再現都在**拼貼**中一起展現，拼貼將過去不關連的符號並置以產生新的意義符碼。拼貼作為一種文化風格，是後現代文化的核心元素，可以在建築、電影與流行音樂錄影帶中觀察到。購物中心使得來自不同時空「商標」的風格混合，而音樂電視（MTV）著名的就是融合了來自多種時期與地點的流行音樂。在文化產品中也發生了值得注意的**類型**界線的傾頹或模糊。《銀翼殺手》（*Bladerunner*）與《藍絲絨》（*Blue Velvet*）就常被引用為是混合了黑色電影（noir）、恐怖片與科幻小說等類型的電影。更進一步，它們是「雙重製碼」（double-coded）的（*Jencks, 1986*），讓它們可以被智識階級與一般觀眾了解。

後現代文化標榜的是自我意識的**互文性**，意即在另一作品中引用其他文本，這包含了明確的提及特定節目與間接地提到其他類型的傳統手法或風格。例如：提到一間在波士頓的酒吧，大家都知道它在《希街藍調》（*Hill Street Blues*）與《波城杏話》（*St. Elsewhere*）中的名字；或是在《北國風雲》（*Northern Exposure*）中提及《雙峰》（*Twin Peaks*）。也可能是在《黑色追緝令》（*Pulp Fiction*）看到改造的黑色電影手法，或是在《我心狂野》（*Wild at Heart*）與《絕命大煞星》（*True Romance*）中，重新運用「公路電影」（road movies）的形式。互文性是擴大歷史的文化自我意識與文化產品功能的一種角度。

### 日常生活的美學化

藝術與文化、文化與商業間界線的模糊結合了凸出的影像，被認為導致了都市生活的美學化。費哲史東（*Featherstone, 1991*）論稱，這表現在三種關鍵形式上：

1. 藝術的次文化企圖抹除藝術與日常生活的界線。
2. 將生活變成藝術作品的方案。
3. 符號與影像的流動充斥於日常生活之中。

透過集中於美學客體與**符號**消費的生活風格的創造，認同方案與每日生活的美學化在消費文化中連結起來。這也與社會上相對地重要性從生產轉移至消費有關，伴隨著**後福特主義**的彈性生產而實行小量生產、客製化以及利基市場。

## 電視裡的後現代美學

電視是影像生產的中心，也是後現代文化風格的影像拼貼的傳播核心。電視中多樣的影像與意義的並置，創造了一個電子拼貼（electronic bricolage），使得未曾預期的關連可能發生，這是在既有頻道中流通的結果與多頻道多樣性的反應。觀眾快速移動、轉台與快轉的能力，組成了一個拼貼的「剪貼文本」（strip text）（*Newcombe, 1988*），而採用「適當」的解讀態度與能力本身，就是後現代文化的觀點。

在風格上，後現代主義的標誌被視為是美學的自我意識、自我反思性（self-reflexiveness）、並置／蒙太奇、矛盾、曖昧含糊、不確定，以及在類型、風格與歷史界線上的模糊。儘管在藝術上後現代主義被視為是對現代主義的反動，但後現代電視事實上承襲並推廣了許多現代主義的技巧，包括蒙太奇、快剪、非線性敘事技巧及將影像去脈絡化（de-contextualization）。

## 後現代式的偵探片

美國的電視「偵探」影集《雙峰》與《邁阿密風雲》（*Miami Vice*），普遍被看作是後現代風格的代表作。就一般後現代文本的了解規則來說，《雙峰》是「雙重製碼」的。這包含了**符碼**的結合，使它可以吸引熟悉

「專家」語言的「關切的少數」（concerned minority）與一般觀眾。《雙峰》是後現代的，它具有多類型（multi-generic）的形式，警察故事、科幻小說與肥皂劇常用的手法被混搭在一起，有時要嚴肅看待，有時又被看成是幽默的矛盾仿諷[6]。伴隨著一系列調性的改變（tonal variations），包括了感傷與滑稽、嚴肅和幽默的，鼓勵了在一部影集中主體位置的轉移與情感涉入的擺盪，整晚都可能創造「剪貼文本」（Collins, 1992）。進一步說，《雙峰》是後現代「過度符號學」（semiotics of excess）的例子，充滿了看似與解決犯罪或前進敘事（forward movement of narrative）「不相關」的內容，卻形成了奇觀或轉向的意義。

對凱爾納來說（Kellner, 1992），《邁阿密風雲》在兩個基本方面是後現代的：

1. 美學形式：其中的打光、攝影機運動、搖滾樂、明亮色調與異國情調，造成了「熱情、迷人、有魅力的美學景觀……影像常接管敘事，而視覺與感覺變成首要，故事發展反成背景」（Kellner, 1992: 148-149）。

2. 多義本質（polysemic nature）：包含了身分／認同、意義與意識形態的轉移與衝突。兩個探員主角 Crockett 與 Tubbs 出入於多種身分間，暗示了身分／認同是建構的，是風格與選擇的遊戲，而非事先給定的。

## 卡通後現代

《辛普森家庭》（The Simpsons）劇中有個不正常的美國家庭，一系列諷刺性的人物是雙重製碼的，吸引了成人與兒童。它是娛樂，精微地反映了美國的文化生活。與當代後現代文化一致地，電視是辛普森家及其觀

---

6. 譯註：仿諷（parody）是指破壞文學形式與內容之間原本約定俗成的聯繫，打破讀者對作品的期待，使之陌異化（defamiliarity），進而釋放出笑果。

眾生活的核心。節目做出某些互文性的指涉時，需要我們對其他電視與電影類型有自覺意識。例如：辛普森家小孩最喜歡的卡通《癢癢與抓抓》（*Itchy and Scratchy*），是對《湯姆貓和傑利鼠》（*Tom and Jerry*）的仿諷，嘲笑對電視暴力的雙重標準：既譴責又享用電視暴力。

後現代標誌的矛盾、諷刺以及互文性在受歡迎的《南方四賤客》（*South Park*）節目中同樣明顯。它仿諷了一系列文化刻板印象，我們看到心胸狹小的種族主義者和性別歧視者的特質，與一連串種族、性別、年齡、身材等刻板印象結合在一起。不過，這節目藉由讓我們嘲笑，設法破除這些刻板印象。非洲裔的廚師再現為性感的黑人靈魂歌手，《南方四賤客》的Barry White，在於仿諷「原創」的形象本身就是刻板印象。還利用海斯（Isaac Hayes）的歌聲（他以電影《殺戮戰警》（Shaft）主題曲為人所知），增加互文的面向與諷刺的劇情。這節目遊走在冒犯每個人與破除冒犯之間，全沒正經卻往往大放厥詞，例如，把電視當成兒童的臨時保母。

## 評價後現代文化

就像《南方四賤客》獲得正反兩極的評價，後現代文化的重要或不重要性，也受到熱烈爭辯。對某些批評者來說，當代文化既無深度（depthless）也無意義的（meaningless），然而對其他人來說，他們欣然接受這種越界文化（transgressive culture）新穎而流行的形式。

### 無深度的文化

對布希亞來說，後現代文化由不斷流動的影像所組成，這些影像不建立外延意義的層級。後現代文化被論稱為扁平的、單向度的；是字面上也是隱喻的「膚淺」（superficial）。在這脈絡下，葛羅斯柏格將《邁阿密風雲》描述為「全都是表面。這些表面不過從是我們的歷史斷片中語錄的拼湊，一個雞零狗碎的流動遊戲」（*Grossberg, 1987: 29*）。這是個任何客

體都不具有「基本的」、「深度」價值的文化,更確切地說,價值決定於符號意義的交換。意即,商品具有授予威望、表現社會價值、地位與權力的符號價值。商品不是具有使用價值的客體(an object with use value),而是商品符號,在客體間「任意浮動」(floating free)。如同每日的電視廣告中展現的,符號能被使用於各種連結。例如費哲史東所提出的,「消費……不該以消費的使用價值、物質應用來了解消費,基本上,要從符號的消費來了解」(*Featherstone, 1991: 85*)。

### 內爆與擬象

在布希亞的世界中,現代的區別系統一一崩解(被吸入「黑洞」中,如他所說):真實與非真實、公與私、藝術與真實之間的區別不再有意義。對布希亞來說,後現代文化的特徵就是統攝一切的迷人擬象(simulations)與影像的流動的**超級真實**(hyperreality),在其中我們被迫承載過多的影像與資訊:「今日的真實本身是超級真實,……是在整體中的每日真實——政治的、社會的、歷史的以及經濟的——從現在開始與超級真實主義的擬象面互相整編」。我們生活在到處都是真實的『美學』幻覺中」(*Baudrillard, 1983: 148*)。

hyper這個字首指的是「比真實更加真實(more real than real)」。真實根據某個模式產製,不是天定的而是人造的真實,經「幻覺相似」(hallucinatory resemblance)的真實本身重新潤飾過,真實本身產生內爆(the real implodes on itself)。內爆(implosion)在布希亞的著作中是指導致真實與擬象間的疆界瓦解的過程,也包括了媒介與社會的界線,因此「電視就是世界」。電視擬象真實生活的情境,並非為了再現世界,而是為了使本身生效(execute its own)。新聞重新演出「真實生活」事件,模糊了「真實」與「擬象」、「娛樂」和「時事」的分界線。

根據布希亞,傳播工具無處不在的後現代世界,代表世界上過度熱烈的主體意識的進展,他稱為「精神分裂」(schizophrenic)。此外,過度

暴露或是能見度的劇增使得一切都變得透明、立即可見，布希亞稱為猥褻（obscenity）。「猥褻」的精神分裂主體變成「一個純粹的螢幕，一個所有影響網絡的切換中心」（*Baudrillard, 1983: 148*）時，電視螢幕就是核心隱喻。

## 晚期資本主義的文化風格

對援引布希亞著作的詹明信（*Jameson, 1984*）來說，後現代主義指的是當下的無深度感（depthless sense of the present）與喪失歷史性的了解。我們生活在一個無法定位我們自己的後現代的超空間（hyperspace），其具體的表現包括了：

1. 拆解過去與現在的風格。
2. 喪失可信的藝術風格而傾向於混仿。
3. 由世界的再現轉型為影像與奇觀。
4. 打破精緻與低俗文化的嚴格區分。
5. 擬象（simulacrum）或複製的文化（*不再有所謂「原創／原作」存在*）。
6. 懷舊復古風的盛行，歷史不是再現的客體，而是風格寄託意義的對象。

詹明信對後現代的描述與布希亞頗多類似之處，亦即後現代的特徵是碎裂、不穩定與失措。然而，在解釋層次上，詹明信持不同於布希亞的看法。詹明信極力表明後現代主義具有真切的歷史真實，他論稱後現代文化實踐不是表面的，而是表達深層真實中的發展與經驗。對詹明信來說，後現代主義是多國籍企業的世界系統，或是晚期資本主義的表現，代表了晚期資本主義運作在新的全球空間的文化風格，是晚期資本主義藉著將商品化擴張至所有個人與社會生活的領域，而將真實轉化為影像與擬象。

### 越界的後現代主義

和布希亞和詹明信的負面評價相比，卡普蘭（*Kaplan, 1987*）宣稱後現代文化越界與進步的角色，並且打破了界線。她論稱，後現代音樂錄影帶以**解構主義**的模式，提供觀眾不確定的敘事位置，損及將再現看成真實或真理的地位。這和哈金（*Hutcheon, 1989*）的論證相同，後現代使所有再現的想法都變得有問題，即使它與再現共謀也是如此。她提出後現代「採用自我意識、自我矛盾、自我破壞陳述的形式。更像是在講述時，在說明的事物中處處插入逗點」（*Hutcheon, 1989: 1*）。後現代主義是諷刺的知曉，因為探索了自身知道的限制與情境。

柯林斯（*Collins, 1992*）論稱後現代主義承認多元的**主體位置**與**身分／認同**，積極地鼓勵立場間意識的進或出，把玩意義與形式。對柯林斯來說，詹明信把後現代主義描述成重複使用「滑稽」（camp）、拼貼與缺乏歷史深度，「無法描述多種可能的再接合（rearticulation）策略」，從簡單的復古與懷舊，到「性感手槍（Sex Pistols）或衝擊合唱團（The Clash）基進的大眾水準的唱片封面，這樣一來，不是接近過去，而是『挾持』過去，賦與過去完全不同的文化意義」（*Collins, 1992: 333*）。

最後，對布希亞來說是處於無深度文化核心的商品符號，在錢伯斯（*Chambers, 1987, 1990*）那裡形成了新的材料，主動的、意義導向的閱聽人建構**多重認同**。這裡，閱聽人是拼貼的，選擇、排列物質商品的元素與有意義的符號成為個人風格。因此後現代可理解為民主化，新的個體與政治的可能性行將出現。

# 本章摘要

　　現代與後現代都是一種對歷史進行分期的概念，指涉的是特定的歷史時期。它們廣泛地定義了社會形構的制度特徵，因而顯得過於抽象。在這層意義上，現代性是指中世紀以後工業資本主義與民族國家體系的興起。現代的制度也與個人化、差異化、商品化、都市化、理性化、科層化，以及監控的社會與文化過程有關。

　　現代主義與後現代主義也是文化與認識論的概念。作為文化概念，它們關切日常生活經驗和藝術形式、運動。然而，現代主義與後現代主義間的分野並不清楚。例如：現代的生活經驗被論稱為包含了步調、變遷、模稜兩可、風險、懷疑以及不斷地修訂知識。可是碎裂感、曖昧與不確定、具有高度反思能力的世界，也是後現代文化的標記。強調偶然性、反諷與文化界域的模糊，更是後現代的明顯標記。現代主義作為藝術、運動與哲學支持高雅—流行文化的分界，而後現代不是。在後現代主義的邊緣，理論家指出現代在真實與擬象間分野的傾頹。

　　作為一組哲學的、認識論的關懷，現代主義與理性、科學、普遍真理與進步的啟蒙哲學有關。相反地，後現代主義則與對這些分類的質疑有關。沒有深度只有表面，不是一個真理而有多種真理（not truth but truths），沒有客觀而只是團結或是社會讚許（羅逖），沒有普遍主義或基礎論，只有歷史特定的「真理政權」（傅科）。然而，當李歐塔稱這些哲學立場為後現代時，傅科質疑贊成或反對啟蒙的必要性，羅逖後悔使用「後現代」這個詞（因為他支持的後啟蒙哲學至少能追溯到尼采開始），而紀登思論稱，後現代文化是「基進的現代性」（radicalized modernity）的表現。

　　許多爭議與辯論集中於我們是否該把當代生活的特徵描述爲現代或後現代，現代主義與後現代主義的藝術方案是不是截然不同的世界，或者他們是不是共享某些特徵，以及值不值得將當前盛行的文化描述爲後現代。儘管許多人認爲，這些對現代哲學基礎的質疑，指向對差異的民主的接受以及創造自我的反思能力，而其他人則驚慌地看待。他們害怕無法落實文化政治，認爲後現代主義是一種非理性主義的形式，開啓了權力暴虐不受節制之門。同樣地，有些作者認爲消費資本主義釋出了創意遊戲與身分／認同建構的可能性，其他人則認爲那是全球企業力量更進一步的支配。

# 第三部分

## 文化研究的場域

第六章

# 主體性與身分／認同

◉初稿翻譯協助：王筱璇

本章檢視文化研究中有關主體性與文化認同的辯論，探討西方世界關於「自我政權」（regime of the self）的種種假說。在政治鬥爭與哲學、語言學思辨的推波助瀾之下，「身分／認同」一躍而成為一九九〇年代文化研究的中心主題。女性主義、族群性及性別取向的政治，連同其他相關議題，與認同的政治緊密相接，並且引人關注。這些爭取與圍繞身分／認同的鬥爭逐一浮現，令人不禁要問：究竟什麼是身分／認同？

## 主體性與身分／認同

主體性（subjectivity）與身分／認同等概念，相互之間可說是關係緊密，幾不可分。然而，我們或可將主體性看作是我們身為人的存在狀況，以及成為一個人所經歷的過程。換句話說，也就是我們如何被構成為主體

（constituted as subjects）的過程。所謂作為一個主體，意思是說：人之所以為人，不免「受制於」（subject to）其所置身的社會過程當中，從而界定群我關係，而使我們成為為了自我及他者而存在的主體（as subjects for）。這當中，我們對自己的認識（也就是自我概念）稱作**自我認同**（self-identity），而他者的預期與意見則構成了我們的**社會認同**（social identity）。因此，研究主體性的問題，也就等於探問以下問題：我們如何看待自己？他者如何看待我們？

## 個體是文化產物

　　主體性和身分／認同是某一條件下才會產生的文化產物，這意味人是社會的、文化的產物，也就是說，身分／認同乃是社會建構，不可能獨立於文化再現與**涵化**之外。並沒有哪一個已知的文化不使用「我」這個代名詞，也沒有哪一個文化沒有自我或個體等概念。然而，在每一個文化中，對於「我」的使用，則意義皆有不同。在西方社會的文化中，個人覺得自己獨一無二的感覺，以及所擁有的自我意識均不相同，這是因為個體無法和親屬關係網絡及社會契約分開來看。

　　在西方世界關於「自我」的文化概念裡，認為我們具有真實的自我，我們擁有讓別人得以了解我們的身分／認同。我們利用我們自己與他人可以辨認的再現形式來表達身分／認同，這也就是說，身分／認同是一個經由品味、信仰、態度和生活風格等**符號**所意指的本質。身分／認同是個人的，也是社會的，它使我們有別於其他人，或與其他人相似。我們可能會同意身分／認同與同一和差異的問題有關，與個人和社會及**再現**的形式有關。然而，我們將會質疑一種關於身分／認同的假設，這種假設認定身分／認同的假說是我們所擁有的事物，或是一個等著被發掘的固定的東西。身分／認同並不是一個固定的實體，而是對於我們自己所進行的一種充滿情感的描述。

## 本質主義和反本質主義

西方有關身分／認同的探索，是建立在有身分／認同這樣的「東西」存在的前提上，亦即身分／認同具有普遍性與恆常性，構成了人皆有之的自我概念的核心；根據此一觀點，我們可說人都具有其構成自我的「本質」，名之為身分／認同。此種**本質主義**的觀點假定，我們對自身的描述，如實反映了吾人本質、根本的身分／認同，因此，無論是女性特質、男性特質、亞洲人、青少年，或是其他的社會分類，都有固定的本質。

與前述觀點大異其趣的是，持反本質主義觀點的論者剴陳，身分／認同「一路走來」（all the way down）始終是文化性的，所以因時、因地而有殊異。身分／認同的形式是可變的，並且與特定社會與文化的局勢（conjunctures）相關。該類論點，將身分／認同看作是可塑造的，統稱為**反本質主義**（anti-essentialism）。此處，描述自身的語言文字的指涉對象本身並無本質性與普遍性的意義，因為語言的作用其實是「製造」而非「發現」它所指涉或再現的對象（見第三章）。身分／認同也者，不是事物本身，而是語言描述；身分／認同是論述建構的產物，因為時間、地點、使用上的不同，而會改變其意義。

## 自我認同是一種方案

對紀登思（*Giddens, 1991*）而言，自我身分／認同的構成，有賴於支撐起一種有關自我的**敘事**（narrative）的能力，從而建立自傳式的、連續性的、一致性的感覺。認同故事（identity stories）試圖回答這些重大問題：「做什麼？如何行事？成為什麼樣的人？」個人嘗試建構一種前後一致的認同敘事，藉此「自我形成了從過去到可預見的未來的發展軌跡」（*Giddens, 1991:75*）。因此，「自我認同並非個人擁有的某種獨特品質，

或甚至是某類的品質，而是**個人對他或她的自傳生涯經驗進行反思後所了解的自我**」（*Giddens, 1991: 53*）。

紀登思的說法與常識上關於認同的概念一致，因為他講的自我認同是指身為人的我們認為它（自我認同）是什麼。然而，他也同時論稱，認同並非我們所占有的某類特質；認同也者，無法從我們擁有的某些事物來理解，也不是指向特定的實體或東西。相反地，認同是我們關於自身的一種思考。然而，我們對自身的想法，會隨著時空變化及情境差異而發生變動。這是紀登思將認同稱作一種**方案**（project）的原因所在。所謂方案，紀登思意指認同是我們創造出來的，而且永遠處於進行中的狀態，一種像是不斷處於游走而非抵達終點的情況。**認同方案**係建立在我們認為我們是誰，根據我們所處之過去與現在的情境，從而想像我們將會成為什麼樣的人，構成了我們所冀求的未來的軌跡。

## 社會認同

雖然自我認同可被理解為**我們的**方案，但社會學上不證自明的一個道理是，我們生於一個早就已經存在的世界。在我們面世之前，我們所習用的語言就已為人所使用，而且也生活在與他人互動的社會關係脈絡之中。簡單地說，我們是在社會過程中被構成為個人，與他人共同分享社會物質資源，此即一般所謂的社會化或涵化的過程。捨涵化，不足以語個人，因為我們是在日常生活中了解何謂「個人」；捨語言，個人性（personhood）與認同的概念本身，將無法被理解。

人之所以為人，沒有任何先驗的或非歷史的成分。認同可說全然是社會與文化作用的結果，基於以下原因：

1. 人之所以為人，何以致之？這是一個文化問題。例如：個人主義是現代社會所特有的。

2. 語言和文化實踐為形成身分／認同方案的資源，這些是社會層面的特徵。因此，在不同的文化脈絡中，對於女人、小孩、亞洲人、老人的定義皆有不同。

造成我們產生身分／認同方案的資源，和我們所處的文化脈絡之情境權力有關；我們是男性還是女性、是非洲人或美國人、有錢或是貧窮，就會產生不同的方案，因此，身分／認同不只是自身描述，而是社會歸屬。

**社會身分／認同**和規範權利、義務、認可有關，在特定的集體中形塑著角色。儘管有跨文化的變異存在，以身體屬性如年齡、性別等作為標準化的標記，這樣的使用方式在所有的社會裡都是非常根本的（*Giddens, 1984: 282-283*）。

總結來說，身分／認同和類同與差異有關，是個人的，也是社會的，我們應該說「身分／認同是你和別人的類同之處，也是你和其他人差異之處」（*Weeks, 1990: 89*）。

# 碎裂的身分／認同

在《文化認同的問題》一文中，霍爾定義了三個將身分／認同概念化的方式：(1)啟蒙的主體（the enlightenment subject）；(2)社會學的主體（the sociological subject）；(3)後現代的主體（the postmodern subject）。此三主體將延伸身分／認同的概念，並且追溯後現代主體斷裂的、去中心的發展情形。

## 啟蒙主體

啟蒙時代將個人視為獨一無二的行動者，認為理智和理性是人類的基礎。啟蒙主體乃是：

> 基於人是全然中心的、統一的個體，並且具有理性思考、感知和行動的能力。在人的「中心」有一內在核心……這個本質的核心就是人的認同感（*Hall, 1992b:275*）。

笛卡兒（R. Descartes）的名言「我思，故我在」強調西方社會的**個體**是理性、有意識的。心智具有理性，可以依據世界的真實特性了解這個世界。用這種方式理解啟蒙主體，不只是一個哲學問題，也是一個關於主體與身分／認同行程的更寬廣的文化過程，因為將人視為統一且有能力組織自己，這種概念對當前西方的自我觀至為重要。例如，在西方社會中，有關道德的言談尋求解決我們遇到的道德和倫理困境，主要和個人對行動責任的問題有關。的確，個人責任具體表現在法律之中，認為個人須為自己的行為負責。這也彰顯在學術知識被組織成分立的學科，其中心理學處理個體心靈的運作，而醫學則負責治療個體的病痛；經濟理論，雖然關切的是社會過程，但也將理性、自利與有能力選擇的個體置於中心地位。

## 社會學的主體

如前所述，身分／認同並不是自身生成的，也不是個人內在所產生的，而是經由社會涵化所產生。這種社會化的自身，霍爾稱之為社會主體：

> 主體的內在核心並不是自主或自足的，而是形成於「重要他

者」（significant others）中介傳播他或她所生存世界的文化給主體，文化包含了價值、意義和象徵（*Hall, 1992b: 275*）。

我們的第一批「重要他者」是家庭成員，經由被讚美、責罰、模仿與溝通，我們向家人學習為何社會生存之道。因此，社會學觀點的一個重要假設是，人類是社會的產物，個體會相互影響。自身會形成一個內在統一的核心，使得個人的內在世界與外在社會得以**互動**。社會價值觀和角色的內化，透過被縫綴或被「縫合」進這個社會結構之中，個體於是漸趨穩定，並且「符合」其所置身的社會結構。

## 後現代主體

從「啟蒙」主體轉向「社會學」主體的這場知識運動，代表著不再將人描述成統一的整體的一個轉折，而將主體看成是由社會形構而成的。社會主體並不是它自身主體的來源，但它也不是憑藉自明之理的「整體」，因為人們採取許多種社會位置（social positions）。雖然如此，主體被認為具有一個核心的自身（core self），有能力**反身性地**將自身融合於一個統一的狀態之中。根據霍爾的理論基模，所謂去中心或**後現代**的自身，涉及變遷的、碎裂的與**多重身分／認同**（multiple identities）。人們並不是由一種身分／認同所構成，而是由多種（*時而互相衝突*）的身分／認同所構成。

　　該主體假設在不同的時間裡，會產生不同的身分／認同，因此，身分／認同並不是一致的。我們可能會同時具有許多相衝突的身分／認同，朝向不同的方向，因此我們的身分／認同時時在改變。如果我們認為我們從出生到死亡時，都會擁有一致的身分／認同的話，這只是因為我們建構了一個故事，或是對自身的描

述罷了（*Hall, 1992b: 277*）。


## 社會理論與碎裂主體

霍爾論稱，有五個關於現代知識論述的斷裂點幫助我們形成主體是去中心化的概念。這五個現代知識論述的斷裂點包括：

1. 馬克思主義。
2. 精神分析。
3. 女性主義。
4. 語言的中心地位。
5. 傅科的著作。


### 馬克思主義的歷史主體

**馬克思主義**認為，個人並沒有擁有一種普遍的本質，因為「人類創造歷史，但是在非屬他們自己創造的狀況的基礎上創造」；這也就是說，以歷史觀點來看生產與社會關係，就會知道，人之所以為人，其道理並非一致，在特定的時間、地點以及特質下，才會產生主體性。

因此，封建的生產模式是基於大財主的權力，擁有土地和農奴（或將之租佃給農民），因此不僅大財主和農奴彼此間的身分／認同很不一樣，而且其與資本主義生產模式下，資本家（和股東）及其僱用的「自由」勞工之間的社會關係和身分／認同也相去甚遠。大財主、農奴、資本家和勞工的意義大不相同，因為他們各自置身在特殊形式的社會組織。

要不是他歸諸阿圖舍對馬克思的閱讀方式的重要意義，認定意識形態在主體構成過程的核心地位，那麼霍爾對馬克思主義主體的解釋可能只是一個簡單的社會學解釋。**意識形態**指的是創造社會關係，立法保障當權者

利益的意義結構或是世界觀。對阿圖舍來說，意識形態形成主體，這種主體並非如笛卡兒學派所言是統一的主體，而是分裂的、碎裂的。

　　阿圖舍認為，同一階級會存在於同一環境，但是他們並非自動對階級形成共識，而是因為利益衝突，因而被劃分到該階級。其形成與否，會受到實際歷史發展所影響。就算我和鄰居的工作環境相同，但是可能因為我是男性、她是女性，我是黑人、她是白人，或我是自由主義者、她是民族主義者，所以我們不會有同樣的工人階級認同感。此處的主要論點在於點明主體是經由差異、符徵所形成，因此我們是部分由我們不是什麼所構成（what we are is in part constituted by what we are not）。在此情境脈絡底下，霍爾的馬克思主義指出身分／認同的歷史特質，以及形成於意識形態之中的碎裂主體。

### 精神分析與主體性

　　霍爾的去中心（decentrings）的第二個概念，則是來自於佛洛依德與透過**精神分析**發現的無意識。精神分析的意義在於釋放人「內在」對於規範權利的**同一化**，和外在的論述相連結。霍爾與許多女性主義者們，開始對於人內在心智和外在環境連結所建構的論述主體展開精神分析，包括人的幻想同一化（fantasy identifications）和情感「投資」（*Henrique et al., 1984*）。的確，這個論點對霍爾整個的「身分／認同」的概念至為重要，身分／認同是：

　　　　一個縫合點，一邊是試圖「質問」、向我們發聲，或是召喚我們進入作為特定論述的社會主體的各種論述與實踐，另一邊是生產主體性的過程，將我們建構為能夠被「說話」的主體。身分／認同是暫時的情愫，建構在我們的論述實踐上（*Hall, 1996a:5-6*）。

　　根據佛洛依德，自我是從「本我」（有意識、理性的心智）建構出來

的,「超我」是一種社會意識,而無意識是心智符號活動的貯藏室,其運作邏輯與理性不相同。這種對於人格的觀點打破了笛卡兒認為主體一致的看法,我們所做、所思不只是理智整合的自己所產生,也是我們所難以觸碰的無意識運作的結果。因此,所謂的自身,便分裂成自我、超我以及無意識,我們可以經由語言和文化的符號次序,對自身產生一致的敘事,這也就是說,透過認同其他人以及社會論述,我們創造出對全體的認同。

對其支持者來說(*Chodorow, 1978, 1989; Mitchell, 1974; J.Rose, 1997*),精神分析的最大意義在於,其否定了主體和性意識(sexuality)有任何固定的本質,而強調主體性的建構和形構。精神分析也透過同一化(identification)的概念,指出認同的精神與感情面向。相反地,羅斯(*Nicholas Rose, 1996*)主張,精神分析是一種用來了解人類的歷史特定方式,但不能用來調查人所以為人的歷史性。他論稱,「許多人覺得勢必加以診斷的『內在』(the interiority),並不是一個心理系統,而是一個不連續的表層,一種外在的折疊」(*Rose, 1996:142*)。因此,「內在」是由流通於「外在」的那些論述形塑的。

### 女性主義與差異

女性主義是一個理論和政治的多元領域,挑戰行動的觀點和訓令。一般來說,女性主義宣稱生物性別的差異,是社會組織中基本的且不可減少的軸線。女性主義認為,性別為一社會生活的組織原則,將女性附屬於男性的權力關係底下。

在霍爾看來,**女性主義**對主體的概念構成了進一步去中心的影響力,透過「個人的就是政治的」(personal is political)的口號和實踐,挑戰了這種「內在」和「外在」、公共和私人的區分。比方說,家庭暴力可能發生於私人場域,但是卻引起公共和社會關注。女性主義提出這樣的質問:在性別化家庭的脈絡裡,我們如何形成性別主體,從而性別的「內在」被家庭的「外在」所形塑。因此,身為人不可能有普遍、統一的意義,因為

身分／認同至少有性別差異存在。

後結構主義及後現代主義的女性主義者（*Nicholson, 1990; Weedon, 1997*）主張，生物性別和社會性別是社會及文化所建構，基於反本質主義的立場，男性和女性在本質上並非普遍、一致的分類，而是為論述所建構。就其本身而論，後結構主義的女性主義者，關心文化建構的主體性本身，以及男性和女性的範圍。後結構主義的特色在於其強調語言，而這語言也對霍爾提出的碎裂身分／認同（fractured identity）的論點具有重要意義。

## 語言與認同

第三章論及，語言不是反映一個獨立客體世界（「真實」）的鏡子，而是來自於偶然、混亂的日常談話與行動中的一種「出借形式」的資源（a resource in 'lending form'）（*Shotter, 1993*）。在此，認同不是一種固定、永恆的事物，也不是文字指涉的某種內在本質，而是一種受管制的「言說」他人的方式。認同是由論述建構出來的這個想法，是基於以下的看法，認為語言無法指涉一種可指涉的本質，因此本質的認同不存在。也就是，再現不是將世界「描繪」出來，而是為我們將其建構出來。這是因為以下理由：

1. 符號產生意義的方式不是透過指涉一個固定的物件，而是透過與其他符號的關係。根據**符號學**理論，意義是透過**差異**關係產生的。因此，「好」的意義在於與「壞」之間的關係。
2. **符徵**（語言的聲音或記號）與**符旨**（符徵所代表的東西），之間的關係不是固定、永恆的。
3. 我們必須透過語言才能思考有關這個獨立外界事物，不可能不使用語言而直接地看待這個獨立外界事物。我們也不可能以上帝般的角度來觀察語言與世界的關係。
4. 語言的本質是關係式的。字彙產生意義的方式不在於指涉某個事

物、數量的特徵或本質，而是透過**語言遊戲**使用上的網絡關係。

5.每一個字都含有來自在各種情境下、其他有關係的字的痕跡或呼
應。意義天生是不穩定、且總是處於流動的，因此，**延異**（亦即
「差異與延宕」）是指：意義的產製總是處於延宕的狀態，而且會
被其他字的意義添加（或增補）。

這種語言觀對了解自我與認同有很大的影響。語言不能說它直接**再現**
了一個先存的「我」。相反地，語言與思想建構了「我」，它們利用**表意**
**行為**的過程使其產生。正如一個人不可能有「我」，也不可能會有認同。
相反地，一個人是透過語言以一連串的論述被建構出來。語言不是呈現一
個已經存在的「真實自身」，而是產生自我。笛卡兒的一句名言「我思，
故我在」在此變得相當有問題。「我思，故我在」暗示了思想是與先存的
「我」分離而再現後者的。然而，因為在語言之外沒有「我」，所以思考
**等於**存在；「我」在語言中是個位置。

雖然語言透過一連串的不穩定與關係間的差異來形成意義，它也會在
論述中被規範，其論述、建構以及產生了知識的標的。因此，我們所能說
的有關於認同的特質，如男性的認同特質，是被社會限定的。認同是論述
所建構，其並不是指涉一個已經存在的「事物」。認同同樣地不穩定**且會**
被社會實踐、規範、預測行為給暫時地穩定下來，霍爾認為，這觀點是來
自於傅科作品的影響。

## 傅科的主體觀

傅科被認為是建立了「現代主體的**系譜學**」（a genealogy of the modern
subject）。也就是，他追溯了歷史上主體的來源與世系。這裡，主體是被
極端歷史化的，也就是說主體完全是、也僅止是歷史的產物。對傅科而
言，主體性是論述的產物。換句話說，論述（就是被規範的言說／實踐方
式）建立了說話者的**主體位置**，使說話者得以理解世界，但也使其「受

制」於這些論述。主體位置是指透過某觀點或一組規範後的論述意義，使論述產生意義。說話發聲，代表的是站在一個既存的主體位置上，而且受制於該論述的規範力。

傅科透過受制於權力下的個體之個人化方式，來描述主體是**權力**的產物。對傅科來說，權力不單是負面的控制機制，也是自我的**產製者**。學校、工作組織、監獄、醫院、庇護所的規訓權力，以及發展中的性別論述，都藉著使個體具有觀點以產生論述。他們以論述來書寫，而固定論述（例如醫學）。對傅科來說，系譜學的任務在揭露完全深留於歷史中的身體的印記，以及歷史對身體的摧毀過程（*Foucault, 1984a:63*）。身體是規訓實踐的場所，在其中產生了個體，這些實踐是特定歷史情境下的犯罪、懲罰、醫學、科學、性別等論述的結果。因此，權力是生產性的；它生產了主體性。

傅科著重在三個規訓論述的層面：「科學」組成了個體以為探究的標的；「自我的技術」，個人藉此將自己轉為主體；以及「區分的實踐作為」，其將瘋癲與理智分開、守法公民與罪犯分開、朋友與敵人分開。規訓的技術產生在各種不同的場域，包括學校、監獄、醫院、庇護所，產生了傅科所稱的「柔順的身體」，該身體可以「被支配、使用、轉換和改良」（*Foucault, 1977: 198*）。

規訓牽涉到個體藉由劃分實踐、訓練和標準化而在空間裡的組織化。它同時帶來了知識、權力與控制。規訓透過效率、生產性與「常規化」（見第三章）的方式，藉著階層式分類及命名來產生主體，因此，我們被產生與歸類成一特別類型的人。分類的系統是常規化過程的核心，也因此是一個範圍內主體產生的核心。例如，學校要求我們在特定時間內要待在特定地點（教室或餐桌）、監視我們的活動、並和他人比較〔所謂〕我們的能力（例如考試）來評等我們。

規訓與生物力量（bio-power）的論述可從歷史來回溯。因此，我們可以把一特定「自我政權」歸到一特定歷史文化的連結上。也就是，不同類

型的主體是特定歷史和社會體系的結果。傅科反駁「弱者的偉大神話」而把主體看成是特定歷史下的論述產物，兩個主體間沒有絕對的連貫性存在。這是反本質主義者的觀點，認為主體是支離破碎而非一統的。

## 接合的自我

對霍爾來說，馬克思主義、精神分析、女性主義、語言理論和傅科的作品，均**解構**了本質主義論者所認為，有一致能動者（agent）「我」，並擁有固定的認同。在文化研究的認同概念中，反本質主義論者強調一個去中心的主體，自我是由多重且時常變動的身分／認同所構成。

### 反本質主義與文化認同

霍爾（*Hall, 1990*）用**文化認同**對本質主義和反本質主義提供了大略的定義。本質主義認為，認同是「一個統一的真實自我」的集合體，因為共享同樣的歷史、文化起源以及**符號**來源，因而形成認同。因此，「英國認同」乃是透過「英國國旗」（Union Jack）所形成。英國國旗是第二次世界大戰時的記憶，就像是觀看英國足球聯賽、每年例行的國會開議典禮以及夜間新聞的集體儀式。這個假設是，經由符號再現，的確有集體認同的存在，例如，黑人的認同感，是因為擁有類似的經驗。

以「英國」和「黑人」並列來看，本質主義的假設可能會有問題。英國認同是屬於白盎格魯・薩克遜的認同，而居住在英國的黑人（或亞洲人、猶太人、中國人、波蘭人等）則破壞了此種白人的認同。其重新定義了「英國人」，包括來自非洲、現居住於英國的黑人在內，都應該是英國人。不只是英國認同會產生問題，黑人認同（black identity）也是如此，因為居住在非洲、美國、加勒比海、或英國的黑人，不但會有共同的黑人文化認同，而且也會有所差異。身為英國黑人，不等同於作為非洲黑人或美國黑人〔的經驗〕。

　　關於文化認同，霍爾所持的反本質主義立場是既強調其類同點，也強調認同係圍繞著差異點而組織的。文化認同並不是固定的、本質的反映，而是一個「變成」（becoming）的過程。換句話說，沒有所謂認同的本質可供挖掘，所謂的文化認同乃是根據類同與差異而持續形成的過程。文化認同並不是一種本質，而會時時改變，由於具有差異點的關係，其所形成的認同會多元且持續增加。差異包括階級、生物性別、社會性別、年齡、種族、國籍、政治地位（在很多議題上）、宗教、道德觀等，而每一個論述地位均為不穩定的。美國、英國、黑人、男性這些名詞的意義，其實都是持續改變的，並沒有定論。反本質主義則並不是說，我們沒有辦法去談認同，應該說認同的本質是創造出來的，所有多元的、轉變的、碎裂的認同接合在一起，會形成完整的認同。

## 認同的接合

　　拉克勞（Laclau, 1977）主張，論述概念之間沒有必要做連結。經由權力和傳統的連結，因而暫時形成了接合。**接合**的概念是以社會生活的觀點來看，例如：我們認為認同是一致的、永恆的，但其實是獨一無二的歷史特定條件下的暫時穩定狀態，或是意義的任意封閉狀態。

　　霍爾（Hall, 1996b）認為，接合是一種連結，在某一情境下，將兩種不同成分結合在一起，認同的結合就是將不同的成分重新接合。因此，個人是論述成分獨一無二的歷史特定接合，但也會被社會所決定或規範。因為認同、階級、性別、種族、年齡等的論述並不是**自動**連結，它們還是可以以不同方式接合。因此，所有的中產階級白人不必和黑人女性的上班族，共享同樣的認同。

　　霍爾以克萊倫斯‧湯瑪斯，一個非洲裔美籍的最高法院大法官的例子，說明保守的政治觀點。湯瑪斯大法官被安妮塔‧希爾控訴性騷擾的罪名，而安妮塔是一名黑人，之前為湯瑪斯的同事。霍爾指出：

一些黑人因為種族理由而支持湯瑪斯，其他人則因為性別的關係反對他。黑人女性會因為根據「黑人」的認同或是「女人的認同」而意見分裂；黑人男性則會因為性別偏見是否凌駕他們的自由主義而意見分歧；白人男性不只會因為政治考量，也會因為自身對種族或性別的認同而有不同意見；保守的白人女性支持湯瑪斯，這不只是因為政治的關係，同時也是由於他們反對女性主義；白人女性主義者由於性別而反對湯瑪斯。因為湯瑪斯是一法界的精英，而安妮塔只是新進人員，在這個事件中，也出現社會階級地位的議題（*Hall, 1992b:279-280*）。

霍爾認為認同是對立的、矛盾的、交錯的，沒有獨立的認同可以支配或組織認同，認同會因為主體的再現而轉變。我們是由碎裂的、多元的認同所構成。這對霍爾（*Hall, 1996a*）來說，意味了認同「不可能性」和「政治意義」。的確，認同的可塑性和政治意義相關，我們對於自己和其他人的看法，會轉變我們認同的特質。關於主體性和認同的爭論與我們如何形成人類主體的方式有關，這也就是說，我們會變成怎麼樣的人。

### 互動的場域

紀登思（*Giddens, 1991*）主張，自身的多重敘述並不單只是語言意義改變所造成，也會受到社會關係的多樣化、文化脈絡、互動場域所影響（關於論述的說明，請見第十章）。例如，和十八世紀的佃農相比，現代人之間的關係更複雜，人與人互動的**空間**和**地方／場所**也更多，包括工作同事關係和家庭關係、和朋友的關係，以及藉由電視、電子郵件和旅行等和全世界相連結的關係。文化脈絡與互動場域的增加，造成我們比較容易對特定主題產生認同，因此人類會因為環境而對主體所持的態度有所轉變。我們可能會說，時空中的論述、認同及社會實踐，變成一相互影響的

組合，而對於認同的文化政治、人類的生活形式產生衝擊。

# 能動性與認同的政治：能動性的問題

在文化研究中，雖然認為認同是論述所建構，但仍有值得思索的問題存在。尤其是，如果主體和認同是論述的產物，如果它們都全然是文化的和社會的，我們是否可以想像人類如何行動並引起改變？由於在這些主張中，主體比較像是「產物」而非「製造者」，我們如何解釋，在文化政治的變遷中，人類的能動性如何？

### 傅科與能動性的問題

傅科注重論述、規訓和權力的議題。主體是論述所建構、是權力的產物，論述規範了人類在社會和文化情境下能說什麼。特別是規訓現代性（disciplinary modernity）的「真理政權」（什麼是真理），包括**權力／知識**（power/knowledge）的關係。知識是權力的展現形式，並影響了主體性的生成。就其本身而言，傅科讓我們了解，在社會次序中，主體性和認同的關係為何。

然而，他並沒有告訴我們，為什麼有些主體會和特定論述有關，或是一個主體如何經由學科論述實踐來抵抗權力（*Hall, 1996a*）。這也就是說，他並沒有讓我們了解主體附屬於論述下的情感投資，我們也並不了解能動性的理論。在此脈絡之下，傅科將主體描述為「柔順的身體」，是論述造成的「效果」；這種看法引起女性主義者和投入身分／認同政治的人所關切，因為它似乎剝奪了主體的施為／能動性（agency），而能動性是進行政治行動所需要的。

傅科晚期的作品可說是著重「自我的技術」（techniques of the self），

重新導入能動性這個概念，以及**反抗**（resistance）和改變的可能性。傅科研究主體如何「被引導以關注自我，去解答、辨別和承認他們本身是慾望的主體」（*Foucault, 1987:5*），換句話說，自我認識自身作為一個主體，涉及的是自我構成、承認與反思等實踐。此一對於自我生成作為一種論述實踐的關切，集中於「關注自我」（care of the self）的倫理學問題 **1**。

根據傅科，倫理和實用的忠告有關，是關於日常生活中人應該如何關心自身，例如什麼是「好」人、什麼是能律己的人、什麼是有創造力的人等。他們著重「對自身及其他人的管理」，因此，倫理論述是我們形成自身，讓我們自己得以存在（bring ourselves into being）的方法（*Foucault, 1979, 1984b, 1986*）。倫理論述建構了主體地位，讓能動性得以發生。我們可以主張規範論述建構了能動性的主體地位，這也就是說，能動性是論述建構，是權力的生產特徵。

### 紀登思和結構化理論

紀登思批評傅科忽略歷史敘述能動性的說法，認為理解主體是行動和知識的主動者。紀登思根據葛芬科（*Garfinkel, 1967*）的說法，主張社會秩序是經由有技能的及有知識的行動者之日常活動和記述（*以語言記述*）所

---

1. 譯註：傅科晚期著作《性經驗史》（*The History of Sexuality*）原計畫撰寫六卷，但在寫完第三卷《關注自我》後辭世（*1984，英譯本出版於 1986 年*），呈現了傅科晚年的思想進程。《性經驗史》一書的中文譯者佘碧平在譯序裡對傅科的思想轉折有精闢的討論：「如果說在 60 年代福柯〔譯按：本地多譯作傅科〕專攻知識考古學，在 70 年代他又轉向權力譜系學，那麼從 80 年代起，他則關注『自我的倫理學』。以往他力圖揭示主體是如何在主流話語〔譯按：即論述〕實踐中被構成和塑造的，以及其中的權力機制，可以說他更多地注重反思和批判社會規範的控制系統。到了 80 年代，他把注意力轉向闡述『自我的倫理學』，即個體是如何通過一套倫理學和自我塑造的技術來創造他們的同一性。對於福柯來說，僅僅揭示個體被他者（如社會規範）通過話語實踐構成為主體是不夠的，還要關注個體的自我創造的自由和自律」（見佘碧平譯，《性經驗史》，上海：上海人民出版社，p.14）。

建構。行動者所能得到的資源是社會的，而社會**結構**（或行動的規律模式）並未平均分配資源及能力予行動者。這也就是說，社會體系的規律或結構屬性控制了行動者。例如：對於男性或女性的期望模式不同，讓男性與女性成為不同的主體。性別主體讓我們的行動會因性別而有不同，像是父親或母親，就有不同的行為模式。

結構化理論（*Giddens, 1984*）聚焦於人經由行動而產製或再製社會結構的方式 **2**。規律化的人類活動並非因個別行動者而存在，而是繼續不斷的被他們透過表達自己為行動者的手段所重新創造。人們經由行動而再製了使其行動成為可能的條件。身為一個男性或女性，構成他或她的性別期望和實踐有所不同，接著我們學會作為一個父親或母親，然後根據這些規則行事，並且再度複製了這些規則。

在此脈絡底下，紀登思（*Giddens, 1984*）討論了威利斯（*Paul Willis, 1977*）的著作——《**勞動工人的養成**》（*Learning to Labour*）。該書認為年輕小伙子們（the lads）是積極有見識的行動者，他們根據他們的階級期望，拒絕接受學校教育。然而，經由抗爭行動，他們不知不覺製造及再製了階層地位。年輕人之所以拒絕學校教育，是因為他們不覺得學校教育和他們的未來相關，他們只想從事工人階級的工作（他們對此評價較高）；這又導致他們在學業表現上的「失敗」，而在後來被限制於從事特定職業。紀登思試圖以此例向我們展示：人既是積極主動、有見識的行動者，而且同時是被階級、性別和族群等社會結構所形塑，**並且**複製了這些社會結構。

---

2.譯註：紀登思的「結構化理論」（structuration theory）解決了社會結構與個人能動性之間的二元對立，為社會學研究開創一條嶄新的思路。

## 結構的雙元性

紀登思的結構化理論的核心概念是「結構雙元性」（duality of structure），意指結構不只具有限制權力的作用，也同時有賦予權力的作用。此處，個別行動者受制於他們能直接控制之外的社會力量；不過，社會結構也賦予了個人行動時所需具備的力量。對紀登思來說，認同牽涉的同時是「能動性」（個人有能力建構其行動方案）與「社會決定」（social determination，我們的行動方案係出於社會建構過程，而我們所具有的社會身分／認同也是被賦予的）。

舉例言，社會中定義的「母親」指的是不給薪的工作，我們都受限在這種觀念中。然而，母親的身分讓我們的行動就像是一個「母親」：和小孩親近、和其他母親建立關係等。我們被先存語言所建構及限制，但是語言也是自身知覺和創造力的意義媒介；這就是說，我們只能說可用語言表達的話，然而語言也是我們言及任何東西時的媒介。

對傅科來說，主體是歷史特定論述和規訓實踐的「結果」，但是傅科的作品卻無法解釋特定的主體為何和特定論述相關。然而，傅科也提出能動性是經由論述建構的倫理，其中心為對自身的關懷。的確，能動性可說是論述中的主體地位。雖然紀登思傾向強調能動性和傅科的規訓和決定要素，我們可以說主體是被決定的、或是具有能動性。為了理解這種可能性，我們必須進一步定義能動性的概念。

## 能動性的概念

能動性的概念與自由論和經由自由能動性所產生的意志、行動、創造力、原創性和改變的可能性有關。然而，我們必須區分自由能動性（由自身所建構）的「精神」概念，以及將能動性視為**社會生成**，而可以差別地分配社會資源，在特定地點以不同能力行動。例如：我的認同觀點與教誨

和書寫有關，不是由一個前語言的「我」單純做選擇的結果；相反的，這是因為家庭和教育背景所造成的論述價值結果，讓我可以主動實現活動，成為一個能動者。能動者的行動是自由的，「不是受決定的」，而**能動性**是社會建構出來的行動能力。

所謂能動者是自由、不受決定的論點，會因為以下兩個原因而站不住腳：

1. 不受決定或獨立自存的人類行動如何形成？從無中自發形成──這是原創的後設物質和精神形式。

2. 不只是傅科和紀登思的作品，還有許多歷史的和社會的作品指出，主體是被他們外在的社會力量所決定、引起、製造的。我們是「影響歷史」的主體（*Rorty, 1989*）。

### 能動性是創造差異

能動性由行動構成，造成實踐上的差異。在這裡，能動性指的是選擇採取 X 而非 Y 的行動過程。因為能動性是社會生成，有些行動者比其他人有更多的行動區域；某些人可能受過較高的教育，某些人可能擁有比較多財富，因此他們的行動選擇比其他人來得多。能動性的概念是「行動會有差異」，而不是去研究「是自由的、不受決定的」問題，因為行動是社會建構的。

### 選擇與決定

就其本身而言，制定 X 而不制定 Y 並不是代表我們選擇了 X，選擇和決定的問題仍是能動性最受爭議之處。以下有一些相關概念：

1. 小說家昆德拉（Milan Kundera）指出，「我們永遠不知道我們想要什麼，因為我們只擁有一種生活，所以我們無從比較之前的生活和未來的生活，哪一種比較好」（*Kundera, 1984:8*）。我們面對一連串

的偶然選擇，但我們無法比較它們。

2. 當我們在比較過去行動的結果時，我們是在**判定價值**，以我們先存的社會建構價值來判定。我們的選擇基礎是根據我們成為主體的方式來決定。

3. 佛洛依德的作品帶給我們的影響是，我們行動和選擇的方式，是被那些我們無法意識的精神及情感敘事所決定。行動也會受到主動者的外在意識所決定。

4. 現代生活中，行動是性格的慣例，行動不只是意識論述，也有些行動是被視為理所當然的。我們不只根據自身意識做選擇，有時也會根據社會決定的慣例做選擇。

5. 我們並沒有擁有對於我們行動狀況的「客觀」知識，因為我們無法走出自己的環境，來比較原始的自我。我們描述自己的存在狀況，往往是根據社會建構的自我。我們能做的是生產另一個關於我們自身的故事。

總結來說，**能動性是被決定的結果**。它是一社會建構的行動能力，沒有人能夠擁有完全不受決定的自由。不過，我們可以藉能動性來了解我們本身，而且我們擁有面對選擇和做決定的存在經驗。即使這些選擇和行動是社會力量（尤其是語言）所決定的，這仍是我們的行動。社會結構的存在（或是語言的存在）是行動的情境，我們無法逃離社會決定因素而擁有人類自由或人類行動。

## 論述模式

將自由論和決定論視為不同的**論述形式**（modes of discourse）與論述建構的經驗，這樣的講法應該是恰當的。

1. 我們不能逃避，在獨立真實中，語言是達成神聖優勢的觀點。去詢問人們是真的「自由」或真的「被決定」是沒有意義的。自由論的

論述和決定論的論述是對於人類不同的社會生成敘述，可能有不同的意義，或是應用在不同地方。

2. 我們在行動時抱持自由論的概念，而決定論的論述「自始至終」都無法解釋真實存在的經驗。換句話說，它並沒有存在於我們的日常實踐之中。

3. 因為自由論與決定論的論述都是社會產製出來的，為了不同目的，用在不同的領域，我們大可談論免於政治壓迫與經濟匱乏的自由，不需說施為者一定擁有完全不受限制的自由。這樣的論述方式，對照不同的社會形構與決定，從而根據我們社會決定的價值來判斷何者較佳。

## 原創性

認為主體和認同是偶發和被決定的，並不代表我們不是原創的，認同是社會和文化的產物，我們可以經由自身的社會資源來了解我們的個體性（individuality）。我們是「歷史烙印」的主體，我們所採用的特殊形式，論述成分的特殊排列，使我們擁有獨一無二的家庭關係、朋友關係、工作關係。進一步來說，我們可以將心智無意識的過程視為創造的特殊資源，因為每一個人都是「偶然性的組織」（tissue of contingencies）（*Rorty, 1991b*）。例如，夢可以視為是特定人的獨特的、原創的聯想，因為沒有兩個人會有一樣的夢境。自我是原創的，就像萬花筒中的千變萬化，或像是白雪皚皚中片片不同的飄雪。

### 創新與改變

自我被決定或事出有因的偶然性，不會使得**創新行動**（innovative acts）的問題更加棘手，因為它們可以被了解成社會研究、論述與精神狀態的獨特組合的實際結果。創新並非行動本身的性質，而是就該行動在特定歷史

與文化局勢下相對於其他作為的形式與結果，我們予以回顧時所做出的判斷。創新也是一個脈絡展演（performance-in-context）的問題，因為創新作為是形成於文化生活某個領域的論述，轉換傳遞至另一領域所造成的結果。比方說，在藝術實踐或餘暇互動的領域中形成的個體性與創造性的論述，放在紀律導向的工作組織、學校或家庭（以家長權威和控制為結構準則）的脈絡下，可能帶來創新或甚至引起騷亂的後果。

　　創新和改變是可能的，因為我們是獨一無二的論述個體，也因為構成社會的各種論述本身有其矛盾之處。在近代西方社會的文化脈絡底下，我們可以理解我們會「重新接合」自身、重新創造自身、以及以獨特的形式重新形成自身。這並不是說我們不是被決定的，我們可以藉由創造新語言讓本身顯得獨特。我們製造新暗喻來描述我們自己，並延伸我們描述的技能（*Rorty, 1991a*）。這不只可應用在個體的範圍內，也可以應用在社會形塑中。經由考慮社會要素的接合，社會變遷是可能的，我們可以重新描述社會次序和未來的可能性。

　　如維根斯坦（*Wittgenstein, 1953*）所主張，沒有什麼是私有的語言，重新思考是一種社會的和政治的活動。透過重新思考、重新描述和物質實踐產生變遷。經由社會實踐和社會對立的結合，重新思考本身帶來了新的政治主體和實踐。例如：霍爾（*Hall, 1996b*）認為，雅買加的羅斯塔發里派是因為學習說新語言而形成新的政治實體，而他們的語言乃是根據聖經所改造，以適合他們的目的。

　　能動性、原創性和創新的概念很重要，因為它們都是政治認同和社會變遷的基礎。這也就是說，**認同政治**（identity politics）依靠人類有目的與有創造力地行動。然而，我們必須問，以反本質主義來看，認同政治意指什麼？如果沒有認同，認同政治如何形成？

## 反本質主義、女性主義與認同政治

女性主義的政治（見第八章與第十二章）提供了一個認同政治的好例子，它是奠基於「女人」這個被認為具有共同利益的分類。有些女性主義者的作品預設了一個因生理共同性造成的共同的利益。然而，這樣的生理本質主義卻受一些問題所擾。

### 生物學論述

了解女人如何以生物學為基礎建立一個共同利益的信條是很難的。並不是因為女人有類似的身體，就表示她們享有共同的文化和政治利益。相反地，女人可依階級、種族、國籍與其他文化形式與實踐來區分。例如，一個對西方女性主義的批評即是，許多中產階級的西方運動，並沒有主張黑人女性以及發展中國家女性的利益。甚至，更關鍵的是，我們無法找到存在於文化論述之外的生物證據。所有的知識包括對生物的了解與共同利益，必須且不得不以語言的形式表達且受制於論述的資源。沒有一種生物事實的本質不是社會與文化的建構分類所造成。因為論述之外沒有生物，所以很難了解女人的政治信仰可以奠基於共同的本質或「真實」的生物事實。

這不代表「一切都是論述」，也不意味著身體不存在。用維根斯坦的觀點看，身體的物質存在是一項無庸置疑的事實。這也就是說，我們不能不靠著這項前提來發生作用。誠如維根斯坦認為，我們原則上會想像，每一次我們開了一扇門，就會看到自身下方是個無底的深淵，但這是無意義的，這對我們而言是不可理解的。

誠如巴特勒（*Butler, 1993*）認為，論述與身體的物質存在是不可溶解的。論述不只是我們了解身體是什麼的方法，論述也將身體以特別的方式使其附加了立場：「換句話說，『性』是一種理想的建構，是經由時間強

制被具體化的。這不只是一種單純的事實或靜態的身體狀況，而是一個過程，其中規範性法條透過這些規範一再地強制實行，以達將『性』具體化的情況」（*Butler, 1993:1-2*）。性的論述利用其指引的反覆行為，將性帶進立場以成為一必要的規範。性是建構出來的，也是一個人不可或缺的，我們藉以形成主體與主宰身體的具體化。

## 性與性別

許多女性主義的論點不著重生物決定，而是基於一個**性**與**性別**的概念化分野，前者是身體的生物性，而後者是文化前提與實踐，主宰了對男人、女人以及他們之間關係的建構。因此女性的不平等狀態被認為是其根源來自於社會、文化與政治的論述，以及社會性別的實踐。這是妮克森（*Nicholson, 1995*）所稱的從自我認同觀點而生的「掛衣架」，意指身體是一個架子，而文化意義是另外被掛上去的。她認為「這樣的一個立場的關鍵優點在於，可以使女性主義者同時思考女性之間的共同性與差異性」（*Nicholson, 1995: 41*）。進而，因為性別是文化建構的，所以是可以改變的。

然而，如果我們接受巴特勒的觀點，認為性與身體是論述建構出來的，那生物性別與社會性別的差異點在此就不適用了，因為兩者都是社會建構的。

> 在這另類觀點中，身體並沒有自女性主義理論中消失。反而是，它變成了一個變數而非常數，不再將其主張奠基在歷史上普遍認定的男性／女性分異，而是一直以一個重要的潛在元素的身分，一直存在於男性／女性分異**如何在任一特定社會中運作**（*Nicholson, 1995:43-44*，斜體字的部分是我所強調的）。

當然，多數的社會都持續以男女差別的二元邏輯發展，並將此二元邏輯變成不利女性的文化期待。然而，存在於女性間的文化差異——不只是

由於階級、種族的不同，還包括女人該是什麼——暗示不存在一種普遍、跨文化的「女性」分類，而被所有女性所共享。甚至，接受了性是文化建構的這個概念會導致男／女分異的模糊化，造成性的歧義與二重化。簡言之，不管是生物本質或文化本質主義者，都不能由普遍對女性的認知發現女性主義的信條應該為何。

### 普世的女性主義，可能嗎？

卡普蘭（*Kaplan, 1997*）在討論非洲裔美國人艾莉絲沃克（Alice Walker）與肯亞出生的英國亞裔帕瑪（Pratibha Parmar）導演的電影《戰士標記》（*Warrior Marks*）時，提出了前述這些問題。這部片以影像方式批判非洲部落閹割少女陰蒂（以減少其性愛快感）的習俗，意在以戲劇化方式呈現恐懼與痛苦，並同時教育婦女閹割陰蒂的危險性。電影藉此主張陰蒂閹割是酷刑和虐待，因為這麼做違反了女性人權（於 1995 年北京婦女會議中被確認）。然而，該部電影中的成年非洲女性堅決捍衛陰蒂割禮是傳統與神聖儀式不可或缺的一部分。雖然卡普蘭同情反陰蒂割禮的論述，但也對該片提出批評，認為這部電影：

1. 以犧牲非洲女性為代價來闡述其論點。
2. 再次以帝國主義的傳統來教導非洲人「更好」的生存之道。
3. 依賴其既有對非洲人的刻板印象：奇怪、野蠻。
4. 假定的確有一個普遍的女性權利存在，因此是本質主義論者。

既然在西方的非洲裔美籍人士、英裔亞籍人士、與電影中的非洲女人間有個無法彌補的隔閡存在，那如何可能有一個普遍、全球化的女性主義存在？事實似乎是不可能有個都被認同的法則或者可能的結合，以針對什麼構成了正義或女性權利、利益這部分達成共識。就其意義來看，普遍的女性權利是不可能的，或者就算被主張也是另一種版本的、可用於所有時空中的西方分類法的帝國主義再現。

　　因為所有的知識都是有立場且受制於文化的，因此文化與政治的論述可以抽象地說是不可放在同一個天秤來測量的，也就是沒有傳譯的後設語言（metalanguage）。女性主義不能消除隔閡而必須對其受限於特定時空這點抱持知足的態度。然而，我們可以以語言使用者的角度來對其他人產生認知。如果我們視語言（如文化或知識）不是由不可轉換、不可比較的法則所構成的，而是由可學習的技術所組成的，那不可共量的語言就只是不可學習的語言了。如戴維森（*Davidson, 1984*）所宣稱，說另一種語言無法學習（*或無法翻譯*）是無意義的，因為我們必須先對另一語言學習到某個程度，才會承認有該語言使用者存在。因此，我們必須鼓勵**對話**，以及試圖達到實際的共識。沒有先存的理由證明為何這會成功——或許共識永遠無法達成——但也沒有理由證明這一定會失敗（*Rorty, 1991a*）。既然全球的女性都承受著貧窮、不平等與暴力，就一個實用的議題的範圍內，也很難讓人相信無法達成共識。

## 女性主義的方案

　　以上不表示女性主義的方案是無效的，也不暗示女性不受制於性別不平等的模式中。相反地，這聲明將原有主張認為女人是如何的、或甚至主張女性處於父權體制中的，以另一種「取代」，主張女性是處於獨特情境下的（*Nicholson, 1995:59*）。妮克森繼續申論，認為我們不應把「女性」當成單數的名詞，而應當成語言遊戲中的一部分，而同時具有重疊與差異的意義。結果，女性主義被認為是一群相信在特定情境下有共享利益的女性之間的一種結盟政治（coalition politics）。「女性」的意義在女性主義信條中是被形塑的而非既存的。身分／認同政治也是被**創造**的，而不是被發現的。

　　在同樣脈絡下，羅逖認為女性主義再現了女性是被再描述成主體的。羅逖的關鍵論點在於：

不公不義的事情可能不會被認為是不公義的，即使對承受這
些不公義的人也是如此，直到某人發明了一個前所未有可供扮演
的角色。只有當某人擁有一個夢、一種聲音，以及用來描述這個
夢的聲音，原先看似自然的東西才開始看似文化，原先看似命運
的東西才會開始變成一種道德上令人憎惡的事情。因為直到那一
刻來臨前，只有壓迫者的語言可用，而大多數的壓迫者早知教導
被壓迫者這種語言，從而使得甚至對被壓迫者自己而言，若是將
自己描述成被壓迫者，自己都會覺得匪夷所思（*Rorty, 1995: 126*）。

此主張是表示女性主義的語言將壓迫帶入其觀點中，並延伸其邏輯到
道德、政治的解放。女性主義根本不需要本質主義，真正需要的是一種
「新的語言」，其中關於女性的主張不會聽來很瘋癲而是可被接受為「真」
的（從社會讚許的角度看）。女性主義牽涉到不少的被扭曲的認知，而且
是一種具有特定目的與價值結果的語言。這樣一個語言的出現並非對普遍
**真實**的發現，而是發展中鬥爭的一部分，其有內在的目的論。也就是，不
存在一個未來應走向的先定宿命。

### 創造「新語言」

和妮可森一樣，羅逖認為女性主義是在藉創造新語言，而非發現何謂
女人或揭開真理或不公，來創造「女性的經驗」。因此，女性主義被視為
是「先知式的實用主義」，以想像並希望造成一個另類形式的社群。女性
主義藉著獲取語言上的權威的方式，為女人形塑了一個道德的認同，而非
假定有一個女人本質的認同等待被發掘。

在與羅逖的對話中，弗雷瑟（*Fraser, 1995a*）暗示羅逖的再描述只適用
於個別的女性。相反的，她建議，這種再描述形成了部分的**集體的**女性主
義信條，但需要發展其論點，關於新描述如何重要，以及什麼女人該被賦

權。因此，弗雷瑟將女性主義與最好的民主傳統、以及關於「女性主義的相反領域」的集體辯論與實踐相連接。藉此，她開始研究認同政治**如何**帶來改變（在羅逖的理論中被輕描淡寫）。這些主題會在第十二章被提到與解釋。

## 挑戰對認同的批評

這種反本質主義者將認同的概念定義為論述所建構，是文化研究思想中較強勢的一支。然而，在文化研究中仍有一支思想反對、或至少追求修正這樣的概念：

1. 社會與認同概念的論述中心說，被認為摧毀了語言中的社會意旨。批評家認為，一切都變成論述而沒有物質真實的存在。然而，認為我們只能透過論述獲得有關物質世界的知識，不代表這樣的物質世界是不存在的。世界的確有一些面向是「非由人類心智活動所造成的果」（*Rorty, 1989*）。但是，我們不能只透過語言知道它們。巴特勒認為，論述和物質性是不可分離的。的確，社會如何包含論述之外的事物，而我們又如何知道呢？

2. 奠基於論述的理論被認為其抹除了人類能動性，也就是，人類被看成是論述的結果。然而，我們在之前已談到這個問題，認為能動性是社會建構的行動能力。論述藉著提供一個個體能動性的位置以產生行為。

3. 反本質主義者對於認同的論點暗示認同不是**實際**的價值。並認為，我們需要更建構性、更正面的對認同政治的解釋，基於一種**策略性的本質主義**，在其中，認同對某特定的政治與實際的目的而言是穩定的整體。這論點需要進一步的修正。

## 策略性的本質主義

阿帕（*Appiah, 1995*）指出，雖然我們可說「非洲身分／認同」（African identity）是一種可以被解構的論述產物，但這並不意味著人們不能用非洲身分／認同來進行動員，或是利用泛非洲主義（pan-Africanism）來作為爭取政治變革或改善的手段，也不表示泛非洲主義不可能是可以改善人類處境的有價值的工具。的確，他暗示，在學院裡夸夸其談，大力解構身分／認同，與大多數人民的生活或政治行動的實踐形式根本無啥干係。

這個論點在實用目的上有若干好處。的確，策略性的本質主義可能是實際上會發生的狀況。霍爾（*Hall, 1993*）論稱，任何自我、身分／認同、社群認同（如國籍、種族、性別、階級等）的意義，以及其中流動流政治，都是虛構的，被用來標記暫時的、局部的、任意的意義封閉的狀態（temporary, partial, and arbitrary closure of meaning）。為了可能說或做些事，某些策略性的切割或暫時性的意義穩定是有必要的。正如霍爾評論道，「政治——若無語言對權力的任意解釋、意識形態的切割、發言位置、立論的交叉與斷裂——是不可能的」（*Hall, 1993:136*）。

策略性的本質主義最受批評之處，在於某些時候某些聲音被排除掉了。因此，女性主義的策略性本質主義，為了策略考量而將女人視為本質的類目，可能導致某些女性（例如：黑人女性或拉丁美洲裔婦女）對白人女性說「妳並沒有考慮我們與妳們的差異點和共同點」。同樣地，泛非洲主義可能導致模糊差異，而且可能排除了某些聲音，特別是「策略性的本質主義」逃避了這條策略的分界線應劃在哪裡的問題。比方說，誰是一個非洲裔或是一個女人？策略性的本質主義傾向族群和性別的「絕對主義」（absolutism），忽略了當代文化與認同具有的**混雜**（hybrid）與融合特質（另見本書第七章）。

# 本章摘要

　　認同關切的主題包括自我認同和社會認同；它是關於個人的和社會的，關於我們本身，以及我們與他人的關係。有人主張認同完全是文化產物，無法獨立存在於文化論述的再現之外。認同並不是我們擁有的一個固定的東西，而是一種「變成」（becoming）的動態過程。它是一種策略性的切割，或是語言上暫時的意義穩定狀態。我們可以將認同看作是規約論述（regulatory discourses）經由同一化及感情投入過程而產生的歸屬感。

　　自我被理解為一種多重的、碎裂的、去中心的概念。這是由於語言的不穩定性、我們被多重論述所構成，以及與社會關係和活動場域擴散的結果。這些主張並非否定人的能動性，只要我們將能動性本身理解為社會建構與行動能力的差異化；反本質主義的論點也不是排除認同政治，只要認同政治能夠透過語言重新描述，並且暫時的策略結盟那些至少共享著某些**價值觀**的人們。

# 第七章

# 族群、種族與國族

　　本章討論幾種**文化認同**的形式：族群、種族與國族身分。這些文化認同的形式被認為是論述—展演的建構產物（見第六章）。也就是說，族群、種族與國族認同是我們對充滿偶然與不穩定特質的文化產物的認同，它們不能被視為普遍或絕對存在的「東西」；不過，作為關於我們自身的、被規約的論述，認同也非任憑己意，因為透過社會實踐活動，認同只是一種暫時地被穩定下來的形構。的確，種族、族群與國族身分，已是現代西方社會言及**認同**問題時不斷會通過的幾個重要「節點」。

## 種族與族群

　　**種族**（race）這個概念，承襲了社會達爾文主義關於物種起源的生物學論述的遺緒，強調的是「血統系譜」（lines of descent）與「人的類屬」

（types of people）。此處，種族指的是所謂的生物與生理差異，尤其是膚色差異。而膚色差異則經常被用來連結到人的「智力」與「能力」，被用來斷定那些「被種族化」群體（racialized groups）的優劣之分，從而合理化特定「種族」應居社會及物質上所處的尊卑地位。這些種族化的分類方式（racial classifications）——由權力所構成，而且也構成了**權力**本身——正是種族主義／種族歧視（racism）的根源。

## 種族化

「種族化」（racialization）或「種族形構」（racial formation）等概念直指種族其實只是社會建構的產物，而非生物學或文化意義上能普遍適用或反映其本質的類目。種族，如霍爾（*Hall, 1990, 1996d, 1997c*）剴陳，並非存在於**再現**之外，而是社會與政治權力鬥爭過程所形塑而成的。因此，可觀察得到的形體特徵，被轉化成種族的符徵，包括似是而非地訴求本質上的生物和文化差異。誠如吉爾洛（Paul Gilroy）論稱：

> 接受膚「色」，無論我們知道它如何地無意義，有其在生物學上嚴格限制的物質基礎，開啟了介入表意理論的可能性，而揚舉「種族」符徵的伸縮性和空洞性，以及意識形態的抗爭必須被完成，以便將它們轉變成一種開放的政治類別的「種族」符徵，因為是抗爭行動決定了何種「種族」的定義會蔚為主流，也決定了它們會是興是衰的狀況（*Gilroy, 1987: 38-39*）。

「種族」的歷史形構在英國、美國和澳洲是一個涉及權力與受制／從屬的過程，從而有色人種占據著**結構性**的從屬位置，見諸於「生活機會」（life-chances）的每一個層面。英國的非洲—加勒比海黑人族群、非洲裔美國人與澳洲原住民，占據的正是低薪、低技術的工作，從而使得他們在

住宅市場、學校、媒體和文化再現等各個環節都面臨了不利的處境。在此脈絡下，種族形構或種族化過程，有其固有的種族歧視，因為它涉及了各種形式（透過種族分類方式和**意識形態**進行）的社會經濟和政治的受制／從屬狀況。

## 種族主義千百種

作為一種論述構念（discursive construct），「種族」一詞的意義不斷改變，而且涉及諸多抗爭，結果是不同的族群被差別化、種族化，而且都不能免於不同的種族主義的影響。例如，亞裔族群在英國的歷史過程中受到不同形式的刻板印象化，並且在社會和種族階層結構裡占據著不同於來自非洲和加勒比海地區的英國黑人族群（British Afro-Caribbeans）。英國亞裔族群被視為二等公民，而黑人族群在英國的地位則更是等而下之；前者被刻板印象化成醫生和小店主，而年輕的黑人在英國則被投射了罪犯的角色。

種族的意義隨著時空變遷而有差異。例如，論者指出（*Barker, 1982*），英國的「新種族歧視」（new racism）依靠的不是有關血統優越的生物學論述（如在南非的種族隔離政策），而是排斥將黑人視為**國族**一份子的文化差異論述。此外，種族的意義也因空間而有異，例如種族在美國與英國的意義即有微妙差異。在英國，在地人口原本相對上可說是同質的，由白種人口組成，在一九五〇年代開始改觀，許多加勒比海地區及印度半島的有色人種移民紛紛來到英國，使得國族認同問題變成一個關鍵的類別，透過此一類別，種族化過程得以運作。然而，韋斯特（*West, 1992*）論稱，整部現代美國歷史，始於對美洲土著民族的掠奪與滅種屠殺，繼之以奴隸非洲裔黑人的漫長歷史。因此，種族問題是美國建國初期即已形成的問題，與英國相比，美國引起關切的焦點在於種族問題更甚於國族問題。

### 族群的概念探討

**族群性**（ethnicity）是一個文化概念，指的是特定人群共享的規範、價值觀、信仰、文化符號／象徵與文化實踐活動。「族群」（ethnic groups）的形成，有賴於在特殊歷史社會與政治脈絡下發展的一套共享的文化符徵（cultural signifiers）；族群團體鼓勵一種至少部分基於共同神話、祖先的歸屬感。然而，根據**反本質主義**論述的觀點（見第六章），族群團體其實並非基於源初的連帶或是特定團體擁有的普遍文化特徵，而是透過論述實踐而形成的。族群性形成於我們談論團體認同的方式，以及我們認同族群符號與象徵的方式。

族群性是一種**表述關係的**（relational）概念，關切的是自我認同與社會歸屬的種種類別。我們自認的身分／認同，取決於我們認為我們不是誰，因此塞爾維亞人不是克羅埃西亞人，也不是波士尼亞或阿爾巴尼亞人。如此一來，族群性最好被理解成：在特定社會歷史狀況下，被建構與維持的一種邊界形成的過程（a process of boundary formation）（*Barth, 1969*）。當然，族群性不是關於事先給定的文化差異，而是一種邊界形成與維持的過程，這並不是說族群的差異性不能被以人為、社會的方式建構出來，透過諸如血濃於水、同胞手足與祖國等隱喻符號建構族群內部的普遍性、固有疆域與純粹性。

一種討論族群性的文化主義概念是一項有價值的嘗試，試圖逃離根植於種族此一歷史概念之中的種族主義指涉。如同霍爾所言：

> 如果黑人主體與黑人經驗不是被自然定型化，也不能因為某些其他的本質主義保證而得以形成，那麼它們必然是在歷史、文化與政治過程中被建構出來的。這種在歷史、文化與政治過程中被建構出來的東西，就是所謂「族群性」。族群性一詞承認主體

與認同形成過程之中，歷史、語言與文化的重要作用，也承認此一事實即所有的論述都是被置放、位置與情境的，所有的知識都有其脈絡條件與限制（*Hall, 1996c: 446*）。

不過，族群性此一概念並非沒有使用上的問題，而且仍然是一個充滿爭議的用詞。例如，白種的盎格魯─薩克遜人經常用此一用語稱呼**其他**有色人種，從而視亞洲裔、非洲裔、中南美洲裔與非洲裔美國人為族群團體，但對英格蘭人或白種的盎格魯─薩克遜人或澳洲人卻不作如是觀。此處，白種被想當然爾地認定是普遍的，而任何其他的非白種人則被看作是以族群的方式構成的團體。事實剛好相反，白種的英格蘭人、美國人或澳洲人實際上與其他有色人種同樣是構成了族群團體。正如戴爾（R. Dyer）剴陳，研究白種族群特性，「應先將白種族群特性看作是奇怪、陌生的事物，而非將它看作是理所當然的人類常態的標準、規則」（*Dyer, 1997*）。雖然如此，如他所指出的，認清白種性（whiteness）是一種歷史的發明，不意味它可以單憑我們的願望就被輕易地取消掉。

## 族群與權力

族群性此一文化概念的問題之一，是權力與種族主義的問題可能被擺在旁邊。如在一些對於多元主義的討論中，族群性可被用來建議，一個**社會形構**乃是與多元與平等的群體一同運作，而非階層化的種族化團體。影響所及，胡克斯（*hooks, 1990*）與吉爾洛（*Gilroy, 1987*）偏好使用「種族」一詞，不是因為它對應於任何生物學或文化上的絕對事實，而是因為它隱含（並引導我們去探查）權力的問題。與此相反，霍爾（*Hall, 1996c*）尋求重新活化族群性此一概念，論稱我們每一個人在自我定位上都受族群概念影響的事實（*Hall, 1996c*）。

族群性是透過群體間的權力關係而構成的，它彰顯了在變動的歷史形

式與環境脈絡下,核心與邊陲之間的邊界關係。此處,所謂核心與邊陲必須透過再現政治(the politics of representation)予以掌握,因為如布拉(*Brah, 1996: 226*)所言,所謂的核心與邊陲,必須透過再現政治予以掌握,因為如布拉(*Brah, 1996: 226*)所言,「此一概念有必要變成定理,亦即被**再現成『邊緣』**的完全不是邊緣,而是**再現本身的構成效應**。『中心』不比『邊緣』更稱得上是中心」。

　　族群中心與邊緣的論述是普遍地被**接合**於國族性(nationality)。例如,工業化西方國家通常被認為是「中心」,而「發展中」國家則被視為「邊緣」。再者,歷史上充斥著某個族群被定義為占據中心地位,而且比某個位居邊緣的「異己/他者」優越的例子。雖然納粹德國、施行種族隔離政策的南非和「種族淨化」(ethnic cleansing)的波士尼亞俱為顯例,但優越和從屬等隱喻,同樣可見於當代英國、美國和澳洲。因此,種族與族群性一直都與國族主義形成密切的結盟關係,後者將「國族」視為一個共享文化,要求族群的邊界不應超出政治的邊界(雖然實際上族群邊界不但經常超出、更不等於政治邊界)。


## 國族認同:民族國家


　　現代民族國家(nation-state)是相對晚近的發明,世界上大多數的人類過去未曾歸屬、也從未認同於任何特定的國家。民族國家、國族主義與**國族認同**(national identity)是組織與認同的集體形式,並非「自然」發生的現象,而是充滿偶然性的歷史文化形構。

　　民族國家是一個**政治**的概念,意指在民族國家的〔世界〕體系之中,被認為在特定**空間**或疆域上擁有主權的行政機器。國族認同是人們對民族國家的符號及論述為對象所產生的想像的**同一化**(identification)。因此,

國族並非單純只是政治形構，而是文化再現系統；透過此文化再現系統，國族認同被持續地再現為論述行動。民族國家作為一種政治機器與符號形式，有其政治結構維繫並變遷的時間層面，而國族認同的**符號的**與論述的層面，透過敘事而創造了國族根源、一脈相承和傳統等概念。

　　談及民族國家，有必要將這組概念（民族—國家）分解，因為國族的文化認同並不等同於政治國家的界線。對各類散居全球的流離群落（global diasporas）而言——非洲族裔、猶太人、印度人、華人、波蘭人、英格蘭人及愛爾蘭人等——他們的國族與族群文化認同，跨越了多個民族國家的邊界。更有甚者，鮮有國家擁有族群上同質的人口。史密斯（*Smith, 1990*）不只區分公民／政治與族群（ethnic）意義上的國族，而且列出了多達六十個以上的國家，其文化構成包含一個以上的國族或族群文化。

## 大一統敘事

　　文化並非靜止的實體，而是由不斷變遷的實踐作為與意義在各種社會層面上運作而構成的。任何特定的國族文化是被不同的社會團體理解與行動，因此政府、族群和階級可能以不同的方式理解它。問題是一個國族文化應該在哪一個層次被認同？在這些群體之中，到底哪一組／誰的價值觀才算**純正**（authentic）？再者，任何族群或階級團體還將進一步沿著年齡與性別的軸線分化（*Tomlinson, 1991*）。國族文化的再現有如快照掠影，反映的是特定群體在特定歷史局勢中，為了特定目的而表現出來的符號與實踐作為。國族認同是一種統一文化多樣性的方式，如霍爾指出：

> 　　與其將國族文化看成是統一的，我們應該把它們看作是一套
> 將差異再現成統一的論述。它們因深層的內部分化與差異而有極
> 大出入，只有透過各種形式的文化權力的施展而獲得「統一」
> （*Hall, 1992b: 297*）。

前舉的統一性是透過國族**敘事**建構出來的，用故事、形象、符號與儀式再現了國族的「共享」意義（*Bhabha, 1990*）。國族認同是一種對（透過故事、文學、流行文化與媒體敘說的）共享經驗與歷史再現的認同。國族敘事強調該國族的傳統與一脈相承的連續性，連同國族集體根源的國族起源神話，以有如「事物的本質」的方式再現，而兩者皆認定並產製了國族認同與一種純粹、源初或「俗民」傳統之間的連結。

## 想像的共同體

國族認同在本質上是連結於各種形式的傳播活動，並且被這些傳播活動所構成。對安德森（*Benedict Anderson, 1983*）而言，「國族」是一種「想像的共同體」，而國族認同是一種透過與疆域和行政類別有關的符號及儀式所建構的。

〔國族〕是**被想像出來的**，因為即使身為最小國族〔小國寡民〕的一份子，〔也〕將不會認識他們的大多數同胞，不會見到他們或甚至是聽到他們的聲音，但在這些成員的心靈之中，他們每個人都活現了他們是共同體的形象。……國族被想像成是**限定的**，因為即使是最大的國族（或許包含十億人口之眾），也有其限定的（就算是有彈性的）界線，超出此界線的就算是其他國族的範圍。……它也被想像成**主權**的〔實體〕，因為國族概念發軔於啟蒙時代與大革命摧毀神聖秩序、階層井然的封建王朝。……最後，它是被想像成一個共同體，因為儘管實際的不平等與剝削情形可能普遍見於每一個國族，國族總是被看成是〔提供了〕一種深層、水平的同志袍澤情愫。終極而言，是緣於這樣的一種博愛／兄弟情誼，使得過去兩百年來數以百萬計的人們，並非因為嗜殺成性，但卻願意為此一種限定的想像而死（*Anderson, 1983:*

*15-16*）。

　　根據安德森的觀點，書籍和報紙的機械化生產與**商品化**，亦即「印刷資本主義」（print-capitalism）的興起，使得各地的方言被標準化且傳播四方，提供了有利於國族意識形成的條件。因此，「印刷語言（*而非特定的語言自身*）是國族主義的發明者」（*Anderson, 1983: 122*）。有史以來，特定國家的庶民大眾首度得以透過共同的印刷語言相互了解，這一印刷**資本主義**的興起過程，將方言「定型化」（fixed）成為一種「國族」語言（「國語」），並且使得一個新的想像共同體得以實現。傳播促成的不只是共同語言的建構，尚及於共同的時間觀，在**現代性**的脈絡下，此一時間觀代表的是一種空洞而普遍的時間概念，可以用日曆及時鐘來測量。舉例來說，媒介使我們得以想像一些事件同時在不同的空間發生，〔此一時間概念〕從而有助於形成國族概念，以及在空間化分布的全球體系中各個國家所占據的地位。

## 對安德森的批評

　　雖然安德森的論點有助於了解國族認同與傳播之間的關連，但他的觀點或有不足之處，如湯普森（*Thompson, 1995*）所指出的，〔安德森的觀點〕無法清楚說明新的印刷媒介究竟是如何促成國族情愫，而且他也未能適當地處理這個問題：各個社會群體以不同的方式使用媒介產品，而且以不同的方式解讀媒介所傳送的訊息。安德森提示的至多是印刷媒介如何提供了國族認同與民族國家的必要條件。

　　安德森似乎誇大了國族的統一性和國族主義情感的強度，從而掩蓋了階級、性別、族群等層面上存在的差異。的確，透過並且在論述中構成的互動脈絡與場所，已有擴展與多元化的發展，阻礙了特定主體對於任何事先給定、固著的身分產生同一化／認同。影響所及，在晚期現代社會逐漸

加速的**全球化脈絡下**（見第四章），我們已開始談論**混雜的**文化認同，而非一個同質的國族或族群文化認同。再者，語言中的意義不穩定性——**延異**——促使我們重新思考文化、身分／認同、同一化等問題，永遠是一個處在邊界地帶的場域，而且是混雜的更甚於是固著、穩定的實體（*Bhabha, 1994*）。

## 流離群落與混雜認同

　　穩定的身分／認同很少被人質疑；它們有著看似「自然」的表象，並且被人視為理所當然。然而，當其「自然性」開始瓦解，我們將會傾向於重新檢視這些身分／認同。如同梅瑟（*Mercer, 1992*）所言，當它處於危機狀態，身分／認同會被激烈辯論。全球化提供的正是此一危機可能發生的一種情境，因為全球化增加了可以用來建構身分／認同的來源與資源。殖民主義時期以來形成的人口流動與暫居類型，結合了晚近加速的全球化現象（特別是電子傳播媒介），大大增加了文化與文化之間並置、相遇與混合的情況。

　　根據派特西（Jan van Pieterse）的說法，我們有必要區分受圈限的「文化」（亦即與地理空間緊密相連、慣於向內觀視的文化）與另一種向外觀視、傾向於「跨地域學習過程」（translocal learning process）的文化。他論稱，向內觀視的文化正漸漸隱身於後台，而多樣的跨地域文化正走向前台（*Pieterse, 1995*）。

　　受圈限的社會與國家，雖然仍然存在，但受到了全球文化論述極大的影響。因此，克里弗（*Clifford, 1992*）及其他的一些學者論稱，文化與文化認同不再能夠用地理空間／**場所**（place）來掌握，而應以旅行（travel）為隱喻來加以概念化較為恰當，包括各種人群與文化的旅行現象，以及將

各種地理空間／文化視為場域，有許多旅人不斷穿梭其間。

## 流離群落的概念

在此一〔全球化〕脈絡下，**流離群落**（Diaspora）這個老概念被賦予了新的意義，聚焦於旅行、旅程、離散（dispersion）、家園與邊界，提出誰旅行「到哪裡？何時？如何？以及在何種情況下？」（*Brah, 1996: 182*）等問題。因此，「流離群落的身分／認同同時是在地的與全球的，它們是跨國界認同組成的網絡，包含了『想像』與『遭遇』的共同體／社群」（*Brah, 1996: 196*）。流離群落是一個**表述關係的**概念，指涉的是「從內部去區分流離群落，並且將他們置放於彼此的相互關係之中的權力輪廓」（*Brah, 1996: 183*）。

> 流離空間（Diaspora space）屬於一種概念上的範疇，「居住」其間的不僅包括那些遷徙移居的人和他們的後代，也同樣包括那些被建構與再現為世居本地的人。換句話說，流離空間概念……包括離散系譜與那些「安土重遷」留在原地的經驗之間的交錯。流離空間是一個這樣的場域，〔在這個場域裡，〕**本地原住民具有流離群落的特性，一如流離群落具有本地原住民的特性**（*Brah, 1996: 209*）。

根據吉爾洛（*Gilroy, 1997*）的觀點，彼此休戚相關的人群透過分裂的網絡而形成的流離群落，「在特徵上是被強迫的離散與不情願的播遷」，「流離群落」一詞「暗示的是受暴力威脅而流亡」，因此「流離群落的認同較少是聚焦於共同疆域的平等、原始民主力量，而是在記憶與紀念的社會動態，其一大特徵是強烈的危亡憂患意識，對於家鄉與離散過程的記憶，念茲在茲，無時或忘」（*Gilroy, 1997: 318*）。

## 黑色大西洋

流離群落的概念有助於我們將身分／認同想成是充滿偶然性、不可決定性與衝突的，把身分／認同看成是動態變化，而非有任何自然或文化上的絕對，並將身分／認同想成是路徑（routes）而非根源（roots）。流離群落具有「變化中的同一性」（a changing same），涉及的是「混語化、融合、混雜化與不純粹的文化形式」（Gilroy, 1997: 335）。為了提供例證，吉爾洛（Gilroy, 1993）提出了「黑色大西洋」（Black Atlantic）的概念，論稱黑人身分／認同不能單純以美國人、英國人或西印度群島人視之，也不能用族群絕對主義（ethnic absolutism，亦即有所謂一種全球的、本質的黑人身分／認同）的觀點來掌握，而應該用散居大西洋兩岸的黑人流離群落的角度來理解。此處，此黑人流離群落之內的文化交流，產製了混雜的身分／認同，以及在此流離群落不同區位之內與之間的類同與差異的各種文化形式。如吉爾洛剴切指出（Gilroy, 1987），黑人的自我認同和文化表達，反映了此流離群落多樣的歷史。

黑人性（Blackness）並非一種泛全球的絕對身分／認同，因為英國、美國和非洲黑人的文化認同是有差異的。雖然如此，吉爾洛指出在黑色大西洋的地理空間範圍內，存在著一些**歷史的**、共享的文化形式。雖然「種族」在英國、美國、非洲及加勒比海地區有不同意義與歷史，但「一種手上毫無權力（powerlessness）的共同經驗，或多或少可能超越歷史，而且在**種族的**意義範疇上被體驗到；在白人與黑人（而非歐洲人和非洲人）之間的敵對，足夠支撐這些異質的受支配類型之間的親近性」（Gilroy, 1987: 158-159），例如饒舌與嘻哈文化（都是美國與加勒比海文化相互混雜的產物），已經變成黑人流離群落中極為顯眼的音樂形式，也構成黑色大西洋（黑人流離群落）之內的一個認同點。

### 混雜的類型

　　混雜性這個概念，在標明文化混合與新的認同形式時，頗為有用。不過，我們需要區分混雜性的類型，而且在這麼做的時候，必須考慮特定社會團體的特殊處境。派特西（*Pieterse, 1995*）建議區分為結構混雜化（structural hybridization）與文化混雜化（cultural hybridization）。前者是指混雜性發生的各種社會及制度的**場域**，例如邊境地區或像是邁阿密、新加坡之類的城市。後者是指文化上的**回應**，範圍涵蓋同化（assimilation）、各種分離的形式，一直到那些使得文化邊界不穩定且模糊化的混雜情況。派特西論稱，結構混雜化增加了人們的組織選擇，文化混雜化則涉及了「想像的共同體」的開放，是文化特色的跨界特質漸增的符徵。然而，它們並非代表邊界的消除，因此我們需要對文化**差異**（difference）和那些承認**類同**（similarity）的各種形式的身分／認同，保持一定的敏感度。

　　這需要我們對文化和國族認同的**區間**（range）有所認識，它們在歷史時間及不同的地理空間形成（與消亡）。理論上，我們或可將文化的並置（cultural juxtaposing）想像成至少六種（*Barker, 1997a, 1997b*）：

1. 兩種迥異的文化傳統在時／空上分離。我們可能會定義自己為亞洲或英國人、墨西哥或美國人，這是國族主義與族群絕對主義的範疇。
2. 兩種分立的文化傳統被並置在同一時空。我們可能會將自己定義為亞洲人和英國人，墨西哥人和美國人，在適當情境下凸出其中一種身分／認同。
3. 文化是跨在地的（translocal），而且涉及了全球的流動性。混雜化發生在當我們承認差異，並且產製出新的身分／認同的時候。我們是「英國亞裔」或「墨西哥裔美國人」。
4. 文化傳統在不同的地方各自獨立地發展，但認同的發展是基於察覺

到傳統與情況的類似與共同性。例如，一種本質主義的泛全球黑人
或拉丁美洲西班牙語國族主義。

5. 一種文化傳統吸納或消滅了另一種文化，從而創造了實質上的類同
性。這可能牽涉同化（比方說，父母是亞洲人，但子女認定自己是
英國人而非亞洲人）或是文化支配和帝國主義（使得一種文化傳統
被摧毀）。

6. 新形式的各種身分／認同在共享的社會位置（如階級、族群、性
別、年齡）中逐漸形成。這是一種非本質主義的立場，其中類同性
是以策略性的方式形成的。例如，一個策略性的結盟關係，黑人和
亞洲裔共享一種反種族主義的策略。同樣地，策略性的認同和結
盟，也發生在其他情況（例如性別），某些人之間共享一種女性主
義可能要比族群差異還要重要。

## 所有文化皆混雜

混雜性的概念仍然有其問題，因為它假設或暗示了文化的相遇或混合
發生之前，存在著兩種原本完全分離且各具同質性的文化領域。將英國亞
裔或墨西哥裔美國人，想像成源自兩種分立的傳統相互混雜而產生的形式
是有問題的，因為英國、亞洲、墨西哥或美國文化原本即非各自存在分明
的界線與具有內部同質性的，每一類別永遠已然是混雜的形式，更何況沿
著宗教、階級、性別、年齡、國族等軸線而有分裂的情況。混雜化的對
象，是混合了那些原本性質上已經是混雜的文化。所有的文化都是不斷變
換邊界與混雜化的區域（zone of shifting boundaries）（*Bhabha, 1994*）。雖
然如此，混雜性這個概念使我們認識到新身分／認同與文化形式的產製，
例如「英國亞裔」和「英國孟加拉裔」。因此，透過對於文化類別進行策
略性的切割，或是暫時性的穩定化，混雜性這個概念是可被接受的，當作

一種幫助我們去捕捉文化變遷的概念工具。

## 混雜性與英國亞裔

在英國，亞洲裔的「場所」和文化 [1]，與盎格魯・薩克遜及非洲加勒比海英國人之間的關係，更深化了關於純粹和混雜的議題。巴拉德（*Ballard, 1994*）記錄了 desh pardesh 一詞在一九五〇年代初期現身於英國的歷史，desh pardesh 一詞有「他鄉為故鄉」（home from home），以及「海外為家」（at home abroad）的雙重意義。他強調這一詞語代表如下意涵：

1. 從南亞出發，追尋他們自己自決的目標的決心。
2. 現居英國的南亞族群多樣而異質的性格。
3. 變遷中的氣質，涉及於移居者的調適策略。

南亞移民的文化認同本來已頗複雜，可見於他們非常廣泛的「祖籍／來源地」，來自一些特殊的地理區域如旁遮普（目前分屬印度及巴基斯坦所有）、印度西部的古吉拉特（Gujarat）與孟加拉境內的席列特（Sylhet）等地區，每一個地區又各有宗教、種姓（封閉性的社會階級制度）、階級、年齡及性別，還有城鄉等種種差異。在這些差異之外，我們或可再加上一種「二度移民」（twice migrants）的存在，他們並非直接從南亞地區移民至英國，而是借道東非〔在東非地區落腳數個世代之久後〕，終抵英國。

---

1. 譯註：在英國一般用語習慣裡，所謂亞裔族群，主要是指來自南亞的移民及其後裔，特別是來自印度、孟加拉、巴基斯坦及斯里蘭卡的移民後裔。

## 從暫居者變成移／住民

根據巴拉德的看法，現居英國的南亞移民將自己從「暫居者」（so-journers）轉化為「住民」（settlers），亦即從一種暫時的、以賺錢與存錢為優先考量的企業家精神式的習性，轉變成安居落戶並在當地建立家庭、商業與文化制度的移民／住民。然而，就算移民／住民的地位完全獲得承認，清楚的畛域之分仍可見於他們與當地白種人之間。尤其是，**個人尊嚴**（izzat）**2** 或個人聲譽的維護，要求他們與當地白人似乎較不強調家庭觀念、性道德、敬老或個人衛生的文化保持距離。的確，「那些仿擬英國文化過頭的人已開始被稱作活得沒有尊嚴」（*Ballard, 1994: 15*）。

## 轉換文化符碼

生在英國的年輕「亞洲人」的出現，導致一個在跨族群界線文化交流上，比第一代移民涉入更深的新世代的出現。年輕的英國亞裔和白人及非洲／加勒比海黑人後裔的英國人一起就學，共享遊樂場所、看一樣的電視節目，並且經常是雙語的交談溝通經驗。雖然英國亞裔經常被視為是「在兩種文化之間」（*Watson, 1977*）或是被捲入於一種「文化衝突」的過程，我們或應將這些年輕的英國亞裔視為一群對於文化**符碼**轉換（code switching）操作相當有技巧的人，如布拉（*Brah, 1996*）論稱，理由如下：

1. 「兩種文化」的概念是不正確的，因為所謂「英國」和「亞洲」文化本身都是異質且有階層性的。
2. 沒有理由將文化之間的遭遇視為必然會發生碰撞或衝突。
3. 「英國」和「亞洲」文化間的關係，不是單向而是多向的過程。
4. 雖然某些亞裔可能會經歷失諧的情況，沒有證據顯示這種情況是普

---

2. 譯註：在印度語中，izzat 一詞是指個人的尊嚴、聲譽及威望。

遍的。

5.世代之間的差異不應混淆成衝突。

沿著所謂「英國亞裔特質」（British Asianness）的政治和文化論述的軸線，英國亞裔青年已經發展出他們自己土生土長的綜合或混雜的文化形式。在她對倫敦沙索區（Southall）亞裔青年的研究中，吉勒斯比（*Gillespie, 1995*）展示了這些青年，在不等的程度上，如何構成他們自己的英國亞裔（British Asian）身分／認同。在某些情況底下，這涉及了對於英國性（Britishness）的認同，但在另一些時候，則是對亞洲文化〔不具同質性〕的某些面向產生認同感。〔對英國亞裔來說，〕波灣戰爭的爆發，圍繞著前舉的這些認同點，開啟了曖昧與不安。一方面某些亞裔年輕人所認同的一個伊斯蘭信仰的「發展中國家」，正與西方世界發生衝突。另一方面，他們希望留在「英國性」的邊界之內，亦即這個他們生於斯、長於斯的國度。〔兩者著實難以取捨？但是，〕在他們自己認為適當的情境下，他們隨時從一個位置移轉到另一個。這種認同上的動態移轉，發生於英國性與亞洲性之內（與之間），更因亞裔文化本身因宗教和地理差異，以及年齡、性別與階級上的差異，而益添其複雜性。

## 多重身分／認同

吉勒斯比發現的英國亞裔社群內差異，防止了將特定主體同一化為一個給定、固定的身分／認同。因此，一個英國亞裔女孩可能認同自己的亞洲特質，論稱傳統服飾必須被尊重，或是認為亞洲人在電視上被錯誤地再現。然而，在討論關係的脈絡下，同一個女孩可能會從西方**女性主義**的立場上發言反對某些亞洲男性的**父權**行徑。在另一個場合，她可能站在青年人的立場，不管族群或性別的問題，而採取特定青年次文化的服裝和音樂。一個如此包羅萬象的認同轉換位置，可見於一位年輕女孩的受訪內容裡：

　　我用孟加拉語和英語唱饒舌歌，饒舌歌的內容包含從情愛到
政治的任何東西。我總是一直在唱饒舌歌……它是反叛的，歌詞
是熱情洋溢的。我可以和它水乳交融，我可以認同它。就像住在
貧民窟，……它是切膚的經驗。它是：「我是孟加拉人，我是亞
洲人，我是女人，而且我住在這裡。」（轉引自 *Gardner and Shukur,
1994: 161*）

　　這位年輕女性的**主體位置**涉及了從各種論述及場域汲取的多種位置的
接合。最低限度而言，她擁有同時作為孟加拉人、英國人、女人、青少年
次文化及饒舌音樂和美國加勒比海後裔的多種身分／認同，接合成為一種
盎格魯－孟加拉的混雜身分／認同。她涉及的不只是轉換變遷中的認同過
程，也包括以行動實現一種混雜的身分／認同，汲取自多重擴散的全球文
化資源。因此，身分／認同既不純粹也非固定，而是形成於世代、**階級、
性別**、種族與國族等因素的交疊互動之中。

## 交疊互動與越界

　　根據霍爾的觀點，**本質主義**的終結「包含了承認種族的核心議題永遠
在歷史的接合、形構過程中浮現，其他的類別和分野是經常被跨越的，被
記錄於階級、性別和族群的類別之中」（*Hall, 1996d: 444*）。我們或可以三
個基本的方式考量此一過程：

1. 後現代主體的**多重身分／認同**，亦即從階級、種族與性別論述中，
   編織出身分認同的類型。
2. 一種透過從隱喻論述的建構，用性別隱喻來建構國族，或是用階級
   隱喻來建構族群的分野，例如，「種族」的概念與所謂「人」的進
   化提升有關，某個族群團體或可被嘲弄為娘娘腔的，或是某個國族

被性別化為女性的，以及絕對的族群差異立基在血脈相連的生物學
特性，甚至涉及了女性的身體。

3.人們具備跨越論述與活動空間等場域的移動能力，因此以不同的方
式定位自身。如羅斯所論稱的，人們：

在真實生活裡，經常跨越那些以不同方式定位他們的實踐活
動。……存在於這些實踐活動之中的爭論、衝突和對立，會左右
著人們的行為，是不足為奇的，毋須訴諸人類主動行事的特質。
……在任何場域或地方，人類將原設計成某種用途的事物改用於
他途。一種自我認同的方式，從而可能與他者產生衝突（*Rose,
1996: 140-141*）。

在此脈絡下，英國亞裔女孩的社會位置是值得重視的，因為她們可說
是「特別的」，基於她們跨文化疆界的生活方式，以及她們在男性支配的
文化之中或多或少被邊緣化的處境。在一個有關英國亞裔女孩觀看電視肥
皂劇的道德論述的研究中（*Barker, 1998*），她們占據的是矛盾的多種主體
位置，雖然在道德論述本身合於邏輯的緊張關係的面向，但也同時是源自
相互矛盾的不同慣例、場域和實踐活動的論述資源，再行增殖擴散所致。

吉勒斯比（*Gillespie, 1995*）以討論年輕亞裔女孩們觀看電視肥皂劇《鄰
居》（*Neighbours*）的方式[3]，企圖探索圍繞在男女關係及青少年羅曼史
的規律。這對女孩子特別有意義，因為該劇在呈現年輕女性時，比許多英
國亞裔女性自己能期待的，展現了更大的自由。《鄰居》一劇提供她們觀
看自信女性的愉悅感，也激發她們之間進行關於性別角色的討論。

---

3.譯註：《鄰居》（*Neighbours*）是一齣澳洲出品、英國播出的電視肥皂劇，片中刻
劃許多年輕自信的女性。

## 編織各類型的身分／認同

因此，人們可被理解為運行於由種族、性別、世代、國族與階級等論述交錯構成的多重主體位置之內與多重主體位置之間。再者，我們並**沒有**一張多重信念態度和語言的網，而是我們自身**就是**這樣的一張網。雖然如此，論者憂慮對本質主義的批評，可能剝奪了我們可以用來對抗種族主義的工具，因為〔反本質主義的論述中〕種族類別本身似乎就此消失。不過，拋棄一種所謂「種族」的本質主義、普遍主義的條件，並不意味著種族的社會和歷史建構，以及特定人種團體的種族化也會同時失去。相反地，抨擊本質主義觀點是揭露身分／認同本身的偶然性，幫助吾人對抗將人們**化約**為種族的作法，鼓勵我們將所有的人視為是多面向的。因此：

> 對本質主義的批判，使得非洲裔的美國人認識到階級流動的方式已經改變了集體的黑人經驗，從而使得種族主義不必然對我們的生活發生等同的影響。此一批判，允許我們確認多重的黑人身分／認同，以及差異的黑人經驗。它同時也挑戰了殖民帝國主義典範（遺緒）對黑人身分／認同的影響，殖民帝國主義典範以單面向的方式再現黑人性，從而強化與維持白人的優越性。……當黑人同胞批評本質主義時，我們被增權（或譯「培力」）（em-powered）而得以指認黑人認同的多重經驗，亦即活生生的生活狀況，使得多樣的文化生產成為可能。當這此多樣性被忽視時，很容易用二分法看待黑人同胞：國族主義者或同化主義者、黑人認同者或白人認同者（*hooks, 1990: 28-29*）。

正如胡克斯（*hooks, 1990*）所指出的，拋棄本質主義〔以及黑人絕對主義或國族主義〕的好處之一，在於黑人女性不再需要壓抑她們對於黑人男性父權主義（black masculinity）的批評。高舉黑人女性主義對黑人男性

父權主義進行批判，不再被當作是對黑種人民的背叛（*Wallace, 1979*），而從黑人女性觀點去批判白人女性主義，也不被看作是對女性同胞的不忠（*Carby, 1984; hooks, 1990*）。這些批判，事實上都是介入**文化政治**時，至為重要的接合與結盟的過程（見第十二章）。

　　反本質主義的論點建議，社會類別並不反映一種本質而根本的身分認同，而是透過再現的形式構成的。因此，對於族群性及種族的考量，引導我們關注身分／認同、再現、權力與政治的問題，比方說，何種再現建構了誰，被誰建構，以及此一建構懷抱什麼目的？

## 種族、族群與再現

　　再現涉及了含括與排斥的問題，因此永遠是與權力的問題分不開。雖然如此，戴爾（*Dyer, 1977*）有效地區分了型態（types）和**刻板印象**（stereo-types）。前者是根據在地文化類別將人們及其角色進行通則化且必要的分類方式，而後者則是一種生動但簡化的再現方式，將人們化約為一組誇大且通常負面的特徵。

　　刻板印象通常是將負面特徵歸屬於那些與我們有別的人身上。這指出了在刻板印象化過程中的權力運作，以及他者被排斥於社會符號及道德秩序之外的過程中，刻板印象所扮演的角色。戴爾建議，「類型是被用來指稱那些依循社會規則的人（及社會類型）的事例，以及那些被這些社會規則排斥的人（刻板印象）」（*Dyer, 1977: 29*）。刻板印象是關於那些被事物的「正常」秩序排斥的人，並且同時建立了誰是「我們」和誰是「他們」。因此，「刻板印象等於是〔將差異〕化約、本質化與自然化，並且將『差異』固定化」（*Hall, 1997c: 258*）。

　　在西方國家，有色人種歷來都被再現成一系列的**問題**、客體和受害者

（*Gilroy, 1987*）。黑人被建構成歷史的客體而非主體，沒有自己思考或行動的能力，有色人種被認為不具備創造或控制他們自身命運的能力。稍後，作為一種來自他處的客體與異類，黑人被再現成是在白人社會中製造了許多問題，例如他們帶來了外國不良的文化，或是將黑人視為作奸犯科的罪犯。

## 野人與奴隸

在英美國家，最明顯的種族主義刻板印象分別呼應了殖民與奴隸的歷史。霍爾（*Hall, 1997c*）論稱英國在帝國時期對黑人的再現，有一個核心的元素，乃是非基督教奴隸需要英國教會及海外冒險人士的文明教化。這些形象後來被轉化成他所謂的「商品種族主義」（commodity racism），其中「殖民征服的形象有如肥皂箱上的戳印，……隨處可見於餅乾盒、威士忌酒瓶、茶葉罐和巧克力棒上」（*McClintock, 1995,* 轉引自 *Hall, 1997c: 240*）。白種殖民強權與黑種「奴隸」的再現被性別化，例如大英帝國的英雄，清一色都是男性，但這些帝國男性英雄的肖像卻經常是出現在以女性消費者為對象的家務商品上。

> 肥皂象徵的是將家務世界「種族化」與將殖民世界「家務化」。透過它進行淨化和純粹化的能量，在帝國廣告的遐想空間裡，肥皂取得了一種被崇拜客體的質性。它顯然具有將黑人皮膚洗白的神奇力量，也能將國內工業貧民窟及其居民（鮮少洗澡的貧民）身上的煤灰、污垢和塵土洗刷乾淨，另外還能同時在遙遠而充滿種族污染的接觸區的「那裡」，讓帝國的身體保持乾淨而純粹。然而，在此過程中，女性的家務勞動通常沈默地被抹除（*Hall, 1997c: 241*）。

## 拓殖時期的大農場形象

和英國一樣，美國拓荒殖民時期的大農場形象，反映著二元對立的刻板印象：白人的文明與黑人的「自然性」、「原始性」。非洲裔美國人被再現成沒有豐富白人文明的能力，因為他們在天性上是懶惰的，最好也最適合從屬於白人之下，任從白人驅使。黑人在社會與政治上的從屬地位，被再現成是天地之間不可逃避的（上帝賦予的）秩序之一部分。這並不是說，美國的種族刻板印象與英國的如出一轍；剛好相反，我們必須認識到的是，種族主義在不同特定歷史形式的浮現，以及存在於特定文化脈絡之內更為幽暗的〔種族主義〕類型。在美國，布果（*Bogle, 1973*）如此論稱，有五種特殊的刻板印象源自拓殖時期的黑奴形象，可以在電影中看得到：

1. **湯姆**（Toms，指性格柔順且禁慾謹行的好黑奴）。
2. **黑鬼**（Coons，專指滑稽的黑人娛樂者、賭徒、「黑戶」）。
3. **悲劇性的黑白混血兒**（Tragic Mulatto，指的是面貌姣好、性感且充滿異國風情的混血女性，不過已被黑人的血統所「污染」）。
4. **黑人老媽子／保母**（Mammies，意指精壯、幹練、事必躬親且對白種主人一家竭智盡忠的黑人女傭）。
5. **壞巴克**（Bad Bucks，意指身材魁武、強壯、充滿暴戾之氣、性好漁色且易生叛念的男性黑奴）。

## 英國黑人的罪犯化

在英國，吉爾洛（*Gilroy, 1987*）描繪了種族主義對照於法律的轉化。他論稱在一九五〇年代，警方、司法部門及報業對於黑人犯罪問題的焦慮，相對是比較低的，最多只是控訴黑人與賣淫和賭博問題有關連。此一

性方面的污穢形象，到了一九五○年代晚期及一九六○年代初期，又加上了指控黑人造成住宅短缺和過度擁擠問題。一九六○年代晚期及一九七○年代初期，種族主義論述集中在移民問題，關切所謂英國的「異邦人存在」（alien presence），並且開始指控黑人移民對英國國族文化與法律造成「威脅」。在此期間，所謂黑人天性上具有犯罪傾向的刻板印象變得根深柢固，而黑人青少年的形象變成了吸毒幫派份子，以及城市滋事份子。享樂主義、怠工卸責以及黑人**文化**的罪犯化（criminalization），緊緊地變成了英國媒體種族主義的主旨。

　　霍爾等人（*Hall et al., 1978*）論稱，在英國媒體有關「襲劫」（mugging）的報導中 **4**，新聞記者複製了所謂街頭犯罪全是黑人青少年造成的印象。新聞記者尋求的是警方政治人物和法官的觀點，這些官方消息來源宣稱，不僅是街頭犯罪活動增加，而且必須透過更嚴厲的警察手段和更重的刑罰去遏止這股犯罪風潮。新聞媒體在報導這些言論時，彷彿把它們當成是人們對於犯罪問題惡化的常識，而且將犯罪問題歸咎於黑人青少年，至此這種指控於是就粲然完備了：法官引用犯罪的新聞報導作為公眾關切犯罪問題的證據，據以正當化更嚴厲的刑罰，以及他們和政治人物訴求的強勢警察作為。強勢的警察作為大多被部署在黑人社區（因為那裡被當作罪惡淵藪之地），警方與黑人青少年之間衝突對立情況的增加，乃不可免。

---

4.譯註：霍爾等人曾特別說明「襲劫」這個詞的典故。他們將「襲劫」當作一個社會現象（而非只是一個特定的街頭犯罪類型）來研究，整個研究的背景始於一九七二年八月。當時，有個英國老鰥夫看完戲劇表演返家途中，在倫敦的滑鐵盧車站附近被人刺死，報紙開始用「襲劫」（mugging）這個原本只用在美國的詞來報導這樁不幸事件，自此變成新聞報導用來描述街頭犯罪狀況惡化的語彙（*Hall et al., 1978: vii, 3*）。

## 東方主義

　　種族主義不僅止於是一種個人心理或病理層面的問題，而是深植於西方社會的實踐、論述及主體性之中的文化再現類型的問題。在討論東方主義（Orientalism）的著作裡，薩伊德（*Said, 1978*）清楚闡明了此一種族主義的「結構」與社會的特徵 5。他論稱文化—地理的實體如「東方」，並非作為出於自然的既定事實而存在，而是一種具有歷史特殊性的論述建構，而此一論述建構有其歷史、傳統、想像和詞彙，賦予其某種特殊種類的真實，與所謂的西方處於對立而並存的狀態。

　　東方主義是一組西方的權力**論述**，被用來建構一個名為「東方」的存在實體，透過依賴並複製西方在位置上的優越性與霸權，從而「東方化」了東方。對薩伊德而言（*Said, 1978*），東方主義是一組充斥歐洲優越性、種族主義與帝國主義的一般概念，透過各式各樣的文本與實踐精鍊化，並藉由這些文本與實踐方式而流通。東方化（Orientation）被看作是一個再現系統，將東方帶入西方的知識學習之中（*Said, 1978*）。此再現系統包括福樓拜（G. Flaubert）所描寫的與一名埃及高級應召女郎的戀愛，這產製了影響深遠的一種東方女性形象，在此形象裡東方女性從不為自己說話，也不表現情緒，而且缺乏自身的**能動性**與歷史，只是供作男性權力幻想、性消遣的無知清純少女形象；與此相反，東方男性則被看作是狡詐、瘋癲、殘酷與專橫的。

　　就此而言，「伊斯蘭」在當代被抬舉為西方新聞媒體中用來專門嚇唬小孩的鬼怪，可說是與以往如出一轍的陳腐行徑。薩伊德（*Said, 1981*）論稱，西方媒體將信奉伊斯蘭教的民族再現成非理性的狂熱份子，而且盲從

---

5.本書中譯本有王志弘等譯《東方主義》，台北：立緒。

於被他們看作救世主般的威權領袖。西方許多新聞報導聚焦於伊朗、伊拉克與利比亞等國家（並且在新聞中強調這些國家資助恐怖主義的嫌疑），或是聚焦於何梅尼（Ayatollah Khomeini）宣告他所做的宗教裁決（fatwa），對魯西迪發出追殺令，乃至於強調波灣戰爭（尤其是伊拉克總統海珊）。波灣戰爭爆發與聯合國武檢爭議，均被西方媒體歸咎於海珊個人身上，並且被貼上「邪惡皇帝」的標籤；莫理森（Morrison, 1992）證實，在波灣戰爭期間，海珊是最常被電視新聞點名批評的國家元首。電視在當代文化裡扮演要角，是各種文化再現（包括那些與種族和族群有關的再現）的主要傳輸者。

## 電視與種族、族群再現

### 只限白人

在某個層次上，有色人種全然被電視忽略。在美國，直到一九六〇年代晚期及一九七〇年代初期，電視劇中才首度出現黑人家庭（Cantor and Cantor, 1992）。一九六〇年代成立的科納委員會（the Kerner Commission），職司調查遍及美國的社會騷亂，論稱美國新聞媒體「長久以來沈浸在白人的世界裡，往外看的時候（如果有的話），也是用白人的眼睛和白人的觀點」（Kerner Commission, 1968: 389），反映了該委員會所謂的「白種美國的冷漠」。

在一九八〇年代英國，種族平等調查委員會（the Commission for Racial Equality, 1984）指出，與美國黑人相比，英國黑人在電視上出現的頻率更少，英國電視劇中角色只有百分之五是黑人；而且，在六十二個擔任電視劇主角的非白人角色之中，只有三個是黑人。例如，英國的電視肥皂劇就整體而言，曾被批評是將社群再現為全然白種、異性戀及工人階級。收視

率相當高的《加冕街》（*Coronation Street*）[6]，劇中黑人角色寥寥無幾，而這對照於曼徹斯特一地（該劇場景）多元族群的事實，令人頗感不解。同樣地，美國的肥皂劇如《朱門恩怨》、《朝代》（*Dynasty*）、《我們的歲月》（*Days of Our Lives*）[7]、《勇敢的與美麗的》（*The Bold and the Beautiful*）[8] 與《飛越情海》（*Melrose Place*），也不能稱得上是再現美國多族群人口的良好紀錄。黑人在媒體上的不可見／隱身性（invisibility），不僅與媒體的民主角色不相容，也可說是白人對黑人及黑人文化的一無所知的問題更形惡化。由於忽視黑人的存在，媒體報導將他們擺在主流社會之外，從而將他們再現為邊緣的與不相干的人群。

## 刻板印象化的再現

由於有色人種的媒體再現在一九八○年代及一九九○年代大幅增加，因此注意力聚焦於構成族群與種族的**再現類型**，例如，黑人在英國經常被新聞媒體再現成問題，特別是年輕的黑人被附會於犯罪和社會失序。在許多「喜劇」節目中，殖民時代的黑人形象被用來暗示黑人的愚蠢和無知。例如《講話小心點》（*Mind Your Language*）的電視劇，背景安排在一個英語課堂上，透過所謂外國人講的英語都很可笑之類的「笑話」，將非白人社群化約為一種刻板印象（*Medhurst, 1989*）。

在美國，第一齣特寫非洲裔美國人的電視節目是《阿莫斯與安迪秀》（*Amos 'n' Andy*），是一齣「喜劇」，後來變成透過基於刻板印象的「幽默」來貶低黑人的同義詞。的確，美國電影與電視產業呈現黑人的刻板印

---

6. 譯註：《加冕街》是英國商業無線電視ITV於一九六一年正式播出的連續劇，至今已播出長達將近四十年之久，收視率一直在各類節目前二十名之內，可能是世界上少數幾個連續播出最久的電視劇。

7. 譯註：美國著名的肥皂劇集之一，一九六五年開播至今。

8. 譯註：美國CBS電視網播出的電視肥皂劇，於一九八七年開播至今。

象，由來已久，始自「黑種混血兒」（Sambo）及「畜生」（Brute）黑奴
的拓殖時期的傳統，歷經一九六〇年代溫和自由派人士，一直到一九七〇
年代中期的「超級黑桃」（Superspade）偵探。

　　　　然而，無論黑種混血兒或超級黑桃，螢幕上的黑人形象一直
　　　是缺少人性的面向。自一八九〇年代電影發明伊始，少有例外，
　　　黑人的電影形象的人性面向，歷來均是付之闕如（*Leab, 1975: 5*）。

## 改變的符徵

這些對歧視有色人種的再現，不能只是一笑置之；不過，要了解對於
種族的當代媒體再現，我們必須承認變化已經開始發生。坎伯（*Campbell,
1995*）發現，在四十小時的美國本地新聞裡，「沒有證據顯示有蓄意、露
骨的種族偏見」，只有少數屬於他稱作「老式種族歧視」（old-fashioned
racism）的例子（但有大量更為精微、不易察覺的現代版的種族歧視）。
更通則化地說，有一些企圖，希望將英國與美國的再現建構為多元文化社
會。此處所謂一個更多元的社會，指的是不同族群的文化與習俗，匯成社
會的豐富性與多樣性。在英國，《帝國路》（*Empire Road*）與《戴斯蒙》
（*Desmond's*）之類的喜劇，聚焦於黑人家庭，並且試圖逗趣但不訴諸帶
有種族歧視味的幽默，而《我的老天》（*Goodness Gracious Me*）則是展
示英國亞裔的幽默風格。而肥皂劇《倫敦東區人》則比任何過去的肥皂
劇，呈現出更寬廣的多族群社區與角色。同時，黑人哈斯特伯一家（《天
才老爹》），在美國曾經是黃金時段最受歡迎的喜劇。不過，批評《倫敦
東區人》與《天才老爹》的種族再現方式的，仍然大有人在（見本章後文
討論）。

## 社會威脅

雖然如此，種族主義繼續被看作是某些人士不尊重人皆自由平等的個人偏見（personal illiberality），更甚於是一個結構性的不平等問題，雖說有些研究已開始強調黑人文化的特殊性，但投入這方面的注意力仍嫌不足。當代電視上的種族再現繼續將有色人種（特別是青少年）與犯罪及社會問題相連結。根據馬丁戴爾（*Martindale, 1986*）與坎伯（*Campbell, 1995*），新聞中對於非洲裔美國人最常見描繪是與槍械和暴力有關。貧窮黑人特別是被建構為一種「對社會的威脅」（menace to society），到了超過可接受行為的尺度，乃透過將他們與犯罪、暴力、毒品、黑幫與未婚懷孕等問題連結。對葛雷（*Gray, 1996*）來說，美國哥倫比亞電視網播出的紀錄片《消失的家庭：美國黑人的危機》（*Vanishing Family: Crisis in Black America*）是其典型，將〔白種〕核心家庭當作正常家庭，卻將黑人家庭視為問題重重。此一紀錄片描繪了一群關愛與有良心的年輕非洲裔美國婦女，努力扶養稚子幼女，但一群怠惰的黑人男性卻在街角無所事事地閒晃。

葛雷提出一個值得重視的觀點：非洲裔美國人的「正面」再現，並非總是運作得當，特別是當這些再現與黑人的其他形象（在更廣泛的種族再現的脈絡下考慮）並置時，更是如此。雖然這個節目包含了電視播報員稱作「美國一些成功而具凝聚力的黑人家庭」，但這些在功能上是將責備從美國種族不平等的結構和系統性格，重新導向貧窮黑人本身的個人弱點和道德不完善。因此，「黑人性」的意義是累積的與具有**互文作用的**。將黑人與犯罪相連結，並把他們描述成一個常見的社會問題，雖說是截然不同於當代情境喜劇的較正面的**同化主義**塑造的形象，但或許也可說是被後者所強化。

### 同化主義者的策略

《天才老爹》（*The Cosby Show*）裡的哈斯特伯一家人（連同談話節

目的主持人如 Oprah Winfrey）代表的是中產階級的成就和社會流動。與所謂「美國夢」沆瀣一氣的是，他們傳達的訊息是，成功的機會是對任何具有天賦且努力向上的人開放的。影響所及，非洲裔美國人的貧窮，充其量最多是被看作是因為個人無能所致，或是最糟的話，被看作是非洲裔美國人文化的集體面向，因為要不然的話，為何黑人被過度再現於所有的貧窮統計和都市貧困問題呢？如賈利（Sut Jhally）和路易斯（Justin Lewis）論稱，「哈斯特伯一家人的成功，暗示著大多數黑人的失敗，……他們沒有取得類似哈斯特伯一家人在專業上或物質生活上的成功」（*Jhally and Lewis, 1992: 137*）。同樣地，雖然描繪中產階級美國黑人的情境喜劇，強調物質的成功及勤奮工作、教育、誠實和責任的價值，葛雷論稱「許多個人側身於不成階級（underclass）之列，雖然他們擁有同樣好的個人條件，只是缺乏選擇和機會去實現」（*Gray, 1996: 142*）。

英特曼（*Entman, 1990*）認為，本地地方新聞中也操作著類似的同化主義策略，例如用黑人擔任新聞主播，試圖傳達所謂種族歧視不再存在於美國的想法。黑人權威人物得以現身電視螢幕，使得種族歧視問題被斥為不復存在（已經被扔到歷史的垃圾桶裡），而他們對於主流文化觀點的採納，更是無異於接納同化主義者的觀點。此一論點在坎伯（*Campbell, 1995*）的研究中得到支持，對美國電視上的金恩博士紀念日慶祝活動新聞報導進行質性分析。只有一個明顯的例外，新聞報導將種族歧視描述為昨日黃花，而且將報導重點擺在對於金恩博士成功事蹟的慶祝，更甚於將這些活動視為是一種提醒，提醒我們仍未能將金恩的歷史願景在美國生常生活中實現。

## 再現的曖昧

有色人種在英美國家被〔媒體〕再現的情況，充滿了諸多矛盾。〔如前所述，〕黑人同時被再現為作奸犯科之徒與〔如《天才老爹》裡〕成功的中產階級。種族被當作是一個當前的問題，但種族歧視／種族主義卻被

視為是一個不復存在的問題。誠如霍爾論道：

> 那些〔無論在哪一方面〕與大多數人有顯著差異的人——「他們」而非「我們」——經常被暴露於此一種二元對立的再現形式當中。他們的再現，似乎是透過尖銳對立、極度化與二元式的極端——好／壞、文明／原始、醜陋／極度誘人、令人心生排斥因為與眾不同／令人讚賞因為有異國風情，而且他們通常被要求必須**同時是兩者兼俱！**（*Hall, 1997c: 229*）

在那些企圖「正面地」再現黑人的嘗試，含糊曖昧（ambiguity）與愛恨交織（ambivalence）構成顯目的前景。例如，在奧林匹克運動會或籃球、足球賽事裡，媒體對非洲裔美國人與英國黑人運動員有顯著報導，但這類報導有如雙面刃。一方面，這是一種慶祝和接受黑人的成就，另一方面，這是過程的一部分，從中黑人成就**被限制**在運動競賽，呼應黑人被刻板印象式地描繪成主要是一種四肢發達但頭腦簡單的人種。

在娛樂和音樂的世界，嘻哈、饒舌和相關的音樂錄影帶，已經變成顯著的電視類型之一。饒舌音樂可以說是刻劃黑人（但特別是男性）經驗的「文化真實」（cultural reality），他們與警方的對立，挑戰在他們看來是不義的權威作為。的確，胡克斯 論稱：

> 在韻律與藍調音樂中，「饒舌音樂」霸占了主要位置，在年輕黑人之間成為最愛的聲響，或甚至開始變成了一種下層階級的「證言」，並不令人感到意外。它（饒舌音樂）促使下層階級青少年發展出一種批判的聲音，正如一群年輕黑人告訴我，成為他們的共同素養。饒舌音樂投射了一種批判的聲音，解釋、要求且充滿動力（*hooks, 1990: 75*）。

不過，也有人批評饒舌音樂為胸襟狹隘、帶有性別偏見、厭惡女性與暴力的，即使它的確重塑並延展了流行音樂。饒舌音樂是批判的，但同時也是反動的。

> 作為一種文化形式，饒舌音樂本身是一個充滿爭辯的場域，在不同類型的饒舌音樂，各有不同的聲音、政治和風格。……某些饒舌音樂美化幫會文化、毒品和嫌惡女性的態度，另一些饒舌音樂藝術創作者則對這些有問題的介入發出異議，用饒舌音樂去表達相當不同的價值觀和政治（*Kellner, 1995: 176*）。

## 新貧民窟美學

曖昧性可見於一系列與饒舌音樂密切關連的黑人電影，包括馬里奧范比柏斯（Marion Van Peebles）導演的《萬惡城市》（*New Jack City*）和約翰辛格頓（John Singleton）的《鄰家少年殺人事件》（*Boyz N the Hood*）。瓊斯（*Jacquie Jones, 1996*）將這些電影描述為「新貧民窟美學」（the New Ghetto Aesthetic）：一方面這些電影是非洲裔美國人導演的好萊塢影片，被譽為對某些非洲裔美國人令人驚訝的生活處境的再現；另一方面，它們可說是「編織了一大段不符實情的黑人經驗，無異於那些白人導演電影對黑人的再現」（*Jones, 1996: 41*）。

這些電影有兩個面向特別有問題：

1. 黑人社群被刻劃為充斥犯罪與暴力，其原因在於個人病理，解決之道不外乎更多警力或更嚴格的父親管教。
2. 女性被用典型的母狗／妓女模式（in the standard bitch/ho mode）來描繪，少有黑人女性被用她們與男性的關係之外的特質來定義。

雖然我們用他們的個人生命史和情感困擾去了解男性特質，女性卻經

常被化約為只是強悍與（或）性感。值得重視的是種族再現的性別化特質，因此一個誇大的男子漢風格被認為象徵黑人對白人的**抵抗**（*hooks, 1992*）。對某些黑人男性而言，採用此一陽剛與強調男人本色的表達形式，是對白人權力的反制，使他們在面對社會排斥時找到自尊和力量。這不是否定母狗／妓女二元劃分或是「黑人男子漢」的不可欲性（*Wallace, 1979*）

　　考量種族再現的曖昧性是相當重要的，以免辯論流於簡單的好／壞二元劃分，因為二元對立的思考，帶出的是種族主義未經思考的反射式的指控，或是要求媒體只能呈現有關黑人的正面形象。畢竟，正面形象雖然在刻板印象的情境下有其用處和可欲性，卻不必然破壞或取代負面的形象。的確，某些人認定的正面形象，可能遭致其他人的抨擊，而這種莫衷一是的情況並不罕見。例如，英國電視肥皂劇《倫敦東區人》（*Eastenders*）和美國電視劇《親情深似海》（*I'll Fly Away*），固然自覺地試圖以真實和正面的方式去再現黑人，但還是有評論者認為有可議之處。

### 《倫敦東區人》

　　由於刻意安排使然，英國電視劇《倫敦東區人》前所未見地在劇中安排了許多黑人和亞裔角色。它未將有色人種再現成「問題」，黑人角色被刻劃成積極且重要的戲劇角色。《倫敦東區人》再現出一個多元族群的社區，並且不將黑人及亞裔角色化約為單向度的「黑人經驗」的代表；再者，此連續劇包含了對於混種關係／婚姻相當同情的再現。根據所羅門與法威爾（*Bramlett-Solomon and Farwell, 1996*）的觀察，這種再現方式，幾乎可說是不存在於美國的肥皂劇 **9**。另一方面，此劇被批評為刻板印象，例如再現亞裔大多操持醫生或小店舖業主，忽略種族主義更寬廣的結構問

---

9.譯註：《倫敦東區人》是英國 BBC 於一九八五年正式推出的連續劇，至今已播出　　長達將近二十年之久。

題，將之化約為個人的性格特徵。它同時也被論稱，白人畢爾一家人（the Beale family）〔和世居東倫敦的其他白人角色〕在劇中的核心地位，將黑人及亞裔角色邊緣化，因此他們從未是劇情核心的一部分（見 *Daniels and Gerson, 1989*）。

## 《親情深似海》

有關《親情深似海》的辯論，集中在劇中主角莉莉‧哈波（Lily Harper）的再現，包括她和劇中其他角色的關係，以及她和民權運動政治的關係。史密斯（*Karen Smith, 1996*）認為，劇中哈波這個角色，雖然是女傭，但很肯定地不是一個「老媽子」；相反地，莉莉‧哈波被描繪成是一個思想獨立的睿智女性，活躍於民權運動，而且不在她所工作的白人家庭面前顯得低聲下氣。史密斯指出，雖然其他作家視莉莉‧哈波為老媽子，但她所批評的主要對象是電視網本身，因為電視網在促銷此一連續劇時，「斷章取義」地擷取了若干影像，提示觀眾莉莉‧哈波扮演的是刻板印象中的黑人老媽子角色。換句話說，透過為了不同目的的再現互文展示，莉莉‧哈波這個角色變成了矛盾與曖昧的意義建構的場域。

### 正面形象的問題

文化刻板印象毫無疑問的到處充斥，使得許多為其所苦的人，尋求正面的再現有色人種和許多其他「被用刻板印象形容」的弱勢團體。要求以正面形象再現有色人種，反映的是深切地企盼黑人能被和白人一樣「好」、一樣「充滿人性」的方式再現（*West, 1993*）。不過，雖然就自尊的發展而言，正面形象的再現值得肯定，但此一策略受到一些問題困擾，包括如下數端：

1. 它依賴的是一種本質主義和同質化的族群身分／認同觀，導致抹除了階級、性別與性意識上存在的差異。也就是說，黑人的正面形象

假設的是，所有的黑人具有共同的本質上的特性，但事實上並不盡然如此。

2. 不可能確知所謂非曖昧的正面形象應該包含什麼。我們不太可能對此問題會有共識，因此某個人認定的正面形象，可能對另一個人來說卻是刻板印象。

3. 此一策略依賴的是一種**寫實主義**的**認識論**，因此認為可以使黑人的再現契合於「真實」的黑人。這是不太可靠的，因為所謂真實本身，往往已經是一種再現了。

這些論點形成更大的辯論的一部分：有關再現的「作用」（見第三章）。要求正面形象，當表述成對種族再現正確性的要求時，由於無法確知何謂真實或正確，因此有其窒礙難行之處。不只種族是一種文化建構，我們也無從比較何謂真實與再現之間的差異。再現將種族建構成一種文化認同，而非反映或扭曲後者。結果，沒有任何判準能夠評量種族的再現是否正確。

對世界的特定論述建構與散布，以及其社會和政治後果，進行務實的考量，應屬較能成立的論點。批判的角色在於對我們的文化與符號過程，以及它們如何被用來與社會政治經濟**權力**進行連結，開創出一種更全面的了解。這些問題的研究重點在於其後果，而非**真理**。霍爾主張（*Hall, 1996d*），與其要求〔媒體再現〕完全正面的〔種族〕形象，我們更需要的是一種再現政治：

1. 記錄表意過程的任意性。
2. 支持有助於探索權力關係的再現。
3. 解構黑人白人的二元分類方式。
4. 促進人們與差異共存的意願。

這種再現政治，其實並不需要一個普遍的、認識論上的辯護理由，因為它不是建立在先驗的理由或「真實」的再現，而是建立在文化價值觀的

傳統上，從而判斷差異、多樣性、團結平等與民主是可欲的目標。它是基於務實地與社會組織的其他形式進行比較，而非基於正確與否的概念。結果，雖然繼續批判那些對有色人種的刻板印象化再現，問題或許不在於爭取正面形象，而是爭取**差異**和**多樣性**可以公平地被再現出來。

## 後殖民論述

電視仍然是西方流行文化之中的核心再現形式，因此是文化研究的核心關切對象。不過，也有相當數量的研究文獻探索種族族群與國族等議題，來自於文學的領域。這包括了目前對於後殖民主義文學（postcolonial literature）的興趣，這類例子可見於亞希克羅特等人（*Ashcroft et al., 1989*）的《帝國逆寫》（*The Empire Writes Back*）一書，他們論稱，當前〔時當一九八〇年代〕居住在世界上的人口裡頭，超過四分之三的人曾經有殖民主義的經驗。對亞希克羅特等人來說，後殖民主義文學是那些由歐洲國家殖民地的人民的創作。「後殖民」一詞或許予人一種印象，以為此詞指涉的是殖民化之後的文學，但它在此處被用來包括殖民論述本身，亦即歐洲殖民期間及殖民之後的世界。如此，**後殖民**理論（postcolonial theory），探索的是有關後殖民性（postcoloniality）的論述情況，亦即殖民關係及其後果，透過何種言談論述而構成？後殖民理論探討後殖民論述與其諸般主體位置，並且與種族、國族、主體性、權力、底層人民、混雜性和克里奧化（混血化）等主題息息相關。

此一關於後殖民理論的定義，有助於定義一個寬廣的研究領域，但同時也開啟了諸多有待探討的問題。比方說，在何種程度上，哪些前殖民地現在可被看作是處於後殖民情境，學界看法分歧也不乏爭論（*Williams and Chrisman, 1993*）。相對於歐洲，雖然美國文學或可被視為後殖民的，但美國新殖民強權與拉丁美洲的關係，卻使得此一通則化的論點大有問題。再者，許多學者將美國的黑人文學視為內部殖民主義／後殖民主義的面向之

一，而在白人移民聚居的前殖民地（如澳洲、加拿大及紐西蘭）與黑人非洲或印度次大陸的文學創作之間，我們也應有所區分。

## 後殖民文學的模式

亞希克羅特等人（*Ashcroft et al., 1989*）凸顯後殖民文學的兩種重要模式：「國族」模式（the 'national' model）和「黑人書寫」模式（the 'black writing' model）。國族模式聚焦於某個國族與其前殖民主的關係，典型的案例是美國，文學在那裡是「一種樂觀地往國族性邁進」，奠基在它與（其前殖民主）英國的差異。這涉及的是脫離父母與子女（或大河與支流）關係之類的隱喻，〔在這類對英、美文學的隱喻關係裡，〕美國文學居於附屬的地位。

不過，觸及國族文化是正當合宜的概念工具，或只是一種被用來壓迫**差異**（例如性別、階級和族群差異）的本質主義概念時，相關的辯論動了肝火。接下來，亞希克羅特等人（*Ashcroft et al., 1989*）舉了另一個例子——「黑人書寫」模式——聚焦於大西洋兩岸的黑人流離群落所書寫的作品。此模式可以被延伸，包括其他形式的書寫，例如澳洲原住民或印度原住民的創作，因為此模式強調的是族群（更甚於對國族的強調）。當然，這並不意味著此一模式能夠免於本質主義的問題。

雖然它對了解問題的複雜性有所損害，我們或可為了當前的目的，將後殖民文學與後殖民理論的主題簡化為兩個基本的關懷：支配—從屬問題與混雜性—混血化。

## 支配與從屬

支配與受制／從屬的議題直接可見於殖民軍事控制、種族屠殺和經濟上的「不成發展」（underdevelopment）。就文化的角度來說，有關「本土」文化被殖民強權貶抑和從屬的問題被提了出來，包括英語文學的語言本身。英語這種主要殖民強權的官方語言，對後殖民作家而言，到底是不

是一個適當的創作語言？一方面，英語本身代表的是殖民強權的觀點和概念；另一方面，英語有其多樣的全球形式，導出後殖民文學呈現各式各樣的英語（複數）。取決於強調其中的哪一個面向，一個後殖民作家可能選擇捨棄或是挪用英語。

> 第一種，棄絕或拒絕承認「英語」的優越地位，涉及的是在溝通工具上拒絕中心強權國家的影響力。第二種，挪用並重新改造英語的用法，標示的是與殖民優勢場域的分隔。拒用英語來書寫，是對於帝國文化、美學觀的拒絕，也是對那些界定正常或「正確」英語用法的虛幻不實的標準，及其「銘刻」於英語字詞中的傳統和固定意義的拒絕。……挪用強調的是將英語用來「承擔」自己的文化經驗，或者，如 *Rja Rao* 所言，「用的是別人的語言，但傳達的是自己的精神」（*Ashcroft et al., 1989: 38-39*）。

支配和受制／從屬是一種關係，不僅發生於不同的國族或族群之間，也發生在國族或族群之內。後殖民文學對族群的強調，可能掩蓋了性別的權力關係。例如，女性的意象被用來指涉國族的純粹性和一脈相承（複製性）。尤有進者，女性背負了雙重的負擔，既被外國帝國主義強權殖民，又被本地男性支配。的確，史畢娃克（*Spivak, 1993*）論稱「底層人民無語」（the subaltern cannot speak），意指殖民處境下的貧窮婦女，沒有自己的概念語言（conceptual language）可說，而來自殖民帝國與本地土生土長的男性也不會去聽。這不是指這些女性完全無法用語文表達，而是在殖民主義論述裡沒有讓她們得以表達自我的主體位置，因此，她們註定只能沈默無語。

## 混雜化與混語化

對本質主義進行理論上的批判，加上人民之間的實際接觸與共處，對

整個國族或族群文學的概念本身拋出了疑問。影響所及，語言、文學及文化認同的混雜化與混語化，構成了後殖民文學與理論的共同主題，並且標舉了若干與**後現代主義**心意相通之處。例如，所謂「混語連續體」的概念，強調的是加勒比海地區常見的語言混用和符碼轉換的現象。混語化（Creolization）強調的是語言作為一種文化實踐，而且強調具有當地特色的新形式的表達方式被創造出來。

與過去的價值觀和習俗對話，可使傳統有機會被轉化，從而產生新的傳統。舊詞語的意義被改變，新詞語的意義被創造出來。殖民者與被殖民者的文化和語言都無法被以「純粹」的形式呈現，彼此之間也再無法完全區隔（*Bhabha, 1994*）。這催生了一種混雜性（hybridity），不僅挑戰了殖民文化的中心地位與被殖民者的邊緣性，也挑戰了所謂中心或邊緣的概念本身，因為它們都將被看成只是「再現效應」（representational effects）而已。

## 後現代魯西迪

作家魯西迪（Salman Rushdie）的作品，例如《午夜之子》（*Midnight's Children*）、《魔鬼詩篇》（*The Satanic Verses*）、《摩爾人的最後嘆息》（*The Moor's Last Sigh*），透過小說中那些穿越或模糊文化邊界的人物，提出了關於混雜性與文化再現問題。魯西迪獨特的非線性敘事風格，源自印度的口述故事傳統，不過同樣的敘事技巧被魯西迪用來挑戰事實與歷史敘事的確定性。換句話說，歷史有很多種（「歷史」是複數而非單數的詞），況且還是由特定的人、從特定觀點書寫或敘說的〔文本〕產物。此一挑戰，通常被看作是帶有後現代主義的印記，而被哈金（*Hutcheon, 1989*）讚譽為魯西迪式的後現代仿諷（postmodern parody）。另一方面，伯曼宣稱魯西迪的作品是現代主義的，特別是其爭取「所有現代男男女女都會擁抱的真理與自由的願景……一種內在動力與希望的原則」（*Berman, 1982: 54*）。在探索文化的邊界時，它們的混合與交會，魯西迪的作品代表的是

傳統的，同時又是現代的與後現代的。

## 本章摘要

　　論者指出族群、種族和國族是論述—展演的建構（discursive-per-formative constructions），其所指涉的「東西」原本並不存在。這是說，它們是一種偶然性的文化類別，更甚於是普遍的生物學的「事實」。族群概念指涉的是文化邊界的形成與維持，而且此概念有凸出歷史、文化和語言等面向的長處。種族也是一個有問題的概念，因為它與所謂本質和不可避免的優越性與受支配性的生物學論述有所關連。然而，種族化或種族形構等概念，有其強調權力、控制和支配的優點，如喬登與韋頓（Jordan and Weedon, 1995）論稱，種族主義固然是一種有關差異的論述，它同時也無疑是一種關於野蠻殘酷的論述。

　　我們指出種族、族群、國族、階級、年齡與性別的糾結關係，因此文化認同需要以這些交疊論述之間的接合來理解。種族、族群和國族必須以它們之間的互賴關係來探究，例如某些國族主義者宣稱國族具有族群純粹性，以及性別化隱喻（例如父祖之國、國族之母等隱喻）在國族建構過程中所扮演的角色。

　　根據反本質主義的論點，身分／認同是在論述之中且透過論述形成的，因此種族、族群和國族的再現問題便成為核心問題。我們在本章裡也指出，黑人被系統性地建構成某種客體、受害者及問題。特別是，我們探討電視上一系列關於種族和族群的論述，不僅有極為露骨的種族歧視，也有關於這些再現的內在曖昧性和愛憎交織的一面。相當多的強調被置於所謂混雜性的概念，文化和身分／認同越來越是混雜化的，越來越多的地方受到遠地事務的影響和文化混合，例如橫跨大西洋兩岸的黑人流離群落，以及有關後殖民地區的討論，畢竟：

　　如果你分析當前的種族主義，並考量其複雜結構及動態，一個首要的問題就浮現了，足堪引為教訓。那是一種恐懼——驚悚的、深植內心的恐懼——對於必須與**差異**一起生活（living with difference）的恐懼。這種恐懼來自於差異與權力的之間要命的結合而產生的後果。再者，在那層意義上，文化研究該做的工作必須是動員所有的力量，能夠用智識的資源去了解，是什麼力量形塑了我們現在所過的生活，以及我們所處的社會，全面而深遠地將人們非人性化，導致他們失去了與差異共存共榮的能力（*Hall, 1997d: 343*）。

## 第八章

# 性別、主體性與再現

◉初稿翻譯協助：徐瑋璠

　　本章關切的主題是性（sex）與性別（gender），亦即探討在當代社會中男性和女性的特質，特別是性別化主體（sexed subjects）的社會建構與女性的文化再現等問題。本章焦點擺在受女性主義、後結構主義和精神分析等理論影響的研究，而這些理論正是文化研究領域用以探討前述問題的主流思想。

## 女性主義和文化研究

　　探討**性**和**性別**的問題，必然要處理汗牛充棟的女性主義理論，也很難想像文化研究有不這麼做的可能。然而，當女性主義思想瀰漫文化研究時，並非所有形式的**女性主義**皆應被看作是文化研究，而且也不是**文化研究**的任何範疇都與性別問題有關（雖然許多女性主義者主張，當代文化研

究的缺陷在於欠缺對文化具有性別化的認識）。因此，本章目的不在於耙梳女性運動**本身**的歷史、分類或分析，而是探索文化研究之中關切性、性別與女性主義的思想潮流。

富蘭克林等人（*Franklin et al., 1991*）點出文化研究和女性主義在關懷面的若干相似之處。他們提醒我們，女性主義和文化研究同樣都與學院外的社會及政治運動有所聯繫，而且〔相對於其他建制較早的學科如社會學與英國文學等〕它們有同樣的批判立場。女性主義與文化研究對於知識產製的重視，源自於它們同樣懷疑並挑戰所謂的「確定知識」（certain knowl-edge），堅持**知識的位置性**（the positionality of knowing）。葛雷（Ann Gray）稱此為「藉由何種手段，為著何種目的，誰得以了解誰」（*1997: 94*）。因此，女性主義和文化研究試圖生產有關「邊緣化的」（marginalized）及受壓迫團體的知識，並且重視這些團體本身產製的知識，公開宣稱其目的在於進行政治上的介入（political intervention）。所以，在對權力、再現、**流行文化**、主體性、身分／認同和消費等議題的研究興趣上，文化研究和女性主義可說是有志一同。

女性主義與文化研究之間，因為承認共同的研究興趣而帶來的和諧關係，雖然廣泛地可以被感覺到，但兩者間的關係卻非一直是如此和諧。霍爾曾將女性主義描述成「一個破門而入的夜賊；它騷擾並製造不合體統的噪音，霸占了時間，而且還在文化研究的桌上拉屎」（*Hall, 1992a: 282*）。由此可見，即使那些在言詞上同情女性主義的人來說，女性主義過去也未被熱情歡迎，女性主義只得藉由醒目的政治手段，以便讓自己的聲音能夠被人聽聞（*Women's Study Group, 1978*）。這麼做的同時，女性主義者將性意識、性別、主體性和權力等問題置於文化研究的中心，取代但不揚棄歷來居核心地位的**階級議題**。

### 父權體制、平等與差異

　　女性主義是一個多元的**理論**與**政治**場域，其中有各種相互競爭的觀點和行動方案。一般而言，女性主義主張，性別因素是**社會**構造中最根本的軸心，至今女性仍置身於男尊女卑的處境。因此，女性主義核心關切者，乃是**權力**關係充塞於社會生活當中，而性別因素是此一社會生活的組織原理。女性主義者論稱，女性的從屬地位，可見於全部的社會組織與實踐之中，也就是**結構的**。女性這種結構性的從屬地位，被女性主義者稱作**父權體制**（patriarchy），其意衍生自家父長制的家族，男性擁有支配的權力和優越地位。

　　作為一種運動，女性主義企圖建構政治上的各種策略，藉以介入社會生活，追求婦女的利益。它採用了各式分析與行動策略，包括自由女性主義（liberal feminism）、差異女性主義（difference feminism）、社會女性主義（socialist feminism）、後結構女性主義（poststructuralist feminism）、黑人女性主義（black feminism）、後殖民女性主義（postcolonial feminism）[1]。這些將女性主義予以分類的方式並非牢不可移，而且還可能對女性主義沒有幫助，讓人誤以為各種之間有牢不可破的分野。儘管如此，作為解釋用的概念工具，上述分類仍指出了各種關於女性利益的理論在觀點和假設上的差異。有些女性主義者認為女性利益繫於實現真正的男女平等，但另有女性主義者認為女性利益，有賴於〔截然不同於男性的〕女性的根本**差異**能夠完全行使與實現。

---

1. 譯註：這些名詞正確的譯名應是「自由主義傾向的女性主義」、「社會主義傾向的女性主義」……等，但嫌其拗口，故一律從略譯為「自由女性主義」、「社會女性主義」……等。

## 自由女性主義與社會女性主義

自由女性主義者（例如 *MacKinnon, 1987, 1991*）視男女差異為社會經濟和文化建構的結果，而非天定的生物差異。他們強調，在西方的自由民主政體內，女性在全部範圍的機會平等，可以在既存法律和經濟結構下獲得實現。與此相反，社會女性主義指出階級與性別的相互關連，在**資本主義**再製過程，性別不平等具有根本的重要性，而女性從屬於男性被看作是資本主義的本質，因此女性要獲得完全「解放」，勢必需要推翻資本主義的組織及其社會關係不可。論者指出，女性的家務勞動，在生理上（養育、居家照護等）與文化上（守時、紀律、服從權威等合宜行為的養成教育），對〔資本主義需要的〕勞動力的再製非常重要。再者，女性還為資本主義供給了便宜、彈性的勞動，因為她們在必要時較容易「回歸家庭」（return to the home）。因此，社會女性主義的核心論述，強調的是女性在資本主義再製過程中的「雙重角色」（家務勞動和工資勞動）（*Oakley, 1974*）。

## 差異女性主義

自由主義與社會主義傾向的女性主義者都強調平等與同一性，而差異女性主義則強調男女之間有本質上的差異。這些差異，被看作是根本性的與無法改變的差異，被各種不同的詮釋視為文化、心靈與／或生物性的。無論是其中任何一種情形，女性差異是被慶祝的，代表女性的創造力，其價值觀遠較男性的價值觀來得優越（*Daly, 1987; Rich, 1986*）。屬性使然，差異女性主義已有朝向分離主義（譯按：意指該派思想似有主張「女人獨立建國」的味道）發展的態勢。

差異女性主義針對父權主義提出質疑，批評後者將所有的女性一視同仁為無差異的人。「父權主義的問題」，正如羅貝珊（*Shelia Rowbotham,*

*1981*）所論稱的，在於它完全忽視女性的個別差異及她們的特殊性，從而演成對女性的普遍形式的壓迫。不僅所有女性都似乎遭受同樣方式的壓迫，而且都傾向於被認定為無助、無能的。這些觀念遭受黑人女性主義者的挑戰，黑人女性主義論稱白種中產階級的〔女權〕運動忽略了種族和殖民主義的重要性。

## 黑人女性主義與後殖民女性主義

黑人女性主義點出了黑人女性與白人女性在經驗、文化再現與利益上的差異（*Carby, 1984; hooks, 1992*），論稱殖民主義和種族主義結構了黑人女性和白人女性之間的權力關係，而只關切白人女性的處境。性別與種族、族群和國族性等因素交互作用，產生了身為女性的不同經驗。在**後殖民的**情境裡，女性身負雙重壓力，她們在帝國權威下被殖民，並且同時受制於來自殖民帝國與本地土生土長的男性。史畢娃克（*G.C. Spivak, 1993*）稱此為「底層人民無語」（the subaltern cannot speak）之現象。她認為，在殖民情境下，貧窮女性沒有自己的概念語言（conceptual language）可說，而來自殖民帝國與本地土生土長的男性也不會去聽：在殖民主義的論述中，她們不被允許去擁有為自己說話的主體位置。

## 後結構女性主義

一些受**後結構主義者**與後現代主義影響的女性主義者（*Nicholson, 1990; Weedon, 1997*），認為性與性別都是社會和文化建構的產物，無法用生物學解釋，也不能化約為資本主義運作的結果。此一**反本質主義**的立場，認為女性和男性特質皆非普遍、永恆的類別，而是論述建構的產物，指的是女性和男性特質都只是用來描述和規訓人類主體的方式。就此，後結構主義關注的是**主體性本身**的文化建構，包括各種男性的與女性的特質。女性與

男性特質,是一個關於男性與女性如何被再現的問題,是一個持續不斷地在意義上進行政治鬥爭的場域。由於強調文化、再現、語言、權力和衝突,後結構女性主義在文化研究領域頗有影響力,這些包括後結構主義精神分析,被借用來解釋性別建構在「內部」與「外部」間的關連。

## 關於男性

本章聚焦於女性,並且論及在女性主義與文化研究領域裡的相關辯論。不過,多年來對性別的社會建構的反思,使我們得以了解到其實男性也在他們的生命裡面對著一些重大的問題,尤其是所謂男性特質的霸權概念,與在當代社會世界欲求安然自處所需要的,兩者間存在著扞格不入的矛盾。一般而言,傳統的男性特質崇尚力量、權力、堅忍、行動、自制、獨立、自足、男性間的哥兒們般的情誼和合群等價值觀,壓抑情感流露、口語表達、家庭生活、溫柔、溝通,並且避免有婦人孺子般的行為表現。

芮爾(*Real, 1998*)指出,美國有百分之四十八的男性,在一生之中都曾有過沮喪、自殺、酗酒、濫用藥物、暴力和犯罪等困擾。在澳洲,有報紙(*The Sun Herald, 29.08.99*)報導一份官方的健康調查報告,發現該國為這些問題付出龐大社會成本,也為此釀成許多人倫悲劇。這份調查報告發現,男性比女性更可能遇到下列問題:

1. 過度肥胖。
2. 被診斷出有如稚童般的「心理失調」(例如:注意力缺乏的心理失調)。
3. 愛滋病毒檢驗結果呈現陽性反應(比女性高十倍以上)。
4. 發生意外事故(發生率相當於女性的五倍之多)。
5. 以身涉險,從事高風險的活動(如酗酒或嗑藥)。
6. 自殺(自殺者有百分之八十是男性,是女性的六倍之多,致死率最

高的是二十至二十四歲和八十歲以上的男性）。

　　一般認為，年輕男性自殺、暴力和酗酒行為，根植於其家庭生活的挫折與沮喪。心理治療的研究（*McLean et al., 1996; Real, 1998; Rowe, 1988, 1997*）發現，許多男性的偏差態度，問題係出自他們的低落自尊（low self-esteem），而這乃是受到家庭生活與文化上對於男性特質的期望所影響；當他們無法達成社會對男性的期望而自認不夠像個男人時，自尊更是喪失殆盡。這種趨勢在後工業社會的脈絡下益顯強烈：傳統男性「粗重」工作如鋼鐵業提供的就業機會銳減，年輕男性無處尋覓明顯（與傳統男性工作）相稱的出路。

　　芮爾（*Real, 1998*）認為，男性的暴力傾向、對性行為的沈溺、賭博、酗酒和藥物濫用等問題，其實都是一種自療（self-medication），是一種企圖防衛自己的舉措：藉著「溶入」藥物或自我抬舉（self-elevation），來對抗因自慚形穢及「惡劣」家庭關係所造成的那種揮之不去的挫折與沮喪。當男性拼命打造的自尊心崩潰時，就像一座堡壘被沖塌一般，從此被淹沒在這波自暴自棄的洪流之中，甚至陷溺其中（如酗酒與藥物濫用），終不能自拔。對許多男性而言，窮其一生都在惶惶於追尋真愛，而且必須百般想方設法，以便與根植於家庭經驗的無能或自卑感搏鬥。

　　對一些心理創傷與傷害如性受虐（sexual abuse）和創傷後壓力症候群（post-traumatic stress syndrome），目前人們所知有限。不過，對大部分男性來說，童年時期經歷的「微小」暴力傷害（'petty' violence）和缺乏被關愛的經驗，已經潛藏於內心深處，是他們一直擺脫不了暴力行為的肇因，從而不由自主地一再訴諸暴力行為，直到他們開始有情感獨立與負責的能力時，這種訴諸暴力的慣性才可能被打破。如果這個時候，雙親不改變不當的管教方式，那麼尾隨而來的就是惡化的親子關係和前述種種企圖自療的行為。

## 男性、成癮與親密關係

分析西方刻正發生轉化的親密關係，紀登思（*Giddens, 1992*）寫道[2]：

面對刻正發生的轉變，男性落後於女性——而且在某種意義
上，這種狀況自十八世紀晚期以降即是如此。……至少，在西方
文化之中，男性現在處於有史以來的第一個階段，開始發現自己
是（to be）男性，或說是第一次發現自己擁有著其實是大有問題
的「男性特質」（masculinity）。過去，男性老是以為自己的活
動構成了「歷史」（history），而女人則無與於世變，總是操持
著同樣〔無關緊要〕的事（*Giddens, 1992: 59*）。

他論稱，男性在公領域（the public domain）占據優勢地位，並且被
認定為比較「理性」，其實是付出了相當代價，與親密關係轉化的機會失
之交臂。大體上，親密關係與男性情感溝通問題有關，而男性之所以拙於
處理需要情感安全感和語言技巧的情感關係，乃是根源於這種所謂男性特
質的文化建構與具歷史特殊性的形式。自出生伊始，男孩就被父母往男性
特質的方向教導，要求男孩要獨立、外向、從事較戶外的活動（如工作、
運動），但卻付出了必須掩飾對女性的情感依賴，以及拙於運用情感溝通
技巧（亦即失去親密關係）的代價。

男性壓抑的或無法獲得的，在於發展完整人格所需的情感自主（emotional
autonomy）。這也就是說，由於缺乏在親密關係上的溝通能力，男人沒有
能力表達自己的感覺，也無法為自己的情感負起責任。取而代之的是，男

---

2. 譯註：紀登思這本專論現代親密關係的著作，中譯本有周素鳳譯（2001〔1992〕）：
《親密關係的轉變：現代社會的性、愛、慾》，台北：巨流。該中譯本另附有何春
蕤撰寫的導讀，比對了傅科和紀登思對性的看法。

性尋求固守基本盤（seek to uphold the basic trust），也就是經由支配或控制自己、他人（尤其是女性）和環境，希冀在焦慮來臨前先發制人，藉以支撐其「本體的安全感」（ontological security）。

男性暴力可被視為一種出於焦慮而導致的超支配（hyper-mastery），此一焦慮未能透過自我肯定的尋常能力和親密關係得到緩解，係因為在男性身上這些能力付之闕如。成癮或其他無法自制的行為，變成男性的尋求慰藉和對抗焦慮的方法，一旦無之則焦慮及／或沮喪感暴增。紀登思認為，「每一種成癮的行為都是一種防衛反應，也是一種逃避，等於是承認自己缺乏自主力，從而對自我能力投下陰影」（Giddens, 1992: 76）。他認為，成癮是一種無法自拔的行為，有痲醉作用，像是「在賽事中要求暫停」（time-outs）一樣，被用來暫時緩解因需求和慾望而產生的痛苦與焦慮。成癮是選擇與責任的「反面」（the other side），而選擇與責任是自我敘事或自我身分／認同的自主發展的必要條件；由於提供行為指引的傳統規範率皆崩解，種種有關自身生活風格的決策問題──亦即「做自己」（making oneself）的過程──可能令人生畏。

成癮的經驗是一種對於〔忘我的〕「高超」（high）境界的追尋，放棄自我以求能自焦慮中解脫，也標記著一種暫時放棄統理當代日常生活所需的反思能力；尾隨這種自我懸置（suspension of the self）而來的，卻經常是無盡的羞恥和懊悔。由於成癮意味著自我在處理焦慮上的無能，所以各種成癮行為在功能上是相互替換的。人在戒除某一種成癮行為後，往往可能又沾染了另一種癮。

若要增進男性〔以及和他們共同生活的女性〕的健康和幸福，我們必須了解男性是如何看這個世界，以及他們如何定位自己在社會上的角色。就長遠的目標來說，要找出方法來改變那些帶來負面後果的構念，並使之朝向良性發展，那麼了解男性的行事作為及其意涵，有其必要（Seidler, 1989）。

欲達此目的，我們必須了解沮喪、暴力、犯罪和藥物濫用等成癮行為

對男性的作用，以及它們在男性的生活中扮演何種角色。換句話說，我們
亟需針對男性特質建構的民族誌學研究（*Connell et al., 1982*）。我們也必須
去探討男性和男性特質的文化再現，這些構成了傳統的男性特質的形式，
這些形式象徵著秩序的瓦解和改變的可能性（*Nixon, 1997*）。

## 性、性別與認同

　　自我認同為男性或女性，是**自我身分／認同**的基石。所謂自我身分／
認同，咸認是特定的身體及其屬性共同作用的結果。一般常識帶有某種生
**物化約論**（biological reductionism），認為人體的生物化學結構和基因結
構，大致決定了男性與女性會有什麼樣的行為。男性普遍被認定在「天
性」比較強勢、具階層傾向與權力飢渴，而女性則被視為較易調教、適合
育兒工作、宜室宜家。

　　有相當多證據顯示，男性與女性之間有基因與生物化學上的差異，使
他們在語言能力、空間判斷能力、侵略性、性慾、專注任事或同時運作左
右腦的能力（*Hoyenga and Hoyenga, 1993*；*Moir and Moir, 1998*）有所差別。但
在回顧有關社會化過程導致思考方式有顯著性別差異的研究文獻後，「女
性主義的」心理學家郝朋（Diane Halpern）卻說：

　　　　在看過成疊的期刊論文及更多的書籍、章節後，我改變了我
　　原來的看法。……對某些認知能力來說，兩性間確有差異（在某
　　些情況裡，此種差異極大）。社會化過程無疑是重要的，但也有
　　很多證據顯示，生理的性別差異在形成與維持認知能力的性別差
　　異上，確實扮演一定角色。讀過這些相關文獻之後，我才開始接
　　受了這種觀點（*Halpern, 1992: xi*）。

　　基因科學和生物化學的知識告訴我們，人類在行為的可能性，有其物質上（如化學元素）的限制。現在，少有科學家否定荷爾蒙影響了胎兒發育為男性或女性。荷爾蒙像是一個切換開關，活化了那些「指示」大腦和身體如何發展的基因，正如同它影響器官發育、雄性激素的分泌、脂肪、肌肉生長和骨骼構造一樣。也有人認為荷爾蒙決定了我們的大腦構造，因此在大腦活動的類型上，男女有別。

　　然而，生物學本身是一種語言與文化分類系統。生物化學和基因學皆由一套特殊的語彙構成，被用來達到某些特定目的。科學論述不代表客觀真理，其所用的語言也不反映一個獨立而客觀的世界，只是循著人們同意的一套程序所獲致的成果。這些程序使我們得以進入可預測的水準，支撐起一種存在於科學社群的共識或團結，從而使他們稱呼某種特定的陳述代表真理。不過，這些真理永遠是暫時的，因為科學思考有所謂「典範轉移」（paradigm shifts）的現象，意指今天被視為理所當然的科學真理，可能被明天的概念革命修正或甚至推翻（*Kuhn, 1962*）。

　　有個哲學公案無法解決：生物化學的術語永遠無法對意識（consciousness）的範疇提供因果解釋，因為一般說來，心靈面永遠無法從生理面證成。沒有任何的因果法則，既可解釋心靈面的情況，又可解釋生理面的情況（*Davidson, 1980*）。沒有辦法可解釋生理上的電解化學活動何以轉成意識。然而，從現實的角度，抗憂鬱劑等藥物確實能有效控制憂鬱，而荷爾蒙療法也是改變身體性特徵的重要手段。這些測試結果是經驗的和實用的，與目的和價值有關，而非指生物化學的語言與「真實」的身體間有任何對應關係。同時，身為男性和女性**意味**著什麼，仍是一個與表意（signification）有關的文化問題，而且有清楚的證據顯示，人們對於男性或女性特質的文化態度，已隨著時間的推移而有所改變（*Giddens, 1992*）。

　　我們或許可說，生物學上的性與作為論述—展演的性，兩者用的是不同的語言，而且目的有別。兩者皆是的社會建構的產物，使我們得以做不同事情：生物學的語言使我們得以用藥物來預測行為或身體的變化，論述

一展演的語言則有助於思考符號層面，重新思考人們談論和展演「性別」的方式，這種重新思考有其正面意義，亦即使我們更能包容各種性意識的表現（譯按：例如同性戀或跨性別者）。男人感覺困在女人身體裡的問題（譯按：跨性別者的困擾），可透過生物化學的語言和藥物治療提供的預測來改善，也可輔以符號領域（包括衣著和身體運動）方面的治療性諮商和自我重述（the re-description of the self）等方式。

　　無論是哪一種，生物化學的論證不應被當作藉口，而不問其在文化上的可能限制，只因為它是不同領域的語言或是效用有別。

　　康乃爾（R. W. Connell）的看法，在文化研究領域應會獲得廣泛支持：「沒有任何強力證據支持生物學的觀點……。跨文化的和歷史的性別多樣化在性別中仍具重要地位」（1995: 229），亦即文化和語言是研究性／性別問題的重心。關鍵問題在於「什麼是女人？」與「什麼是男人？」

## 女性差異

　　**本質主義者**在回答「什麼是女人？」的問題時，將「女性」等同於反映著生物學或文化的基本身分／認同。因此，在寇拉與康圖西（Collard and Contrucci, 1988）的生態女性主義（ecofeminist）[3] 的著作《野性的蹂躪》（Rape of the Wild）一書中，立論於生物學本質主義，論稱所有女性之間都相互連結，因為她們都有可生養子女的身體，與生俱來即與這個自然的地球緊密相連，天性上傾向於平等主義和尊重生命的價值觀。同樣的，瑞奇（Adrienne Rich, 1986）頌揚與男性有所不同的女性差異（women's difference）乃源自於母職（motherhood）。母職有其歷史上的壓迫形式應被譴責，但寓意於母職之中的女性權力與潛力應被肯定。

---

3. 譯註：「生態女性主義」（ecofeminism）一詞，典出法國女性主義者 Francoise d'Eaubonne。

　　雖說如此，頌揚女性文化（women-cultures）的論點多著墨於語言與文化層面，而非基於生物學上的理由，即使它們都基於女性身體的**符徵**。比方說，在《女性／生態學》（*Gyn/Ecology*）一書中，達里（*Mary Daly, 1987*）將女性與自然相連結，強調女性面對的物質與心理上的壓迫，並對一個獨立的女性文化感到慶幸。她的論點多集中在分析被用來描述女性的語言及其對女性的影響力。吉利根（*Carol Gilligan, 1982*）從文化角度論證女性差異，她在對道德思維的研究中指出，男性重視「正義倫理」（ethic of justice），而女性重視的是「關懷倫理」（ethic of care）。她認為女性為了文化的理由發展出「不同於男性的聲音」（a different voice from men），與男性偏抽象的思考相反，她們較強調論證的特定脈絡形式。

## 伊莉嘉萊與女性聲音

　　在女性差異的研究上，伊莉嘉萊（Luce Irigaray）提供了精神分析—哲學（psychoanalytic-philosophical）的途徑，[4] 對女性獨特的前符號象徵（pre-symbolic）的「空間」或「經驗」提供理論解釋。此一空間或經驗係由女性的性**豪爽**（sexual jouissance, 意指性愉悅、玩樂和歡愉）所構成的，可意會不可言傳。伊莉嘉萊（*1985a, 1985b*）開風氣之先，試圖透過獨特的女性書寫[5]及女性聲音[6]，寫下無法用文字紀錄的女性經驗。

　　伊莉嘉萊思考女性的「他者性」（otherness），並將之紮根於女性身體。她特別轉向前戀母情結想像（the pre-Oedipal imaginary）中的母女關係，視之為無法被符號化的女性特質的來源（因為它的存在先於符號秩序

---

4.譯註：伊莉嘉萊（*1939-*）是精神分析學者拉康的學生，後因敢於放言無忌而被逐出師門。她主要關切的問題是女性書寫的差異及其政治。
5.譯註：原文為 écriture feminine 或 woman's writing。
6.譯註：原文是 le parler femme 或 womanspeak。

和上帝律法之前，見第一章和第六章）。對伊莉嘉萊而言，女性是外在於
戀母情結時刻的鏡象（視覺）經濟（the specular〔visual〕economy）之外
的，也因此是存在於再現之外的（即在符號秩序之外的）。由於這種**符號**
欠缺能夠接合母女關係的文法規則，女性特質（the feminine）的歸來，只
能以一種被管制的形式（作為男性的「他者」）出現。

伊莉嘉萊藉**解構**西方哲學來發展她自己的理論。在她的解讀中，西方
哲學對於眼前這個男性支配的秩序〔及其所宣稱的自我根源和統一的能動
性〕提供了保證。也就是說，西方哲學可說是隱含著**男性／陽具中心主義**
（phallocentric）的。伊莉嘉萊探討的女性特殊氣質，被〔西方〕哲學排
除在外，作為哲學範疇本身得以構成的除外（as the constitutive exclusion）。
〔因此，在伊莉嘉萊眼裡〕女性不具任何自身的本質，而是作為一種被排
斥的東西般存在著。女性特質因此無從想像，而且是無法被再現（除了作
為父權中心論述的負面對象）。當然，為了試著去了解哲學中付之闕如的
女性議題，伊莉嘉萊面對的困難是：怎樣以哲學的語言去批判哲學所排斥
的。她的策略是「模擬演出」（mime）哲學本身的論述，援引並以哲學的
語言發聲，但卻以子之矛攻子之盾，彰顯哲學的無能及立論薄弱之處。女
性聲音模擬展演男性中心主義，是為了揭露被後者所掩蓋的真相（*Irigaray,
1985b*）。

對於伊莉嘉萊的支持者而言，她代表了對以下事物勇敢的嘗試：

*1.* 堅持女性特質的具體性。

*2.* 打破認同的與男性特質的邏輯。

*3.* 頌揚無法被界定的女性**豪爽**。

*4.* 策略性地、成功地模仿展演並揭露父權思考。

就此而言，透過如詩般的文字技巧，伊莉嘉萊挑戰男性特質的符號秩
序。不過，有論者批評她的觀點流於本質主義，以其凸出女性生物學且強
調一種獨特的女性想像，將女性定位成有想像力、創意的、詩意的和善感

的,無異於反映了父權體制的**論述**(所謂理性嚴肅是男性特質、感性多情是女性特質等)。

## 性與性別的社會建構

與瑞奇、達里、伊莉嘉萊等人恰好相反,另有一派女性主義者反對任何形式的本質主義,主張女性特質和男性特質皆出於社會建構。艾可夫(L. Alcoff)認為所有強調女性具有特別和良善特質的論點都有問題,不只因為先天差異的講法缺乏證據,也因為政治的考量,這樣的講法「有其危險,是替性別歧視的壓迫構築堡壘:相信有所謂與生俱來的『女人味』(womanhood)存在,將使所有女性從此不敢造次,免得被看成低等的或不『真實』的女性」(*1989: 104*)。平等,而非差異,是麥金儂(*Catherine Mackinnon, 1987, 1991*)的研究重點 [7]。女性文化在她看來有如「織棉」(making quilts);她認為,女性的從屬地位是一個關乎社會權力的問題,立基於男性在制度化的雙性戀體制裡的支配地位。雖然不是所有男人都有同樣權力,也不是所有女性都承受同一形式的壓迫,麥金儂的女性主義論述強調平等:「我們和你們一樣優秀;你們能做的,我們也都能做。所以,請不要擋路」(*Mackinnon, 1987: 32*)。

史考特(J. Scott)論稱,平等—差異之辯依賴的是錯誤的二分法,因為平等與差異是可能共存的,「平等不是抹除差異,差異也無礙於平等」(*1990: 137-138*),意指同一並不是宣告平等的唯一根據;相反地,差異是所有身分/認同的條件,也是平等的真切意義。我們或許會爭取機會平

---

7. 譯註:麥金儂是美國左翼女性主義者,她援引馬克思關於生產與再製的理論發展其女性主義論述。在她看來,性意識這個概念對女性主義的重要性,有如勞動之於馬克思主義。她的著作已譯為中文的有《性騷擾與性別歧視》(*Sexual Harassment of Working Women*)(賴慈芸等譯,台北:時報文化)。

等，但我們不應期望或希望結果趨於同一。

很多社會學、文化和女性主義方面的著作，包含麥金儂的著作，試圖透過在概念上區分性和性別，挑戰生物決定論。性被視為身體的生物學，而性別指涉的是那些統理男性和女性社會建構及其社會關係的文化假設和實踐。其後，論者指出，性別的社會、文化和政治上的論述與實踐，是女性之所以處於從屬地位的根本原因。這個概念上關於性—性別的區分，構成了所謂自我認同的「掛衣架」（coat-rack）觀點（*Nicholson, 1995*）：身體被看作是一個架構，其文化意義是後來被掛上的。論者指出，兩性之間的根本差異並不存在，而一些看似明顯的兩性差異，就社會平等的論點來看，並不值得一顧。再者，論者也指出，由於性別是一種文化的構念（cultural construct），與生物學特徵不同的是，它是可以被改變的。

## 性：一種論述的構念

如今，這個性—性別概念的區分成了箭靶。論者指出，性**身分／認同**（sexual identity）並非一種自然狀態的反映，而是一個**再現**的問題。把性視為生物學，而視性別為文化建構，這種區分已被打破，因為基本上沒有任何生物學上的「真理」可以自外於文化的建構，因此，不存在非文化的「性」。性化的身體（sexed bodies）已永遠是管制論述產製的結果，而被再現出來（見巴特勒的看法，容後敘明）。根據此一觀點，身體並未消失：

> 變成一種變數而不是常數，男女有所區別的宣稱，不再能無視於歷史的推移。但〔身體〕對男女的區別在特定社會中如何運作，仍將會一直是一個潛在重要的因素（*Nicholson, 1995: 43-44*）。

對後結構論者而言，女性之間〔以及男性之間〕有文化上的變動差

異，意味著一個普遍適用的、跨文化的「女性」〔或「男性」〕類別並不存在。相反地，女性特質〔和男性特質〕有多重的展現方式，不僅具現在不同的女性身上，也可能被同一個人在不同的情況下表現出來。此一論點主張的是，「性」和「性別」在原則上是可變動的，但實際上兩者都在特殊的歷史與文化狀況下被形塑及管制。因此，「女性經常會遭遇一個文化上的課題，找尋『什麼是女人』的答案，並且標誌出女性的與非女性的分界」（*Ang, 1996: 94*）。

## 性別化的主體

女性特質與男性特質被看作是可變的、社會建構的結果，在文化研究陣營裡做此主張者，大多從傅科著作（*Weedon, 1997*）或精神分析取得靈感。下文將耙梳這兩種似乎是對立的觀點（傅科不贊成精神分析的觀點），最後討論巴特勒如何嘗試整合這兩派觀點。

### 傅科：主體性與性意識

對傅科而言，主體性是一種論述的生產，指的是論述（*被管制的言說和實踐方式*）提供人們一些可用來理解世界的**主體位置**（subject positions），但也「役使」（subjecting）人們屈從於這些論述的規則和規訓。所謂主體位置是一種觀點或一套被管制的論述意義，使論述能夠被理解。人們在發言時，非採取某個主體位置不可，但也因此受該論述的管制權力所役使。

傅科提出了一種反本質主義的論點，主張普遍的、反歷史的主體性並不存在。當個男人或女人，並不是用生物決定論（biological determinism）或普遍的認知結構和文化類型就能夠定義的。在文化和歷史上，性別的意

義是特殊的,其意義可能因時間、空間變化而發生嚴重的斷裂情形。不過,這不是指性別可任人俯拾、選擇,也不是說它全然無從測量。相反地,我們是透過被規約與規約的論述力量而被性別化的。

### 性和身體的論述建構

身體和性意識是傅科著述中的主題。他認為性意識在西方社會是權力施展與主體性形成的焦點所在。主體性和性意識有密切的鄰接關係,因為主體的構成,透過性的形塑和身體的控制。因此:

> 就另一方面而言,我們是生活在一個「性」的社會裡,或應說是生活在「性意識」的社會:權力機制的聲音向身體、生活、繁衍、物種的強化、增強其耐力、支配能力及其被運用的能力發出。透過健康、子嗣、種族、人類的未來與社會身體的生命力等主題,權力對性意識談論性意識;這〔性／性意識〕不再是什麼標記或符號,而是一個客體、目標(*Foucault, 1979: 147*) **8**。

傅科重視的是「整體的『論述事實』,亦即性被『置入論述之中』的方式」(*Foucault, 1979: 11*)。他認為多樣態性意識的論述(discourses of polymorphous sexualities)係透過醫學、教會、精神分析、教育計畫及人口學而繁衍、散布。這類不斷增殖的性意識論述**生產**了特殊的主體性,把它們(主體性)擺在特定的觀點之中(例如醫學的論述)去理解。這些論述分析、分類並管制了性意識,從而生產出性別化的主體,將性意識建構成主體性的基石。

---

8.譯註:本段譯文參考自謝石、沈力譯(*1990*):《性史》,台北:結構群,p.130。另亦同時參考了佘碧平根據法文本、收錄該書三卷完整內容的中譯,見佘碧平譯(*2000*):《性經驗史》,上海:上海人民出版社,pp.106-107。

　　傅科認為從十八世紀初期以來，女性身體就已成為現代科學論述的主題，並且受其所役使。現代科學論述將女性塑造成歇斯底里與神經質的，把女性身體降格為生育系統。因此，傅科指出：

　　　　女性的歇斯底里化是一個三路並進的過程，首先是女性的身
　　　體被分析為──或褒或貶──徹底充滿性慾的；〔其次，〕由於
　　　其本身的病理學，它被納入醫學實踐的領域；最後，它被置於與
　　　社會身體（社會身體具有可調節的強大繁衍力量要靠它來確保）、
　　　家庭空間（它必須成為家庭空間的實體的和功能的要素）、兒童
　　　的生命（女性身體生育了兒童，它應承擔整個兒童教育時期的生
　　　物和道德責任，確保他們的生命）的有機交流之中。母親，這一
　　　「神經質婦女」的負面形象，構成這一種歇斯底里化的最明顯形
　　　式（*Foucault, 1979: 104*）**9**。

　　傅科認為，源自於天主教信仰的告解，已被其他制度調整或甚至取代（例如心理治療，或是更具當代意涵的例子如《史普林傑秀》**10**和《歐普拉秀》**11**等電視脫口秀），而成為論述「控制」（subjection）的基礎。然而，無論論述力量在何處運作，抵抗是可能的，尤其是透過「反轉論述」

----

9.譯註：本段引文的中譯參考自謝石、沈力譯（*1990*）：《性史》，台北：結構群，
　　p.94 及佘碧平譯（*2000*）：《性經驗史》，上海：上海人民出版社，pp.75-76。
10.譯註：《史普林傑秀》（*The Jerry Springer Show*）首播於一九九一年，是由 Jerry
　　Springer 主持的脫口秀節目，流通於全美電視市場，且外銷美國境外數十個國家。
　　在美國電視市場的收視率極佳，但因為內容誇張且充滿暴力，頗受爭議。
11.譯註：《歐普拉秀》（*The Oprah Winfrey Show*）是美國黑人女性主持人 Oprah
　　Winfrey 的脫口秀節目。歐普拉另主持一個叫做《歐普拉讀書俱樂部》（*Oprah's
　　Book Club*）的節目，收視率極高（平均每周有三千萬人觀看），對美國觀眾選書
　　品味及美國大眾讀物的出版市場，有其可觀的影響力（該節目已於二〇〇二年四月
　　初停播）。

（reverse discourses）的生產。例如，當醫師與牧師將同性戀意識置於論述時，雖然意在譴責，但也同時給了同性戀者一個主體位置，使得同性戀者的聲音被聽見，進而要求同性戀者應享有的正當權利。

### 女性主義者對傅科的批評

女性主義者對傅科有所批評，以其疏於「檢視許多規訓技術的性別化本質」（*McNay, 1992: 11*）。論者指出（*Bartky,* 轉引自 *McNay, 1992*），傅科把身體看成是性別中立的（gender-neutral），不脫男性的規範，而少有特殊性。例如，他沒有探索男性和女性如何和他描述的規訓制度產生不同的關係。再者，傅科也沒有考慮到刑罰制度對男、女囚徒的處置方式有所不同，亦即女性所犯的罪被視為是先天的病態，無法再行矯正。雖然這些批評很有道理，梅內（*McNay, 1992*）有所節制地指出，為女性提出一個全然不同的受壓迫經驗與歷史，同樣是危險的主張。男性與女性都有其歷史的特殊性，但梅內論稱，這一點不應讓我們誤以為兩性間有所謂永久的、本質上的對立。

傅科將主體描述為「柔順的身體」，是論述造成的「效果」。這種看法引起女性主義者關切，因為它似乎剝奪了主體的**能動性**，而能動性是女性運動政治之所繫。不過，有爭議的是，傅科後來的著作聚焦在「自我的技術」（techniques of the self），確實重新提到了能動性，以及**反抗**和變革的可能性。傅科因此思考「男人〔**原文如此**〕會如何思考他自己的本質？當他自認為瘋癲，當他認為自己有病，當他自認為是一個活著、會說話的、勞動的存有時」（*Foucault, 1987: 6-7*）。這個問題關切的是〔作為一種論述實踐的〕自我的產製，亦即集中於透過探討自我去理解的倫理問題。

### 倫理與能動性

　　傅科認為，道德（morality）關切的是根據形式化的符碼所建構的命令和禁令，而倫理（ethics）則與實際的行為建議有關，亦即與人們在日常生活上應該如何立身行事有關（*Foucault, 1979, 1984b, 1986*）。道德是透過一系列外力施加的規範和禁令來運作，而倫理則與人們根據可用的規則而做出的實際實踐活動有關；這些規則的生成，或由人們被動順服，或由人們主動創造。

　　傅科探討一個介於法律與個人倫理實踐之間的空間，這個空間允許人們某種程度的自由去決定他們的個別行為。他特別指出，自我支配和「風格化」（stylization）的倫理，出自於關係本身的特性，而非來自禁令的外在規則。由此觀之，傅科確實賦予個體相當程度的自主和獨立，即使他也同時指出主體性無法與社會和文化的限制分離出來。梅內論稱，這個較為動態的自我概念，有助於探索各種性意識，也為女性主義政治運動開闢了一條路：「傅科的自我實踐這個概念，與女性主義對於女性受壓迫處境的分析，可說是相得益彰，避免了將女性當作父權體制支配結構下的無能為力的受害者」（*McNay, 1992: 66*）。

　　傅科的著作，被人批評無法解釋為什麼有些論述被主體所「採取」，而另外一些論述卻不然。因此，有些學者開始尋求連結論述的「外在」與心靈的「內在」。在霍爾（*Hall, 1995, 1996a*）看來，身分／認同是一個「縫合」點，連結了論述運作與想像或無意識這兩個領域。身分／認同是我們行動時不得不採取的一些形式，但對參與其中的主體過程來說永遠是不適當的。霍爾強調思考存在於無意識與政治過程之間的這個**接合**過程的重要性，但無需將它們當作是一樣的東西。他表示，這些論點取自精神分析和女性主義。

## 精神分析、女性主義和性化的主體性

### 規約／管制性意識

　　在佛洛依德最常被人引用的話裡，有兩段看似相互矛盾的話，予以細究質問，或許能有助於我們去理解**精神分析**在性認同問題上的意義。一方面，佛洛依德認為「人體解剖學的構造乃是天定命運」（anatomy is destiny），另一方面他又描述人類性意識涉及了「多樣相的變態」，也就是說，變換成多種不同形式的能力。

　　根據佛洛依德的說法，力必多（或譯「性衝動」）是沒有任何事先給定、固定的目標或客體。透過幻想，任何客體（*包括人和身體的某些部分*）皆可成為慾望的客體。性客體和實踐的種類幾乎數不勝數，存在於人類性意識的領域之中。其後，佛洛依德的著作主要在記錄和解釋關於這種「多樣相的變態」的**規約／管制**（regulation）與壓抑，透過戀母情結的解決（*或未解決*），進入異性戀性別關係的正常宿命。

　　人體解剖學的構造被〔佛洛依德〕稱作命運，並非因為遺傳基因的決定，而是因為身體上的差異是性與社會的差異化的符徵。人體構造是天定命運，乃是因為很難逃離圍繞在身體差異的那一套具有管制作用的劇碼，〔也正因為這套劇碼，〕女性屈居於男性的政治、經濟和性權力之下。很清楚的是，誠如女性主義著作歷來主張的那樣，身體的重要性確實非同小可（bodies do matter）。

### 柯德洛論男性特質和女性特質

　　柯德洛（*Nancy Chodorow, 1978, 1989*）論稱，佛洛依德提示我們的是：雖然我們對性客體的選擇和**同一化**（*形成於我們的最初的關係〔譯按：如母子關係〕脈絡下的發展過程*），無任何不可避免的部分，但我們的性意

識是受到管制的，而且女性付出了特別高的代價。對柯德洛而言，戀母情結這個理論就是一個展示，展示著男性支配的再製與男性對女性的蔑視。

柯德洛認為在父權體制的脈絡下，男孩被母親當作獨立、外向的人來對待，而女孩（因肖似母親）則被母親自戀般地愛。男孩脫離依賴母親的階段，轉而對父親，對象徵陽具的社會權勢、權力和獨立等範圍，產生認同。某種形式的男性特質被產製出來，強調外在導向的活動，但付出的代價是必須掩飾自己對女性的情感依賴，以及擁有較差的情感溝通技巧。相反地，女孩比較可能養成親密關係的溝通技巧，透過投入和認同母親自己的一些敘事，但女孩在傳統上因此付出的代價，是難以擁有外在導向的自主性。

柯德洛認為，前舉這些性化的主體性（sexed subjectivities）並非放諸四海而皆準，因為精神分析告訴我們，性的愛慾客體和兩性關係的形構過程，在特定的家庭脈絡下發生，但若受到挑戰是有可能被改變的。隨著時間的推移，新形式的主體，以及新形式的男性特質與女性特質，有可能被形塑出來。

### 隱含陽具中心主義的精神分析

在帶有陽具中心主義（亦即男性中心）性格的精神分析中，仍有引人爭議的問題，例如佛洛依德論稱女性會「自然地」對自己的生殖器官感到自卑，或是自然地在性意識上認定男性主動、女性被動是異性交歡的正常事態。尤有進者，在對佛洛依德觀點的詮釋中，拉康論稱，戀母情結發生的時刻標記了主體在符號秩序之中的形構過程，變成上帝律法的一部分。陽具象徵意味的是符號秩序的力量，用來將主體脫離對母親的慾望，並且促使主體被形構出來。它標誌出打斷母子關係及進入符號秩序的必要，因為沒有這些，就會造成精神異常。在此，陽具象徵是一種「先驗的符徵」（transcendental signifier），掩蓋了殘缺不全的感覺，並且允許主體將自身體驗成統一而完整的。

　　對某些批評者（*Irigaray, 1985a, 1985b*）而言，由於陽具在拉康理論占據核心地位，導致「女性」變成可有可無的附屬名詞。也就是說，在拉康式的精神分析中，女性特質總是被壓抑，即使進入符號領域也總和父親／陽具象徵捆綁在一起。相反地，麋秋（*Juliet Mitchell, 1974*）為精神分析辯護：若精神分析可說成是陽具中心的，那是因為它所理解的人類社會秩序與運作方式本來就是「父權中心的」（patro-centric）。她強調，佛洛依德精神分析的重點在於主體性和性意識的**建構**和形成，不問女性是什麼，而問女性是如何變成女性的。

　　對麋秋而言，對於在父權體制社會的精神和象徵領域之中，性別化身分／認同的形構過程，精神分析提供了一種解構。她認為女性主義的政治介入，可以質問和顛覆造成性別不平等的男性的陽物崇拜幻想。如此，它可帶來嶄新的無意識的結構，以及嶄新的文化建構和主體位置。柯德洛（*Chodorow, 1978, 1989*）認為佛洛依德的父權假設反映的是他自己的價值觀，而非精神分析**本身**的本質。精神分析的這些父權假設可以被清除，其類別的歷史特殊性可被認識和修正。精神分析將歷史優先性讓給陽具象徵，或許還可被接受，但對於拉康理論中，認定陽具象徵具有普遍性的觀點則會被質疑。

　　的確，如羅斯（*Rose, 1997*）指出，在拉康的著作中，陽具象徵基本的象徵特性，其功用是作為一「超自然的表意符號」，而這在具選擇性的社會文化環境中，是可被其他物體所取代的。羅斯說，這就是陽具圖像在語言和文化中具重要意義之處，而非任何特定的陽具圖像／陰莖或親子關係。因此，精神分析學所形容的特種精神解決辦法，並不普遍於人類環境中，而是具有歷史和文化特殊性的。

## 克莉絲蒂娃

### 符號與象徵性

克莉絲蒂娃（*Julia Kristeva, 1986c*）受拉康學派影響，而且她在女性主義文化研究領域裡，或許是最引人注意的一位。主要有以下幾個原因：

1. 克莉絲蒂娃的研究中心關切**記號／符號學**，也就是關注文化裡的符號象徵秩序。
2. 其著作圍繞在主體性和身分／認同等問題上，而這些問題已經變成文化研究中的關鍵議題。
3. 她是執業的精神分析師，對精神分析在文化研究的領域裡復興感到興趣。
4. 她的著作探索精神力量與文化**文本**之間的糾結關係，包括主體在閱讀文本時的認同或情感投入，以及主體在文本生產過程中所處的重要位置。

克莉絲蒂娃區別「慾流空間」（semiotic chora，或譯「母性空間」，意指前符號／象徵階段）與「論定階段」（the thetic，指的是符號／象徵的運作場域）。對克莉絲蒂娃而言，主體「永遠同時是慾流的（semiotic）和象徵的（symbolic）」（*Kristeva, 1986a: 93*）。她所謂的「主體不斷自我塑身」（subject-in-process），指的即是「慾流」界（the 'semiotic'）和象徵界（the symbolic）之間的交相作用。語言——也就是象徵界（或論定）——是身體藉以賦予自身意義（作為一個被賦予意義的本我）的機制，而且涉及了象徵界對於〔前符號的〕慾流的管制。雖然如此，在象徵界主導的秩序之中，透過踰越這個象徵界（亦即越界），慾流界仍有返樸歸真的可能。

越界（transgression）被標記為某種〔現代主義的〕文學和藝術實踐，透過文本裡的韻律、斷裂（breaks）和隱缺（absence），在時間和空間上重新安排符號，它們發展出一套新的語言。既然慾流界與對〔豐富和原級自戀（primary narcissism）的〕母體的戀母情結有關，我們可以預期，慾流踰越象徵界所帶來的語言上的革命性轉化，可能將和女性特別有關連。然而，雖然克莉絲蒂娃這樣的論事立場有刻意強調「女性特質」的味道，但這不是指專屬女性本身的特質，因為她對性別身分／認同抱持著堅定的反本質主義觀點。

## 解構性別身分／認同

克莉絲蒂娃認為「相信自己是『女性』與相信自己是『男性』，同樣荒謬與愚昧」（引自 *Mio, 1985: 163*）。雖然我們接受性別化的身分／認同，而且這在政治上是必要的，以便用女性的名義進行運動（即：**策略性的本質主義**），但必須認清的是女性無法「身為」女性（one cannot be a woman）：女性身分／認同在進入符號象徵秩序後，只能負面地存在著。換句話說，女性身分／認同不是作為一種本質而存在，而是再現的結果。根據克莉絲蒂娃的說法，小孩面對的是兩種選擇：認同母親，從而接受在符號象徵秩序裡的邊緣地位；或是認同父親，從而取用符號象徵界的支配力，但也會因此抹掉原先在前戀母情結（pre-Oedipal）階段對母親的認同。無論男孩或女孩，都會面臨這些選擇。

因此，每個人都同時有男性特質和女性特質，只是程度有別罷了。女性特質是一種邊緣性的狀況或主體位置，某些男人（例如前衛藝術家）也可以體會。的確，父權制的象徵秩序企圖將所有的女人固定為女性，將所有的男人固定為男性，從而將女性變成「第二性」（second sex）。克莉絲蒂娃的立場，可見於如下論點：

男／女這樣的二分法，就像兩個敵對實體間的立場，或許可

視為屬於**形上學**。在一種新的理論和科學的空間裡，身分／認同這個概念本身被挑戰的時候，到底「身分／認同」有何意義，遑論「性的身分／認同」？……我的用意是，首先是將**差異**這個問題框架先行予以去迷思化（demassification），……以便將抗爭、難調解的差異及暴力放在它們那個極不妥協的運作場域中理解，亦即放在個人身分／認同與性身分／認同本身，讓它在它自身的內部核心崩解（*Kristeva, 1986b: 209*）。

克莉絲蒂娃認為性別特徵的掙扎會發生在每個個體上。性別認同影響到陽剛氣息和陰柔氣質在特定男人和女人間的平衡，而不是男性和女性兩個對立群體間的衝突。她強調，就象徵性次序內的邊緣化而言，這樣的掙扎會導致性和性別認同認知上的解構。這也強調了人的單一性和多重性，就像象徵性與生物的存在兩者之相關性。「強調女性表達和思想之多重性的時機或許已經來臨」（*Kristeva, 1986b: 193*）。

克莉絲蒂娃不但堅決主張女人占據了一定程度的從屬位置，而且強調一種新的象徵空間和主體位置正在開啟。她探索這種概念，也就是新一代的男女平等主義者正在形成，他們將試圖調解兩種時間觀，一是歷史和政治的線性時間觀，一是母職妊娠的週期時間觀。換句話說，女性現在可在這個空間中結合母職（和差異）與追求平等的政治和象徵秩序。

## 巴特勒：在傅科與精神分析學之間

和克莉絲蒂娃一樣，另一位曾嘗試解構性認同的是巴特勒（Judith Butler）。傅科因為認定精神分析是另一種規訓權力的網絡而予以否定，但巴特勒試圖找尋傅科著作和精神分析學的兼容並蓄之途。她接受傅科的論點，認為論述的運作是一種規範性的管制權力，且因此產生受其所支配的主體。然而，為了追蹤「了解某種控制基準是如何形成性本體，也就是建

立一個精神和肉體基準的難以辨別性這樣的問題」（*Butler, 1993: 22*），巴
特勒主張回歸到精神分析學上。巴特勒以一種開放的方式來研究精神分析
學，並討論管制的規範如何透過同一化的過程，而被投注了某種精神上的
力量。

與傅科的觀點相近，巴特勒也認為論述定義、結構和產製了主體，並
以之為知識的客體對象，這也就是說，論述是我們得以了解身體為何物的
工具。

從一開始，「性」這個類別就是受到規範的；這就是傅科所
謂「管制的理想」。那麼在這樣的概念下，「性」不只具有基準
的作用，也是控制實踐的一部分，並產生出他可支配的身體，也
就是說，傅科所謂的控制力清楚顯示出是一種產製的力量，而這
種力量——訂定界線、循環、產生差異——產製出他可控制的身
體。因此，「性」是一個控制的理想，其具體化實現是強迫性
的，而且這種實踐的發生（或不發生）是透過實行某種高度的控
制。換句話說，「性」是一種理想的結構，它是透過時間強迫實
現的。它對身體而言，並不只是一個簡單的事實或靜止的狀態，
而是一種過程，並藉由控制基準來實踐「性」，以及透過強制重
複這些基準來完成實踐（*Butler, 1993: 1-2*）。

性的論述，透過受其導引的行為之不斷重複，將性變成了一種必要的
規範。性是一種建構，也是形構主體和治理身體的物質化過程不可或缺
的。這並非意指「凡事皆為論述」（everything is discourse）；而是，如
巴特勒所認為的，論述和身體的物質性（materiality），兩者是分不開的。

### 性別展演

巴特勒將性與性別理解成引伸**展演**（citational performativity）。展演

指的是「論述實踐演出和生產其所命名之物」（*Butler, 1993: 13*）。這種實踐，透過「法律」（就其象徵的、拉康式的意義而言）的規範和慣例的引證及重申來達成。一個展演即是一種聲明，使它所命名的各種關係發生效力，例如婚禮中有「我宣布你們如何如何」這種應景的展演。

巴特勒認為，民、刑事法官並未創造法律或法律的權威，而是引用法律慣例；這對沒有起源或普遍性基礎的權威而言，是很具吸引力的。當然，慣例的完全引用產生權威，這種權威就是引用和重構法律。而法律的維持很重要的一點，就是要重新操作一些已在運行中的慣例，並需要將它重申、重複和引用。

對巴特勒而言，「性」是被生產的，用來重新聲明霸權的規範，而展演永遠是其衍生物。有關性的「假設」，不是單一行為或事件，而是一種可以重申、重述的實踐，並透過反覆展演來確立。因此，「它是一個女孩」這樣的陳述，展開的是一段「有女初長成」（girling）的強制過程。

> 這是一個「女孩」，是為了使其具有資格並保持一個可實行的主體，因此強迫「引用」規範。因此，女性特質不是經選擇的產物，而是一種規範的被強迫引用，這種規範的複雜史實性，是不可從規訓、規定、刑罰的關係中將其分離的。更確切的說，並沒有「某一個人」呈現出性別規範。相反的，為了使「一個人」具有資格，且成為可實行的「一個人」，性別規範的引用是必要的，而主體的構成是依靠合法性別規範先前的運作而來（*Butler, 1993: 232*）。

展演並不是單一的行為，而是對既有一套規範的一種重申。這種展演也不應被理解成是個體自覺的、有目的的行為。更確切的說，性的展演是被異性戀的管制機制（regulatory apparatus）所強迫的，這套管制的機制透過「性」的強制生產而重申它自身。因此，所謂一個有意圖的性行動者

的念頭,是這個展演本身論述的產物。「所謂性別是展演的,意思是說它構成了主體看似主動的表現,但實則卻是展演所造成的效應」(*Butler, 1991: 24*)。

## 同一化與厭棄

巴特勒將其論述和精神分析學的行為理論演說重新修訂,並主張性的「假設」牽涉到對「性」的基本幻想(理想化)。性是一種象徵性的主體位置,被認為是處於懲罰的威脅下(例如象徵性的去勢或厭棄)。這種象徵是一系列規範的投入,透過精神病和厭棄(abjection,包含排斥、拋棄與拒絕)的威脅,來確保性的邊界(亦即什麼會構成性)。對巴特勒而言,認同被理解為是一種對理想化的擬象對象(人或身體的某部分)或理想規範的情感,所產生的聯繫和表達。這樣的認同是以幻想、投射和理想化為基礎。然而,認同不是刻意模仿某個典型,或意識到對主體投入的態度。認同是不可從主體構成中解除的,並和自我意識的浮現相連接。

認同(同一化)構成了一個排他的網絡,並藉由此網絡處理主體構成同時產生基本外觀的過程。也就是說,一組規範的認同來否定另一些規範,例如異性戀。更確切的說,巴特勒關心的是在**霸權**的異性戀的「準則」下,男同性戀和女同性戀所受到的厭棄。他也很痛苦的認為認同從來都不是完整無缺的。既然認同是伴隨著**幻想**(fantasy)或理想化(idealization),它就永不可能和「真實的」身體或性別實踐相連接。認同也者,永遠存在著鴻溝,要不就是失之交臂。和羅斯(*Rose, 1997*)所見略同,巴特勒也認為精神分析強調的是認同的**變動不居**(instability)的特性。

認同也可以是多重的,而且不需要排斥或否定種種可能的其他位置。的確,在認同的過程中,永遠有排斥的元素在作用著,原先被排斥的往往會復歸重返。對於同性戀的認同,其意義永遠是建立在有異性戀這個差異的狀況存在,反之亦然。

### 扮裝：對象徵性的重塑

有些女性主義者（例如伊莉嘉萊，而在某種程度上，克莉絲蒂娃亦然）認為，反抗異性戀者的男性特質霸權，是源自於對前象徵性的「幻象」，也就是說，這是在語言之外的範圍。相反的，巴特勒認為重塑象徵性本身就是一組控制規範，這規範是用以支配性的。雖然象徵性控制了認同的表現，但是是不完整的。它只牽涉到**部分的**認同。因此，巴特勒認為「男性特質」和「女性特質」可以重新思考的想法，才有理論化的改變空間。

巴特勒認為扮裝（drag，譯按：穿著異性服裝的行為，或譯變裝、易裝）透過對性別理想的**重新表意**（re-signification），可以顛覆和重塑性別規範（*Butler, 1990*）。透過對性別規範的模仿，扮裝可以反思性別的展演性格。扮裝的意義，在於彰顯所有的性別都有其展演性（performativity），從而顛覆那種宣稱霸權、異性戀的男性特質是它所模仿的來源。這也就是說，霸權的異性戀本身就是一種模仿的展演，而這種展演是被迫重複本身的種種理想化。霸權的異性戀需要不斷重述本身，而這暗示著異性戀本身一直被它無法完全克服的焦慮所擾。需要重述的原因無他，乃是因為異性戀認同及其性別位置處於一種不安全的狀態。然而，巴特勒的論點只是標示著一種可能的顛覆活動，就如她所指出的，因為扮裝充其量永遠是愛恨交織的，其本身可能就是一種對於上帝的律法和異性戀的重述和確認。

### 認同的規訓和虛構

巴特勒對認同分類**本身**的討論中充滿了矛盾心態，特別是對「同志／酷兒」（queer）的概念、「行動起來」（ACT-UP）、「同志／酷兒國度」（Queer Nation）及一些參與酷兒政治的社群，重新接合並賦予「酷兒」一詞新的意涵，將其傷人的影響轉換成具有抵抗意義的表達方式。然而，巴特勒論稱，這類型的認同範疇，無法用任何方式重新接合（重新定義），

而且就算重新接合，其意義也無法控制，因為它們永遠可以再度被重新表意。因此，用「酷兒」這個詞，一方面肯定它在政治上是有用的，同時也延續對過去的回應。巴特勒更進一步表示，我們必須注意到**任何**認同分類的制定都有排斥的情況產生。包括「酷兒」在內，認同的分類在男人和女人間建立了一種虛假的統一，而所有的群體都不會對其產生共鳴。雖然我們仍繼續使用這樣的認同分類，但對巴特勒而言，**所有**的認同分類都是虛構的，而且應該同時受到質疑。

如果我們問「什麼是女人」？那我們就是在質疑伊莉嘉萊、妮克森、克莉絲蒂娃、巴特勒等人對性別認同特質的研究結果。對這些作者而言，男性特質和女性特質不一定是主體表現的必要特質，但卻是呈現的問題。男性特質和女性特質是控制和表達身體的方式。這些呈現的主題是文化研究的一種比喻，而它也顯示在流行文化的性別研究中。

# 性別、再現與媒體文化

很多文化研究領域中的女性主義著作都關心性別，以及特別是女性的再現問題。就像伊文斯（*Evans, 1997*）所評論的，首先是關於女人在文化中確實扮演著某種角色的證明，特別是在文學中，雖然她們疏忽了一些好著作的標準。接著就是建造了女人的再現種類；也就是說，「此〔性別政治〕論主張，對於再現的方案來說，性別政治占據絕對核心的地位」（*Evans, 1997: 72*）。

早期的女性主義研究帶有**寫實主義的**假設，亦即再現是社會真實的直接表現，以及／或是一種對該社會真實造成的潛在或實際的扭曲。也就是說，對女性的再現，反映的卻是男性的態度，並且構成了對於「真實的」女性的錯誤再現（見*Tuchman et al., 1978*），此一觀點就是所謂的「『女性

形象』觀」（the 'images of women' perspective）。然而，後來的研究受後結構主義影響，將所有的再現都視為文化的建構（cultural constructions），而不是真實世界的反射。影響所及，關心的焦點就轉而集中於這些問題：再現是如何在社會權力的脈絡下表意？此一再現對性別關係產生何種後果？這類針對「女性符號」（woman as a sign）（*Cowie, 1978*）的探索，或可稱之為「再現政治」（politics of representation）。

## 女性形象

刻板印象（stereotype）這個概念，在女性形象觀這一派研究裡占有重要地位。刻板印象涉及的是將人化約為一組誇大且通常是負面的性格特徵。「刻板印象化約、本質化、自然化且固定化『差異』」（*Hall, 1997c: 258*）。透過權力的運作，刻板印象在「正常的」和「厭棄的」、「我們的」和「他們的」之間標記了界線。「形象」取向的著作有很多，本節接下來提供的一些例子只是這類研究的一小部分。

### 淫婦、女巫、女族長

米恩（*Meehan, 1983*）分析女性在美國電視節目中通常扮演的刻板印象角色。她的研究結合了量化分析，計算女性再現數量的種類，並以質化方式解釋女性在這些再現中的角色和權力（較少）。她指出在電視節目中所再現出的「好」女人都是順從的、敏感的以及喜愛家庭生活的，而「壞」女人則是造反的、獨立的以及自私的。米恩發現一般的刻板印象有下列幾種：

1. **淘氣頑童**：叛逆的、非性化、男人婆般的野丫頭。
2. **賢妻**：女主內、有吸引力的、顧家的。
3. **貪婪兇惡的女人**（harpy）：侵略的、單身的。

4. **淫婦**（bitch）：鬼鬼祟祟的、欺騙的、善於操縱的。

5. **受害者**：被動的、遭受暴力或意外。

6. **令人心動的誘人女性**：看似柔弱，實則剛強的女性。

7. **妖婦**：以美色誘惑男人導致惡果。

8. **高級妓女**（交際花）：出入於飯店裡及歌舞表演的夜總會，以賣淫為業。

9. **女巫**（witch）：能耐不凡，卻仍聽命於男人。

10. **女族長**（matriarch）：在家庭中扮演權威角色、年長的、去性別的。

她的結論是「美國觀眾花了超過三十年的時間，觀看男性英雄和他們的冒險經歷，使得男孩青春期迷惑的願景裡，盡是充塞著女性作為女巫、妓女、母親和淘氣頑童的幻念」（*Meehan, 1983: 131*）。

### 確認和否認

美國的電視節目並非錯誤再現女性的唯一力量：調查媒體對於女性的再現方式，蓋勒格（*Gallagher, 1983*）發現用**商品化**和刻板印象化的「好」、「壞」二元對立的形象來描述女性的作法，可謂**全球皆然**。舉例來說，克里許南和迪婕（*Krishnan and Dighe, 1990*）在他們對印度電視節目的女性再現研究中，發現「確認」（affirmation）和「否定」（denial）是兩個顯而易見的主題：「確認」女性是被動和臣屬的，以家務、丈夫和孩子為生命重心，並且「否定」女性是有創意、活動力和有個性的（特別是在工作及政治領域）。

他們的研究指出，男性在電視劇中扮演主角的人數遠多於女性（其中，男性擔任主角的有一百零五位，而女性擔任主角的只有五十五位）。此外，男性大部分都是再現成操持各行各業，而女性（有三十四位）則多被刻劃為家庭主婦。每一個主角的特徵都用八十八種極端人格特質來測量，分析結果顯示最常用來描繪男人和女人的一些特徵，如表8.1所示。

表 8.1　印度電視節目再現的男性和女性特質

| 男性角色 | 女性角色 |
| --- | --- |
| 自我中心的 | 犧牲奉獻的 |
| 有決定權的 | 依賴的 |
| 自信的 | 渴望討好人的 |
| 視野廣闊的 | 透過家庭關係來定義世界 |
| 理性和有謀略的 | 感性的和感情用事的 |
| 支配的 | 臣屬的 |
| 父權的 | 母性的 |

資料來源：*Krishnan and Dighe*, 1990.

　　女性的刻板印象常被區分為理想化的和偏差的。理想的女人是具有愛心和母性的：支持男人的野心但自己卻一無所有，犧牲奉獻、善解人意，並且以家庭為中心。作為一個順從的妻子／女兒，她接受男人的控制，一生為男人奉獻，即使她的丈夫應該被指摘，她也會以毫不猶豫並溫柔順從的方式為丈夫辯護。而偏差的女人則是對丈夫跋扈的，而且不願意待在家裡照顧家庭。她們有個人的野心、脫離家庭的牽絆、不受男人約束，也不夠體貼或親切。

### 影城孟買的銀幕女人

　　根據前述克里許南與迪婕所做的研究（*Krishnan and Dighe, 1990*），印度電視節目中再現的理想女性，係基於印度教宇宙法理聖典（*dharma shastras*），或是緣起自諸如《拉碼延納》（*Ramayana*）與《摩訶婆羅多》（*Mahabharata*）[12] 的傳統和正確的引導。這些文本也提供了理想的道德

---

12.譯註：《拉碼延納》（*Ramayana*）與《摩訶婆羅多》（*Mahabharata*）是印度古梵語的兩大史詩故事。

範圍意識形態結構，這些**意識形態**結構是從一系列在孟買製作且受歡迎的印度電影中，轉化和更改其**敘事**和價值系統而來的（*Mishra, 1985*）。

　　印度電影《婚禮》（*Suhaag*）的片名意味著婚姻的象徵，這也是該部電影的中心思想，並引導人們了解貞潔的女人其構成特質是什麼（*Bahia, 1997*；亦見 *Dasgupta and Hedge, 1988, Rajan, 1991*，這些文獻是下面討論的資料來源）。這些特質包括貞潔、耐心和無私，並以女主角瑪兒（Maa）為例，她被兇惡的丈夫拋棄，撫養兒子長大成人，並且沒有偏離傳統的界限。整部電影從頭到尾，瑪兒的角色以正確和負責任的方式撫養兒子，而不論她自己付出多少代價。儘管她的丈夫完全忽視她的存在，當她丈夫在電影後段又出現時，無論他繼續背叛她的信任，瑪兒仍願意使自己附屬在丈夫之下。雖然有以上種種事情，她仍必須想辦法挽救她的婚姻，因為如果不這麼做，她就會沒有身分。

　　當印度電影中再現較獨立和獨斷的女人時，她們通常都被描寫遭到不好的下場。例如，在電影《拉得拉》（*Laadla*）[13]中將一位獨立、擁有工廠的女人席托（Shittel），描述為冷酷無情並且漠視傳統。她宣稱即使在結婚後，她仍是最重要的，而且丈夫是屬於她的。但是，這位獨立的女性卻因她錯誤的方式而得到教訓：席托被整個家族排斥，並跪在她丈夫面前請求他的饒恕。電影的最後一幕，她穿著傳統的印度婦女服裝服侍她丈夫吃午餐，而她也表現出較為快樂和滿足的模樣。

## 《馴悍記》

　　女性的文化再現，堪當批評的並不限於流行文化（popular culture），尚且包括「藝術」（Arts）在內。例如，麥克拉斯奇（*McLuskie, 1982*）批評莎士比亞劇作《馴悍記》（*The Taming of the Shrew*），置女性於奢侈消費和貴族風格的生活類型之中，予以商品化。莎士比亞作品具有重要的文

---

13.譯註：1994 年出品的一部印度電影。

化意義，因為它的地位是「高級」文化，而這點也在教育系統中獲得確認。麥克拉斯奇認為「馴化」（taming）概念完全是意識形態的，彼特魯喬（Petruchio）**14** 馴服凱瑟（Kate）**15**，就如同馴服動物一樣。該劇裡的「笑料」，都是以凱瑟為戲弄的對象。根據劇本，彼特魯喬必須一再地透過俏皮的雙關語，迫使凱瑟乖乖就範，〔諸如〕彼特魯喬有權「馴化」凱瑟，以及凱瑟得像是財產般任憑彼特魯喬支配〔的父權意識形態〕，在劇中這段彼特魯喬的口白裡展露無遺：

> 我自己的東西難道自己作不得主？
>
> 她是我的家私，我的財產；
>
> 她是我的房屋，我的傢俱，我的田地，我的穀倉，
>
> 我的馬，我的牛，我的驢子，我的一切；
>
> 她現在站在這地方，看誰敢碰她一碰。
>
> 誰要是擋住我的去路，不管他是個什麼了不得的人物，
>
> 我都要對他不客氣（第三幕，第二場，*229-235*）。

　　更一進步對「高級」文化進行研究的，包括伯格（*John Berger, 1972*）對根茲巴羅的名畫《安德魯斯夫婦》（*Mr and Mrs Andrews*）的討論 **16**，伯格認為安德魯斯太太在畫作中被再現的樣子，就像是安德魯斯先生的私有財產一般 **17**。羅威爾（*Lovell, 1978*）分析珍‧奧斯汀（Jane Austen）的

---

*14.* 譯註：《馴悍記》的劇中男主角。

*15.* 譯註：《馴悍記》的劇中女主角。

*16.* 譯註：根茲巴羅（*Thomas Gainsborough, 1727-1788*）是英國畫家。這幅名為《安德魯斯夫婦》的作品於一七五〇完成，現藏於英國倫敦的國家畫廊，讀者可透過該畫廊的網頁（http://www.nationalgallery.org.uk/）欣賞到這幅畫作。

*17.* 譯註：伯格的這本著名的藝術分析力作《*Ways of Seeing*》，中譯有多種版本，例如，陳志梧譯：《看的方法》，台北：明文；戴行鉞譯：《藝術觀賞之道》，台北：商務。

小說也發現，這些小說刻劃出上流仕紳保守言談脈絡中女性所處的卑微地位。

### 正確性的問題

透過這些研究所得到的啟發，就是「女性形象」（images of women）的研究取徑，因為這種研究取徑主張再現有**真實**和虛假之分，因此對我們提出了一個**認識論**的問題。例如，蓋勒格（*Gallagher, 1983*）形容全世界對女性的再現都是貶低的、有害的和**不切實際的**。如同莫伊（Toril Moi）所評論的，「女性形象」的研究取徑「同樣在研究不真實的女性形象，而這種圖像是由兩性共同建構的，因為在文學中，女性的『圖像』定義始終和『真實的人』相反，且不曾改變，但是文學卻未曾設法將此傳達給讀者」（*Moi, 1985: 44-45*），問題的核心是：所謂「真實」本身早已是一種再現了（見本書第三章）。

因此，晚近的研究較不關心再現是否適切的問題，而較為關注「再現政治」，也就是女性之所以被邊緣化或被置於被支配的從屬地位，可被視為是再現〔在主體性建構過程裡〕對人產生的構成效應（constitutive effect），並被人們在日常生活裡實現（或抵抗）。這種途徑發現主體位置是藉由再現來建構的。

### 主體位置和再現政治

所謂主體位置，指的是一種觀點或一組被管制的論述意義，由於主體位置的存在，文本或論述於是有了可以被理解的意義。我們必須要先認同某種主體位置，文本就會將我們役使於它的規則之中，並試圖將我們建構成某種主體或某種人。例如，在廣告的脈絡中：

透過一種特別親暱的語氣，商品廣告賣給我們女性的，不只

是商品而已，還包括了一整套使我們更具女人特質的親身關係，
像是如何讓我們成為（應該成為或能夠成為）具有某種女人味的
女性，並且透過使用這些女性商品，使我們具備了與男性及家庭
互動時應有的特質。……〔結果，〕女人變成只是她所穿戴塗抹
的那些商品而已：口紅、襯衣、衣服等等，這就是「女人」（*Win-ship, 1981: 218*）。

溫席普（*Winship, 1981*）認為，廣告將女性的主體位置建構在照顧家
庭、看護幼兒、美容化（beautification）和「吸引男人」（catching men）
等工作上，像是女性必須是母親、家庭主婦，又必須性感……等等。問題
不在於這樣的形象是「真」或「假」，而在於它試圖去建構什麼樣的人的
形象，以及有什麼樣的後果。

### 苗條的身材

在較具有力量和影響性的女性再現中，西方文化所推銷的就是將「苗
條身材」（the slender body）視為是文化的規範（*Bordo, 1993*）。苗條、節
食和自我監督之間的關係占據了西方媒體文化，且對於「緊的、光滑的、
較受限制的身體形象」感到興趣。因此，廣告中以腫脹、肥胖和鬆弛的肌
肉為敵，鼓勵女人瘦身與〔接受胎盤素注射等〕護膚美容。如同博朵（*Bordo,
1993*）所說的，苗條的身體是一個依性別分類的身體，而它的主體位置則
是女性。苗條是這個時代的刻板印象，可使女人具有吸引力，因此從文化
的角度而言，女孩和女人較男人更容易傾向於飲食不正常。

矛盾的是，廣告文化一方面提供的美食形象，令人垂涎而食指大動；
另一方面又要我們多吃低卡路里的食物和購買運動器材。面對此一矛盾景
況，博朵認為，自我控制的能力和對肥胖的遏阻，同時以道德和身體的姿
態出現。選擇節食和運動，被認為是一種自我追求時尚的觀點，需要有一
個結實的身體來作為性別認同的符號和「正確的」態度。若節食或運動失

敗，就象徵著證明自己是肥胖或是厭食的，而這些透過以描寫「飲食失序」或肥胖者減重的奮鬥過程為特色的電視脫口秀節目，有條不紊的再現出來。例如歐普拉秀這個節目就是以節目主持人體重增加的奮鬥過程作為中心策略，並使節目具有教化的功能。

### 獨立的母親

伍華（*Woodward, 1997*）論稱文本建構了女性的主體位置，卻不應認定這些再現是一陳不變的。因此，討論了在當代文化裡母職在再現上的轉變。他特別提到一種新的所謂「獨立母親」（independent mother）的再現方式，不再只是理想中的那種喜愛家庭生活、只關心如何照顧小孩的母親，而是支持女性／母親應有其自主性與事業。伍華認為這種主體位置的愉悅，在於它提供了一種幻想，這種幻想結合了同時為人母者可以有自己的生涯事業，得以探索自己的個體性，而且還擁有具吸引力的外貌。

### 再現愛滋病人

主體位置、再現和性意識的關鍵議題在愛滋病的政治（the politics of AIDS）中已開始被研究，在這些研究的批評中，把愛滋病人（Persons with AIDS，簡稱PWAs）描述為因自己的墮落而成為**受害者**。我再重述一次，這種對愛滋病人的再現方式，牽涉的不只是扭曲或正確與否的問題，而更是前述關於再現政治的問題。因此，「我們必須了解對愛滋病患者的形象就是一種再現，並有系統地說明我們從事愛滋病人權益運動的抗議訴求，並非在於形像是否『真實』，而是在於其所建構的狀態和對社會的影響」（*Crimp, 1992: 126*）。

根據班森（*Benson, 1997*）的說法，愛滋病的影響並不能只簡單的去計算它的致命影響造成多少人死亡（雖然這對某些特定族群來說是極為震驚的），而必須將它和其他會致命的疾病相比較。例如，截至一九九四年十二月為止，在英國大約有一萬人死於愛滋病，但**每年**卻有超過一萬二千位

女性死於乳癌。在英國每年大約有六十五種死因，愛滋病的死因排名在心臟病、癌症和交通意外之下（*Benson, 1997*）。因此，我們應該去注意愛滋病在文化中的再現，而非它的致命性，並去思考為什麼愛滋病是一種被高度渲染的疾病。這包含了對性別意識的焦慮，特別是在同性戀性慾和文化，會使他們對愛滋病產生「精神上的恐慌」。

　　與愛滋病人「看起來就和你我一樣」（*Crimp, 1992*）的說法相呼應的是，媒體許多對愛滋病的報導，甚至包括公共健康宣導影片（health promotion imagery），一再拋出這個「重大新聞」：愛滋病對**異性戀者**構成重大危險。克林普（*Crimp, 1992*）認為對愛滋病患的刻板印象描寫，特別是對所謂「高危險群」的描寫，通常是穿著女用緊身褲襪（tight 501s）的同性戀男性、阻街的妓女、來自非洲與加勒比海的黑人移民，以及那些被描繪為「手臂離不開針筒」的藥物成癮者。這些人被用來對比於「正常的」異性戀者，正常也者，在於他們是白種、異性戀且不嗑藥的人。為了讓白種異性戀人口相信愛滋病是危險的，公共健康宣導影片傳遞的卻是有關同性戀及其他所謂的「高危險群」的刻板印象。**18**

　　即使是試圖教化愛滋病患者，並幫助我們了解愛滋病的努力，也往往存在許多問題，包括克林普指出的以下幾種（*Crimp, 1992*）：

1. 強化了愛滋病患毫無生機的觀念。我們對愛滋病患的了解，總是停留在他們大限將至的事實，或是愛滋病患身體在「患病前」和「患病後」所表現出的毀壞。愛滋病患者被再現為**被動的受害者**，但是目前對愛滋病患飲食生活的處理方式，則是讓他們能夠住在一起，過較有產生力的生活。而沒有再現出人們和愛滋病**生活**在一起的情形。

---

18. 譯註：本地關於傳播媒體與愛滋病的再現的研究，可見於徐美苓（*2001*）：《愛滋病與媒體》。台北：巨流。

2.對愛滋病患的形象幾乎都牽涉到侵犯他們的隱私,並將其公開示眾。

3.愛滋病患總是以個人悲劇的敘述方式被描述,而且始終在這個界限中。因此:

> 無人對愛滋病的政治置喙一詞,蓄意的疏失在政府每個層級上發生,以至於無法有效遏止此一傳染病的傳染途徑、累積生物醫藥的研究使其能對疾病作有效的處理,提供適當的健康照顧和看護,並引導大規模且持續進行的預防教育宣導(*Crimp, 1992: 120*)。

正如班森(*Benson, 1997*)剴陳,此處嚴肅的再現議題可謂利害攸關:我們如何說明同志社群面對愛滋病威脅時首當其衝的事實,又不至於將愛滋病〔錯誤地〕描繪為「同志瘟疫」(gay plague)?我們該如何去了解愛滋病患的經歷但不把他們形容成妖魔鬼怪。當愛滋病造成死亡時,我們又該如何討論「和愛滋病生活在一起」?再次將乳癌拿來做一比較。我們對乳癌的了解,是由醫學模式所建構出來的,並結合了很多不同的乳癌患者,這意味著對於乳癌並沒有發展出某種具支配性的文化再現。相反的,愛滋病患卻被限制在媒體的道德劇和同性戀群體中,並渲染同性戀者的死因。因此,就如班森所說的,「癌症的經驗是個別的,但愛滋病卻是集體的」(*Benson, 1997: 159*)。而這裡所謂的集體當然就是指同性戀群體。

### 瑪丹娜的展演

並非所有的再現都把主體放在附屬的位置。理論家們不但對主體位置會使性別特徵固定感興趣,也對主體會顛覆性別特徵感興趣。卡普蘭(*Kaplan, 1992*)利用巴特勒的著作來研究瑪丹娜的模稜兩可,她將瑪丹娜視為是去結構的性別基準的文本。她所關注的並不是女性固定形象的虛構,而是關心性是變動但受控制的再現這樣的研究,也就是一種政治的表

示。

　　對卡普蘭而言，瑪丹娜能夠「改變性別的關係，同時把性別整個顛覆掉」（*Kaplan, 1992: 273*）。在瑪丹娜的錄影帶中，嘗試藉由告訴女人應該掌管自己的生活來賦予女性權力，並且遊戲於性和性別的**符碼**之間，模糊了男性特質和女性特質的界限。卡普蘭指出在瑪丹娜的錄影帶中意味著主體位置不斷的改變，這牽涉到格式化和混合性別的符號，並對性別結構的界限提出質疑。卡普蘭表示這就是一種再現政治，焦點集中在性和性別是不穩定、「意義浮動的」（floating）表意符號。

　　卡普蘭指出在瑪丹娜的《表達你自己》（*Express Yourself*）單曲錄影帶中[19]，持續的改變鏡頭焦點，使觀眾接受多樣化的主體——以觀眾的角度而言，認同是分散且多樣的。她違反了身體的界限並跨越了性別的基準。例如瑪丹娜模仿男性電影導演朗恩（Fritz Lang）[20]，解開夾克只露出胸罩。在《愛得理直氣壯》（*Justify My Love*）裡，瑪丹娜讓觀眾混淆了愛人和情侶的性別[21]，而在紀錄片《真實或大膽》（*Truth or Dare*，在英國以《與瑪丹娜同床》（*In Bed With Madonna*）之名發行）中，宣稱要表現

---

19.譯註：根據二言的說法，「在美國演藝界名人普遍諱言自己的同性戀性傾向的年代，麥當娜毫無羞澀地坦言自己的同性情感和同性戀經歷。她承認自己對老牌女同性戀影星瑪琳·黛德麗（Marlene Dietrich）情有獨鍾，並在MTV《表達你自己》（*Express yourself*）和《時髦》（*Vogue*）中，刻意模仿瑪琳的男裝打扮（《時髦》一曲就是為紀念三十年代美國紐約的黑人同性戀酒吧而作）。」詳見二言（1998）：〈認識麥當娜〉，《桃紅滿天下》，第37期，北美華人性別與性傾向研究會（CSSSM）。

20.譯註：根據唐維敏整理的資料，朗恩（1890-1976）是奧裔美籍電影導演。朗恩曾受過建築和藝術訓練，因此電影風格以視覺語言發展電影敘事，透過表現主義、符號場景和燈光，傳達氣氛。朗恩的科幻片《大都會》（1926）處理機械一般的社會受到邪惡超級工業份子的控制。除了《大都會》，朗恩較著名的電影作品尚有《尼布龍根》。詳見唐維敏（1999）：〈《大都會》：同性關係、納粹神話、猶太伊底帕斯〉。

21.譯註：在該曲的MTV中，包含了廣受爭議的場景：瑪丹娜走入一個詭異的房間，和許多種族、性別的男男女女共同享受性愛，最後她離開房間，一面緩步奔跑，一面露出心滿意足的表情。

文化研究
理論與實踐

出最「真實」的瑪丹娜,而真實表現的手法就是再現政治,也就是將她放在一個性別認同的範圍中。結果就是如「寶貝豔后合唱團」(Cleopatra)[22],瑪丹娜在無男性特質男人的眾目睽睽下模仿手淫並玩弄她巨大的乳房。因此,卡普蘭就問到「這是男性或是女性的眼光?」公開手淫是一個具有女性特質的人會做的事嗎?或是這樣的行為超越了女性特質的規範,而可以稱得上是具有男性特質呢?這就是瑪丹娜的展演所引發出的問題(*Kaplan, 1992: 275*)。

一九九八年,瑪丹娜穿著一襲「傳統」印度服裝出席一個頒獎典禮,再度使她成為爭議焦點。瑪丹娜的演出引來一些印度教徒的抗議,他們認為瑪丹娜用袒露的乳頭與淫蕩的舞步,褻瀆了他們敬奉的神聖之物。一方面,瑪丹娜引起爭議是因為她商品化了特定族群的女性特質,冒犯了某些印度人的宗教信仰;另一方面,她演出並重新表意了種族和性別認同的展演性,可謂是支持反本質主義的理念,亦即所有的身分/認同都是展演,沒有任何一種身分/認同可以宣稱自己具有**純正性**(authenticity,或譯「本真性」)。

### 閱聽人問題

因此,怎麼看可說是取決於我們如何閱讀瑪丹娜的展演。過去我們專注於文本分析的形式,聚焦在文本提供給讀者的各種主體位置,另一種新的接收分析研究(reception studies)則強調**主動閱聽人**(active audience)的概念,亦即強調觀眾建構、協商並展演了多重的意義與性別的多重身分/認同的方式。我們必須考量的是活生生的人在哪些特定的場所實際如何詮釋文本,而不是將觀眾看成是只能複製文本提供的主體位置和意義

---

22.譯註:寶貝豔后合唱團是一支來自英國曼徹斯特的三人組合,自一九九八年出道以來便深獲英國樂壇的注目。

（textual subject positions and meanings）。

　　舉例來說，電視劇確實創造了某種和觀眾間的性別符號型式關係，例如「理想的母親」的主體位置（*Modleski, 1982*），但是「分析和觀眾的關係，並想像一組主體位置是透過文本被建構出來，同時也建構在文本中；以及分析社會閱聽人，了解基於經驗的社會主體實際上如何觀看電視」這兩件事是不一樣的（*Ang, 1996: 112*）。的確，有不少針對電視劇觀眾所做的研究證實，觀眾具有一般的電視類型節目的解讀能力，而且觀看電視給觀眾帶來一種集體、合作的網絡的感受（*Ang, 1985*；*Buckingham, 1987*；*Hobson, 1982*；*Seiter, 1989*）。觀眾彼此討論的主題包括對電視劇未來情節發展的臆測，以及對於劇中人物及他們的行為進行道德—意識形態的判斷（moral-ideological judgments）。因此，我們不僅須關切生產出多樣性的女性特質和男性特質的文本特性，同時也須關心媒體文本提供的主體位置被活生生的女性和男性閱聽人「取用」（taken up）到何種程度。

## 本章摘要

　　在文化研究中，性／性別被視為是與再現有關的社會建構，因此性／性別是文化問題更甚於是天性問題（matters of culture rather than nature）。雖然有一派女性主義者強調男性和女性間在本質上就有差異，但文化研究傾向去探索性別認同中，歷史上特殊、多變、可塑與可延展的特性等的思想。這並不表示我們可以輕易地擺脫性別認同而接受其他思想，因為性是一種社會建構，它透過強行施加的權力和精神上的同一性，從而構成了我們的身分／認同。這也就是說，社會建構是受人為管制的，而且有其後果。

　　性別認同並不是一個普遍的生物學本質，而是一個關於女性特質和男性特質如何被談論的問題，因此女性主義與文化研究必須關切性

和再現的問題。舉例而言，文化研究探索流行文化中和文學中女性的再現，論稱在全球各地女人皆被當地社會建構成「第二性」（the second sex）[23]，臣屬於男性之下，亦即女人被建構在家務性（domesticity）和美容化（beatification）的父權運作的主體位置上，或是漸漸地（在西方世界中）女人的主體位置轉變成為人母，同時擁有職業、能夠發掘自己的個體性並擁有吸引人的外貌。在後殖民主義社會中的女性，背負了臣屬於殖民主義和本土男性的雙重負擔。不過，我們也注意到性別身體的再現發生鬆動的可能性（例如：扮裝和瑪丹娜現象）。

儘管文本構成主體位置，但並不表示每個女性或男性非得接受不可。相反地，接收分析研究中強調文本和主體間的協商過程，這也包括了抗拒文本意義的可能性。的確，這些研究經常發表女性的價值和女性的文化觀點。這種從文本到閱聽人、從形象到言談的轉變，將在第九章討論。在第九章裡，我們將探討電視占據著作為一種文本資源的地位，而活生生的閱聽人可能認同或不認同文本所提供的主體位置。

---

22.譯註：女性主義先驅人物波娃（*Simone de Beauvoir, 1908-1986*），著有《第二性》一書，中譯本有出自作家歐陽子手筆的志文版（台北：志文）。

# 第九章

# 電視、文本和閱聽人

◉初稿翻譯協助：黃秀玲

　　文化研究的發展和建制化，向來與媒體研究分不開。尤其是，電視這種大多數西方社會的主要傳播形式，歷來是文化研究的關切焦點之一。沒有任何其他媒體可與電視等量齊觀，產製出如此數量龐大的流行文化的文本與觀眾。

　　電視在現代工業化社會中是一種對每一個人都開放的資源，而在「發展中」的世界，電視也漸漸變得如此。它是一種關於世界的通俗知識的來源，而且電視越來越常讓我們接觸不同於現存社會的生活方式（雖然說是以一種中介的方式進行接觸）。電視涉及的是「提供與選擇的社會知識與社會印象，從而使我們了解『世界』、異己者（他者）的『生活真實』（lived reality），並且想像地重新建構他們和我們的生活，使之成為某種可以理解的『整體世界』（world-of-the-whole）」（Hall, 1977:140）。

　　電視的經濟和文化意義有嚴肅探討的必要，理由自不待言。不過，就當前來說尤其重要，因為全球傳播的類型正在改變，加上跨國電視（transnational television）顯著興起，以及電視制度次第地發生全球化，在在皆

文化研究
理論與實踐

提出了一些重要的關於文化和文化認同的問題。如湯普森（John B. Thompson）所論：

　　我們不能無視於這個事實，在媒體產業的產品逐漸遍布各處的世界中，一個主要的新領域已經被創造為自我形成的過程，這是一個不再受限於面對面互動的時空限制的場域，而且，由於電視的可近用性及其全球擴張狀況，全世界每一個人越來越容易看到電視（*Thompson, 1995:43*）。

欲了解電視，需要用到以下的概念：

1. 文本（節目）。
2. 文本與閱聽人的關係（閱聽人研究）。
3. 政治經濟（組織／產業）。
4. 文化意義的類型。

　　這表示應以多面向的和多觀點的取向來理解電視，避免**化約論**，藉以了解媒介的經濟、政治、社會和文化面向間的關連。

## 電視文本：新聞和意識形態

　　新聞是電視的一種主要**文本**，全球各地的每一個電視網幾乎都播放新聞，而且新聞是一些全球流通的電視頻道（包括「有線新聞網」〔Cable News Networks, CNN〕）的全部內容。在關於電視的辯論中，新聞的產製（the production of news）占據了一個策略性的地位，因為新聞被假設（且通常被害怕）對公眾生活會造成影響。在全球、跨國界的電視出現之際，此一關切極受強調。

## 把真實組合在一起

電視新聞與其說是反映真實，不如說是「組合真實」（the putting together of reality）（*Schlesinger, 1978*），新聞不是未經中介的「世界之窗」（window-on-the-world），而是一種經篩選與建構的「真實」再現。被篩選包含在新聞中的項目，以及被選擇用來建構新聞的特定方式，使得被建構出來的新聞故事永遠都不是中立的。它們只是關於事件的一種特定版本而已。新聞**敘事**（news narratives）與解釋事務運作的方式有關，提供了我們了解有關建構世界方式的框架和參考規則，因此，新聞選擇的標準告訴我們的是正被組合和散播的**意識形態**世界觀。意識形態（見第四章）意指表意結構（structure of signification）或「世界觀」，透過權力運作而構成了社會關係。

首先，新聞的篩選過程與新聞報導主題有關。以英美新聞為例，哈特利（*John Hartley, 1982*）認為新聞報導主題有政治、經濟、國際新聞、國內新聞、體育與「偶發」新聞等。這些新聞主題定義了新聞典範，在這個新聞典範中顯然被遺漏掉的是個人／性別方面的新聞。其次，新聞篩選過程涉及主題的構成內容，導致**政治**〔新聞的內容〕是被定義為關於政府與主流政黨，而且強調政治人物的個人特質；所謂經濟新聞，則被限於有關股票交易、貿易數字、政府政策、通貨膨脹、貨幣供給等。國際新聞被用來指稱各國政府間的關係，而國內新聞被區分成「硬性」新聞——衝突、暴力、勞資爭議——以及「軟性」的人情趣味新聞。「體育」新聞這個類別傳統上則由男性職業運動所構成。

對於一個新聞主題內的新聞產製，我們可以求助於戈爾登和魯格（*Galtung and Ruge, 1973*）在**新聞價值**（news values）方面的先驅研究，也就是價值引導新聞篩選過程，戈爾登和魯格指出四個在**西方**世界的主要新聞價值：

*1.* 關於優勢國家。

*2.* 關於菁英人士。

*3.* 個人化（personalization）。

*4.* 壞事（negativity）。

意料之外的不尋常性是一個重要的新聞價值，假如這件出乎意料的事件牽涉到一個優勢國家中的精英人士的負面消息，那麼此事件將更具有新聞價值。一則關於美國總統私生活的醜聞，比馬拉威（Malawi）農作豐收的消息，更「有新聞性」（newsworthy）。

## 操控模式

說明新聞如何以及為何是意識形態的，可有許多種不同的解釋。依「操控模式」（the manipulative model）的觀點，媒體被視為反映了**階級**支配的社會，而意識形態是由有權力決定控制資源分配的人有意識地導入，這種情況通常會發生在媒體產權集中於「既有建制」（the establishment）的成員之手，或是由政府操控和非正式壓力影響下的直接後果。雖然是有新聞遭受直接操控的例子，但在西方多元主義民主社會裡，這種媒體〔操控〕模式顯得太過粗糙，不僅因為媒體營運和新聞記者被賦予一種準獨立的地位，而且法理對新聞組織有所限制，再加上閱聽人老練圓滑〔操控不易〕。

## 多元主義模式

西方新聞記者和新聞組織本身通常標榜的是多元主義模式（pluralist model）。此論主張，市場力量會促成實現廣開的言路（a plurality of out-lets），以及針對不同的閱聽眾發聲的多元聲音（a multiplicity of voices）。雖然有媒體產權集中的情況發生，但這不會導致所有權人直接控制媒體，

因為專業的媒體工作者有其獨立性。就媒體較關注某些議題而非其他議題而言，此論指出此乃閱聽人選擇透過市場機制決定的結果。閱聽人知道媒體裡頭有不同的政治觀點和呈現風格，並且選擇購買或觀看他們同意的媒體內容。

　　雖然多元主義模式承認媒體並非簡單地被媒體所有者操控，此一典範可說是矯枉過正。不僅媒體產權日趨集中正好與多元主義的論點相左，而且有相當證據顯示，媒體有系統地排除某些世界觀點，並且偏好其他的特定觀點（見稍後討論的「波灣戰爭」的新聞）。再者，電視系統對廣告的倚賴日深，可能導致電視新聞過於強調即時性與娛樂性，從而忽略某些類型的新聞節目紀錄片（*Blumler, 1986*；*Dahlgren, 1995*）

## 霸權模式

　　在文化研究裡，霸權模式（the hegemonic model）廣受歡迎。雖然任何特定文化都是以多重的意義流（streams of meaning）建構出來的，霸權模式論稱其中有一股特定意義流可稱作是當權的及支配的（*Hall, 1977, 1981; Williams, 1973*）。製造、維持和複製這些具有權威的一組意義和實踐過程，跟隨葛蘭西（*Gramsci, 1968*）的講法，被稱為文化**霸權**（見第二章）。霸權是被贏取的，不是被給予的；再者，它需要經常被重新贏取及重新協商，而這使得**文化**成為意義衝突和鬥爭的場域。

　　根據霸權模式，新聞裡的意識形態，不是由媒體所有者直接干預的結果，也不是新聞記者刻意操控所致，而是媒體工作者例行性的工作實踐和態度所造成的。新聞記者學習「事情應該如何做」（how things should be done）等行事慣例和準則，從而將意識形態當作常識複製。舉例來說，霍爾等人（*Hall et al., 1978*）論稱，對「權威消息來源」（authoritative sources）的依賴導致媒體複製「主要定義者」（primary definers）的論述，並以之作新聞。主要定義者包括政治人物、法官、企業家、警方等，亦即官方機

構涉及製造新聞事件。在轉譯新聞的主要定義時,媒體身為次要定義者
（secondary definers）,複製了與權勢集團立場一致的霸權的意識形態,
並把這些轉譯成流行語彙。

　　霍爾等人（*Hall et al., 1978*）認為,在建構有關「襲劫」的新聞故事的
同時,新聞記者複製了種族主義的假設,亦即認定街頭犯罪是年輕黑人的
專利。新聞記者採訪警方、政客和法官的觀點,而這些人宣稱不僅街頭犯
罪有增加之勢,而且認定有些要務亟需完成,亦即加強警力和加重刑罰
等。新聞媒體在報導這些評論意見時,彷彿將之視為常識一般,將所謂犯
罪情況惡化以及黑人青少年涉案的講法視為理所當然。當法官引述犯罪新
聞的報導作為公眾關切此問題的證據,用來正當化加重刑罰,並且和政客
要求增加警力時,這個循環論證的過程於焉完成。緊接著,警方巡察活動
被導向黑人青少年聚居的地區,把他們當作慣犯,更加惡化了警方和黑人
青少年之間的敵對狀況。

## 議題設定

　　在新聞的霸權模式中,媒體是透過一種議題設定過程而導出,並構成
社會共識的種種假設。媒體定義了何者構成新聞,什麼是重要的,以及什
麼是在新聞典範之外的。霍爾等人（*Hall et al., 1981*）論稱,雖然現今很多
時事節目確實提供了某種平衡（以電視分配給不同政治觀點的時間而論）,
但「政治」領域本身已經被設定了,亦即既有的政治程序如國會或議會。
因此,「倡議者」（protagonists）和「回應者」（respondents）之間的平
衡,只能容納這些支持既有的政治領域的政治**論述**,而綠色政治（Green
politics）、革命政治（revolutionary politics）[1] 與**女性主義**對家務生活的

---

1. 譯註:「綠色政治」指的是持環保生態運動主張的政治活動,例如綠黨,而「革命
　政治」意指立場不輕易妥協、持進步理念的基進改革運動。

關切，通常不會被納入既有的政治與平衡報導的觀點中。

## 波灣戰爭新聞

　　新聞意識形態和議題設定效果的例子，讓我們想到一九九一年「波灣戰爭」的報導，此戰標記了美國「有線新聞網」成為全球範圍的新聞服務（a world-wide news service）。電視上的波灣戰爭中持續最久的主題是「智慧型」武器（smart weapons），強調它們能非常精確地擊中目標，因此將這場戰爭限定在軍事交戰，並且將平民傷亡降至最低。不過，關於這場戰爭的「真實」，另有其他版本（Mowlana et al., 1992）：此次伊拉克遭受比整個第二次世界大戰更多炸藥的地毯式轟炸。莫拉納等學者（Mowlana et al., 1992）宣稱，其中僅有百分之七是「智慧型」的，而且智慧型炸彈有百分之十炸到目標以外的對象。影響所及，伊拉克的基礎設施受到嚴重破壞，幾乎是回到工業化以前的時代。

　　雖然電視對這場戰爭的新聞報導被稱頌為二十四小時現場報導，莫理森（David Morrison, 1992）對美國有線新聞網、衛星電視「天空新聞網」（Sky News）和英國無線電視新聞進行內容分析，他的分析確認有一半以上的戰爭新聞報導是在攝影棚內錄製的，而且非棚內錄製的畫面大多來自軍方舉辦的記者招待會；如他所論述的，幾乎沒有交戰的行動。莫理森持續記錄的證據顯示，只有百分之三的新聞報導是「以人員傷亡數字的角度報導軍事行動的結果」，只有百分之一的電視新聞畫面與「死亡和受傷」有關。取而代之的是，很多關於波灣戰爭的新聞報導（特別是美國「有線新聞網」所做的報導），使用的材料出自刻意安排的記者招待會和軍方權威人士（也就是新聞的主要定義者）提供的錄影帶。

　　雖然軍方公然操控新聞（overt management of news）的痕跡可見於波灣戰爭之中，我們不應忽略西方新聞記者自己的文化假設，除了少數例外，他們都傾向於支持這場戰爭。這些西方新聞記者的影響力，大大延伸

而超出美國和歐洲的疆域之外，杉納斯（*Sainath, 1992*）提到美國有線新聞網對印度菁英人士的吸引力，以及由西方支持攻伊戰爭的消息來源支配的印度報紙和電視。雖然印度的國營電視確有提供若干辯論，但聯軍權威人士提供的新聞畫面還是支配了電視螢幕上的內容。「很多製作新聞節目的記者明顯是反對這場戰爭的，但出自他們之手的新聞報導卻非如此」（*Sainath, 1992: 71*）。

容或有爭論餘地，波灣戰爭的電視新聞報導，其最大敗筆在於未能提供足夠而適當的因果解釋。相反地，「這個事件本身——戰爭——似乎壓倒了新聞，而這麼做等於是造成一九九〇年八月最初的〔伊拉克〕入侵科威特，以及呈現關於這場戰爭的歷史觀點，盡皆付之闕如」（*Morrison, 1992: 68*）。藉由聚焦在高科技武器的「魅力」（glamour）與這場戰爭立即的軍事目標，電視可說是掩蓋了這場戰爭背後諸多可議的原因。

## 新聞的呈現風格

電視新聞不僅是由新聞主題和故事的選擇構成，而且還有其特殊的語文和視覺的敘事方式（modes of address）。呈現風格（presentational styles）面臨了資訊—教育目的與需要娛樂吸引觀眾注意這兩者的緊張關係。雖然時事節目通常在調性上較「嚴肅」，堅持平衡的「準則」，但越來越多受歡迎的節目採用一種友善的、較輕鬆的呈現風格，邀請身為觀眾的我們從「大街上的一般人」的觀點去思考特定新聞事件的影響。政治新聞越來越依賴刻意作秀演出的政治辭令（staged sound-bite），於是政治人物賣力提供便於電視新聞報導擷取的響亮口號或生動搶眼的畫面。

達爾袞（*Dahlgren, 1995*）認為，成長中的商業競爭已經將電視導向成為廣受歡迎的形式。他表示，增加更快速的編輯節奏以及「更簡短」的表現型態，包括標誌（logo）的運用、口號、迅速的影像片段的鏡頭，加上新聞主播的明星架式、在新聞呈現上強調立即性等，在全球新聞方面皆是

特殊且最新的發展，電子新聞攝錄採訪（electronic news gathering, ENG）科技的應用，透過編輯將發生在全球或地方的事件直接呈現在螢光幕上並作解說；而輕巧的照相機、數位錄影編輯和電視公司人員的各種技術也都顧慮到速度和彈性，因此全球電視已經縮短了事件構成新聞所需的時間「門檻」（the 'threshold' time）。

　　傳統的新聞節目隨著這些發展已經有一種新的、普遍的形式慢慢擴展開來，包括小報型態的新聞廣播、政治的脫口秀、現場觀眾談話節目和充斥於晨間和日間時段的「資訊娛樂」（infotainment）節目（*Dahlgren, 1995*），這些節目依賴快速的新聞事件的更新率、象徵性的視覺影像，以及透過新聞發生地點的日常生活經驗（人情趣味新聞）所產生的鄰近感受。通俗的形式可以說是更能理解，吸引了不願意忍受較冗長、較舊的口語導向的新聞形式的閱聽人，然而，受爭議的是他們無法提供新聞事件的結構脈絡，減少對該事件的理解，我們很快地得知發生了什麼事（或至少是它的一種觀點），但不是知道它為什麼發生。

## 電視文本：肥皂劇與流行電視

　　雖然新聞是一種很明顯的政治和意識形態利益的領域，文化研究也已經關心通俗劇，也就是競賽表演、警察和醫院的劇情、體育、音樂和肥皂劇。我採用後者作為我的一個通俗劇形式的例子，在文化研究之中已多有探究。

### 肥皂劇：一種類型

肥皂劇作為一種**類型**（genre）的特徵，可概括如下（*Allen, 1985, 1995;*

*Ang, 1985; Buckingham, 1987; Dyer et al., 1981; Geraghty, 1991*）：

1. **開放的敘事形式**（open-ended narrative forms）：肥皂劇，作為一部長期播出的連續劇，可以用來搬演故事的時間幾乎是沒什麼限制。因此，連續劇的敘事裡沒有在一般劇情電影或只包含十三集的單元劇會看到的結局。

2. **核心場景**（core locations）：大多數肥皂劇會建立閱聽人認同的一種地理空間感，劇中人物一再回到這個地方。因此，《加冕街》和《倫敦東區人》這二部電視連續劇的場景設在一個英國大都市裡工人階級社區，《鄰居》這齣電視劇的場景安排在一個墨爾本郊區。

3. **寫實主義和通俗劇（戲劇）慣例之間的緊張關係**：肥皂劇的特色在於同時運用**寫實主義**和通俗劇的戲劇慣例，並且在它們之間取得平衡。寫實主義指的是一種戲劇慣例，將戲劇當作「真實世界」的再現，劇中有性格分明的角色、可辨認的場景，以及看起來真實的社會問題。劇中的敘事技巧刻意隱藏和模糊它們是被建構出來的，讓人看起來不做作不像演戲（artificiality），目的是為了將它們呈現得彷彿像是「真實的」；相反地，通俗劇強調戲劇性，焦點擺在情感糾葛和「生命磨難」，從「寫實主義者」的觀點看來有點虛假。在某些表演風格、戲劇配樂、大量特寫鏡頭的強化之下，故事線包含各種劇情轉折，可以延展寫實主義敘事的可信度，使觀眾融入劇情的情緒隨著戲劇高潮迭起而起伏。

4. 以人與人之間的關係為核心主題：結婚、離婚、分居、新的感情、爭吵、報復行為和人與人相互關愛的行為，都是肥皂劇的核心，使敘事充滿動態和情感。由於肥皂劇強調個人生活的私領域（personal sphere），因此家庭常常是肥皂劇塑造的神話／迷思中心。說它是神話／迷思，是因為雖然「家庭」是其主題，大多數劇中人物都扮演了某個家庭角色（根據情節安排結婚、離婚或發生其他關係），

但劇中人物只有極少數實際上是生活在傳統的核心家庭裡。想像的理想家庭因此會持續因為（肥皂劇中一定會有的）爭吵、外遇和離婚而破碎。

當這些特質是肥皂劇的標記時，認知到它們在不同的國家情境中以不同的方式運作是很重要的事情。舉例來說，潔洛蒂（*Geraghty, 1991*）注意到美國和英國的肥皂劇對「家庭」有不同的處理方式。她認為，前者採用大家長式的模式，其中心點在男性努力將家人凝聚在一起共同面對危機，家庭危機是和財產、權力和金錢等問題緊密地連結在一起；英國肥皂劇的傳統風俗是女強人的角色無私地提供別人一些幫助，最著名的是資助一群不負責任的男人，因而家庭生活方面的精神和實質的工作任務都落在女性肩上。

## 電視小說

對比和相似性，在「電視小說」（telenovelas）這種拉丁美洲的連續劇形式當中更明顯。在一九七〇年代晚期，電視小說成為拉丁美洲主要的電視出口產品，宣稱所有時數中的百分之七十外銷到國外。在拉丁美洲，它們一直比進口美國節目的收視率更高（*Rogers and Antola, 1985*）。電視小說和英美的肥皂劇有「家族相似性」（family resemblances），兩者都是為電視製作、長期播出的連續敘事，而且兩者都強調各種不同程度應用通俗劇的模式。然而，正如羅培茲（*Lopez, 1995*）提醒我們的，一般電視小說有獨特的特質，使得它們成為一種特殊類型。儘管電視小說的共同核心是人際之間的關係（它們和肥皂劇分享的一個特質），這並沒有使它們減少納入比美國肥皂劇更多社會寫實主義的主題（*Vink, 1988*）。

## 女性和肥皂劇

　　有關女性敘事和再現的方式，被相當多強調女性主義的傳播學者繼續研究，因為肥皂劇經常被認為是女性特有的空間，在此一空間中女性的企圖心、情慾被獲得正視並且被肯定，它已經被認為是（*Ang, 1985; Hobson, 1982; Geraghty, 1991*）肥皂劇的中心主題——人際關係、結婚、離婚、孩子等——和傳統家庭女性關切的事務一致，因此肥皂劇是一個空間，在此空間裡女性關懷與觀點被證實有其效力，而且女性從中獲得愉悅感。

　　肥皂劇展開女性人物角色有各種不同的強烈的以及獨立的心智，無論如何，當私人領域被頌揚時，女性通常是受到限制的，舉例來說，在肥皂劇中財務獨立的女性，是相對最近才有的現象。此外，肥皂劇所強調的女性魅力和外貌遭受到批評，因為總是將女性再現成男性凝視的對象。肥皂劇雖然可能再現女性剛強的一面，但卻安排是為了家庭和男人乃有此犧牲奉獻。

　　如同評論者指出，觀眾對肥皂劇中所刻劃的女性角色並非照單全收（*Geraghty, 1991*），的確，電視肥皂劇經常涉及彼此競爭、**相互矛盾**的意識形態，舉例來說，在電視連續劇中女性被呈現，一方面作為男性的附屬物——她們在經濟和社會方面依賴男性，以致女兒依從父命出嫁；而在另一方面，他們通常描繪女性用各種方式譴責和拒絕被支配（*Vink, 1988*）。在肥皂劇中，家庭也同樣以這種矛盾的方式來處理，一方面被過度理想化，另一方面又被迫隨時面對家庭破裂的危機。女性是家庭生活幽閉恐懼症的受害者，在某種意義上，卻又是家庭生活中值得珍視的救贖者，提供家庭關懷和照顧。

### 肥皂劇和公共領域

　　肥皂劇對家庭的強調，可能導致屬於**公共領域**（public sphere）的議題被排除在外。肥皂劇有一個潛在的意識形態，暗指個人和家庭關係比**社會及結構性**的議題更重要。只要家庭幸福美滿，其他事情都無足輕重，或是這些事情只有在對一己有私人利害時才重要。不管是否回應了批判，肥皂劇已經開始涉入公共議題，像是種族主義、愛滋病、犯罪和失業。在肥皂劇中增加人物角色的範疇，以及故事線的擴展包括了更廣泛受歡迎的社會議題，潔洛蒂（*Geraghty, 1991*）對此表達關切：對於肥皂劇中男性角色和青少年角色的增加，成為肥皂劇的核心，此現象可能會擾亂肥皂劇原來對女性觀眾的特有取向，破壞她們從這些劇中所得到的愉悅。舉例來說，為了取悅男性閱聽人，導致犯罪故事情節增加，而潔洛蒂認為，〔肥皂劇〕女性的**再現**轉變成為朝向取悅男性的眼睛。

## 主動的閱聽人

　　若不探討透過閱聽人研究提供的證據，沒有任何一個關於電視的研究是完整的。然而，實證研究的證據不曾以一種簡單、明確的方式「自我表述」，而是框架在一個特別的理論觀點之中，在此集中說明的是已主宰文化研究傳統中閱聽人的研究框架，稱之為（至少從事後追溯的立場上來說）**主動閱聽人**典範（the active audience paradigm）。這個「傳統」認為閱聽人不是文化蠢蛋（cultural dopes），而是有能力從自己文化情境中主動產製意義的人。

　　主動閱聽人典範的發展，以各種方式回應過去許多閱聽人研究不假思

索地假設看電視是被動的,而且閱聽人會毫無疑問的接受電視所傳達的訊息和意義,例如相當數量的研究是以行為科學角度來理解看電視的行為,認為閱聽人會模仿電視中的暴力,或是用統計上的相關來「證明」看電視對閱聽人會產生某些「效果」(effects);這也回應到文化研究,暗示研究者只要透過對體現於電視的文本進行縝密分析,就可以「讀出」閱聽人會如何理解文本。

主動閱聽人取向的倡導者論稱,不只是行為(科學)的證據不明確,而且證據是矛盾的,統計相關不是它們本身的因果證明,而且這是研究電視閱聽人根本上錯誤的方式。論者以為電視閱聽人不是一群無差異的烏合之眾,而是個別獨立的個體,但其實看電視是受到社會與文化影響的活動,其核心議題在於**意義**。閱聽人在觀看電視時是主動的意義創造者(他們不會單純毫不批判地接受文本的意義),而他們在看電視主動創造意義的過程中,必須仰賴先前獲得的文化能力,而這樣的能力是在語言和社會關係的背景下形成的。再者,文本並不是具體表現一組毫不曖昧的意義,而是多義的(polysemic),也就是它們是多重意義的載具,它們之中只有一部分被閱聽人所取用。的確,不同的閱聽人將會產生不同意義的文本,因此主動閱聽人典範呈現一種興趣的轉變,從數字到意義、從單一的文本意義到文本多義,以及從一般閱聽人到特定的閱聽人。

目前文化研究傳統對於電視閱聽人的觀點已達成共識,做出以下幾點結論:

1. 閱聽人被認知為主動的和有知識的意義產製者,而不是結構文本的產品。

但是……

2. 意義是受到文本結構的方式及收視家庭和文化情境所限制的。

3. 必須從他們看的電視情境,就所有的意義建構和每日的例行生活方面來了解閱聽人。

4. 閱聽人很容易去區分杜撰的故事和真實的差別，事實上他們主動設定了範圍。

5. 意義建構的過程和電視在日常生活習慣中的地位，因文化而有別，而且即使在同一個文化社群中，因性別和階級差異也會有所不同。

　　主動閱聽人典範不是專屬於英國文化研究的「財產」（property），麥克安尼（McAnany）和拉帕斯汀那（La Pastina）回顧整理〔拉丁美洲的〕二十六個有關電視小說的研究，也證實此一論點：在地組織和文化形貌居中促成閱聽人對肥皂劇所產生的理解。他們宣稱有一些類似的發現「是明顯的橫跨許多研究，而且很少被其他的研究所反駁」（*McAnany and La Pastina, 1994:3*），總之他們認為有下述幾點：

1. 閱聽人是主動的，而且從電視小說中產製出各種意義。
2. 閱聽人將之應用到他們的生活中。
3. 閱聽人認知到故事類型的虛構本質及其規則的功用。
4. 家庭、階級、性別和居住社區的背景情境變數，影響了閱聽人的反應。

　　關於閱聽人特質的結論已經被二種相互支持的方式所達成：理論運作和實證研究。在理論方面，二個研究領域已證明有特定的影響：製碼—解碼模式和文學接收研究。

製碼—解碼

　　霍爾（*Hall, 1981*）認為，電視製碼的過程如同一個連結的**接合**，但是產品、發行、配銷和再製的不同時刻各自有其特性，而且每一個都是構成整體意義的必要環節，但沒有任何一個環節本身能決定電視文本的意義。雖然意義被深植在每一個層次中，但在一個環節中不必然在下一個片段中出現。特別的是，意義的產製不能確保意義的消費如同製碼者所意圖〔達

到〕的，因為電視的訊息被建構為多重音（multi-accentuated）的**符號**系統，具有**多重意義**。簡言之，電視訊息夾帶著多重的意義，可以用多種不同的方式詮釋，但這並不是說用各種方式詮釋出來的意義之間是平等的；事實上，文本將有其「支配結構」（structured in dominance），導致某種「偏好意義」（preferred meaning）的形成，也就是說，文本企圖引導我們以某種特定方式解讀它的意義。

閱聽人則被看成是置身於特定的社會情境當中，其解讀方式會受到共享的文化意義和實踐所框架，某種程度閱聽人分享生產者／製碼者的文化**符碼**，他們將在相同的架構中解碼訊息。然而，在此架構下閱聽人被放在不同的社會位置（如：階級和性別）有著不同的文化資源，它可以用另一種不同的方式來解碼節目。援引〔英國社會學者〕帕金（Parkin）的概念，霍爾（*Hall, 1981*）提出了包含三種假設的解碼位置（hypothetical decoding positions）的模式：

1. 支配─霸權的製碼／解碼（the dominant-hegemonic encoding/decoding），接受了文本的「偏好意義」。
2. 協商式解碼（a negotiated code），亦即承認理論上霸權的合法性，但它創造自己的規則適應特別的環境。
3. 對立式解碼（an oppositional code），亦即人們知道偏好的製碼方式，卻加以拒絕並以相反的方式解碼。

## 詮釋學理論

在詮釋學和文學接收研究的傳統之內，有許多著作進一步挑戰只有一個由權威意圖掌控的文本意義的概念，也挑戰了文本意義可以統攝讀者／閱聽人創造的意義的想法（請參閱 *Wilson, 1993*）。對高達美（*Gadamer, 1976*）與艾瑟爾（*Iser, 1978*）而言，文本和閱聽人之間的關係是一種互動關係，

讀者抱持特定期待和預期去接近文本，在閱讀過程當中，這些期待被修改，被新的「投射」（projections）取而代之。理解總是從個人理解的觀點和位置出發，牽涉的不只是文本意義的再製，而是讀者所產製的**新意義**，文本可能藉由引導讀者結構其意義面向，但它不會是固定的意義，是在文本和讀者想像之間搖擺不定的結果。

　　這些理論的觀點告知了一系列電視閱聽人的實證研究。在文化研究之中，為了建立以及普遍化閱聽人特質的目的，莫利和洪美恩（Ien Ang）的早期作品被證明是很重要的。

## 《全國》觀眾

　　莫利（*Morley, 1980*）研究英國電視新聞「雜誌」節目《全國》（*Nationwide*）的閱聽人，建立在霍爾的製碼—解碼模式的基礎上，目的在於探究：解碼因社會—人口學的因素（階級、年齡、性別、種族）和相關的文化能力與架構而不同的假設。雖然莫利承認方法學上不是沒有問題，這個研究認為大量的解讀聚集在由階級建構而成的重要解碼地位上。例如，一群保守的印刷經營者和銀行經理完成了支配式的解碼，而協商式的解碼是由一群貿易工會幹部所完成。後者的解讀仍然是協商的而不是敵對的，因為他們的解讀只適用於一個特定的勞資衝突事件，然而，他們的解讀仍侷限在一般的論述，仍然認為罷工「對英國是一件不好的事情」。根據莫利所說，對立式的解碼是由一群工人代表以及一群黑人大專學生所作成的；前者的政治觀點使他們完全拒絕這個節目提供的論述，後者感受到與這個節目有疏離感，因為感受到和他們的生活是不相關的。

## 觀看《朱門恩怨》

　　〔華裔學者〕洪美恩（*Ang, 1985*）討論《朱門恩怨》及其閱聽人的研

究，出自分析一群荷蘭女性觀眾關於她們如何觀看這齣肥皂劇的信件。在這些研究裡，她運用了「徵候」（symptomatic）分析（亦即尋找文本背後隱藏的態度），並且從探索主動閱聽人與文本意義的潛在結構間的對立著手。她的中心論點是《朱門恩怨》的觀眾主動地介入意義和愉悅的產製，有多種展現方式，無法被化約為文本的結構、「意識形態效果」或是一個政治方案。

洪美恩說，肥皂劇的情節提供觀眾一種當下立即的感受，而且需要觀眾投入情感，其情感流動穿梭於設身處地感受劇中人物，以及和劇中人物保持距離，對劇中人物產生認同和反感。觀看肥皂劇同時也是一種受到「大眾文化意識形態」（ideology of mass culture）中介影響的經驗，而有《朱門恩怨》（和其他文化活動相比）較難登大雅之堂的感覺。這也導致觀眾採用廣泛的觀看位置：有些人覺得看《朱門恩怨》有罪惡感；另外也有人採取一個反諷的立場，為了避開向人承認自己喜歡《朱門恩怨》的矛盾而視它為「垃圾」；也有一群觀眾認為假如你「清楚其危險」，看這個節目還是可接受的；而另外一些人，受民粹主義意識形態（ideology of populism）影響，自我辯護有權持有他們想要的文化品味。

## 意識形態和抵抗

一個常見的假定是，主動閱聽人的本質減弱了電視的意識形態角色，使得閱聽人較不受到文本建構和**權力**議題的操控。已經有一個趨勢將意識形態的複製視為和被動閱聽人有關，而將主動閱聽人與**反抗**意識形態相連結。然而，儘管證據指出電視觀眾了解許多電視文法和產製過程，而且在電視**形式**層面上他們是極度世故和博學的，但這並未使他們免於產製與複製意識形態。

例如，李比斯（Tamar Liebes）和凱茲（Elihu Katz）（1991）對《朱門恩怨》所做的研究發現，儘管美國觀眾非常了解電視形式和產製情境，

但他們認為《朱門恩怨》只是不含特定意識形態立場的娛樂（這種觀點本身，難謂未受到意識形態的影響）。在英國，針對亞裔青少年肥皂劇觀眾的研究（Barker, 1998, 1999; Barker and Andre, 1996）認為，他們都主動且顯示出複製家庭、關係和性別的意識形態。的確，閱聽人活動是意識形態的契合和複製的必需品。

　　「主動閱聽人」典範現今已粲然大備，而且證據充足，我們或許可以同意席維史東（Roger Silverstone, 1994）的結論，閱聽人總是主動的。雖然主動閱聽人有機會挑戰意識形態的形構，但它主動的程度必須在特定的個案研究中，透過經驗證據來決定，不能視為理所當然。只有在不缺乏另類論述的情形下，從而自我成為一個意識形態爭奪的場域時，閱聽人的活動才足以解構意識形態。

## 電視觀眾和文化認同

　　觀看電視是由各種文化認同形式組成和建構的（第六章），電視是一種文化認同建構的資源，正如閱聽人開始運用他們的文化認同和文化競爭力，以他們特定的方式來解碼節目。電視已經變得全球化，所以電視的地位在種族和國族認同的建構方面特別重要（Barker, 1999）。

### 意義的輸出

　　有關國家／種族文化認同和電視劇觀看行為的著名大型研究，是李比斯與凱茲的研究（Liebes and Katz, 1991），從各種不同的文化和種族背景來探索觀眾之間對《朱門恩怨》的接收狀況。其特別的研究興趣是探究跨文化的觀看面向，從各族群社區對六十五個焦點團體進行訪談研究，這些焦

點團體由阿拉伯人、俄羅斯的猶太人、摩洛哥猶太人和以色列的奇布茲成員（Israeli kibbutz members in Israel）2 組成，加上一群美國和日本的國內觀眾。此研究尋找了解和批判的能力方面，不同的解讀《朱門恩怨》的證據，並假設團體成員將會彼此討論文本，共同發展出建立在相互文化理解基礎上的解釋。

李比斯和凱茲認為，他們的研究提供了不同的文化背景，可發現對《朱門恩怨》敘事不同解讀的證據，尤其是他們探究跨越不同團體間，採用「參考式」和「批判式」的解讀方式，他們所指的「參考式」是對《朱門恩怨》的理解，是他們在節目中所看到的內容指涉、參考為「真實的」來看節目，「批判式」指的是了解節目建構的本質，可見於他們對於電視節目敘事建構機制和電視產業經濟的討論。整體而言，採取參考式的觀眾比批判式的觀眾來得多，大約為三比一。

李比斯和凱茲論稱，在每一種敘說型態的各個層次，種族群體之間有明顯的差異，結論是美國人和俄羅斯人特別批判，然而，美國人所展現的批判意識大多是集中在形式的問題和產品背景，都是建基於他們對電視產業運作的理解。就主題／內容而言美國人較少批判，趨向於假定《朱門恩

---

2. 譯註：奇布茲（Kibbutz）在希伯來文中表示「共同屯墾」，是一種類似共產主義的集體農場，又被稱為以色列的「人民公社」，每個成年的成員都必須工作，來換取生活所需，基本上財產共有，不論工作、薪資皆平等。最早的奇布茲成立於一九〇九年，由東歐的猶太人回到以色列所建立，希望透過共同勞動的方式，快速在祖先的土地上，建立新的家園。當以色列一九四八年建國時，已經有一百多個奇布茲，是以色列建國的重要基礎，目前的數目約在二百七十個左右。每個奇布茲的大小不一，但人數約在幾百至一千左右，全以色列共有十二萬人生活在奇布茲，僅占全國人口百分之二十五。早年奇布茲以農業為主，占以國農業生產的三成以上，後來漸漸轉型至工業（占百分之八以上）與觀光服務業。當歐洲的猶太人回到祖先的土地──巴勒斯坦時，面對的是一片荒廢的土地，水源缺乏、資金窘困，唯有透過集體農莊的方式，共同開墾，貢獻體力，才能克服種種困難，在那片荒蕪的土地上生存。（資料來源：http://www.richyli.com/report/2002_04_30.htm）

怨》沒有意識形態而「僅僅」是娛樂；相反的，俄羅斯人視它為一種西方資本主義的扭曲再現，阿拉伯人團體對西方文化的「危害」和西方「道德墮落」有一種高度敏感度。

　　李比斯與凱茲所研究的《朱門恩怨》發現，有許多重要的連結存在於電視和國族／文化認同之間。最有意義的是，我們可以從此一研究歸結出閱聽人從他們擁有的國家意義和文化認同出發，用此方式來解碼節目，觀看美國電視節目的觀眾並非毫不批判性地消費，或是因此失去「本土」（indigenous）文化認同，他們運用自身文化認同來當作一個對美國電視的抗拒，同樣也幫助他們透過討論、發聲來構成文化認同本身。

## 全球在地化

　　在相似的脈絡中，米勒（*Miller, 1995*）認為千里達（譯按：位於加勒比海的一個小國）的閱聽人觀看美國肥皂劇《青春不羈》（*The Young and the Restless*），並非只是簡單地意味著對美國商業文化的消費。他講述肥皂劇被「在地化」的方式，賦予意義和吸收進入本土的活動和意義之中，特別是八卦和醜聞（特別是和性有關的）是肥皂劇敘事核心關切的事情，而這些事情和千里達當地的「狂歡作樂」（bacchanal）的概念產生共鳴，根據米勒，那是深植於民俗的概念，疑惑、八卦、醜聞和真實的想法混雜在一起的，肥皂劇所關切的「因此整合了在地人將揭露和醜聞視為是真實性的概念」（*Miller, 1995: 223*）。米勒的研究很重要，因為他認為分析敘事體特質是不足夠的，強調需要了解本土的吸收和轉化過程，此類過程的真正本質將是特殊的、偶然的和不可預測的。電視的**文化政治**在消費層次上和它們在生產和文本方面一樣重要。

　　拉爾在中國的研究顯示出電視不均等且矛盾的影響力，根據拉爾（*1991, 1997*）所說的，中國政府將電視引進中國，是希望開始用它作為一種社會控制和文化同質化的形式，但它已經轉而扮演一個相當反對者的角色，雖

然在天安門廣場事件後，中國政府已經企圖運用電視來重新建立社會的穩定性，但它反而成為一個人民反抗的中心機構。

在中國，藉著呈現另一種生活觀點，電視已經擴大、強化文化與政治意見的多元性，出於吸引更多閱聽人的需求，電視已經成為文化和意識形態競逐的論壇，商業的、進口的戲劇與中國自身的經濟難題並列。甚而，不僅是節目本身多義性，閱聽人也已經變得擅於領會官方聲明的言外之意。對拉爾來說，中國人民反抗運動（譯註：指一九八九年發生的北京民主運動）挑戰了專制統治，反抗運動強調的是自由和民主，沒有電視這些事情是不會發生的。簡言之，雖然電視在全球的層次上可以傳播一些論述，但其消費和運用作為一種文化認同的建構資源，總是發生在一個本土的情境中。

## 閱聽人、空間和認同

電視的重要性，不僅是在文本意義和詮釋上，也見於日常家庭生活的韻律和常態，特別地，看電視是我們經常會在特定的家庭空間中進行的某種事情，例如「客廳」，因此研究者已經開始對看電視的空間產生興趣，關注空間、活動和**認同**建構之間的連結，特別的研究興趣已經產生在：

1. 廣電媒體提供了一個儀式性的社交活動，使得家人或一群朋友在節目播放之前、之中、之後一起觀看和討論。
2. 在這些儀式、他們看電視的空間以及文化認同的產品之間的連結。

**空間**，如梅西（*Massey, 1994*）所論述的，不是「空洞的」，而是以文化方式所生產的社會關係（第十章），也就是家庭、國家、教室、起居室等等的空間，是建構在社會關係之中，並且透過社會關係建構出來的，而且人們對這些不同的空間投入了感情或承諾，從而空間不再是空間而成為

場所。根據席維史東（*Silverstone, 1994*），空間和**地方**之間明顯的差別是感覺所形成的，也就是，地方是充滿人類經驗、記憶、意圖和慾望的空間，並作為個人和集體認同的重要標記。

## 國族空間

試圖將空間的意義固定化，代表的是在該空間安置宣稱屬於某人的特定的身分／認同的企圖，例如國族主義者的宣稱，是透過命名和固定化地方與空間的意義，來安置其專屬的國族認同。史甘那（*Scannell, 1988*）論稱，廣電媒體在國族空間（national space）的建構上，扮演了重要角色，透過將重大的公共事件帶進觀眾的私人世界，而這麼做等於是建構了一個國族的年曆，組織、協調並且更新了一個國族的公共、社會的世界。這樣的事件可能包括英國足球決賽（the FA Cup Final）、溫布頓網球錦標賽、國會開議，以及英國年度音樂季（the Proms）[3]的最後一夜，在美國則是國會選舉、超級盃橄欖球賽，以及每年七月四日舉行的美國獨立紀念日慶祝活動。

## 性別化的空間

**性別**認同是家庭空間裡的一個潛在衝突的場域，而這個家庭空間經常會被賦予女性的意義。家務的例行活動和空間一起被性別化為社會和文化的類別，例如，廚房被賦予女性的意義，而車庫則被視為是男性的空間。在這些性別化的空間（gendered spaces）中，科技「符合」且被吸收進入

---

3.譯註：英國的年度音樂季是歷史超過百年的大型夏季音樂盛宴，一九三○年代由英國廣播協會（BBC）接手主辦至今。一般在七月開始，九月結束，長達二個月以上幾乎每天都有排定世界知名樂團表演節目的音樂會，在每年音樂季結束的最後一天達到最高潮，表演通常在現場、廣播與電視觀眾的感動與興奮中結束，是英國最重要的文化活動之一。

特定的社會／性別規範之中。

在一項對英國「家庭主婦」的研究中，葛雷（*Gray, 1992*）論稱錄放影機（VCR）整體是被女性視為同時具有陽剛的男性和女性化特質，但定時預錄的功能則被視為是男性專屬的，特別地，在她的研究中，在錄影機上設定時間的技巧被女性視為是一種技術上的困難，所以被認為是男性才有辦法操作，儘管女性也同樣的例行性地使用複雜的洗衣機。相同地，莫利（*Morley, 1986*）的《家庭電視》（*Family Television*）一書認為，權力和控制節目的選擇大多操控在男性手上。他論稱，男性和女性有不同的觀看模式和偏好，例如：男性較女性更專注地收看電視節目，女性則會將注意力擺在其他的家庭事務上，女性比男性更喜愛戲劇和虛構故事，對男性而言體育和新聞是更重要的。

## 家庭空間和全球空間

拉爾（*Lull, 1991, 1997*）更深入地探索了在中國，電視、空間和每天例行性活動之間的連結。在中國，限制的家庭空間，意指的是電視機引進到家中產生相當大的影響，當電視開著的時候是無法逃離的，因此看電視已經成為一種集體的家庭經驗，現在家庭的例行性活動就特別包括了一個看電視的時間。電視的出現已經改變家庭關係，對於看些什麼、何時及何人收看的問題，帶來了潛在的衝突，兒童收看電視的管制則成為一個特別的議題。

不同於拉爾強調家庭如同一個地方，梅洛維茲（*Meyrowitz, 1986*）關心的是全球的空間，他認為電子媒體改變我們社會生活的「情境地理」（situational geography）的意義，因此我們居住在一個虛擬遍及世界的空間，其中鑄造了一種新的**同一化**的形式，他的核心論點是電子媒體打破傳統上地理位置和社會認同之間的連結，因為大眾媒體提供我們豐富的認同來源，與特定地方並無立即的關係，梅洛維茲的論點提出了加速全球化的情境下，關於電視的問題以及文化和認同的問題。

# 電視的全球化

**全球化**（見本書第四章）意指一系列導致世界空間的壓縮和縮短，也就是經常增加全球連結和我們對他們理解的豐富性，電視的全球化是一個科技、經濟、制度和文化的問題，電視節目被認為是全球的，因為以下幾方面原因：

1. 各種公共和商業的電視結構都是在民族國家的邊境之內以及／或語言相同的團體中被管制的、資助的和觀看的。
2. 科技、產權、節目通路和電視的閱聽人，其運作是跨越民族國家和語言社群的邊界。
3. 相似的電視敘事形式和論述在世界各地到處流通。

電視的全球化是一個**資本主義**在追求新商品和新市場的動態擴張的邏輯，製作電視節目可以賺錢，賣電視的硬體科技（從衛星到電視機）也可以賺錢，而把閱聽人交給廣告主更可以賺錢。電視站在更廣大的商業活動的中心，成為消費資本主義的擴展中心。

## 全球電視的政治經濟學

**政治經濟學**關切的是權力與經濟和社會資源的分配，現在的目標則轉變為一種關心誰擁有以及控制電視通路機制和產品，伴隨而來的是這些產權模式和控制文化景觀輪廓產生的結果。

莫達克與高丁（*Murdock and Golding, 1977*）認為傳播媒體產權握在私人資本的手上就很容易在財團的影響下日趨集中，所產生的**跨媒體公司**是

一個更大資本集團形成過程的一部分。在傳播領域中，莫達克（*Murdock, 1990*）區分三種基本集團的運作方式：產業集團、服務集團和傳播集團，這些運作在傳播產業改變的背景下，集中於綜效、匯流和去管制的過程（*Dyson and Humphreys, 1990*）。

### 綜效和電視產權

在一九八〇年代中期和一九九〇年代期間，有許多方面的變化：財務、電腦和資料處理公司進入電訊傳播，創造出一個個支配多個市場部門的多媒體巨人。這些公司透過購併獲致足夠財力，以負擔成為全球市場參與者所需的巨額投資。因此一九八九年時代集團和華納集團的合併案，創造了世界上最大的媒體集團，擁有二百五十億美元的資本額，並且緊接著在一九九五年收購透納廣播集團（下轄美國有線新聞網）。在一九九三年後期，派拉蒙（Paramount）和衛爾康（Viacom，音樂電視 MTV 的擁有者）合併，組成了一個資本額達一百七十億美元的媒體集團，成為排名在時代華納、新聞集團（News Corporation）、貝塔斯曼（Bertelsmann）和華德·迪士尼（Walt Disney）之後的世界第五大媒體集團。

這些發展的主要原因是為了追求**綜效**（synergy），包含電視與其他媒體在產品和通路上不同元素的結合，以至於他們能夠彼此互補產生更低的成本以及更高的利潤。電影同步與流行電影原聲帶和虛擬實境電玩一同發行，並完全屬於同一家公司所有，此為軟體和硬體結合的鮮明例證。以上所說的都是很常見的，不是例外而是規則，沒有一家傳播組織在綜效方面表現得比梅鐸（Rupert Murdoch）的新聞集團更好。

新聞集團以五·二五億美元購併以香港為基地的星空傳媒電視（STAR TV），讓梅鐸的衛星電視足跡遍布擁有四十五億 [4] 潛在觀眾的亞洲和中

---

4.譯註：原書誤植為四百五十億。

東，加上它所擁有的其他電視媒體產權（最著名的有英國 BskyB 和美國及澳洲的福斯電視 Fox TV），新聞集團的關係企業遍布全球大約三分之二的地區。重要的不是該公司產權在空間上的擴張範圍，而是在它各分支機構之間的整合串連潛力。在二十世紀福斯電視公司和星空傳媒電視，梅鐸購併了一個很大的電影和電視影片庫，他可以透過他旗下的發行流通網路將產品傳送出去。他希望創造一個有暴利可圖的全球廣告市場，同時，梅鐸可以使用他的報紙來推廣他的電視頻道，藉由他所擁有的報紙給予空間來報導在其電視頻道播出的體育活動。

### 匯流和電視科技

當代專業術語之一「資訊高速公路」說明了綜效和匯流的過程，也就是安裝電腦和寬頻線纜的電視，將使我們得以透過電視購物及付款、傳送電子貨幣、留意銀行存款、線上選擇電影收看，並透過全球網際網路搜尋資訊，個人電腦電視（PC-TV）強調**科技匯流**的議題，也就是科技已經是從個別地生產和使用合而為一體的過程。匯流意指的是打破科技之間的邊界，同時伴隨組織的匯流，透過購併和接管尋求綜效，最後導致跨媒體公司的產生。

數位科技使得科技匯流成為可能，數位科技組織電子資訊成為位元，或是把不連續的資訊集結一起，在傳送期間可以被壓縮，資訊到達目的地時可以解壓縮，這促成更多資訊可以經由任何管道（可以是線纜、衛星或地面訊號）傳送，以最快速度跨越更遠的距離，新科技的影響，特別是數位化的過程，表現在速度、數量和距離上，有更多的資訊可以用更快的速度跨越更遠的距離。

很明顯地，擁有最大影響力的科技，是那些與發行機制有關的科技。控制發行機制的組織，正在侵蝕生產／製作部門的權力，因為無人願承諾一項沒有確保發行契約又需花費大筆資金的方案，衛星提供大量增加的電視訊號，這些訊號不是直接發射就是經由有線系統頭端發射訊號，儘管設

立的成本高，卻有潛力提供更進步的高畫質和聲音。現今大多數的有線系統是建基在以銅線為主的同軸電纜規格上，然而，有線電視的未來取決於光纖的使用，以及光纖容納大量頻道和互動節目的能力。

當然，有線電視和衛星科技的影響在世界各地有所不同。在印度，商業衛星電視對印度國營的電視網（Doordarshan）的支配力造成威脅；而直播衛星電視（Direct Satellite Broadcasting, DBS）在美國卻無太大影響力，在有線電視普及的情況下顯得黯淡無光。在英國，有線電視仍為生存苦苦掙扎，而它在荷蘭已達到百分之九十五的滲透率，是歐洲國家有線電視最普及的國家。

### 去管制和再管制

藉由產業龍頭的推動和政治人物的促成，使得綜效和匯流已經發生，雖然多媒體集團已經存在了好多年，它們的活動範圍也已經因為政府限制跨媒體產權管制和新進入者管制的鬆綁，而更加擴展其活動範圍。一九八○和一九九○年代是電視去管制（deregulation）的時期，這不意指所有的管制都須被廢止，反而，電視和電訊傳播產業已經被再管制（reregulated），但很明顯地，新的管制比它們原有的管制不嚴格，這是很多因素所引起的：

1. 「新」傳播科技的成長，使得傳播科技自然壟斷的論點成為無效，因為數位科技使頻寬能夠切割使用，並採納不同的傳送系統。
2. 在許多國家的法院判決中，將合法的的傳播權和多元性視為一項重要的公共原則。
3. 政府傾向依市場機制運作，包括偏向支持電視的財源是藉由商業廣告等方式而不是透過徵稅。

因此，電視和報紙產權規定的鬆綁，允許梅鐸在美國開辦福斯有線電視以及在英國擁有報紙和電視公司，同樣地，去管制也允諾了美國最大的電話經營者——美國電話暨電報公司（AT&T）——涉足先前它被法律禁

止經營的電視市場。

去管制和商業擴展已經加速且更廣泛地討論電子傳播新境界的相關議題，美國以外，「舊秩序」的特徵是廣電必須服膺公共服務的目標，而這些目標是在廣義的、管制的政治脈絡下所形成的。電視大部分是國有的，而且一般說來原則上是非商業的。相反地，電視的「新秩序」是被標示為：

1. 公共廣電和商業廣電的共存。
2. 商業電視的去管制。
3. 多媒體跨國公司的日增。
4. 公共服務電視在壓力之下而帶有著商業邏輯的運作。

上述這些在世界各地發生的趨勢，支持了一個全球的電子文化（a global electronic culture）的出現。

# 全球的電子文化

在全球化的情境下，文化可以被視為是跨過時間和地方。在**電子複製**的年代，文化經由螢幕、電視、廣播傳達給我們，而不是要求我們在儀式化的空間情境下來探索文化，來自不同時期和地方的文化人工製品和意義可以混合且並列在一起，雖然和特定地方相聯的價值觀和意義仍然具有重大的意義，但人們涉入其中的網絡而得以向外擴展，超越地理空間的限制。對一些批評家而言，這牽涉到混合、匹配（matching）和文化交換；對其他人而言，這是一種文化支配的形式。

## 媒介帝國主義

席勒（*Schiller, 1969, 1985*）論稱，媒介配合世界資本主義系統，提供

意識形態的支援給資本主義，而特別是跨國公司，媒體被視為是企業行銷的媒介，操控並移交閱聽人給廣告主，並且強調一種共通意識形態的效果，主張媒體訊息創造並強化閱聽人服膺社會現狀。

　　對於媒體和**文化帝國主義**的關切，已被少數全球電視節目交易的研究點燃，產生的結論是美國支配了節目的流動（*Varis, 1974, 1984*），美國當然是電視節目的主要輸出者，此優勢地位是受惠於它的產業經濟，使得美國電視業者可以在國內回收大部分成本，剩下的外銷部分都是利潤。然而，儘管在一九八〇年代晚期所有進口到西歐的電視節目時數中有百分之四十四是來自美國，塞普斯崔普（*Sepstrup, 1989*）論稱，影響最大的是在所有的西歐國家中，整個由國家供應的節目有百分之七十三是國內生產的，然而「越來越多的國家正在增加本國自製節目生產的比例」，一個明顯的數字是「在所有的播出時間和黃金時段期間，自製的節目比例超過一半」（*Straubhaar1997: 293*）。


## 區域化

　　儘管美國支配了「至少百分之七十五的全球電視節目輸出市場」（*Hoskins et al., 1995*），但在享有共同語言、文化和歷史的貿易關係的基礎上，已明顯出現轉向市場**區域化**（regionalization）的跡象。在一九八〇年代，美國影視節目有百分之八十的海外銷售集中在七個國家：澳洲、加拿大、法國、德國、義大利、日本和英國（*Waterman, 1988*）。史多包爾（*Straubhaar, 1997*）論稱，有很多「地緣文化」（geo-cultural）市場出現，包括在西歐、拉丁美洲、法國與其前殖民地的法語世界、阿拉伯世界、華語市場和南亞市場等；再者，這些市場不必然被地理空間所限制，也包括遍布世界各地的離散群落，例如，印度電影工業服務的不只是印度次大陸，還有非洲、馬來西亞、印尼和歐洲等地〔的海外印度人口〕。

所謂美國媒介帝國主義（US-media imperialism）的講法，並未考慮到主動閱聽人看電視時所產生的矛盾、不可測和異質的意義。電視確實扮演了引介外來意義系統、外來文化的重要角色，但與其認為它破壞了在地文化，不如將此過程看作是在地文化意義與外來的另類定義相互交疊激盪，使兩者各自的意義皆被改變，最終產生出新的曖昧含糊和不確定感（*Ferguson, 1990*）。我們正面對的是一組可追溯至不同歷史時期的經濟和文化過程，有著不同的發展規律，彼此之間交疊在一起，創造出一種全球的斷裂、不連續狀態，但也提供了新的全球的連結及相似點（*Appadurai, 1993; Smith, 1990*）。

## 全球的與在地的

電視可說是全球性的，因為世界各地都流通著大同小異的敘事形式：在大多數的國家都可發現肥皂劇、新聞、體育、益智節目和音樂錄影帶。比方說，肥皂劇在二種意義上是屬於一種全球的形式：它是全球眾多不同國家**產製**的一種敘事形式，它是一種輸出最多的電視節目，在各種不同的文化脈絡下被全球觀眾**觀看**。全球肥皂劇的吸引力可以歸諸於明顯普遍訴求的開放敘事形式，以個人和親戚關係為主，以及在某些情形下出現的國際風格是深植在好萊塢的傳統中，然而，肥皂劇的成功也提供閱聽人機會，使其參與處於可認知「真實」場所的在地或區域性議題，例如：儘管南非的電視充斥許多美國和澳洲的肥皂劇，也可能看到南非在地產製的《世代》（*Generations*）。

存在於全球和在地兩端之間的張力一方面是被大量的全球肥皂劇如：《鄰居》（*Neighbours*）和《朱門恩怨》的流行或受歡迎所凸顯；另一方面同樣的肥皂劇在一些國家收視率不佳（例如：《鄰居》在美國、《朱門恩怨》在日本），如同克路夫特（*Crofts, 1995*）已經指出，全球肥皂劇的成敗，繫於電視肥皂劇的形式與接收情境，儘管我們見證一種國際黃金時

段肥皂劇風格的出現,包括高產品價值、令人喜愛的視覺表現、步調快速動作導向的敘事方式,很多肥皂劇仍保有在地的背景、區域語言的閱聽人和慢步調通俗劇的說故事方式。

同樣地,新聞展現了全球的相似性與在地的差異性,史多包爾(*Straubhaar, 1992*)的跨文化研究的結論說「什麼是新聞」,各國的定義「相當一致」;葛維屈等人(*Gurevitch et al., 1991*)收集有關歐洲電視網[5]新聞交流及經常使用此資料的三十六個國家,指出一般新聞連續鏡頭的可得性與共享的專業文化,使得新聞報導「實質但非完整地」匯流,這可以反映出「基本新聞論述國際標準化的潮流」(*Dahlgren, 1995: 49*),一起隨之而來的是西方的新聞機構對全球新聞議題的支配。然而,事實顯示西方新聞機構傾向提供「即時新聞」和沒有評論的視覺報導畫面,允許以配音的方式來給新聞事件不同的詮釋,導致了葛維屈所說的全球新聞的「本國化」,這被視為是「全球化的相反拉力」。

除了明確的類型如肥皂劇和新聞之外,全球傳播科技的倍增已經逐漸地創造出一種複雜的**符號**環境,其中電視生產並傳遞一種符號和意義相互競爭的呈現。這創造出影像的流動,與新聞、意見、戲劇和新聞報導融合並列在一個電子的**拼貼**中(*Williams, 1974*)。因此,電視的全球化建構出不同時間和地方的影像拼貼,此現象被稱作後現代。

## 全球後現代文化

拉許(*Lash, 1990*)認同**後現代**的轉變核心是從「論述的」到「圖像

---

5.譯註:歐洲廣播聯盟 (European Broadcasting Union, EBU) 於一九五三年起設立「歐洲電視網」 (Eurovision),促成歐洲各國的節目彼此流通播送,特別是體育與藝術節目。聯盟成立重要宗旨之一就是交換歐洲節目,目前每年平均交換二萬多則新聞及七千多小時的體育與文化節目。

的」改變，他指的是現代和後現代的表意邏輯運作是以不同的方式進行，對於拉許而言，現代主義者的「**表意**政權」（regime of signification）強調文字的優先順位是高於影像，鼓吹一種理性主義的世界觀，探索文化文本的意義並且將觀眾和文化客體分開。相反地，後現代的「形象」是更視覺化的，取自日常生活中的視覺經驗，質疑現代理性主義的文化觀，並且使觀眾沈浸於在他／她對文化客體的欲求中。我們可以下結論，本質上為視覺媒體的電視全球化，形成了後現代文化轉向核心的部分。

　　哈金（Hutcheon）認為後現代主義「採用自我意識、自我矛盾、自我毀壞的形式敘述，而這像是說明某些事情時，用引號圍繞被說明的事情」（*Hutcheon, 1989: 1*），也就是說，後現代主義是一種有反諷意識（ironic knowingness）的形式，**反諷**是因為它探索它自己所知道的情境和限制，在電視方面可以看到一些後現代風格的表現：

1. 美學的自我意識（aesthetic self-consciousness）／自我反身性（self-reflexiveness）。
2. 並列／蒙太奇／拼貼。
3. 吊詭／曖昧含糊／不確定性。
4. 互文性與傳統類型的界線漸趨模糊。
5. 反諷、仿諷和混成。

　　製作技巧包括蒙太奇、快速剪輯、非線性敘事技巧和影像的去情境化，節目通常已經被辨識為後現代否定線性敘事的重要性，較偏好影像超越採用說故事方式的一種新的看法和感受（*Kellner, 1992*）。自我意識的**互文性**牽涉到明白地暗示一些特別的節目和間接指出其他類型的慣例和風格，例如：明白的指涉在辛普森家庭中的《畢業生》（*The Graduate*）和《末路狂花》（*Thelma and Louise*）或是在《北國風雲》（*Northern Exposure*）中的《雙峰》（*Twin Peaks*），這個互文性是一種擴大歷史和文化產品功能的文化自我意識的角度。

《辛普森家庭》可以說就是後現代。它使得一個「功能失調的」美國
家庭成為這個節目的反諷英雄。一方面,它只是一部卡通,另一方面它是
美國人生活和文化一系列精細的反思。辛普森一家人的生活中心是電視機
和電視節目,於是這就產生了一系列的互文性,指涉了其他的電視節目和
類型。辛普森家庭要求我們意識到各種電視節目和電影類型,例如其中有
一集的結局完全就是反諷《畢業生》的最後一段;而《癢癢和抓抓》(*Itchy
and Scratchy*)(《辛普森家庭》劇中小孩看的一種卡通)則是反諷卡通
《湯姆貓和傑利鼠》(*Tom and Jerry*),並且嘲笑我們自己既譴責卻又愛
看電視暴力的雙重標準。

### 超級真實和電視擬象

許多具有啟示性的觀點由布希亞(*Baudrillard, 1983a, 1983b*)所提出,
對他來說,電視是後現代文化的中心,後現代文化的特徵是迷人的擬象和
摹寫,包含一切的流動,亦即一種我們過度負載的影像和訊息所構成的**超**
**級真實**(hyperreality),一個個現代的區分(真實和非真實、公共的和私
人的、藝術的和真實的)都已瓦解,或是已被吸入有如「黑洞」般的世界。

對布希亞而言,「超級真實」是根據某個模式產製,不是天定的而是
人造的真實,所以「超」這個字意指「比真實還要真實」,經「幻覺相
似」(hallucinatory resemblance)的真實本身重新潤飾過。布希亞描述一
種他稱之為存在於媒體和**社會**之間的「內爆」過程,導致了邊界的瓦解,
因而新聞和娛樂相互之間是模糊的而「電視就是世界」,因此,電視模擬
了真實的生活情境,不是再現的世界而是製作它自己所擁有的世界,對布
希亞而言,後現代的電視是平淡無奇和單一面向的,它連續不斷的影像和
**擬象**的流動沒有內涵意義的體系,在字面上和隱喻上都是「膚淺的」。

相反地,對於凱爾納(*Kellner, 1992*)而言,電視是有意義的而且不是
呈現「所有的意義和訊息都被吸收在漩渦當中的一個黑洞中」(*Kellner,*
*1992: 156*),然而,他認為電視的整合的中心角色,有如**迷思與儀式**,肯

定的是主流價值、支配的思想和行為模式。因此，他認為電視提供的一些模式，影響人們建構其態度、價值和行動。

## 消費文化

全球化、消費文化和後現代主義是緊密結合的現象，原因如下：

1. 全球化涉及西方和來自宇宙中心的哲學分類的「移遷」；事實上有些人視西方分類系統的瓦解為後現代主義的標誌。
2. 由電子媒體來加速提升流行文化的能見度和地位，意指高雅文化和低俗文化之間的明顯區分不再可行。
3. 藝術、文化和商業之間的邊界正在模糊當中，聯合起來增加了後現代「形象」的重要，導致日常生活美學化（*Featherstone, 1991, 1995*）。

全球的電視發展作為一種根本的商業形式，已經被放置在消費文化、視覺為主的廣告核心活動中，位於這些活動的最前線（*Mattelart and Mattelart, 1992*），電視是製造及複製**促銷文化**（promotional culture）**的中樞**，其焦點在於運用視覺影像來創造附加價值的品牌或商品符號，事實上，威尼克（Wernick）認為用來傳播某些或其他類型的推銷訊息的文化現象，已經「實質上共同擴張我們所生產的符號世界」（*Wernick, 1991: 184*）。「可口可樂文化」一詞概括全球促銷文化的無遠弗屆，以及強調宣稱全球資本主義、廣告和文化同質性之間的連結，也就是，對於某些批評者而言，全球化的過程呈現一種文化同質性的形式，特別是指可口可樂、麥當勞、耐吉（Nike）和微軟視窗等在世界各地傳播、流通的消費文化領域。

然而，全球消費者商品的發行不應該導致我們假定它們的影響在世界各地都是相同的，透過**全球在地化**，消費者商品是受制於在地消費層次上的各種意義，在地消費使我們免於認為可口可樂文化等於同質的文化認

同。的確，這是 Windows 視窗軟體系統和牛車、《辛普森家庭》和 Hum Log（一部印度肥皂劇）、好萊塢和印度影城孟買、「超凡合唱團」（The Prodigy，譯按：一個英國流行音樂團體）和傳統的舞蹈音樂並存的狀況，暗示了一種全球後現代的想法。

## 創造性的消費

大多數的文化研究學者比布希亞持有更正面的看法，相信當代電視和消費文化內蘊創造力的可能性，例如錢伯斯（*Chambers, 1987*）和赫布迪齊（*Hebdige, 1988*）已經討論商品形式，包括電視，形成**多重身分／認同**建構的基礎方式，他們強調消費者主動與意義導向的活動。這些消費者自行拼貼選擇與安排各種物質商品與意義符號的元素。

同樣地，費斯克（*John Fiske, 1987*）認為**流行文化**是由人們創造的意義，而非由文本中那些可指認的部分所構成的。費斯克對電視的討論言及兩個分離的經濟：生產的財務經濟與消費的文化經濟。前者主要關切的是金錢和商品的交換價值，後者是文化意義、愉悅與**社會認同**的場域。雖然財務經濟的因素在任何有關文化的調查當中「必須被納入考量」，但財務經濟無法決定、也不能否定閱聽人在消費層次上作為意義生產者所擁有的權力。的確，流行文化被視作符號戰（semiotic warfare）和人民策略（popular tactics）的場域，被用來逃逸或反抗那些生產者產製且銘刻於商品上的意義。

威利斯（*Paul Willis, 1990*）認為，**商品化**過程支撐了出現在年輕人消費實踐裡的一種「共同文化」。他指出，意義並非內在於商品之中，而是在實際使用上的意義和價值的建構。他稱此為「紮根美學」（grounded aesthetics）。對威利斯而言，當代文化並非無意義或表面、膚淺的，而是涉及作為文化的生產者的人們主動創造的意義。威利斯提出一個廣為人知的講法，亦即閱聽人（特別是青少年）是老練的影像讀者，早已知道如何透

過詮釋電視符碼來自娛。

　　透過這種方式，當代電視世界可被解讀成一個民主的與具創造性的文化，而非一個單面向的超級真實（a one-dimensional hyperreality）。透過創意發揮而被產製和消費的各種文化形式，提供了民主化的可能性，因為通俗音樂、電影、電視和時尚雖是掌控在跨國資本主義、多媒體的手上，意義是在消費層面上被人們產製、改變和管理，而且這些人是主動的意義生產者。

## 本章摘要

　　電視向來是文化研究的關切對象，因為它處於西方社會傳播活動的核心地位，而且它還擴散至全球各地。這些關切變得越來越尖銳、迫切，因為全球電視從公共服務廣播電視，轉向追求綜效與匯流的多國籍企業支配的商業電視發展。

　　電視制度的全球化與世界各地之電視敘事與類型的流通（包括新聞、肥皂劇、音樂電視節目、體育和遊戲活動），兩者是並行發展的現象，都是置身於一個先進的「促銷」（promotional）與具有拼貼、互文性及類型模糊等特質的後現代文化之中。

　　電視節目的意識形態建構受到注意，包括排除另類觀點的霸權版本的世界新聞。然而，也有人論稱電視節目是多義的，含有許多通常矛盾的意義。所以，閱聽人可以探索各種潛在意義。尤有進者，證據顯示閱聽人是主動的意義生產者，而非只是單純接受批評家所指認出來的文本意義。因此，全球電視應被理解為促成拼貼和**混雜**，而非推動文化帝國主義。

　　電視的意義不囿限於文本的意義，因為它置身於且維持在日常生活的各種活動當中。雖然電視的政治經濟學和節目流通可能是全球性

的，看電視卻是置身在日復一日的家庭實踐活動之中。特別的是，咸認家庭空間是更廣大的文化身分／認同（包括性別認同）建構與爭辯的場域。

# 第十章

# 文化空間與城市地方

◉ 初稿翻譯協助：曾瑋

　　一九七〇年代以來，社會和文化理論對空間和地方問題的興趣漸增。以往，現代理論對於時間的討論較有興趣，認為時間是社會變遷的動態場域，而空間則被視為是靜止、固定和不流動的，為歷史的變動所橫跨。所以，傅科論稱：「完整的歷史仍有待於從空間的角度來書寫，這也同時是一部權力的歷史（這兩個詞——空間和權力——都是複數），從地緣政治的大戰略到居家環境的小戰術，盡在觀照之中」（*Foucault*, 轉引自 *Soja*, *1995b: 14*）。

　　本章中，在將城市視為社會／文化地方的特定形構之前，我們將討論**空間**（space）與**地方**（place）的定義，包括兩者由**權力**的社會關係所構成的方式。討論的重點如下：

　　1. 全球都市的政治經濟學。
　　2. 都市再生的符號或文化經濟。
　　3. 作為意義爭議的空間的後現代城市的出現。

4.那種將城市解讀成文本的觀點。

5.虛擬城市（cybercities）中的虛擬世界。


## 當代理論中的空間與地方


正如紀登思（*Giddens, 1984*）所言，了解人類活動在空間中分布的方式是分析**社會**生活的基礎。人際互動發生在充滿各種社會意義的特定空間中。例如，一個「住家」被區分為許多不同的生活空間，包括起居室、廚房、餐廳、臥室等，使用方式不同，其中活動的範圍也有不同的社會意義。因此，臥室是一個私密的空間，我們鮮少邀請陌生人入內，而起居室或客廳則被視為較合適接待外人的空間。

紀登思（*Giddens, 1984*）採用高夫曼（*Goffman, 1969*）「前」與「後」區的概念，說明社會空間活動的基本差異。前區是公共「台前」（on-stage）表現的空間，主要是那些程式化、正式並且被社會所接受的活動。後區則是那些屬於「幕後」（behind the scenes）活動的空間，主要是為公共表現做準備、或是稍做放鬆表現一些較不正式的行為和語言。將空間區分為前、後區，或依照適當使用分為廚房、臥室和客廳，這樣的社會區分絕對是**文化的**。不同的文化以不同的方式設計住家的空間，並配置了不同的意義或適當的行為模式。


### 時間地理學


社會文化的世界在空間中組織成一個包含不同地方的區域，其中有各種不同的社會活動，例如工作的地方、玩樂的地方、睡覺的地方、吃東西

的地方、購物的地方等等。由於當代生活的複雜性，我們必須穿越這些空間與地方。時間地理學（*Hagerstrand, 1973*）透過物理環境描繪人類的空間活動與路徑，追蹤多樣的社會活動，以及對人類空間活動類型產生侷限的物質與社會因素。

　　簡單的時間地理學也許包括，我搭火車由這個城鎮移往另一個城鎮，接下來走一小段路到達工作的地方，我穿越前門走進去，經過一個小走廊到我的辦公室，在那裡停留一小時。接著，我移往演講廳，再到餐廳，最後去圖書館。在回家的路上，我先到超級市場購物，再去戲院。這整個活動中，我遇到一連串的物理限制（距離、城牆和交通堵塞）和社會期望（例如聽我演講的人）。在這些活動中，我橫跨許多其他的人，包括學生、圖書館員和收銀員等，他們每一個人也有自己每天的時空路徑。正如羅斯（Gillian Rose）寫道：

　　　　時間地理學追蹤每個人在時空中常規化的路徑，尤其對活動中物理、科技、經濟和社會上的限制特別感興趣。它聲稱能證明個人重複性行為所帶來不經意的結果如何建構整體社會（*Rose, 1993: 75*）。

　　上述對空間和社會關係的描寫，提出了一個很好的說明，指出社會活動的空間分布及所有社會行動所處的特色。然而，卻有一個顯著的法則在運作，使社會在特定的時間內**存在於**空間中或**橫越**整個空間。這意味著空間是一個橫跨歷史改變的平坦表面，時間與空間完全地對立。物理學和社會學理論兩者都質疑這項假設。

## 時間─空間

　　追隨愛因斯坦的相對論，梅西（*Massey, 1994*）論稱，空間和時間不應

該被視為分開的實體，兩者間其實相互交纏。空間不是絕對的，而是相對的，因為空間的產生至少需要兩個質點。再者，時間是透過這些質點的移動所構成，而這些質點同時建立時間與空間。因此，並不是時間橫跨靜止的空間，兩者其實互相建構，我們稱之為時間空間（time-space）。原則上，時間空間是透過物體相互間的關係所組成。而社會空間也同樣透過社會關係和互動的同時存在所構成。從此觀點出發，梅西針對空間提出五項論點：

1. 空間是一個社會概念。
2. 社會是空間建構的。
3. 社會空間是動態而非靜態，由不斷改變的社會關係所建構。
4. 空間隱含權力和符號象徵的問題，也就是空間的「權力幾何學」（power-geometry）。
5. 社會空間意味「一個同時存在的空間多樣性：相互橫切、貫穿、聯合或相互矛盾與對立」（*Massey, 1994: 3*）。

## 空間和地方

目前為止，我交互使用空間（space）和地方（place）這兩個詞，但通常有必要區分兩者的差別。紀登思（*Giddens, 1990*）以不在場與在場（absence-presence）的特性，區別空間和地方：地方是人與人面對面接觸的場域，而空間則是透過我們與不在場的他者間的互動關係而定義的。空間是一個抽象的概念，指的是一個空洞的或麻木的空間，有賴各種具體、明確和人性的地方予以填補。因此，家庭是我固定與家人共處的地方，而信件或電子郵件則是使不在現場的人得以跨越空間相互接觸。另一個不同的取向，西蒙（*Seamon, 1979*）將家這個地方視為是生理存在和社會儀式下的產物。然而，不在場與在場的區分法，雖然具參考意義，似乎還是有些粗

陋，正如哈維（*Harvey, 1993*）所言，地方不僅只含括那些現存的事物，還包含了更廣泛的隱喻意義。

我們也許可以這樣區分空間和地方，後者的焦點在於人類經驗、記憶、欲求和**認同**。也就是說，地方是論述建構的產物，是感情上**產生認同**或投入情感的對象（*Relph, 1976*）。

> 家……彰顯的一個我們投注許多意義於其中的空間。是我們對一個地方所做的一種宣示。它透過各種內部和外部的社會關係所建構，並持續地在它們的權力關係中轉變（*Silverstone, 1994: 28*）。

## 地方的社會建構

無論我們如何去區分空間和地方的概念，最重要的問題是（*Harvey, 1993*）：「地方是透過何種社會過程所建構？」以下兩個例子足以回答：梅西（*Massey, 1994*）對性別空間的論點與恩則伍（*Nzegwu, 1996*）對拉哥斯城（Lagos）的討論。

### 性別化的空間

**性別**是充滿權力關係的社會生活組織原則，因此性別化也存在於空間的社會建構。誠如梅西（*Massey, 1994*）所言，性別關係隨著空間而不同：空間是象徵性的性別化，而在一些空間中則自然排除特定的性別。傳統西方空間的性別化主要將「工作場所」和「家庭」的區別與「公」、「私」劃上等號。因此家庭被視為「私人」和女性的領域，而給薪的工作場所則被**解碼**成男性的公領域。家庭被投射為母親與子女不給薪的領域，隱含照顧、愛、溫柔和顧家的第二價值。相反地，給付薪資的工作地方則視為男性的領域，內含堅強（生理或心理）、嚴厲、同伴之誼和現實的首要價

值。即使這樣嚴苛的空間地圖在性別關係的改變下已逐漸轉型，但大部分的文化符碼依然存在。

梅西指出，「女性流動性的限制，就空間和認同來說，在一些文化情境中是一個嚴苛的附屬手段」（*Massey, 1994: 179*）。她憶及小時候在馬其賽郡（**Mersey**）有大片的男生專用遊樂場，她為此感到震驚，因為她根本不曾真的去過那個地方，然而，她的確去過藝廊，但是在那兒屬於她的地方與男性有很大不同。對男性來說，高雅文化是一個可以窺視裸體女人畫像的領域。詭異的是，在今天，板球、橄欖球和美式足球是主要是（就算不完全是）屬於男性空間的男性運動。更可怕的是，特定街道、公園和俱樂部，隻身前往的女性不太安全，尤其晚上更是如此。因此，一些婦女發動「收復夜晚」（reclaim the night）運動，這種運動的企圖基本上也是一種空間的實踐。

### 男性的現代主義

如美學般，**現代主義**的興起與城市中的空間和社會組織息息相關。例如，現代主義中對**城市漫遊者**（flâneur）**1** 的描述是，一個走在現代城市中不知名空間的人，對於街道上的商店、商品陳列、圖像和各式各樣不同的人感到錯綜複雜、混亂與困惑。梅西認為這些城市空間和現代主義者的經驗都是男女有別的。**城市漫遊者**的經驗和現代主義的經驗都屬於男性象徵的公共空間，女性是被排除在外的（例如林蔭大道和咖啡館），或者只准許男性消費的物品進入其中。因此：

*1.* **城市漫遊者**是一個男性的身軀，行走在大部分女性被排除的空間中。

---

1. 譯註：「城市漫遊者」（Flâneur）是出現在巴黎的一個族群，以撰寫《巴黎的憂鬱》的波特萊爾為代表。Flâneur 的源頭是當時出身下層布爾喬亞階級的男性，遊蕩於彼時大量出現的城市公共空間，觀察人群，並從中追尋自我意義。

2. **城市漫遊者**的凝視通常是色情的，將女性當成物體般注視。

3. 現代主義畫作中的主角通常是女人，在空間上是透過一種「超然」（但並非不感興趣）觀點，以嘉惠男性感官的方式安排。

## 拉哥斯的多重空間

恩則伍（*Nzegwu, 1996*）對奈及利亞大城拉哥斯的研究是一個多層次的分析，引導我們注意空間與地方、城市與家庭都是藉由**階級**、性別、**人種**、**族群**、殖民主義、現代化、多國資本主義、城市規劃、軍事力量、政府介入、以及其他操弄符號或物質力量的方式所建構。恩則伍指出文化欲求和符號再現是城市空間革新的重心，是其互相爭奪又彼此影響的場域。因此，空間的分析顯示價值系統的存在和它們的轉化影響。

根據恩則伍所言，拉哥斯不只是一個居住的場所，而是一個ile（家），同時尤魯巴人（Yoruba）對於土地和 ile 概念的復甦，是了解當代城市特色的關鍵。ile概念的中心就是家庭，而尤魯巴人的建築風格是將家庭空間上的組織與水平組織的一家人相結合，並且包含強調親屬間廣大概念的重要性。土地被視為是神聖的，屬於整個家族，而不是如商品般販賣給出價最高的得標者。恩則伍認為，支援尤魯巴人土地概念的文化信仰鼓勵了都市空間「自由風格」（freestyle）的取向，由房舍、庭院和裝飾的牆壁所相連而成的大雜院，不同於嚴格規劃的西方城市空間。再者，尤魯巴人重視家族性的空間組織，而典型現代主義者劃分城市空間以區隔富者和貧者，這也是在尤魯巴人社群中完全看不到的。

## 後殖民城市

曾為英國殖民地的拉哥斯被引入了帶有商品邏輯的土地法制度，以及「現代」西方的重建，帶領殖民和**後殖民**回應多樣的種族團體，以及陸續對新房舍的需求。殖民主義對於房舍需求的解決辦法，表現在地方性的種

族主義上，他們將歐洲與非洲的房舍區隔開來，並且在房舍建造的地點和設計上都瓦解尤魯巴人的家庭組織。

為「土著」所建造的房舍坪數很小，而且高密度的聚集限制了家庭的發展，避免了傳統庭院和建築物的擴張。尤魯巴人的空間組織是水平地分配男性和女性之間的權力場域；相反地，西方垂直式的建築象徵權力的秩序和兩性關係，按等級地劃分家庭空間，主人臥房和會客室可反應出對男性的禮遇，而女性家庭工作的場所如廚房，則安排在看不到的地方，與尤魯巴人的生活截然不同。

一九六○年當奈及利亞獨立後，拉哥斯以現代劃分的方式重新整頓，整個城市依人種被區分為不同的地區，包括低密度的歐洲區、高密度低品質的非洲區、巴西區和商業區。之後，當殖民主義的影響式微，歐洲區被奈及利亞的上層階級家庭進駐，並且依然保留殖民權力的外貌。

屹立在商業中心的現代化摩天大樓象徵著階級的優越地位，同時也在符號和物質上象徵著強勢多國資本企業的存在，以及它們在投資、貿易和商業上的特性。這些都受到軍事政府「發展」口號的推動。當然，在這樣的發展下有成功者也有失敗者，因此在這些高度發展的建築物之間的重要空間被窮人、市場商人和金融騙子所接管並互相爭奪。然而，一九八○到一九九○年代的經濟衰退，使得階級間的對立擴張，犯罪行為增加，富人的土地房屋周圍也築起了城牆。

## 城市作為地方

梅西和恩則伍清楚地表示，空間是社會關係的建構和實踐，顯露出文化假設和實踐。接下來的例子會證明城市作為地方的關係。西方對於城市生活的學術研究，實際上與後來出現的現代社會科學，尤其是社會學的學

科相連接。社會學三大家，涂爾幹（Emile Durkheim）、馬克思（Karl Marx）和韋伯（Max Weber）將都市化視為是資本主義工業化的主要特色，並對此抱持相當矛盾的態度。

　　涂爾幹希望都市生活能成為創造力、進步和新道德秩序的空間，但也擔心它成為道德淪喪和社會混亂的地點。對韋伯來說，都市生活是現代工業民主的發源地，但同時卻也危及工具理性並成為官僚制度組織下的「牢籠」。馬克思則一方面將城市視為進步的象徵，以及資本主義所帶來生產量的激增。可是另一方面，他也認為都市是貧窮、冷漠、骯髒卑鄙的地方。對於都市生活看法較為正面的現代主義者是齊穆爾（G. Simmel），對他來說，城市是現代主義美感的發祥地，同時也是逃離傳統控制的地方。簡單來說，城市可被視為是**現代性**的產物和象徵，而涂爾幹、韋伯和馬克思等人對現代性所懷抱愛恨交織的看法，則彰顯著現代性本身〔所代表的複雜意象〕（見第五章），有如堅納斯的臉（Janus-face）**2**。

### 芝加哥學派

　　將城市研究發展成一個特定研究領域，乃是出於齊穆爾的學生派克（Robert E. Park）、芝加哥學派的伯吉斯（Ernest Burgess）及沃斯（Louis Wirth）等人的貢獻。即使在某方面的著眼點不同，這些作者，特別是伯吉斯的作品標榜「科學」，並且尋找城市生活背後的「根本法則」。伯吉斯將城市隱喻成為了生存而互相爭奪的有機體，在特定環境情境下，經歷革命性的改變。這是功能主義派對城市的「都市生態」觀點，其中同心圓的都市區域是互相爭奪、侵犯、改變的地盤，直到建立新的平衡秩序。誠

---

2. 譯註：羅馬神話裡，堅納斯（Janus）是一個頭部有前、後兩張臉的神祇，同時看著兩個相反的方向。

如伯吉斯所言：

> 城市擴張的典型過程也許可以透過一連串同心圓來解釋，將城市擴張中連續的區域和擴張過程中不同類型的區域分別指定編號（*Burgess, 1967: 50*）。

伯吉斯對於城市的「理想」建構是由中心商業區（Central Business District, CBD）呈放射狀往外擴張而來。每一個隨之形成的區域都進駐特定種類或階級的人與活動。當我們由中心商業區往外遷移時，我們穿越：

*1.* 一個轉變中的區域。

*2.* 一個工人階級房舍的地區。

*3.* 一個高階級房舍的區域。

*4.* 一個聚集通勤者的衛星城鎮地區。

實際上，許多社會階級團體是透過薪資來分配居住的區域。即使伯吉斯原本是透過芝加哥學派的架構來建構其主張，但他的城市地圖被用來作為城市成長的通用模式，特別是「每一個內部區域都有藉由入侵鄰近外部的區域來擴張其範圍的傾向」（*Burgess, 1967: 50*）。即使使用一些如入侵、接替等語言，並將區域的轉變視為混亂和惡化，伯吉斯基本上對於都市生活仍是抱持樂觀的態度，將它視為不可避免的進步過程。

沃斯傾向以文化的角度，而非生態學的觀點來檢視都市生活，主要將都市生活認為是一種生活的方式和社會生存的形式。他對都市生活的文化和生活風格的多樣性感興趣，他認為當人們失去了對「地方」的意識和固定的社會關係後，將增進客觀性和流動性（社會與空間）。

根據沃斯的看法，都市生活主要是有一大群人緊密地居住在一起，卻又沒有真正地認識對方。他們得處理工具性的交易，並與這些偶遇的人擦肩而過。這造成膚淺、短暫且競爭的關係，以及一種疏離和無力感。然

而，沃斯也指出城市居民透過生活風格、**文化**和種族與其他人建立關係。此外，所謂的「社區研究」（community studies）認為，城市建立了社區的範圍，或說是緊密社會關係的都市村莊，例如在波士頓的義裔美人，以及在倫敦的工人階級地區（*Young and Willmott, 1962*）。

### 對都市研究的批評

早期的都市研究有許多問題存在，主要有：

1. 功能主義和假科學。
2. 將美國城市（特別是芝加哥）過度通則化到其他地方。
3. 都市生活的高度多樣性超過生態學模式所能理解的。
4. 強調你所居住的**地方**是決定你**如何**生活的主要影響因素，因此空間決定了文化和經濟。

因此，甘斯（*Gans, 1968*）強調形塑生活方式的重要因素不單只有人們生活的地區，更主要的是他們的社會階級和處在「家庭生命週期」中的哪一個位置。這個主張與那些認為**資本主義**的結構與轉變形塑城市生活的學者相似，例如當代所強調的全球都市興起的**政治經濟學**（political economy）。

## 政治經濟學和全球都市

哈維（*Harvey, 1973, 1985*）和柯司特（*M. Castells, 1977, 1983*）的著作中強調空間的結構和再結構，可被視為是經過工業資本主義擴張所創造的環境。他們認為城市的地理空間不是「自然力量」下的產物，而是來自於資本主義創造市場和控制勞工的力量。

## 資本主義和都市環境

資本主義企業鼓吹**商品化**與開發新市場，使他們對區位的問題和相對優勢（relative advantages）格外重視。低廉的勞工成本、軟弱的工會力量和租稅優惠，使公司特別中意在某些地區設置工廠、建立市場和發展商業活動。同樣地，為了尋找其他替代的投資方式，加上特定的市場狀況與政府干預，使某些經濟區域（也就是一些地方）獲得青睞。

對哈維來說，政府在資本主義的再生和都市環境的形塑上扮演主要角色。例如，冷戰時期郊區的擴張，一部分是由於對房屋所有人和建築公司的減稅措施、銀行／建築協會所建立的借貸手續、再加上設立交通工具、電訊傳播和福利基礎建設等，使郊區蓬勃發展。對柯司特來說，這些房舍、學校、交通運輸服務、娛樂設施和福利，都是資本主義中「集體消費」的面向，同時都市環境的創造是有益於商業發展的。

城市被視為是資本主義所引起階級鬥爭的地點，主要是搶奪空間的控制和資源的分配。這包括在一九八○和一九九○年代重整資本主義期間，在刪減福利支出時的衝突和爭議。當然，對哈維和柯司特來說，城市的革新是資本主義以全球規模重組的一個面向，說明了都市生活的地方，長期以來依賴並受到世界資本主義的剝削。正如金恩（King）所言：

今天所有的城市都是「世界城市」（world cities），這個角色的轉換當然不是在一夕中達成。討論都市歷史賦予城市這樣角色的議題很廣泛。而這樣的觀點使都市問題、經濟、社會和實體建設以較寫實主義的看法來檢視……應該要藉由外在較不安的觀點取代內部舒適愜意的看法，來檢視我們自己的城市（*King, 1983: 15*）。

　　哈維（*Harvey, 1989*）指出，全球經濟衰退加速了世界經濟活動**全球化**的復興，包含生產和消費交易額的激增。透過資訊和傳播科技的使用，創造出一個嶄新的**後福特主義**的「積累政權」（見本書第四章）。根據拉許與烏瑞（*Lash and Urry, 1987*）的描述，資本主義以全球規模的重組，是一個「混亂的」資本、資源和人口的全球流動。他們指出，透過全球化的生產、資金流動和運輸配送，資本變得分散。同時，西方經濟學家經歷了採掘／製造部門的衰退，視經濟為削弱工業力的。一連串服務階級的出現，使得主要工人階級的規模相對縮減。誠如哈維、拉許與烏瑞所強調，會出現工作組織的彈性形式，以及國家協商程序的縮減。

## 全球都市

　　在這段文章中，都市空間的再結構可經由全球都市的出現和都市復興中的「文化」空間來探究。**全球都市**（global city）的根本概念是指都市化的世界和全球經濟被少數的中心支配，這些中心是逐漸分散的經濟活動的指揮和控制點。這些中心包括倫敦、紐約、東京、漢城、洛杉磯、法蘭克福、巴黎、新加坡，它們的重要性不是因為人口數和商業交易量，而是因為落腳於斯的重要人士和活動。換句話說，它們是聚集、分配和運作資本的重鎮，在此，資訊和制定決策的功能遠比面積大小來得更重要。

　　根據克拉克（*Clarke, 1996*）指出，十個城市掌管近半數全世界前五百大跨國製造企業的總部；排行在前四名的大城市（*倫敦、紐約、東京和漢城*）就包辦了其中的一百五十六個。他指出全球都市的形式和出現背後有三個主要原因：

1. 全球資本制度／機構在數量和範圍的增長。
2. 資本在地理上的集中
3. 透過電訊傳播和交通運輸延伸全球化的領域。

財務金融和銀行業是使一個城市取得全球重要性地位的關鍵面向。例如，雖然英國的製造業地區（在全世界來說）相對很小，但倫敦卻是一座世界城市，因為它是全球市場的主要中心之一，也是全球市場的金融服務提供者。除紐約之外，也許主要的金融中心就是倫敦，它有全世界最大的股票交易中心，而且世界前一百大銀行全都在那裡。

東京的全球地位最早是植基於其研發導向和政府保護的微電子產業，以及它先進的彈性生產方式。在這成功的背後，東京之所以發展成為商業中心，主要是將聚集的資本作跨國性的運用，對鄰近的亞洲經濟體（如韓國、台灣等國家）進行資本輸出，對歐洲和美國等國家則以投資汽車和電子業的方式進行。

## 後工業全球城市

莎森（*Sassen, 1991, 1996*）探究組成當代後工業全球城市的都市形式（例如紐約、倫敦和東京）的空間的多樣性。這包含成長快速的中心商業區、**後工業**地區和族群空間的消退。在中心商業區中，快速成長的公司同質性和都市形式，也就是移民社群的多樣性之間的衝突，顯示出權力如何在都市風貌中展現。「一方面代表科技進步和國際性文化，另一方面則處於經濟和文化的『落後狀態』」（*Sassen, 1996: 24*）。當然，所謂的「進步」和「落後」是一種相對的概念，以及再現的效應。正如莎森所強調，所謂的「落後狀態」是城市中經濟和文化生活中一個很重要的部分，並且與那些自稱「進步」的區域緊緊地糾纏在一起。

資本主義日漸全球化的趨勢，提高了對「全球都市」指揮、控制和協調中心的需求。在紐約、倫敦和東京市中心，空間上和建築上高成長率、高密度的辦公大樓發展可以證明上述情況。這些由大型跨國企業辦公大樓所構成的中心，需要供應商、轉包商和顧問公司等所提供的服務。因此，在這些指揮站周圍，發展出其他層級的經濟活動，包括一些小公司和個別

族群社區的勞動力，這些族群社區在生理上和文化上代表了另一層面的全球化。因此，在地的、非正式的（亦即不受管制的）經濟活動中，引導某部分全球經濟活動的擴張（*Sassen, 1991, 1996*）。

# 城市的符號經濟

哈維和莎森主要專注於政治經濟學，而佐京（S. Zukin）則探究城市在**符號**和**再現**的面向。

> 「誰的城市？」這個問題所顯示的不只有職業政治學的面向而已，還包括誰有占據城市主要形象的權力。當不同的社會團體互相競爭近用城市的中心，以及爭奪城市中心的符號再現時，通常與實際的地理策略有關（*Zukin, 1996b: 43*）。

對於城市的符號經濟的疑問主要集中在以下兩個根本的議題上：

1. 社會團體的再現和「看法」兩者間的關係，標示出容納性和排他性。例如，特定的地區、街道、公園或建築物在符號上標示出都市區域的劃分，和社會規則的物質化。因此，在北美城市中，中心商業區高聳的企業建築暗示的訊息是窮人、黑人和拉丁美洲人被「排除」在外。

2. 經濟的再發展，包括由碼頭和運河地帶轉移到購物中心或娛樂地區，表示在物質經濟力量中，符號經濟的角色。這包含再現在地方組成中的角色，藉此活躍的符號經濟吸引投資者，並賦予特定城市不同於競爭者的相對優勢。空間和地方是透過資本投資的綜效，以

及結合識別與認同的文化意義所形成（*Zukin, 1996a*）。

佐京（*Zukin, 1991*）指出，基於都市地區相較於郊區長期的衰落、金融投資的擴展、文化消費的成長、「種族移民」的增加、以及**認同政治**（identity politics）的行銷，城市符號經濟學的重要性日漸增加。因此她建議，我們在了解城市時不能不考慮以下幾點：

1. 城市如何利用文化作為經濟基礎。
2. 文化的資本化如何湧入私有化和軍事化的公共空間中。
3. 文化的力量如何與恐懼的美學相關連（*Zukin, 1996a:11*）。

## 文化經濟學

文化在許多方面扮演經濟的角色：

1. 它是一個城市的**品牌**（branding），和許多「財貨」連結在一起：例如電影再現紐約的天際、波士頓的美國革命時的協商會議室、雪梨的雪梨大橋、歌劇院和海港、佛羅倫斯的藝術文化、倫敦的「議會之母」、東京高科技的霓虹燈。
2. **文化工業**（culture industries），包括電影、電視、廣告公司和音樂工業，都為城市添加魅力，帶來直接的工作機會和其他的經濟利益。
3. 城市中的博物館、餐廳、商店、戲院、俱樂部和酒吧為商業集會和觀光事業提供了歡樂的**消費空間**（consumption spaces）。例如，巴黎之所以為「世界城市」不是因為它在製造業或金融業的影響力，而是它的建築歷史和美食名聲，吸引了國際會議和國際組織總部的設立。

當討論都市復興和城市的符號經濟學時，焦點主要集中在北美城市，

而在歐洲的情境下，都市再結構的文化地區也同樣顯著。例如，英國的伯明罕市企圖移轉它內部的權力中心和公共空間，使它能回歸世界和歐洲的符號文化和經濟秩序中。在此城市所召開的八大工業國高峰會、一九九八年歐洲歌唱大賽（Eurovision Song Contest），以及它的國際會議中心（International Convention Centre, ICC）和運河開發區，都顯示出它的成功。同時，它其中的策略是在城市中貼滿「伯明罕歡迎全世界」的標語。就如霍爾（Tim Hall, 1997）所言，伯明罕的再次發展證明了「次要」地區使用文化策略以贏得投資的戰略。

伯明罕的策略包括，藉著科技的卓越、名聲和重點展示時表現出的現代化設計和專業精神，打開一連串壯觀的「一流」空間。包括了國際會議中心、商店、餐廳和環繞河渠港灣的水道、以及交響樂廳的文化象徵，表現出古典音樂的高尚文化世界和精采的表演。因此，「這個城市想像自己是特定的文化空間，是那些高尚文化、國際性文化和景象的空間」（Hall, 1997）。隨後，伯明罕試圖將這些論述透過媒體傳播，將城市的認同與轉變過程、未來的殖民化相連接。

## 公共空間的私有化

佐京（1996a）對公共空間私有化所舉出最主要的例子，是公共公園的革新和轉型。西方主要城市中的公園和廣場，通常建於十九世紀時期，是一個讓市民可以聚會、散步、談天和參與公共文化的公民近用場所。這些集體的空間主要是為了慶祝公民成就而創造的，就如同紀念公共名人的紀念碑。今日，有些人則認為，這些空間已式微，公共聚會、公共文化和**公共領域**的新舞台則位在私有的商業空間中──私人公園、購物中心和刺激的主題世界。這是許多因素結合下的產物，包括：

1. 城市政府沒有能力或不願意資助和維持公共空間。

2. 察覺到周遭犯罪率的提升，特別是公眾攻擊和搶劫（通常和種族間的緊張對立有關），使得每日恐懼的程度增加。

3. 娛樂工業增加，私有保全和娛樂公司逐漸參與「公共」空間的管理。

佐京（*Zukin, 1996a*）同時也舉出其他數個例子，包括紐約的布萊恩公園，原來是一個繁榮的公共空間，目前已經由吸毒者、遊民和窮人所占據，成為一個骯髒危險的區域。在私人資助的修復公司贊助下，公園已「打掃乾淨」和重新設計。引進娛樂活動、限制開放時間、並設立保全巡邏警衛以監視公園。這個方案與其他類似的方案成功地創造「安全的」公共空間，它相當受到歡迎，並在一天中的特定時段非常熱鬧。同樣地，這樣的結果也使得公園轉而在視覺和空間上，成為中產階級公共文化的再現，主要由白人上班族所占據。

## 私有精英的公共文化

佐京關注的是公共文化（*如果可以稱得上是存在的話*），受到私人部門的菁英所形塑。主要造成三個問題：

1. 只有特定有利益的地區才會被發展，也就是那些有潛力增進房地產價格或零售業發展的地區。

2. 透過保全制度來控制這些「公共」空間的近用，同時也明確地排除「不受歡迎的」社會團體，也就是那些都市窮人，其中更是過分強調有色人種。

3. 透過大量的人口流動和有助於商業發展的符號文化，例如購物中心和主題樂園，企圖控制全部的環境。因此：

迪士尼樂園（Disneyland）和迪士尼世界（Disney World）是

二十世紀末最重要的公共空間。它們超越種族、階級和區域認同,並根據美學差異和恐懼控制提供國家公共文化(*Zukin, 1996a: 49*)。

## 迪士尼:幻想和監視

迪士尼的景觀提供了一個多媒體的經驗,再現出對觀光客的吸引力和符號性嚮往的生活方式。這是一個「公共」文化,在保全制度的情境下,充滿禮貌和社會互動,而且沒有槍械、遊民和毒品。迪士尼中理想和夢幻的「美國大街」(Main Street USA)[3],藉著恐懼的移除,透過符號和想像的形式呈現給我們都市生活的愉快面向,卻和「真實」的紐約街頭相距甚遠。迪士尼世界則透過私人的管理、地域的控制和刺激/仿真的視覺文化,成為公共空間的新模式,並受到許多購物中心的仿效。對佐京來說,迪士尼世界之所以重要,是因為它堅定並鞏固了文化成為商業和社會控制形式的重要性和力量。它利用意義的形式,透過視覺意象和實體空間的控制來操縱社會的多樣性。

為迪士尼世界答辯的人,所持理由基於它是一個安全、被保護的公共空間。然而,受布希亞影響的評論者則批評它的超現實和瓦解真假的概念(反而頌揚虛假)。其他人則辱罵迪士尼世界太過現實,他們使用自己的條例、語言、規範、保全人員、甚至於環境清潔人員,藉此全盤控制空

---

3.譯註:仿造一百多年前的美國景觀所建,一草一木均有相當古味。對參觀遊客而言,美國大街是進入迪士尼各主題園區的第一站,因此又有「時光隧道」的效果。美國大街也是迪斯尼擁有最多服務設施、商店和餐飲的區域。除此之外,此地更是觀賞迪士尼花車遊行的最佳地點。資料來源:http://www.geocities.co.jp/SilkRoad-Desert/2526/La/Disneyland.html。

間。大部分的員工都是相對低廉的勞工,並且必須服務不斷增加的區域
(*Zukin, 1996a*)。這些爭辯記錄了當代生活的後現代化(第五章)。

# 後現代城市

根據索雅(Edward Soja)所言:「**後現代都市化的過程**,可以簡要描寫出二十世紀最後二十五年中城市的主要變化」(*Soja, 1995a: 60*)。如沃森和吉布森(*Watson and Gibson, 1995*)所下的評論指出,世界上每一個城市都有某些程度上的**後現代性**。然而,對索雅(*Soja, 1989, 1995a*)來說,後現代都市化「典型」的代表是洛杉磯,對他來說,洛杉磯表現出「異常強烈」的都市再結構,並且有「廣泛生動」的改變。雖然有許多對洛杉磯的討論將之視作「未來」〔的都市〕,在文獻中它是一個「不能不談」的城市。

## 後現代都市化

索雅認為,後現代都市化並不表示都市景觀完全轉型至全新的景象,後現代的城市還是會延續過去。另一方面,後現代的概念代表的「不只是零碎改變的事物」。索雅強調我們可以看到洛杉磯城市中六個互相交纏的過程和關係,產生出一個複合的後現代都市地理狀態。主要如下:

1. **由福特主義到後福特主義的都市化**:由福特主義移往後福特主義
   (見本書第四章),包含由原本大量生產和制式化財貨的消費,轉
   移到針對利基市場彈性專門化的少量生產。對索雅而言,它包含了
   去工業化和再工業化的過程,造成在都市經濟基礎上戲劇化的轉

變。洛杉磯再工業化的構成是透過高科技工業的發展，包含航太工業和電子業（座落在舊有企業區域之外），以及低技能、勞工密集和設計密集產業的成長。這些產業原來是集中在市中心，現在已逐漸分散到都市景觀之外。此外，金融、保險和房地產事業的成長，是洛杉磯後現代再結構的重要標識。同時，這些發展不只在洛杉磯的經濟基礎上重新組織，也擴及至住宅區，包括市中心的空心化和郊區的都市化。

2. **全球化和世界城市的形成**：洛杉磯是世界城市中最明顯的例子，由於金融／貿易中心，和全球特別是來自日本的投資。它同樣也是「世界城市中人口文化異質性最高」的地方（*Soja, 1995a: 130*）。由原本百分之八十的盎格魯人（Anglo）[4]，到現在至少三分之一是在國外出生的外國人，他們許多是廉價、組織鬆散的勞工，是洛杉磯經濟成長重要的主幹。

3. **去中心化和再中心化（recentralization）的結合**：根據索雅所言，後現代城市的都市形式與原來的事物是完全不同的。他強調它已不再符合芝加哥學派的同心圓模式，甚至是近期由中心商業地區所構成「分散的都市中心」、一個城市內部的貧窮地區和一連串蔓生的近郊住宅區。再者，當這些地區繼續存在，後現代城市就一再顛覆它們。原本位在「城市內部」的貧窮區不再需要真的位於實體的城市中心，而近郊住宅區逐漸成為工業發展新形式的地點。這是工作、可負擔的房舍、交通運輸系統和種族／人種區分界線的再結構和重新分配的結果。

4. **社會碎裂、隔離和兩極對立的新形態**：後福特主義、去工業化、全球化和城市空間地理的再結構，與都市生活社會結構的改變有關，

---

4.譯註：此指歐裔英語系美國人。

包括社會碎裂、隔離和兩極對立的新形態。對索雅而言，這包含了社會、經濟和文化上逐漸增加的不平等。一個複雜新式的社會萬花筒，將藝術、商業和政治帶向創意的跨文化結合，但也同樣帶來了更強烈的絕望、貧窮、犯罪和暴力。特別是社會景象中出現逐漸增大的管理階層技術官僚、日漸縮小的中產階級，而遊民、社會救濟者和廉價勞工的數量則不斷成長。

5. **「監禁」（carceral）城市的不斷增加**：後現代萬花筒般的城市已漸漸變得難以管理，造成財產土地上築起城牆、武裝的警衛、有巡邏的購物中心、監視錄影機和鐵絲網圍牆，所有的目的都是在防止犯罪、暴力和種族差異所帶來的威脅。洛杉磯中幫派和員警之間的地盤衝突相當顯著，後者配有最新的控制科技。然而，索雅也指出地方上逐漸增加的政治，包括在當地市政的議題上引起廣大鄰里的參與。

6. **牽涉超現實和擬象興起的新形式或法規**：索雅對後現代的主張最明顯的是社會控制的新形式、或法規模式的出現，主要由「都市意象」的轉變所構成。這是新的**認識論**，意象和真實之間的關係模糊不清、甚至解構。最明顯的例子是超級真實（hyperreal）或**擬象**（simulacrum）日漸增加的重要性。索雅強調，好萊塢或迪士尼樂園超現實的產物已不是新的東西。新的東西是將超現實擴散傳播到平日正常的生活中，最明顯的就如媒體造勢專家（spin doctors）、虛擬實境（virtual reality）、虛擬空間（cyberspace）、「聲刺」（sound-bites）[5]和流行文化等字彙。

---

5.譯註：「聲刺」指候選人用幾秒鐘說一句吸引媒體注意、甚至大幅報導的辭令或口號，吸引選民注意，營造自身的有利形象。

## 都市變遷：郊區和邊緣城市

索雅企圖攀爬至隱喻的山巔上來描繪整座後現代城市。他處理全球化的語言和總體經濟的再結構。然而，改變的模式可透過都市研究中更在地的語言，以城市內部、近郊、仕紳化（gentrification）[6]、和邊緣城市等字彙來了解。

「現代的」英美城市通常被以貧窮、非白人的城市內部區域來討論，這些區域隨著中產階級所主導近郊的成長而衰退。這很典型地包含由城市移往郊區「白人遷徙」的程度，和城市內部的空心化，因此最極端的如美國底特律市，有一個貧窮的黑人區，整個區域沒有水電等基礎服務設施。在世人的想像中，這些是危險的地方，充斥幫派混戰、毒品氾濫和犯罪行為。

索雅認為近郊已成為工業活動的地點，而所謂城市內部的貧窮區已擴張跨越整個都市景觀。再者，城市內部的某些地方，特別是遭受去工業化的地區，已被那些受惠於碼頭區復興的中產階級團體所接收，或拿來作為「高層生活」（loft living）的享受（*Zukin, 1988*），也就是**仕紳化**的結果。包含房價的攀升，和以「受大學教育世代」的生活方式為基礎所產生的文化活動，結果取代了低收入的族群。

**邊緣城市**（edge cities）是指居住和工作的都市地方，是由已發展城市的外部邊緣發展而成，通常有中產階級近郊住宅區的特色。邊緣城市出現的空間沒有特定的名稱，或直接的當地政府結構。為了要抵抗被併入既存的其他地區，美國的這些邊緣城市准許中產階級取得、或至少遊說爭取

---

6.譯註：又稱高級化、縉紳化。意指將窮人住的地區以都市更新名義，改建為高所得者（仕紳階層）所居住的地區。

實施低稅率，以及減少公共行政機構，包括將地方政府私有化。那些邊緣城市不只是近郊住宅區，還是工作的地區，而經濟活動，佐京認為，對美國邊緣城市的發展相當重要，象徵了：

> 城市和近郊間主要意義的翻轉。直到最近，我們認為城市是經濟的心臟地區，它的富裕孕育了周圍、從屬的地區性文化。城市有豪華的辦公大樓；近郊有緩慢的通勤火車。城市有戲院和表演廳提供獨創的表演；近郊有大眾文化的購物中心和免下車即可觀看的電影院。隨著「郊區化」被視為源自城市生產功能的消費形式，這個社會空間的差異不斷重複其功能下的形式樣態。而更重要的是，事實上城市總是資助近郊地區。城市銀行投資與建高速公路和購物中心，城市辦公的雇員給付近郊房屋的貸款，城市「社會問題」的集中使得有能力遷移的人搬往市郊。即使在最顯目的文化再現中，也無法想像市郊能夠與城市相抗衡，成為一個生產財富的來源，一個經濟權力的地區景象（*Zukin, 1991: 135-136*）。

## 都市動盪不安

這種都市轉變在美國很典型，某些程度上在英國和澳洲也可以見到，被一些批評者批評是受到專業化管理階層、中產階級和大型企業的驅使。這加速並增強了社會分裂，主要是由於放任「下層階級」成為廣大失業人口、毒販、窮人和遊民所致。這樣的都市暴動在一九八○年代的英國（利物浦的吐克斯〔Toxteth〕、伯明罕的漢茨華斯〔Handsworth〕、倫敦的布里斯頓〔Brixton〕與托特罕〔Tottenham〕）和一九九二年的洛杉磯都出現過。

當大多數人的印象都認為都市動盪主要起因於內部城市的黑人和拉丁

美洲暴民，但麥奎根（*McGuigan, 1996a*）卻指出，牽涉其中的主要都是來自都市邊緣地區勞工階層的白人。每個事件中，城市必須被視為是一個競爭的場域，伴隨著都市動盪，因此在**監視**和控制的手段上必須不斷增加。此外，戴維士（*Mike Davis, 1990*）在他的《石英城市》（*City of Quartz*）一書中生動地描寫洛杉磯的典型事件，他對洛杉磯的觀察主要有以下幾點特色：

1. 一個建築在陽光和舒適生活迷思的城市。
2. 房地產價格是主要的動力和社會價值。
3. 快速的人口成長和郊區化。
4. 基礎建設的衰退、環境污染與其他問題的產生。
5. 冷漠自私的中產階級，傾向支持減稅和減少公共開支。
6. 腐敗的政治體制，雖因族群因素而日漸分裂，但仍然握有很大的權力。
7. 在日本資本的支配下，洛杉磯逐漸具有全球城市的影響力。
8. 社會和經濟越來越兩極化、貧窮、低薪和都市動盪的問題不斷加劇。
9. 黑社會的犯罪與大量動用高科技維持治安。
10. 通勤上班族居住的郊區和都市荒原。
11. 嚴重的種族分裂和種族歧視。
12. 充滿種族歧視的警方，投入一項持續但嚴重錯誤的「向毒品宣戰」（war on drugs），幾乎等同於對非盎格魯族裔（白種）的青少年實施宵禁。

## 碉堡洛杉磯

這些因素再現出洛城暴動的狀況，從而支撐並正當化了將洛杉磯碉堡化（Fortress LA）的思維邏輯。戴維士強調在後自由主義（postliberal）的

洛杉磯：

　　　　對奢華生活方式的防衛已轉換為在空間和行動中的新式壓制的蔓延，為無所不在的「武裝反應」所支援。這個對實體保全系統的入迷，以及為社會分界所設置的警力，成為都市再結構的時代精神，是對一九九〇年代所浮現的環境的最佳敘述（*Davis, 1990：223*）。

　　對戴維士來說，洛杉磯合併了都市設計、建築和警方設備，成為一個綜合的保全系統，致力於使恐懼成為保全系統動員的功能。他指出市中心地區的重新設計和重新建造，街道旁的土地被夷為平地、行人道仔細地隔離出來、阻隔進入到「令人不安」的區域、同時特定「種類的人」（特別是有色人種和窮人）是被「勸阻」和排除的。他強調，與「整頓」市中心並行的措施是，一個審慎的策略，將窮人「圍堵」到一個特定的空間，受到監督和騷擾。同時禁止搭建厚紙板的避難所，甚至避免在特定地區設立公共廁所。

　　對保全的顧慮已提升到建築設計的結構上，由「強化」公共圖書館，到眾多受到柵門和警衛保全的住宅設備。同時洛杉磯當代的住宅保全也逐漸依靠私人的保全服務，私人的保全警力和公共的洛杉磯警方日漸分工，後者主要從事高科技的監視活動和情報蒐集，將大部分「跑腿」的工作留給商業組織。

## 城市的刺激之處

　　對城市輕率地頌揚成為不受限制的文化融合場所，戴維士的看法是有用的、具教育意義和令人恐懼的糾正。同時，源自於政經學派的悲觀立場只指出都市生活的問題，而忽略了城市特殊的文化面向和它們提供的樂

趣。對那些得以享受的人，城市在工作和娛樂上、在與一群不同的人和文化交會相容上、在刺激、不確定和驚喜的遭遇上提供了無可比擬的機會。只有在大城市中，人們得以享受美食、欣賞音樂、觀賞電影、梳妝打扮、開展旅行與玩弄身分／認同。

# 虛擬空間與城市

當代都市生活的異質娛樂和再現越來越多是來自電子文化的成長，包括電影、電視、虛擬實境的電玩、電子遊戲、個人電腦和網際網路。這是一個劇烈的「中介」（mediatized）（*Thompson, 1995*）文化，其中社會空間和文化互動由特定的社會和地理場所所分隔。當電子文化有能力提供更大的彈性和空間來建構**認同方案**時，電子科技也同樣成為增加監視和控制的管道。

虛擬空間的概念主要來自小說家威廉吉布森（*William Gibson, 1984*），他描述這是一個「不存在」的空間，電子郵件在其中傳遞、電子貨幣在其中交易、數位訊息在其中移動、同時也可藉此近用全球資訊網站。「一個概念上『不具空間』的地方透過人們以電腦為媒介的傳播科技，創造出文字、人際關係、資料、財富地位和權力」（*Ogden, 1994: 715*）。

主要的電子文化科技是電腦、有線電視系統、衛星、電視、視訊和虛擬實境科技。這些科技組成「電子傳播」（telematics）的領域，也就是將電腦和數位科技與電訊傳播的環節相連接的服務和基礎建設。這些科技的主要特色有：

1. 電子科技。
2. 豐富度。

*3.* 速度。

*4.* 匯流。

*5.* 多元性。

*6.* 互動性。

電子科技以極快的速度橫越更長的距離,提供更多的資訊和服務給更多的人。一些服務是互動式的,即是目前還相對地停留在較低的層次上。網路電視(PC-TV)或「資訊高速公路」的概念凸顯出科技**匯流**(convergence)的議題,也就是許多被創造出來並分開使用的科技已融合為一。科技的匯流是透過數位科技達成,數位科技使資訊電子化為位元組或分割的資訊包裹,在傳送時壓縮並且在到達目的地時解壓縮。這使得更多的資訊能夠以更快的速度橫越更長的距離。

## 資訊高速公路

近期電子發展的模式是網際網路。網際網路是一個傳播基礎建設,原本是由美國軍方所設計,以彼此相連但卻分散的電腦終端機所構成,其中沒有核心的管理當局。網際網路有數種不同程度的使用:電子郵件、新聞群組、全球資訊網站和線上服務,後兩者是目前發展最快的區域。據估計,現在已有五百萬個網際網路主機電腦和大約二千五百萬到三千萬名使用者。

直至今日,網際網路大部分是免費近用的。然而,這個情況正在改變,跨國集團正在發展付費服務和網站,或勘查他們發展自己的「資訊高速公路」的可能性,藉此人們可以購物和消費、交易電子貨幣、留意自己銀行的帳戶、線上選擇收看電影、視訊和節目、在全球資訊網中搜尋資訊。微軟和新聞集團都有野心發展他們自己的資訊高速公路,電視在其中便成為整個服務和活動的視訊終端(見圖 10.1)。此外,這個圖的組成要

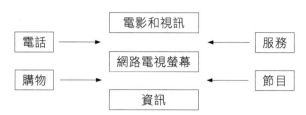

**圖 10.1 電視是資訊高速公路的視訊終端機**

件已在美國付諸實行，美國有百分之三十四的民眾擁有電腦，其中的百分之四十同時擁有數據機（用來作為連上網際網路之用）。

### 電子都市網路

葛拉漢和馬文（*Graham and Marvin, 1996*）指出，探索電訊傳播和城市之間的關係時，有三個主要的分析區域：

1. 在都市場所中的穩定性，和電訊傳播與電子空間中的流動性之間，有功能上和本質上的緊張狀態。
2. 發展於都市地方和電子空間形塑上的社會掙扎。
3. 在城市和電訊傳播產業中，圍繞在社會再現、認同和感知上的議題（*Graham and Marvin, 1996: 113*）。

傳統上，城市被視為是相對固定的地區，它的主要力量是能夠解決「空間中摩擦的距離」。也就是說，城市聚集了工業化、工作和娛樂的基礎要素。城市減低人們和財貨長途運輸的需要。然而，既然電子科技能夠立即解決距離的問題，它也創造新的網絡關係和對時間和空間的知覺。

電訊傳播「縮短距離」的概念，使它類似於其他運輸和傳播的進展。然而，這樣的概念沒有掌握先進傳播科技中最基本的本

質：它並不是縮短「距離的摩擦」（friction of distance），而是
使它變得完全沒有意義。當距離一萬英哩間的傳播和距離一英哩
間的傳播所花的時間相差不遠時，那麼「時間—空間」的匯流便
建立在相當深層的規模上（*Gillespie and Williams, 1988: 1317*）。

就如柯司特（*Castells, 1989*）所強調，生產、消費和資訊流動的新結
構，否定了在一個網路位置之外的地方意義。特別是，城市是全球資訊經
濟的電子中心，而都市地區則是社會、科技、文化和經濟網絡的節點。再
者，數位傳訊系統的成長納入整體城市中，是全球經濟重組與去工業化的
一個面向，資訊在此是後工業「資訊城市」中的主要商品（第四章）。數
位傳訊系統幫助了經濟活動在「都會區」，甚至是全球中的傳布。

## 資訊城市

對柯司特（*Castells, 1989, 1994*）而言，我們見證了一場跨時代的轉變，
由專業和管理階層的議題所主導。主要有：

1. 電腦的科技革新和資訊的交流。
2. 「資訊社會」的出現，經濟、社會、軍事和文化能力都以資訊為基
   礎。
3. 出現實際以全球規模運作的全球經濟。
4. 城市作為全球經濟指揮中心的重要性，包括為相對優勢而競爭。
5. 世界各地區（北方—南方）和劃分種族與階級的城市（雙元城市）
   （dual city）中，社會對立的增加。

在科技意義和城市空間的社會分裂和對立衝突日益增加時，數位傳訊
系統挑戰了城市的固定性。在此領域範圍中，資訊富者（information-rich）
和資訊貧者（information-poor）之間的距離越來越大。透過都市中心使用

逐漸頻繁的閉路電視監視系統（CCTV）攝影機、住屋周圍的保全系統、使用紅外線攝影機的警方直升機、和使用電子購物卡，讓店家掌握交易資訊以管理客戶的消費習性和宣傳活動，電子科技也成為社會控制和監視的中心。

> 電腦化的信用卡、家用電腦和複雜的電視系統，容許家庭銀行、購物、意見投票等等，使企業能藉此蒐集用戶大量的資料。分析家估計大概五年內，會有四千萬張所謂的智慧卡在美國境內流通，主要可作為銀行交易、購物或其他服務之用。你有多少錢、你喜歡買些什麼、你對死刑的看法、你中意的總統或洗衣精品牌──新科技被用來描繪出個別家庭詳細的行銷狀況，這稱為……精確地瞄準有潛力的消費者（*Mosca, 1988: 6*）。

簡單地說，電子科技的發展是當代城市的本質，與社會權力和衝突事件緊緊相連。城市是一個競爭的場域，許多種族、階級、性別和組織代表互相競爭對抗以形塑社會和建構環境。這表現在內部城市、碼頭地區或市中心再發展的爭論上，以及網際網路能否保持免費分散的電腦網路系統，是每個人都能近用，還是由商業主導計次付費系統的辯論。

## 全球空間中的電子家庭

受到電子科技威脅而改變的都市地方之一是家庭，正如柯司特所言：

> 家庭……已有資格成為一個在圖像、聲音、新聞和資訊交流自給自足的世界……家庭可以隔絕於鄰居和城市之外，但卻不會成為孤單、被孤立的地方。它們仍然可以依聲音、意象、音樂、意見、遊戲、色彩和新聞而居（*Castells, 1985: 34*）。

　　對某些論者來說，我們朝向一個以家庭為中心的新社會，建立於在家工作、互動式的家庭電訊服務和「智慧型」的家庭上。也就是說，家庭成為大部分跨國企業下電子流動的終端。

　　家庭成為電子文化的主要場所，因此我們能成為不用出門的旅行家。電子文化橫跨時間和地方，透過螢幕、視訊、音訊直達我們面前。不同歷史時間和地理位置的文化藝術品和意義，能夠相互融合、並列在一起，即使附加於地點的價值與意義仍然重要，人們參與其中的網路範圍卻遠遠超過他們實體的地區（第四章和第九章）。

　　這是後現代文化的視覺**拼貼**、**互文性**、美學的自我意識、矛盾、曖昧、**反諷**、仿諷 [7]、混成、蒙太奇、快速切割、非線性的敘述技巧和影像的去脈絡化（de-contextualization）（第九章）。包括藝術、文化和商業之間界線的模糊，以及後現代「意象」（figures）的日漸顯著，造成了日常生活美學化（*Featherstone, 1991, 1995*）。

# 城市文本

　　我們對城市所挖掘出的大部分的面向，沒有顯示出再現中有問題的概念。他們傾向認為其所提供的城市圖像是正確無誤的，沒有受到意識形態的扭曲。然而，城市的描繪與再現需要書寫的技巧，包括隱喻、換喻和其他修辭的技巧等，而不單單只是由一個「真實」的城市到「再現」的城市之間簡單的透明化。例如，我們看過由以下幾種語言所描寫的城市：

　*1.* 工廠的生活和生態（如：芝加哥學派）。

　*2.* 經濟發展、重整和投資（如：哈維）。

　*3.* 權力與監控（如：戴維士）。

4.符號文化、郊區化和仕紳化（如：佐京）。

5.後現代主義（如：索雅）。

6.資訊科技（例如：柯司特）。

在「再現危機」（crisis of representation）的脈絡下（見第三章），有關城市的討論逐漸以**後結構主義**的語言，及其再現的問題化中重鑄，從而使得城市被當作**文本**來解讀。根據席德斯（R. Shields）所言：

> 當我們快樂地將城市的「真實」以事物或形式來討論時，它們便是分類的文化行動的結果。我們區分環境為城市，接著將城市「具體化」為一個事物。「城市」的概念，也就是**城市本身，就是再現**。這是在約定下對環境所下的一個批註，只存在於不言而喻的斷定特定的環境就是「城市」的基礎上（*Shields, 1996: 27*）。

不是沒有媒介的管道進入「真實」。之所以被視為真實和現實是論述建構的結果，將知識的主體透過分類的過程帶入觀點。城市的再現，包括地圖、資料、照片、電影和檔案等，使我們可以得到城市的概念。然而，我們之後討論這些再現，好像將城市當成是一個物品、一個清楚切割的物體，獨立於人類文化再現之外。席德斯強調再現概括了城市的複雜性，並將城市的實體層次以**符號**取代——擬象會以「真實」的面貌呈現。這些賦予地方意義的再現是政治取向的，因為它們和正規的概念，也就是和適當的社會行為相連。

## 分類化的空間

城市空間分割的再現是符號上的缺陷，劃分出社會關係，藉此人們透過建構的環境來想像世界。也就是說，文化再現和城市區域的劃分就如黑

或白、工人階級或中產階級、安全或危險、商業區或住宅區、迷人的或骯髒的，都是具體的文化抽象概念，藉此世界是充滿生命力的。這些是**詩意**的再現，對隱藏和顯現什麼的問題附有明確的答案。再現政治需要去探究劃分環境的權力運作。透過只呈現城市中的某些面向，再現有權力去限制行動的過程，或以特定方式框架「問題」。

席德斯表示目前傾向以公共空間，而不是國內空間來再現城市。因此，在古老男性公共空間的城市中，大部分女性和兒童的世界是位於暗藏的地位。同樣地，「危險地區」的再現，透過恐懼的操弄（通常與有色人種有關），沒有認知到所謂的「危險地區」，其實只有針對特定的人或特定的時間。這個後結構主義者對再現和城市的描述有助於分析以下幾點：

1. 社會和空間是隱而不見的。
2. 城市透過再現而結構、生存。
3. 提供了有關社會的去中心化的陳述，也就是說，都市在一連串可見的場域中被生產出來，所以「城市實際上是**許多**城市」（*Westwood and Williams, 1997: 6*）。

## 城市並非一統

席德斯（*Shields, 1996*）強調，我們應該將城市視為一個活動和互動的複雜表面，能夠透過多元的分析和對話式的再現而挖掘，並且不是要相互綜合或解決衝突矛盾，而是使互相對抗的聲音能多元地並列和表現。用來描寫城市的語言（*Tagg, 1996*），主要也是城市的語言、社會科學的語言，在現代城市中浮現，同時論述地建構生產出城市，彼此間互為因果。城市的論述是多樣而且異質的，這樣的城市就如戴格（*Tagg, 1996*）所言，並呼應伊莉嘉萊的說法，「並非一統」（not as one）。

# 本章摘要

　　本章指出文化研究對空間問題（特別是城市）的關注日增。空間和地方是社會和文化建構的產物，後者標記著人們的情感投資和認同。空間和地方／場所總是與階級、性別、種族等社會關係有關，也就是說權力的地方／場所，標記著有關這個地方／場所的意義的爭辯。城市從來都不是一個東西，而應被視爲是一連串競爭的空間和再現。所以，城市不只是城市。

　　根據政治經濟學的觀點，我們察覺全球都市的出現是世界經濟的指揮部。他強調城市的再造是全球經濟重組的面向之一。我們同樣也可探索城市的符號經濟推動了它們的再造和復興。因此，許多都市的地方／場所（urban places）透過取得符號資本尋求比較優勢（comparative advantage）。

　　我們討論後現代都市的碎裂化、兩極對立、監視、控制、衝突與擬象化等趨向。這些情況伴隨公共開支縮減，以及都市動盪的脈絡下的近郊邊緣城市發展與公共空間私有化，在世紀之交的此刻影響著城市的成長與發展方向。不過，我們也要注意城市是一個興奮刺激、有趣、與陌生人接觸和玩樂的身分／認同間相互交融之處。

## 第十一章
# 青少年、風格與反抗

◎初稿翻譯協助：黃皓傑

　　二次大戰後西方世界的一個明顯標記，當屬青少年獨特的音樂類型、時尚風格、休閒活動、舞蹈與語言的出現與擴散。青少年文化（youth culture）的問題，在文化研究占有顯要地位，特別是因為英國伯明罕大學當代文化研究中心（the Centre for Contemporary Cultural Studies，簡稱CCCS）的首批研究生，例如赫布迪齊、克拉克（J. Clarke）、柯恩（P. Cohen）、麥克羅比（A. McRobbie）、威利斯和葛羅斯柏格（L. Grossberg）等人，都屬戰後嬰兒潮的搖滾世代。青少年文化是「他們自己的」文化，在面對高雅文化的鄙夷之際，當年他們認真地看待此一文化，就已幾乎等同於認可流行文化的價值（見第二章）。

　　《反抗如儀》（*Resistance through Rituals*）一書（*Hall and Jefferson, 1976*），是伯明罕文化研究群對於青少年次文化的分析，也是文化研究的里程碑，其網絡包含學生與講師，親身和專業地參與流行音樂、風格與流行時尚。更進一步來說，青少年文化的研究提出了一些意義重大的關懷與研究主題，橫跨了文化研究的各個路徑，並引起迴響，亦即：

*1.*人可由文化分類成各種社會類別（如：青少年）。

*2.*有關階級、種族與性別的區分。

*3.*關於空間、風格、品味、媒體與意義的問題（如：文化問題）。

*4.*消費在資本主義消費社會裡占據的地位。

*5.*有關「反抗」（resistance）此一爭論不休的問題。

這些主題將結構我們〔在本章中〕對青少年文化的探索。然而，我們應該注意的是，文化研究傾向於探索比較炫目的青少年文化，此種顯眼的、喧鬧招搖的、異類的與前衛的青少年風格，受到多數人的注目與重視，而這難免有損於對大多數青少年的生活進行社會學的探索。本章的書寫方式也不例外於此一通則。

## 青少年的浮現

常識告訴我們，青少年時期是生理年齡天生與不可避免的標記，以生物機能所做的區分，使得人類的特定年齡產生特定的社會位置。然而，一些社會學家如帕森思（Talcott Parsons）指出，青少年並非以生物上的共同類目來區辨，而是特定狀況和時間下所出現的一種變動中的**社會**建構。

### 青少年時期有如延期償付期

帕森思（*Parsons, 1942, 1963*）認為，青少年時期是一種社會類別，此一社會類別與**資本主義**發展而導致變遷的家庭角色一起浮現。他指出，在前資本主義社會中，家庭履行的是社會再製所需要的生物、經濟與文化功能。從孩提時代到成人的轉折，被標示為成年禮（rites of passage），而

非青少年時期的延伸。隨者資本主義社會中專殊化、普遍化與理性化的職業及成人角色的出現，在家庭與廣大社會之間產生了一種斷裂的不連續狀況，需要為青少年設計的轉型與訓練期來填補。這不但顯示出青少年所屬的類目，也代表著在孩提與成人之間的時期，是「結構化的無責任」（structured irresponsibility）的延期償付期（moratorium），允許青少年文化的出現，而其功能在本質上是社會化的。

青少年時期作為一種社會位置，其特殊性在於它是介於童稚依賴與成人責任之間，而這可見於家庭、教育與工作制度之中。比方說，一般認為青少年時期是為未來必須離家、進入成人世界作準備。青少年也被要求肩負比孩提時更大的責任，但仍然服從於成人的控制。這樣的觀點，導致社會控制的權力機制（如政治人物、政策制訂者與青少年問題專家），制訂出一套關於青少年的重要假設與分類，包括以下幾種：

1. 青少年時期是經過統一的類別，有著某種共同的心理特質與社會需求，共同屬於一個特別年齡群體所有。
2. 青少年時期是具備發展性的特殊形構舞台，在那裡態度與價值觀變成固定在某種意識形態內，且保持穩定於此種生活模式之中。
3. 從依賴的兒童到自主的成人的轉變過程，一般而言包含了叛逆的階段，本身傳達了從上一代傳到下一代的部分文化傳統。
4. 現代社會中，年輕朋友們在追求成功的過程以及要求專業上的幫助、建議及支持時，遭遇到困難（*Cohen, 1997: 182*）。


## 青少年是一種文化分類

從事文化研究的學者們同意，青少年這個概念並無放諸四海皆準的意義。然而，「青少年」這個被帕森思稱作「生物年齡」（biological age）的概念本身，是文化分類系統的一部分，而非社會預期可以依掛的固定

點。青少年在年齡上來看,沒有統一的特徵,也不是一個確定的過渡期,而這從以下問題即可變成顯而易見:

1. 從生物學來看,青少年時期是從何時開始與何時結束?
2. 所有十六歲的青少年,其生理發展與文化發展是否一致?
3. 二十五歲的人有何共通點?
4. 為何在紐約、〔印度〕孟買及〔巴西〕里約熱內盧等地的青少年看起來都不一樣?
5. 四十歲以上的成年人如何努力使自己變得年輕一點?
6. 有無可能在西方社會的「青少年時期」會比較長?

將青少年時期看成一種受到社會影響的生物學類別,不如把它看作是一組複雜的變遷的文化分類方式,有著**差異**和多樣性的標記。作為一種文化上的構念(cultural construct),青少年一詞所代表的意義,隨時空而有變化,看是誰在發言、對誰發言而定。青少年也是一個論述構念(discursive construct)。其意義形成於我們以有組織和有結構的方式談論著,並且體現青少年為某一特殊人群類別,其中特別重要的是各種與風格、形象、差異和**認同**有關的**論述**。

### 青少年的曖昧性

無論我們如何定義它,青少年仍然是曖昧不明的概念,即使是法理上的定義也不一致。例如:在英國,幾歲可以買酒、幾歲有權決定是否與異性發生性行為或同性戀,以及幾歲可以投票,法律規定有別。因此,生理年齡在被用來定義、控制與管理社會活動時,充其量只是不精確與差別適用的標記(*James, 1986*)。如同西柏利(David Sibley)論稱,青少年仍是充滿爭議與矛盾的分類,被硬塞進兒童與成人的畛域之間:

　　兒童這個類別的界限，因文化而異，而且在西方資本主義社
會裡已發生相當程度的改變。這個被用來區隔兒童和成人的界
域，顯然是模糊的。青少年時期是一個曖昧的灰色地帶，那道兒
童／成人間的界線可以擺在其中的任何一個位置，端視誰在作分
類的工作。因此，青少年不被允許進入成人世界，但他們試圖與
兒童的世界保持距離；在此同時，他們又保留著某些與孩童時期
的連結。青少年可能逐漸威脅到成人，因為他們穿越了成人／孩
童的分界，而且在「成人」空間中顯示出矛盾。……在建構具體
類別時會有的劃界的舉動，中斷了在自然狀態下原本屬於連續的
東西，而這樣的舉動當然是任意而武斷的（*Sibley, 1995: 34-35*）。

　　對葛羅斯柏格（*Grossberg, 1992*）而言，重要的是青少年這個意義曖昧
的類別被**接合**到其他論述〔例如：音樂、風格、**權力**、責任、希望、未來
與美國性（Americanness）等〕之中。就如他所言，「問題不在於各種不
同的青少年論述在參照意義上是否正確，而在於它們（這些論述）本身構
成了青少年被建構時的情境脈絡的一環」（*Grossberg, 1992: 199*）。

## 麻煩與玩樂

　　儘管成人可能只把青少年時期看作一個短暫的轉型期，但青少年投入
其中，使之成為一個地位特殊的場域，從而凸顯出自己與眾不同的**差異**。
這包括拒絕認同日常生活裡一再重複的百無聊賴。青少年時期已經變成一
個意識形態的符徵，充滿關於未來的烏托邦想像，雖然別人可能望而生
畏，視之為對既有規範和秩序的潛在威脅。因此，社會對青少年可說是有
著「愛憎交織般的評價」（ambivalently valued）（*Grossberg, 1992*）。
　　赫布迪齊（*Hebdige, 1988*）表示，青少年的被建構大抵不脫「麻煩」

（trouble；例如說青少年等同於麻煩，或是說遇上麻煩的青少年等）和「玩樂」（fun）這兩種論述。舉例來說，像是足球流氓、暴走族（motorbike boys）與街角的幫派份子之類的青少年，通常會和犯罪、暴力、偏差行為扯上關係。此外，青少年文化也代表消費者熱衷於流行、風格和各式休閒活動，而這是經常出入派對、熱中流行風尚，以及特別是熱衷消費的「年輕世代」的專利。根據赫布迪齊的說法，年輕世代導致兒童期與成人期之間的分隔，它代表的是青少年時期的**商品化**與年輕消費市場（the youth consumer market）的創造，而這些都必須是工人階級青少年手頭上有閒錢可以揮霍才行。

# 青少年次文化

　　雖然年輕世代這個概念框架了相當多有關青少年的流行論述，真正吸引文化研究投入的是次文化（subculture）這個分析性概念。**次文化**的概念是文化研究之中一個流動的研究對象。它是一個分類用語，試圖透過**再現**去描繪社會世界（*Thornton, 1997*）。次文化並非以一個純正的客體的姿態存在，而是研究次文化的人造就之物（*Redhead, 1990*）。因此，我們應該問這個詞是如何被使用的，勝過於問它是什麼意義。

　　對文化研究而言，次文化一詞中所謂的**文化**，被用來指涉「生活的全部方式」或是一張「意義地圖」，使社會的成員們得以理解這個世界。「次」這個字的內涵意義，意味著與支配的或主流社會的區分與差異。因此，所謂有一種純正的次文化的想法，依賴的是一種二元對立的概念，亦即將大量生產的主流或支配文化當成是不純正的。

　　　　這樣說來，「次文化」最重要的屬性，繫於特定文化／社會

團體與整體文化／社會之間的區分如何被強調。強調的重點在於它們與廣大社會集體之間的變異，後者總是一成不變地（但這其實是有問題的）被置於常態、平均和支配的位置。換句話說，次文化一方面因此被〔主流社會〕咒罵譴責，一方面又自得其樂於其自身的「他者性」或差異的意識（*Thornton, 1997: 5*）。

## 社會底層的價值觀

如同松頓（Thornton）所論，「次」（sub）這個字首的另一個重要意涵，是代表底層（subaltern）或下層（subterranean）之意。次文化已被視為是偏差文化的空間（spaces for deviant cultures），被用來重新協商其位置，或是贏取屬於它們自己的空間。因此，在許多次文化**理論**裡，「反抗」主流文化的問題常最先被提出來。最初這在文化研究裡被理解為**階級**問題，但後來進一步將性別、種族及性意識等問題納入。

透過與美國的「〔青少年〕犯罪」社會學（sociology of 'delinquency'）研究的互動，底層人民的、偏差的與階級的價值觀，逐漸被吸納進入文化研究之中。特別的是，芝加哥學派探討「青少年犯罪」（juvenile delinquency），視之為一種受到次文化、階級價值觀影響的集體行為。青少年公然表現出令人頭痛的行為，不再被看作是一種個人的病態行為，或是所謂無差異的「青少年時期」導致的結果，而是被視為他們對結構性的階級問題做出的集體實踐的回應。在此一脈絡下，有關「青少年犯罪」的特徵，出現了各種不同的劇碼，例如：

1. 工人階級出身的青少年對中產階級工作、成功與金錢等價值觀的摒棄與倒置，目的在因應他們被認為不足之處，而且用他們自己的立場論事（*Cohen, 1955*）。

2. 體現與強調位居社會下層的工人階級價值觀，尤其是娛樂閒暇活動方面的價值觀，只有在中產階級的社會控制者眼裡才變成偏差的（*Matza and Sykes, 1961*；*Miller, 1958*）。

3. 工人階級的青少年試圖體現成功、財富與權力價值觀（*Merton, 1938*），以及／或者是關於休閒和享樂主義的價值觀（*Cloward and Olin, 1960*），但他們透過的是另類的路徑，因為既有社會認可的路徑都已被階級結構所阻絕。

## 神奇的解方

文化研究的理論家反對將「青少年」當成同質性的群體，他們較同意差異化階級的說法，以及如何與支配性或主流文化的價值觀做連結。次文化被看作是對於**結構性**階級問題的神奇、**符號化**的解方（solutions）。或者如同布瑞克（M. Brake）後來所說的：

> 次文化企圖解答社會結構矛盾引起且為人們集體經驗到的各種問題。……他們產生一種集體認同，藉此，個人認同得以透過階級、教育與職業之外的管道來達成（*Brake, 1985: ix*）。

布瑞克繼而考量次文化對參與者可能發揮的五種功能：

1. 對於社會—經濟的結構性問題提供神奇的解方。
2. 提供一種不同於得自學校和工作的集體認同。
3. 為另類經驗與另類的社會真實爭取存在空間。
4. 提供一組〔不同於學校和工作的〕饒富意義的休閒活動。
5. 為身分／認同上既存的兩難困境提供解答。

在此一脈絡下，威利斯（*Willis, 1978*）援用「同族關係」（homology，或譯「異體同形」）這個概念，描述存在於社會秩序中的社會位置、次文化的參與者的社會價值觀，以及被他們用來表達自我的文化符號與風格之間的「符應」（fit，或譯「吻合」）狀態。

## 同族關係

**同族關係**的概念將鮮活文化作為一組「構成的關係」（constitutive relationships），與「環繞在此一鮮活文化的各種客體、人造物、制度與他者的系統性的實踐」連結起來（*Willis, 1978: 189*）。同族關係的分析是共時性的，記錄了社會結構與文化符號的掠影。它涉及的是彼此關連的兩種不同層次的分析：一是對社會團體進行檢視；二是檢視他們偏好的文化項目。

> 本質上，這是關於在他們的結構和內容之間的距離多遠的問題，特別的項目平行地反映出此社會團體的結構、風格、典型的關係、態度與感覺。他們實際上在這些結構項目上有完全的了解，可以找出其中的相似性。在此團體和這些特別的類目之間不斷地上演著產製出各種風格、意義、內容與有意識的形式（*Willis, 1978: 191*）。

次文化的參與者並非以文化研究學者認知的方式去理解同族關係，不過，這些群體表現出來的創造力與文化反應並不是隨機的，而是表達了社會存在的矛盾狀況。「在文化行為的邏輯上，他們『了解』某些關於他們自己的存在狀況」（*Willis, 1978: 170*）。某些在世俗文化裡被賦予神聖意義的客體，提供了這種統合的次文化的**符碼化價值系統**。

## 暴走族

威利斯認為，「**行進中的**機車、噪音、騎士的整體感覺」表達了〔英國〕暴走族的文化、價值觀和認同。「這種摩托車堅硬、負責、無法逃避的**力量**，符合摩托車男孩世界中具體的、穩當的本質」（*Willis, 1978: 53*）。摩托車給了男孩一種有形的事物，一種陽剛與力量，因此「〔摩托車〕瞬間加速的驚喜、拿掉消音器砰砰而出的廢氣聲響，這一切都吻合並象徵男子漢魅力、陽剛的袍澤之情、男人用的話語，以及他們的社會互動風格」（*Willis, 1978: 53*）。

根據威利斯的觀點，次文化對當代的資本主義與文化注入了重要的批判與洞見。例如，嬉皮顛覆並重新組織了工業化資本主義原本線性、有序與紀錄的時間感。〔英國的〕暴走族「馴服猛烈的科技，使之符合一種象徵的人類目的」，告訴我們資本主義中「巨大科技的恐怖」。這表達出人類尺度的異化與巨大損失。因此，次文化的創造、表達和象徵的運作，可被看成是**反抗**的形式。

### 反抗如儀

如同赫布迪齊（*Hebdige, 1979*）所強調的，同族關係的概念，連同**拼貼**這個概念，在「當代文化研究中心」研究青少年文化的重要著作（即《反抗如儀》一書）中，扮演重要的角色（*Hall and Jefferson, 1976*）。拼貼描述了「將客體重新結構與重新脈絡化去傳達新的意義」（*Clarke, 1976: 177*）。這也就是說，原已承載已沈積符號意義的客體，在新的脈絡下被重新表意與其他客體的關係。克拉克（*Clarke, 1976*）指出，泰迪男孩（Teddy Boy）風格的建構，即是透過組合原本不相干的事物，如愛德華時代的上層階級外表、靴帶和防滑紳士鞋（brothel-creepers）。同樣地，鞋子、褲子吊帶、大平頭、垮衣（stayprest shirts），以及平頭族少年（Skinheads）

喜愛的源自牙買加的斯卡舞曲（Ska music）[1]，已經是一種符號化的拼貼，傳達出一股「冷酷、陽剛與工人階級的氣味」（Clarke et al., 1976）。這個主題呼應了該群體所處的社會關係，兩者之間處於同族關係的統一狀態。

## 青少年次文化的雙重接合

在此分析中，青少年次文化被視為對霸權文化的反抗，並以其特有風格的形式展現。青少年的構成，是透過與父母輩的工人階級文化（parent working-class culture）及支配的文化進行「雙重接合」（double articula-tion）。父母的工人階級文化有其獨特的存在方式與意義，關連並且對立於霸權文化。因此：

> 在定義上，關於統治階級的霸權，工人階級是一種次要的社會與文化形塑……當然，偶爾霸權是強而有力且具凝聚力，而次要階級是微弱、有弱點且易受攻擊的。但是在定義上，這不可能消失不見。它依然維持其次要的結構，且經常是分裂的和無法滲透的，它仍然包括了統治階級的全部規則與優勢。這種次要階級已經發展出他們獨有的共同的文化、社會關係的形式、組成的特徵、價值觀以及生活的模式（Clarke et al, 1976: 41）。

雖受到歷史衰退及變動的支配，透過工人階級的反抗並未完全消失，它仍然處在一個結構性抵禦及反抗霸權文化的位置上。青少年文化被認為是「分享了共同的、基本的難題」，這是關於支配文化如同父母的工人階級文化一樣持續不斷地與青少年文化做出區隔。次文化牽涉了表達與父母

---

1. 譯註：一九六〇年代在牙買加盛行的音樂。這種音樂是以美國的藍調音樂為基礎，使用吉他或薩克斯風以快節奏展現爵士樂的反覆旋律感，也有人認為這是一九七〇年代雷鬼音樂的雛形。

文化既有差異又**認同**的關係。青少年文化有其特定的世代意識，並且在一組制度和經驗中身體力行階級的問題框架，有別於他們父母那一輩的文化。

論者指出，青少年次文化是由特殊**風格**發展標記著，也就是透過穿著、音樂、儀式與暗語的形式，主動地組織客體、活動與態度。這是一個重新表意的過程，透過拼貼，商品（同時也是文化符號）被組織成新的意義符碼。青少年次文化為自己從父母的文化與支配的文化中「贏取空間」（win space），透過象徵解決他們所面對的階級矛盾。

### 泰迪男孩、摩登族與平頭族

在《反抗如儀》一書中談到，泰迪男孩會挪用上層階級的風格，以便「填補」在勞力工人階級經驗與「盛裝打扮但無處可去」的週末夜經驗之間的「落差」（covers the gap）。同樣地，摩登族（Mods）也藉由風格與消費的拜物作風，來「填補」在不眠的週末夜與週一重新如行屍走肉般地工作間的「落差」。

這本書進一步論稱，為了回應傳統英國工人階級價值與空間的傾頹，以及同時發生的工作消失和住宅區重新開發所意味的**後工業社會**（post-industrial society）的來臨，某種青少年文化形成，並且透過風格化，試圖尋求再造失落的社區與工人階級的價值。平頭族們堅持透過他們的大平頭、短筒鞋、牛仔褲與吊帶褲，重溫想像中的過去工人階級的「陽剛性」（hardness）。透過「一掛」夥伴們之間的凝聚與忠誠，他們的風格強調了工人階級的集體主義與地域性。因此，風格化的群體表現出來的是一種符號反抗，構成了霸權與反霸權的抗爭。不過，低薪、單調無趣的工作與失學（miseducation）等問題，仍無任何次文化的解決辦法，因而青少年次文化提出的「解決方案」（resolution）仍然只是在符號的儀式的層次上。

### 風格的符號

克拉克等人（*Clarke et al., 1976*）用同族關係這個概念，可能有變成某

種形式的**化約論**的危險，他們用階級結構來解釋青少年風格（youthful sty-le），亦即風格根源於階級，並且可用階級來解釋。相反地，赫布迪齊（*Hebdige, 1979*）不僅將**種族**問題帶進來討論，而且也從**符徵**自主性運作的層次上對風格有所詰問。藉此，他主張**符號**與文化的特殊性，但仍保留拼貼與反抗等概念。

赫布迪齊認為，風格是一種**表意實踐**，而在引人注目的次文化的情況裡，風格是一個明顯杜撰出來的意義符碼的展示。透過差異的**表意**（sig-nification of difference），風格構成了一種群體認同。這主要是透過商品符號的轉換來達成，藉由拼貼的過程，對支配的主流秩序進行一種符號學式的反抗。

> 次文化代表著「噪音」（相對於聲音來說）：對於從真實事件與現象轉變為媒體再現的那種有條不紊的秩序，進行干擾。所以，對於蔚為奇觀的次文化，我們不能夠低估其符號力量，不僅是作為一種隱喻，暗示有一個「就在那裡」（out there）的潛在的無政府狀態，而且也是語意學失序的實際機轉；在再現系統中，它就像是一種暫時的封鎖狀態（*Hebdige, 1979: 90*）。

英國的龐克族是赫布迪齊喜歡舉的例子。他指出，龐克不僅是英國衰敗危機的反映，顯示出失業、貧窮與變動中的道德標準，而且還**戲劇化**此一危機。龐克挪用危機的媒體語言，以肉身及視覺的方式回收再利用；龐克風格表達憤怒與挫折，用的是尋常的語彙，但在重新表意後，如今已變為一組當代問題的徵候。

龐克風格是特別的錯置、自覺與**反諷**的表意模式。它「複製了整個戰後青少年工人階級文化的服裝歷史，以一種『裁剪』（cut up）的形式，整合原本屬於完全不同時代的元素……。龐克風格包含了對於整個戰後次文化的扭曲的反映」（*Hebdige, 1979: 26*）。如同拼貼在每個噪音與混沌的

層次呈現的符號，對赫布迪齊而言，龐克風格是秩序井然且有意義的。龐克是一種「造反的風格」（revolting style），建立了乖張反常的整體效果：安全別針、垃圾塑膠袋、染髮、塗彩過的臉、畫有塗鴉的襯衫和性拜物教的象徵物（皮鞭奴役工具、魚網狀絲襪等）。透過亂無章法的舞蹈、不和諧的聲音、褻瀆的歌詞、激進的言語與無政府的圖像，「龐克不僅打亂了衣櫃而已，也逐漸地侵蝕了每一個相關的論述」（Hebdige, 1979: 108）。

## 對次文化理論的批評

回應霍爾、赫布迪齊、威利斯與其他人的作品，柯恩（Cohen, 1980）批評，在這些文化研究理論家的手上，「青少年」總是不能只是它自身而已。他認為，由於當代文化研究中心過度引伸的反抗概念，青少年不再可能「只是」行為偏差的不良少年了。他指出，風格這個概念被誇大成了反抗，而反抗又同時被化約為風格問題。風格因此被奪走它的玩樂性質，而且被窄化為政治問題。同樣地，連恩（Laing, 1985）也論稱，龐克主要是一種音樂的**類型**（genre），但赫布迪齊卻用可議的政治目的和預設的政治命運的名義，把它（龐克）化約為一種表意實踐。

柯恩提出一個霍爾等人（Hall et al, 1976）及赫布迪齊（Hebdige, 1979）作品都有的根本問題（但威利斯較無此問題），他指出，「此處令人頭痛的問題是，這些生活、自我與認同，並非總是和它們被認為應該代表的意義相符」（Cohen, 1980: xviii）。問題在於如何將分析家所做結構的解釋，與自覺的主體持有的意義聯繫起來。他認為不僅赫布迪齊與其他人提供的詮釋有商榷的餘地，而且青少年也因此而「揹太多包袱」（carry too much）了。深切地，他的批評是認為「當代文化研究中心」無力處理次文化成員自身對於次文化參與經驗的說法（Widdicombe and Wooffitt, 1995）。

來自文化研究內部對「當代文化研究中心」次文化理論展開的實質批評，在於後者將青少年文化框架成主要是白人、男性與工人階級的。論者指出，「當代文化研究中心」頌揚奇觀般的青少年次文化，但同時卻便宜

行事地擱置〔青少年次文化裡的〕種族主義與性別主義等面向。這被認定是反映出次文化理論家對次文化太過執著，導致其過於強調次文化的特殊奇觀的一面，而忽視了其平凡常態的另一面，強調次文化的意義與風格而忽略了愉悅玩樂與幻想的成分。最終說來，不管我們如何看待青少年，他們之間有著階級、種族與性別上的差異，一如他們在年齡、態度或風格上擁有共同性。

# 青少年差異：階級、性別與種族

## 工人階級的自毀

文化研究裡被廣泛閱讀且歷久不衰的一本書是威利斯（Paul Willis）的《勞動工人的養成》（*Learning to labour*）一書，他的民族誌學研究發現，問題在於「工人階級的小孩如何獲得工人階級的工作，〔以及〕為什麼他們讓他們自己這樣做」（*Willis, 1977: 1*）。威利斯跟隨觀察工人階級男孩的團體，發現這群「小伙子」透過混亂、逃避與拒絕表現如學校所預期的行為，去反抗校方的教條與期望。而「乖寶寶」（ear'ole）（由這群小伙子自己指定人選）與這群男孩們恰恰相反，在預期會有長期的好處下，願意與教師配合。

這群「小伙子」的理解與行動，牽涉威利斯所謂的「滲透」（penetrations）與「限制」（limitations）。在威利斯觀點裡，這群小伙子將「教學典範」（teaching paradigm）稱為一種唬人的假象：承諾給予個人成長與社會進步，但要求服從與馴服作為回報。他們了解令其不快的事實是，教育是一條通往「成功」的道路，但這說法有個限制，因為很少包括像他們那樣的工人階級男孩。因此，他們沒看到「參與這場遊戲」的意義。並且，他們以「取笑」教師和「乖寶寶」為樂，追求休閒與性的愉悅。

然而，這群小伙子的觀點很悲慘地被限制而且構成了一種「自我控制」的風格。在遞移的流行風潮下，階級的結構（因這群小伙子的察覺而被實行）透過這群男孩的行動被再製及制訂。他們對勞力的正面評價與勞心的無用看法，導致他們拒絕到學校上課，而接受工人階級的工作。

## 性別化的青少年

威利斯研究的最大優點在於接合「青少年」與階級。然而，這同時也是限制，因為他研究的工人階級清一色是白種男性。麥克羅比（A. McRobbie）與賈柏（J. Garber）論稱：

在青少年文化研究中似乎很少談論到女性的角色。她們在文化民族誌研究中缺席了，在流行文化歷史中缺乏此領域的新聞調查與個人描述。當一提到女孩，不是在方式上不加辨別地強調女性的刻板形象……就是將其快速帶過且邊緣化地呈現（*McRobbie and Garber, 1991: 1*）。

麥克羅比與賈柏並非未考慮到次文化研究的價值，因為他們明確地持續強調階級、學校、休閒與次文化。然而，他們在以下討論中提出了**性別議題**：

1. 女性角色被男性研究者所忽略。
2. 在男性的次文化中，女性是被排斥且次要的。
3. 女性青少年的次文化在結構上被置於不同於那些男性的場域。

麥克羅比與賈柏批評威利斯（*Willis, 1978*）對暴走族少年文化的研究，女生消失了，其研究只是以她們跟男人的關係來評斷。麥克羅比同時也論稱，在《勞動工人的養成》一書中，「小伙子們」的語言風格「毫無疑問地是對女性地位的降級」（*McRobbie, 1991a: 23*）。她認為，威利斯無法面

對此問題與逃避此議題，男性工人階級建構反抗壓迫的階級結構，以及以暴力來對付女性。「一個完全以性特徵來理解的工人階級文化更能考慮到中心問題」（*McRobbie, 1991a: 22*）。她進一步指出赫布迪齊的青少年文化研究（參考下文）所牽涉到「『風格』的使用，結構性地排斥女性」（*McRobbie, 1991a: 25*）。

## 女孩的另類空間

麥克羅比與賈柏指出，假如女性在盛大奇觀般的次文化中被邊緣化，是因為她們在男性的工作場域中被邊緣化，而且不被鼓勵「在街角閒蕩」。事實上，她們指出女性是家庭的中心，也是另一種由雜誌、流行音樂、海報與臥房組成的女性青少年文化的核心。在她的早期著作中，麥克羅比仍對這種「女孩文化」（girl culture）源起的消費文化持懷疑態度。例如，她認為《Jackie雜誌》（*McRobbie, 1991b*）不斷操弄浪漫、顧家、美麗與時髦等符碼，從而將個人私密的領域界定為女孩的主要領域。麥克羅比論稱，《Jackie 雜誌》呈現的是「浪漫的個人主義」（romantic individualism），並以之作為年輕少女卓越出眾的氣質（*McRobbie, 1991b: 131*）。在她對女性工人階級的討論中，麥克羅比（*McRobbie, 1991c*）探索女性文化被女孩們挪用來創造屬於她們自己的空間，但同時又爭取擁有男朋友、婚姻、家庭與孩子那份安全感。

後來，與文化研究本身發生的轉變有關，亦即關注焦點從文本內容轉到消費，麥克羅比（*McRobbie, 1991d*）開始對她自己過去依賴文本的分析方式有所批評。她指出，女孩在相關的女性雜誌與其他消費文化風格上，比她原本想的更為主動，也更有創造力。她指出，具有生產力的、有效的、與時尚風格的創意拼貼，是女性得自於購物的動態特徵，而購物則被看作是一種賦予她們更多力量的活動（*McRobbie, 1989*）。

麥克羅比論稱，女性特質的主動與變動特徵，可見於少女雜誌本身（對「熟練的與有辨別力的年輕消費者」做出回應時）展現出來的轉變

（*McRobbie, 1991d*）。這包括將注意力從羅曼史小說轉至流行音樂、時裝與對自己的性別更有自信。麥克羅比強調，幻想（fantasy）在其中扮演了生產性的角色，標記了從「前青春期」（pre-pubertal）轉型為「青春期」女性特質（adolescent femininity），包括有能力保留落差與空間供個別女孩寄託情感於其中。在她看來，以女孩為銷售對象的青少年雜誌，也是一個**女性主義政治**（the politics of feminism）的操作空間，要求學者們從中找到著力之處。無疑地，白種的學者要從中找到著力點比較容易，就像大部分英國女性雜誌想像的也是白種讀者一樣。

## 種族化的青少年

根據赫布迪齊的說法，「我們能夠看到，結束這個英國工人階級青少年文化承載的外觀，是一種來自戰後的種族關係的虛幻歷史」（*Hebdige, 1979: 45*），〔這種虛幻歷史〕認定英國青少年文化可被解讀成「一連串對於那些出現在英國的黑人移民的不同反應」（*Hebdige, 1979: 29*）。例如：

1. 泰迪男孩混合了黑人節奏與帶有貴族氣派的愛德華時代風格的藍調，但同時也表現了他們對來自西印度群島黑人族群的排斥。
2. 當摩登族接受靈魂音樂後，尋求儘量模仿西印度群島的「冷調」（cool）風格。
3. 平頭族挪用西印度群島的裝扮、暗語與音樂，但同時卻以種族歧視著稱。
4. 龐克族對黑人青少年反英國與反權威的方面產生共鳴。同時，當生產音樂的風格與黑人音樂形成對立時，將雷鬼音樂納入了龐克音樂。

赫布迪齊在雷鬼音樂、聲音系統與羅斯塔發里派教義（Rastafarianism）的記號中，看到反抗白人文化與種族歧視。雷鬼音樂包容了黑人口語及美國節奏音樂的踰越特色，被認為是一種由奴隸時期過渡到今日，黑人與白

人之間關係的紀錄。羅斯塔發里派教義透過對聖經的挪用與翻轉，進行對「白種男人宗教的完全顛覆」。雷鬼音樂（Reggae）與羅斯塔（Rasta）「明確表達出許多年輕的英國黑人感受到的異化」（*Hebdige, 1979: 36*）。

雖然，黑人文化有很多面向與青少年相接合，梅瑟（*Mercer, 1994*）對黑髮的討論如同一「風格的政治學」特別有興趣，與赫布迪齊（*Hebdige, 1979*）透過風格的概念，對英國白種工人階級的青少年文化進行研究形成共鳴。

### 黑髮的人工意義

梅瑟強調頭髮不再是天生的簡單真實，卻是一種文化的符號詭計。頭髮經過修剪、打扮與造型，使它成為宣告自我與社會的工具。特別的是，頭髮是主要的**道德**符徵，僅次於皮膚。透過頭髮，種族主義者的論述將「黑」投射在天然的一面，狂野與醜；而「白」則被指向文化的一面，文明與美麗。策略上，重新評價黑髮的道德符徵，已有兩個基本風格，如梅瑟所表示：一個強調**自然**的外表，而另一個則是**人工**。

駁斥所謂黑髮只有洗直和模擬白人髮型才會好看的講法，圓蓬髮（Afro）與細髮辮（Dreadlock）等髮型宣告了黑人髮型出於自然的訊息。在賦予黑髮髮質的價值同時，他們也重新建構了黑人與非洲的連結，與反殖民、**後殖民**和反種族主義的抗爭發生共鳴。然而，圓蓬髮型召喚出來的是一個浪漫化與想像的非洲。梅瑟指出，圓蓬髮型本身並無任何特別非洲之處。的確，他更指出圓蓬髮型依附在歐洲人對於非洲及自然的想像之上。影響所及，戰術上的逆轉涉及黑是自然美的宣稱，同樣依附在將非洲與自然聯想在一起，與種族主義與帝國主義的論述並無二致。尤有甚者，一旦被商品化成為一種髮式風格，圓蓬髮型原本作為反抗符徵的意義將完全被淘空。

不是模仿白人文化宣布弄直其黑人髮型，反之，梅瑟看到他們如同黑人的創新方式。黑人**離散群落**的髮式包含了混血及西方風格的激進轉化。黑人髮型是從白人與黑人文化所折射出的元素，其中透過改變、占用、模

仿與合併。黑人髮型是藉由主動反應的方式與傳統霸權的再製碼。比方說，黑人的 Conk 髮型並未拷貝任何事物，而是，雖與白人髮型近似，但卻透過人工物強調兩者間的差異。對梅瑟而言，黑人髮型向那些曉得內情的人傳達了顛覆的訊息。黑人髮型的多元性證明了一種創新、即興創作的審美觀與文化多元的價值。

# 空間：一個全球的青少年文化？

青少年是一種文化類目，有差別地接合（建構關係）階級、性別與種族。此外，青少年被理解為空間問題（a spatial matter），亦即青少年可能在多樣的**空間**與**場域**中被以不同的方式生產出來。在俱樂部、酒吧、學校與公園中，青少年出沒其間，因而有了各種意義與行為。

街上與大型購物中心明顯已變成是充滿意義爭議的場所。它們是青少年能夠掌握的少數幾個準自主的空間。然而，這些場所也被成年人指控是對社會秩序造成威脅的青少年聚集之處。在家裡，隱私權與個人空間等問題，展現在噪音、門鎖、整齊與〔父母的〕進進出出，這是不同世代間的家庭政治學的一部分。學界對**全球化**的興趣漸增，也對「青少年文化」這個明顯是跨國界的空間感興趣。對某些評論者來說，全球品牌如 NIKE、Levi、Playstation、可口可樂，以及音樂電視MTV裡的超級流行巨星的出現，代表著青少年文化的商品化及其後續發生的同質化。對另外一些人來說，全球文化的發展（包括與青少年有關的部分，具有混沌與合成的特徵），代表的是具有創造力的**混雜文化**（hybrid culture）（見第四章）。

### 風行全球的饒舌與銳舞音樂

吉爾洛辯稱，饒舌音樂是：

根源於〔紐約市〕南布隆克斯地區（the south Bronx）統合
的社會關係下的一種混合形式組合風格。牙買加的聲音系統文
化，在一九七○年期間移植過來，放進新的元素，並且與特別的
創新科技加以連結，經過一連串的過程以轉換成美國黑人自己的
感覺，也是美國流行音樂工業的一部分（*Gilroy, 1987: 144*）。

另外，饒舌音樂追溯其發展途徑，可以從美國西部音樂的影響及奴隸
的衝擊中看到。在美國、牙買加、西非、南非、不列顛、印度、德國與冰
島及其他國家，難謂饒舌音樂有任何清楚的源頭或權威。饒舌音樂已經是
一種文化混種，標示出根莖狀般的文化流動。

在英國、亞洲的青少年已經創造出一種他們自己的混合風格，即雷鬼
和饒舌音樂的交叉融合。的確，非洲裔美國人以及英國黑人的流行、音樂
與舞蹈風格，逐漸地被亞裔青少年融入他們的生活形態（*Gillespie, 1995*）。
對梅瑟而言，這些「從非洲、亞洲及加勒比海離散群落堆疊而浮現出來的
混雜文化」（*Mercer, 1994: 3*），對於白人西方權威是一種挑戰，而且白人
的生活方式也「處於危機與轉換時期的狀態」。

傳播科技已經建構了青少年文化的商品、意義與認同，也跨越割斷了
種族或國家的界線：全球化的饒舌音樂、銳舞（Rave）與薩爾薩舞曲（Sal-
sa）。錢平（*Champion, 1997*）重新評論了銳舞文化，如何在不太可能適合
其發展的保守的與以搖滾為主流的美國中西部，逐步地擴張發展開來。如
她所描述的，跳銳舞已成為美國新的狂野文化，適應個別的在地環境，一
路從芝加哥、底特律、〔西班牙的〕依微沙（Ibiza）、〔英國的〕倫敦、
曼徹斯特與英國的舞蹈場景，最後行腳抵達〔美國的〕威斯康辛。「跳舞
文化（dance culture）的散播方式像是不斷擴散的病毒，而且，在中西部
他們接受了『銳舞』並且創造出屬於自己的風格」（*Champion, 1997: 114*）。
在威斯康辛的場景，汽車擔任了重要的角色（在英國場景中缺席了），如

同對電影《美國風情畫》（*American Graffiti*）的仿作 **2**，年輕人不是在倉庫（英國）與地下碉堡（德國），而是在滑雪坡與牛棚下徹夜跳舞。

## 合成的全球青少年

梅西（*Massey, 1998*）點出全球青少年文化引起的一些議題。在她訪談完猶加敦（墨西哥）的一群馬雅族女性後，她暫時拋下這幅顯然純正本真的土著文化的景象，轉而面對當地玩著電腦遊戲與聽西方音樂的年輕人。「電子噪音、美國俚語和西方音樂，流動穿梭在午夜叢林中」（*Massey, 1998: 121*）。她強調，雖然猶加敦馬雅人的青少年文化不是封閉的「在地」文化，但它也不是無差異的全球（或美國）文化。它是〔文化〕互動的產物，在其中，所謂「在地」與「全球」等名詞本身的意義是有爭議的。在每一個特定的青少年文化中，其在地與全球的混雜狀態是不同的。的確，對青少年來說，什麼是或什麼不是一個具有全球地位的象徵（a global status symbol），是因地而異的。

重要的不只是對青少年的了解，同時還包括一個文化所處的位置。我們比較不能把文化看成是具有根源、隸屬特定區位之物，而是在全球空間中的一條條混雜與混種化的文化路徑。青少年文化不是純粹、純正的，也不是侷限在當地的；相反地，他們是跨空間的互動下合成與混雜的產物。他們是「暫時凝聚的組成狀態（而且在這樣的組成狀態下我們能夠辨認出在地的文化），而其所處的社會空間，是在地到跨洲的各種關係及互連的產物」（*Massey, 1998: 125*）。

全球互連（global interconnections）經常受到權力與文化類目的深遠影響，而且其混合是極不穩定的。在馬雅年輕人眼中，美國流行文化是一

---

2.譯註：《美國風情畫》是喬治盧卡斯導演的一部美國電影，1973 年發行，是一部評價頗高的美國青少年影片。

種具有國際地位的象徵。相同地，流動並非總是單向的。源自非洲—加勒比海黑人的羅斯塔發里派教義的「紅、綠與金色」，已變成流離群落進行反抗與團結的象徵符號，同時，第一世界（譯按：即以西方國家及東亞已開發國家為代表的高度發展國家）的年輕人也從事政治性的介入關切全球的不平等議題（例如：〔1985年西方歌手為募款濟助非洲飢民而發起的〕Live Aid 慈善演唱會）。

國際的青少年文化在克里弗（*Clifford, 1992*）的「旅行文化」（traveling cultures）概念上產生了新的風貌，他將文化概念化為旅行的人群與文化，並且視場所與文化為旅人彼此交會接觸的場域。舉例來說，追尋反璞歸真的「探索星球」（checking out the planet）（*Desforges, 1998*）活動，構成青少年文化中越來越重要的一部分。在這裡，旅行被塑造成一系列的不同經驗，以整個自我成長的故事作為基礎，而且以旅遊歸來時獲得文化資本的累積為報酬。然而，如柯勒（*Culler, 1981*）所表示，對旅行者或探險家而言，沒有任何地方是保留給旅人去探索的純正的場域。所有的地方從來都已經被標記出它們的意義。旅行是觀光（tourism，觀光本身並非一種不純正的實踐）的一個分支，而非不同的範疇。

瑞海德（*Redhead, 1990*）進一步挑戰了所謂青少年次文化的純正性。他認為將媒體、文化工業與反抗的、純正的青少年次文化清楚切割開來的作法是有問題的，因為後者（青少年次文化）「深受全球娛樂工業影響與形塑，而流行音樂是整個結構中的一環（*Redhead, 1990: 54*）。「青少年文化之死」的標記，可見於所謂純正的次文化這種概念的終結，而這種概念在過去文化研究對青少年的了解上扮演了重要角色。

## 在次文化之後

松頓（*Sarah Thornton, 1995*）接合了一系列次文化理論的評論。她的主

張如下：

　　*1.* 青少年文化的差異不一定是反抗的。

　　*2.* 差異是權力的分類與品味的區隔。

　　3. 次文化理論依賴無法維持的二元對立觀點：主流—次文化、反抗—
　　　順從、主要—次要。

　　4. 青少年次文化並非形成於媒體之外，或與之相對立。

　　5. 青少年次文化的形成是在媒體之內，而且透過媒體去進行。

　　6. 青少年次文化並非自成一體，而是由內在差異所標示出來。

　　7. 青少年文化標記的並非青少年政治化，而是政治美學化。

　　這些批判所指的，不是次文化理論的偏見指標，而是在分析年輕人娛
樂活動（跳舞文化是最常見的研究對象）上標示出一個新的態度。瑞海德
指出，「自從赫布迪齊在一九七九年的作品發行後，次文化的概念不再適
合概念化地去解釋流行音樂文化發展的機制——實際上它曾經可以（*Redhead,
1997a: x*）。「次文化的終結」，不是因為青少年的特殊文化不見了，而是
因為：⑴它們漸漸地分化，而且⑵所謂草根的、免於媒體影響的純正的次
文化，這種概念已站不住腳。

## 媒體聚光燈

　　「當代文化研究中心」所徵引的偏差行為理論，這個理論賦予大眾媒
體相當重要的角色。透過「道德恐慌」（moral panics）與「偏差擴大」
（deviant amplification）等概念，學者如柯恩與楊格等人（*Cohen, 1972;
Young, 1971*）認定，在青少年次文化偏差行為的形成與維持上，媒體報導
扮演了核心角色。根據他們的說法，媒體緊抓住特定的青少年團體，把他
們的行為貼上偏差、愛惹麻煩、很可能一犯再犯的標籤，也就是將青少年
貼上當代「民俗惡魔」（folk devils）的標籤。一般公眾做出道德恐慌的
反應，企圖壓制與懲罰此一偏差的青少年文化。青少年則用更激烈的偏差

行為對此做出回應，導致一種貼標籤、偏差擴大與偏差行為的惡性循環。這些主題有許多在「當代文化研究中心」次文化理論者的著作中得到共鳴，指出摩登族、龐克族與平頭族是當時媒體所認定的「民俗惡魔」。

　　此一理論模式的假設是：媒體影響了一些次文化活動，而這些次文化活動在媒體報導介入之前原本是純正與樸素的。次文化理論認為青少年文化是「外在於」媒體，並且與之對立。相反地，當代理論家認為青少年文化總是「內在於」媒體，依賴媒體，即使它們想要否認對於媒體的依賴。

　　　　有關「道德恐慌」的文化研究與社會學研究，傾向於將青少年文化定位為負面污名化的無辜受害者。但是，大眾媒體的「誤解」，經常是某些次文化工業的目標，而非青少年文化追求的意外事故。因此，「道德恐慌」其實可被看作是瞄準青少年市場的文化工業所企圖營造出的一種激情反應（*Thornton, 1995: 136*）。

## 媒體惡魔與次文化英雄／英雌

　　松頓指出，真實文化的概念是形成於媒體之外，這是一種具有彈性但引導錯誤的說法，「在眾多案例中顯示，青少年次文化的差異化是媒體現象」（*Thornton, 1995: 116*）。她說媒體構成次文化的形貌，而且公式化了青少年的活動。例如：「地下」的概念被定義為反抗大眾媒體，與從「負面的」媒體新聞中獲得愉悅。沒有比謀殺次文化成員的樂趣更能讓大眾媒體贊同的事情了。實情是，收音機或電視機禁止的且／或冷潮熱諷的表演是次文化生活形態中最重要的事。媒體上的惡魔將會成為次文化中的英雄。的確，龐克（Punk）與浩室（House）音樂被次文化娛樂業與唱片公司所販售，經由道德恐慌或他們助長的「時髦」特性去促銷。

　　媒體，尤其是小報，並非沒有進行道德恐慌的產製。一些新聞標題如：「迷幻浩室的恐怖慘狀」（Acid House Horror）、「禁止這種殺人音

樂」（Ban This Killer Music）、「瘋狂嗑藥的迷幻浩室樂迷」（Drug-Crazed Acid House Fans）等（*Redhead, 1997b*）證明他們做過這些事。新聞報導的框架與散播的次文化是讓人值得注意的事件，讓唱片公司發現他們的行銷對象。松頓表示，次文化研究已經傾向認為青少年次文化是有破壞性的，直到他們被媒體報導出來的那一刻。相反地，她指出，只有在框架成這樣時次文化「才變得具有政治意義。誹謗性的媒體新聞報導不但是一種裁決，也是他們進行反抗的精髓所在」（*Thornton, 1995: 137*）。

## 後現代主義：純正性的終結

假如青少年文化完全被捲入大眾媒體與文化工業的**監控**之下，那麼次文化成員與次文化理論家宣稱的**純正性／本真性**（authenticity），似乎啟人疑竇。這是風格概念的問題，一如主動採取反抗作為，有賴於原初、純淨與純正的時刻。在克拉克與赫布迪齊的手稿中，相對於被動的文化商品消費，拼貼是動態與有創造性的。

> 過去研究戰後的流行音樂、青少年文化與反常行為的學者（不論是文化研究或激進的，或是新偏差行為理論，或者是偏差理論傳統），傾向去觀看隱藏在閃爍發光的媒體景觀表面的背後意義，去探索「真實」。很明顯地，純正的次文化總是被報業與電視產製的影像摧毀，當越來越多的參與者展現出媒體的刻板印象，這些影像逐一變成「真實」。很明顯地，這種「深度模式」不再──假如曾經──分析〔後〕現代世界的外觀，一種膚淺、流動與超級真實的文化特徵（*Redhead, 1993: 5*）。

現今有人論稱，風格包括了與原創作品意義無涉的拼貼，風格沒有根本訊息或反諷的轉化，它是一種外觀，而且也就只有外觀而已，僅只是另

一種時尚形式而已，是混成而不是仿諷（*Muggleton, 1997*）。對詹明信（*Jameson, 1984*）而言，這種從過去到現在的風格的吞噬，代表著藝術深度的喪失，而有利於膚淺的混成仿作。這種布希亞式的**後現代主義**指出，「當代流行文化只是一種誘人的符號遊戲（sign-play），已觸及它最終的指涉物：無意義（meaninglessness）這個黑洞（black hole）」（*Chambers, 1987: 5*）。

　　不過，誕生在媒體上的青少年時尚與風格，並沒有把風格化約成無意義。純正性的終結並非就是意義的死亡。後現代拼貼（包括不拘一格、從歷史取材當作衣著配件）（*McRobbie, 1989*），包括創造性地重組現有的項目去創造出新的意義。在此，「後次文化主義者」能夠「陶醉在隨手可得的次文化選擇」（*Muggleton, 1997: 198*）。

## 後現代拼貼

　　在此情境下，錢伯斯（*Chambers, 1987, 1990*）與赫布迪齊（*Hebdige, 1998*）討論商品形成**多重身分／認同**建構的基礎。他們強調意義導向的消費者活動，其行為如同拼貼者選擇與整理商品材料與意義**符號**的元素。

　　　　……後現代主義，不管採取何種形式的推理，基本上已經參與了過去二十年的大都會文化：在電影、電視與錄影帶的電子符碼中，在唱片錄音室與唱片玩家中，以一種時髦與青少年的風格，以所有的聲響、影像與每日混雜分歧的歷史，循環並共同「抓住」當代城市的巨大場景（*Chambers, 1987: 7*）。

　　這種創造性發生在後現代消費資本主義的「巨鯨體內」（inside the whale），是內／外與純正／人造等二分法的崩解。風格是外觀，文化是工業，次文化是主流，高雅文化也是一種次文化，前衛是商業流行藝術，時尚是重新流行。因此，後現代文化被標記為「反諷的知識」（irnoic knowingness）（*Caughie, 1990*）、純正與固定的解構（*Kaplan, 1987*）、二手服飾風格的創意並置（*McRobbie, 1989*），以及／或者是重新接合的激進策略（*Collins, 1992*）。

## 對純正性的宣稱

在理論的層次上，對純正性進行解構並不能阻止青少年文化的參與者對純正性的要求。的確，經驗研究指出對純正性的要求，位居青少年次文化與俱樂部文化的核心。在衛迪康與伍非特（*Widdicombe and Wooffitt, 1995*）針對一定範圍內的次文化「成員」的訪談中，所謂參與被解釋為指涉一個「真實」內在自我的出現與維持。成員所擁有的「深度」與「純正性」，是建構他者的不純正與膚淺。所以，純正性是一種積累的社會成就。

## 品味區隔

搖滾樂總是聲稱藝術的純正性，以現場演出為立論基礎，而且特別貶抑舞曲、迪斯可（Disco）的價值。相反的，舞曲經過漫長的文化調適過程，已賦予黑膠唱片和DJ現場表演某種純正地位（*Thornton, 1995*）。影響所及，俱樂部文化標記著一大串所謂內在純正性與差異（internal authenticity claims and distinctions）的宣稱。

> 俱樂部文化是**品味文化**（taste cultures）……俱樂部文化包含他們自己真實的與合理的流行文化階層……俱樂部文化充滿文化階層……被簡略地指派為：純正 vs.膺品、「嬉皮」vs.「主流」，以及「地下」vs.「媒體」（*Thornton, 1995: 3-4*）。

松頓追隨布爾迪厄（*Bourdieu, 1984*）的想法認為，區辨不再只是相同

差異的描述，而是包含對權威、純正性的宣稱與他者卑劣的推測。此論基於**文化資本**（cultural capital）的概念，或積累知識以授與權力與地位。例如：教育以及／或者談論有關高級知識的能力，傳統上被認為是一種中上層階級的文化資本（cultural capital）。文化資本與**經濟資本**（財富）及**社會資本**（social capital，亦即你的人脈與信賴關係）有所區隔。在俱樂部文化的情境裡，年輕人的符碼四處可見，松頓認為這些**次文化資本**（subcultural capital），具體規定了服裝、唱片、髮型、舞風與知識授與年輕人地位與權力的方式。

次文化資本包括區辨「我們」（另類、冷酷、獨立、自主、少數）和「他們」（主流、直接、商業、錯誤、多數）。它也包含俱樂部文化內部的區辨：知道最新發行的唱片與舞曲、穿最炫的衣服、看最酷的 DJ、去最正點的俱樂部。當代俱樂部文化是如此快速的變動，如同在質變之後忍受形變，以維持次文化資本為高級技術的任務。消費，則是創造與生產的過程。

# 創造性消費

一篇關於德國舞曲場景的評論指出，「在充滿平等與愛等溫潤氣氛的銳舞空間中，青少年幫整個社會的未來發展方向創造了一張可能的藍圖」（*Richard and Kruger, 1998: 173*）。儘管銳舞是「青少年文化的一個非常商業化的形式」，這篇評論的兩位作者認為，電子舞曲場景對女性友善，並且提供了一個對當代社會的理想主義的批評。不過，雷諾（*Reynolds, 1997*）認為這種跨越種族、階級而實現統一的這種銳舞夢，其實與執著於自身激情的銳舞音樂是相抵觸的。上述這些人不但對銳舞文化的評價相左，而且他們也未提供任何經驗證據來支持他們的論點；相反地，在一九八〇年代

與一九九〇年代，剛好有夠多的消費研究（consumption studies）出現，它們論稱，**文本**分析（非常廣義的）無法告訴我們真實的讀者／閱聽人／消費者如何產製意義。

論者謂閱聽人是主動的意義創造者，會運用自己學到的文化能力來解讀文化的文本；閱聽人不是文化蠢蛋，而是能在自身所處的文化脈絡下主動生產意義。特別是，費斯克（*Fiske, 1987*）論稱，流行文化的建構不是依靠文本，而是透過人們從文本產製出來的意義；雖然**政治經濟學**與文本分析有助於任何對文化工業的權力的研究，但它們並無法決定文化的意義，也不能否定**主動閱聽人**擁有作為意義的產製者的力量。

## 共同文化

一個關於年輕人消費實踐的廣泛研究是威利斯（*Paul Willis, 1990*）的《共同文化》（*Common Culture*）。威利斯認為關於商品所建構的青少年文化，青少年擁有主動性、創造性與產製符號的能力。他辯稱意義不只與商品相關，而且透過主動的使用被生產出來。他稱呼此為「紮根美學」（grounded aesthetics）：

> ……文化生活的整個過程是特殊創造的與動態的時刻，是文化的誕生與重生……這是讓它具體化的方法，自然天成與社會的世界被認為是由人類為**他們**自己創造，以及在些微程度內（即使最後是符號化的）由他們所操縱（*Willis, 1990: 22*）。

對威利斯而言，當代文化不是無意義的或膚淺的一面，而是包含了被視為意義創造者的人類主動的創造意義。「年輕人的意義創造是建立在他們日常通俗生活的基礎上，而且以他們所見的整體世界注入意義」（*Willis, 1990: 98*）。透過一系列對年輕人的訪談，他們指出：

1. 看電視時擁有主動性與創造力。
2. 觀者看廣告時是自主的且有創造力的。
3. 透過舞蹈與流行消費去宣告個人的能力。
4. 改造與再製日常事物的意義。

　　威利斯表示，諷刺的是，資本主義與消費至上主義的擴張，已經提高了年輕人創造性作品的系統符號資源的供給。資本主義（在工作的世界）可能來自於尋求逃避，但它提供了如此做的意義與媒介（主要是在消費的領域）。消費至上主義是主動而非被動的過程。

　　麥奎根（*McGuigan, 1992*）回應並表示威利斯的說法無批判力，包括在市場上消費者主權的愉悅。根據麥奎根的說法，威利斯喪失了他的自覺，沒有徹底對目前秩序進行批判，也沒有提供另一種視野。其他學者如席維史東（*Silverstone, 1994*）也指出，消費者／閱聽人常常是主動的，但不保證能夠對霸權秩序提出挑戰。

　　不管活動是產製了挑戰，或默認最終是一個必須逐案檢視的經驗研究的問題，年輕消費者是主動的意義創造者的證據是壓倒性且不可否認的。不過，**能動性**與活動不一定有反抗的意義；能動性也可以是對霸權價值的主動挪用，而活動也可能只是接受**意識形態**所必需的。的確，在後現代與後純正的世界中「反抗」意指為何並不甚清楚。

# 反抗的回顧

　　霍爾寫到：

　　　　在我們思考文化變遷的發生時用了很多不同的隱喻。這些隱

喻自己會變動。一些曾經掌握我們的想像，而且主導我們思考文
化轉化可能性與劇碼的隱喻，已讓路於一些新的隱喻，讓我們得
以用新的方式去思考這些困難的問題（*Hall, 1996e: 287*）。

隱喻的改變是工具，而不是分析**真實**與虛假的類目。霍爾（*Hall, 1996e*）
指出隱喻的改變產生了兩件事：它們允許人們去想像，假如先前的文化霸
權被轉換了世界將會變成怎樣；以及它們幫助我們「思考」介於社會與符
號之間的關係。「反抗」這個問題是一個效用與價值問題，不是一個關乎
真理或虛妄的問題。

## 反抗是局勢的

霍爾（*Hall, 1996e*）指出，《反抗如儀》（不管其他的限制）的力量，
放在反抗的概念上，不是一種固定的特質或行為，卻是相關的且**局勢的**
（conjunctural）。反抗被認為是單獨與普遍的，在所有時刻行為本身會自
我定義；然而，它是由既有的劇碼（repertoires）所建構，其意義受特定
時空與社會關係影響。假如我們以「反抗」來思索青少年文化，我們需要
去問一些基本問題：

1. 青少年文化反抗誰或反抗什麼？
2. 在什麼樣環境下反抗會發生？
3. 什麼樣的風格是反抗所維持的？
4. 哪裡是反抗的場域？

## 反抗即防禦

對班奈特而言，「基本上反抗是一種針對文化力量的防禦關係，受到

次社會力量的調整，在文化力量形塑的環境中，問題產生於外在的與其他方面的經驗」（Bennett, 1998: 171）。反抗議題來自權力關係與主從關係，支配文化尋求來自外部的次要文化組織自己。不斷地，反抗來源是位於一些支配文化的外在衡量。班奈特認為，《反抗如儀》的價值，基本上是看到驚人的青少年次文化，如同對於新的激進的資本擴張階段的反抗反應。反抗是根源於工人階級文化的景況，是站在反對統治階級文化的區辨空間。

對班奈特而言，這是反抗的生產特徵，因為在二元建構的權力場域（統治階級與工人階級；霸權與次要）中，關於誰、哪裡、何處、何時的反抗是很清楚的。班奈特表示這是對比於反抗的公式，關於反抗的特徵是不明確與浪漫的，視覺上來看，任何對權力的反應都是反抗（他的目標是德塞圖，後面將討論）。

## 在巨鯨體內

然而，我們可以看到班奈特對反抗的詮釋是兩極化的；這不是長處，而是問題。資本主義是反抗的固定目標，然而我們針對青少年文化的討論已經指出，青少年的文化文本、象徵與人工物品都非存在於資本主義之外。如同商品的拼貼者，年輕人是身陷其中、而非置身於消費資本主義與大眾傳媒之外。縱使有反抗發生，這也有如發生「在巨鯨體內」（inside the whale）。青少年文化並非真正另類的反抗空間，而是**協商**的場域，其間有各種策略性的反抗立場／位置，受到權力結構所影響（Best, 1997）。

對霍爾而言，《反抗如儀》（不管其他的限制）一書的長處，在於它將反抗概念化為「一種對支配秩序的挑戰與協商，不可被同化為革命階級鬥爭的傳統類目當中」（Hall, 1996e: 294）。霍爾在書中用個案證明了反抗不該被當成是高低秩序或權力有無的簡單翻轉。霍爾（Hall, 1996e）論稱，當代文化理論已經放棄純粹超越（pure transcendence）這種概念。

相反地，矛盾心理與模稜兩可占據了反抗的空間，如同非法「嘉年華

會狂歡者」（The carnivalesque）的例子。嘉年華會狂歡者透過儀式、遊戲、嘲笑與褻瀆的言語，暫時翻轉了權力秩序。在此情境下，鄙俗凌駕於禮節之上，愚夫愚婦也可不搭理國王。然而，對霍爾而言，「嘉年華會狂歡者」的力量不是對區辨進行簡單的翻轉，而是高雅文化被低俗文化入侵，創造了怪異的混和風格。重點不在於高雅文化受到低俗文化挑戰，而是權力對文化所做的分類本身遭到挑戰。

　　這是一項挑戰，霍爾也把原因歸於「流行」的概念，越過了文化力量的邊界（其價值是從低俗的開始分級），組成一個武斷的文化分類特徵。在這方法中，青少年文化的面向可被視為是跨越**流行文化**，以及／或者是嘉年華會狂歡者對既有權力秩序的顛覆。

## 隱藏在燈光之中

　　應用傅科的觀點，赫布迪齊（*Hebdige, 1988*）思索建構青少年為麻煩與玩樂，其背後的權力的微型關係。他記錄十九世紀無法辨別且難以控制的群眾的恐懼，如何導致社會改革者進行有系統的監控「不文明的」工人階級街頭文化。這種進行控制、滲透與監督的衝動已繼續存在於青少年的產製之中。青少年次文化藉由創造出自己的「盛大奇觀」（spectacle）以回應監控，已吸引陌生人（而且，尤其是媒體）充滿讚嘆神情的目光。赫布迪齊繼續提供了關於青少年文化的三種說法：

1. 當它的存在被認為是個問題的時候，青少年才存在。當青少年表現「過份」（out of bounds），他們立刻就被注意到而且變得可見。這容許他們「玩弄他們手上掌握的唯一的力量，亦即一種令人不安、構成……威脅的權力」。

2. 新的權力形式生產了無權力的新形式（new forms of powerlessness）與反抗的新類型。因此，青少年政治（politics of youth）與愉悅的

微型政治（micropolitics of pleasure）不能被簡化理解為舊有／現存的有組織的政治活動當中。

3.青少年文化的政治（the politics of youth culture）是一種以姿態、符號與隱喻的政治，此間只用符號這種貨幣來交易。如此，它的意義是曖昧含糊的，而且對它不可能會有權威性的解釋，因為它置身於權威論述的底部。所以：

> 次文化是在監控與逃逸監視之間的介面上形成的。它將被監控的事實轉譯成被觀看的愉悅，而且將膚淺表面的東西精緻化，從而透露了邁向曖昧不透明性的一個更為幽暗的意志，一種對抗分類與控制的驅力，也是一種超越的欲望（Hebdige, 1988: 54）。

赫布迪齊指出次文化既不是一種確認，也不是一種拒絕。它是一種獨立與心懷異志的宣言。它同時是對於自身的無權力的不服從與順服，它是一種希望被注意的表演，但是拒絕被用透明的方式理解。

## 戰術與戰略

目前，文化研究中對反抗提出另類理論解釋的是德塞圖（Michel de Certeau, 1984），他的著作因為費斯克（Fiske, 1987, 1989a, 1989b, 1989c）大力引介而廣為人知。德塞圖著作的價值在於，他將日常生活中反抗實踐的概念化為一直已存在於權力空間之中。對德塞圖而言，如同傅科（Foucault, 1980），權力之外沒有「邊緣」（margins）存在，更別說是供人對權力〔中心〕展開攻擊或宣稱純正性。更確切地說，流行的詩意與難辨的實踐，是各種可能的反抗的形式，能夠在權力裡面進行具有創造性與適應力的運作。

德塞圖區辨出權力的戰略（strategies）與反抗的戰術（tactics）。**策**

**略**是權力用來為自己圈出特定專屬空間,與外在環境有所區隔,從而使權力本身成為一個意志主體(a subject of will)而操作自如。因此,一家企業的權力包含創造自己的空間,而且透過手段使自己能與競爭者、敵對者與客戶等權力有所區隔並且自主行動。相反地:

> **戰術**是決定於缺乏合適所在,而採取的一個經過算計的行動。然而,沒有外在環境的界定提供它取得自主性的必要條件。戰術的空間是他者的空間。因此,它必須在一個地域範圍內利用它,並且受到這個地域範圍外的權力法律的限制……。所以,它沒有規劃一個通盤策略的選擇,而且也沒有一個清楚可見與客體化的空間供其完整地看到對手。它是用各自孤立的行動一五一十地進行操作。它善用「機會」並且依賴這些機會,不需任何基礎,因為那裡可能已經累積戰果,建立它自己的位置,而且計畫攻擊行動(de Certeau, 1984: 36-37)。

戰術扮演著侵入者、策略與日常生活的詭計,使用「他者」的資源企圖創造一個可以占居的空間。這些包括了迂迴的消費產製,暗示其是無所不在、沈默與無形。因為它無法經由其所擁有的產品去維持,卻透過使用這些產品的方式去組織,即主流的經濟秩序(de Certeau, 1984: xii-xiii)。例如:青少年次文化接受唱片公司的產品,產製的服裝與雜誌,以及在俱樂部、酒吧、街道的空間中使他們擁有自己的意義,或協調他們自己的文化空間。

## 文化研究的陳腐性

德塞圖提的反抗概念的價值,在於取代龐大且難以理解的文化工業的想法,文化工業的意義組成是在一夥被動的消費者身上。在錢伯、威利斯

與費斯克的作品中也有此前進的態度。然而評論指出，所爭論的路線是冒著讓每一種流行文化與青少年風格都變成反抗意義的風險。根據莫理斯（*Morris, 1996*）的看法，這導致了「文化研究的陳腐性」（a banality in cultural studies），不斷有學者每次都發現在流行文化有著反抗存在。對此，她仿諷道：「在現代媒體化世界（modern mediatized societies）裡，人們是複雜而矛盾的，而大眾文化的文本也是複雜而矛盾的，因此人們使用它們（大眾文化的文本）生產出複雜而矛盾的意義」（*Morris, 1996: 161*）。

　　對莫理斯而言，付之闕如的是一張可以用來衡量損失與利益、希望與絕望的資產負債表。她指出，我們需要的是一種鋒利的批判優勢，能夠接合「他們總是一直幹醮我們」的這個感覺，同時建構一個可供我們想像烏托邦的空間。同樣地，對班奈特（*Bennett, 1998*）而言，反抗這個概念在費斯克與德塞圖的著作中，並未充分區辨在社會學與歷史特定狀況下的反抗類型，因此都不算是善盡了局勢的的分析。

## 反抗：文化批判的規範立場

在此階段我們能夠有效地詢問兩個關於反抗概念的問題：

1. 反抗是由**任何**與權力對立的行為來建構而成，或者一定要服務特殊目標或**價值**？發出次文化的噪音就夠嗎？或是這些噪音，為了構成反抗力量，一定要追求某些價值（例如：平等、多元）。
2. 反抗一定要是自覺或有意圖的嗎？即使次文化參與者不認為自己的行動有反抗意涵，局外的評論家或分析家有可能指認出來嗎？

　　反抗可以被理解為一股力量遇到另一股力量，兩者都是力量，也都是反抗，亦即可被描述為權力平衡（有時傅科也這樣用權力這個概念）。我們可能對反抗力量的結果沒有興趣。然而，在文化研究的脈絡下，描述及表現反抗不涉及真理或虛妄的問題，而是事關效用與價值。由於文化研究

獻身於不順從的**文化政治**（cultural politics of insubordination）與差異政治（politics of difference），因此反抗是一種**規範性**概念（a normative concept），其成功與否宜用規範的判準進行策略性評量。換句話說，反抗必須追求人所共知的價值觀（named values）。

比方說，平頭族被解讀為他們以工人階級團結以及陽剛的價值之名，去反抗中產階級權力。龐克族被解讀成他們以差異以及多元之名，實踐他們對常態的語意秩序的反抗。當然，要宣稱這些反抗成功與否完全是另一回事：龐克成就了什麼？根據何種判斷標準？此外，被視作反抗的那些價值觀本身是好是壞也是一個受到爭論的問題。文化研究者可能正面評價「工人階級」，卻不太可能正面評價平頭族的「陽剛」價值觀。所以，反抗可說是一個雙倍的價值問題，包括指認反抗本身抱持的價值，以及我們對這些價值的認同。

反抗指的不是行動的性質，而是一種對行為進行判斷所憑藉的類目。因此，要是青少年次文化的參與者不作如是想時，評論者把反抗指認出來是可能的，而且這也是正當之舉。反抗是一種價值的區辨，將這些價值區分的類目重新再行區分（classifies the classifiers）（*改述自 Bourdieu, 1984*）。它是一種判斷，透露著文化研究者的價值觀，就如同青少年文化是成人使用的分析類目一樣。

## 本章摘要

年齡仍是社會分類與階層化的一個重要標記，但文化研究對它的討論比對階級、性別、種族這三個概念的討論少。這些描述性的符號如：孩童、年輕人、青少年時期、成人、老人及領取養老金者等都是認同的類別，且有著關於能力與責任的言外之意。青少年在文化類別上是年齡具有彈性的一群，是一含糊不清的符碼，被成人指稱為「麻

煩」與「有趣」。青少年承載了成年人未來的希望，但是也煽動著恐懼與關懷。

英國文化研究早期的作品關心引人注目的青少年次文化概念，是對於階級霸權秩序的反抗符碼的展現。次文化作為一種地下價值觀的特殊領域，它被認為提供了針對結構化的階級問題一個神奇的解方。三個主要的分析工具強調：(1)同族關係的概念，次文化的符號客體表達了青少年團體的根本關懷與結構位置；(2)拼貼，先前互不連結的符號是多元並置地創造出新的意涵；(3)風格，一種符號式的拼貼建構了相關的與有意義的次文化價值的表達方式。

當代研究青少年文化（特別是跳舞文化）的學者，如今開始質疑次文化是否是有效的概念。他們辯稱，青少年變得越來越分化與「非凝聚的」。所謂純正的青少年文化這個概念不再可行，因為青少年文化不再是獨特的群集可含括流行、舞蹈、音樂與其他表達青少年文化風格，而且這樣的群集也找不到。相反地，它們是「內在於」而非「外在於」大眾媒體中介的消費資本主義（mass-mediated consumer capitalism）。它們最好被理解成標記著品味（及對於純正性的宣稱）的內部差異，而非反抗或反對的一致表達。

這個論點不會將青少年引進無意義的黑洞之中。相反地，透過主動的、具創造力的消費者的有意義的活動，對其商品的創意使用臻於後現代主義的「大雜燴」（cut 'n' mix）狀態。的確，混雜的青少年次文化的產製是一種日漸全球化的現象，挑戰在世界上有任何文化是穩固地位的概念。這是否可被看成是「反抗」容或還有爭論餘地，因為這將取決於在特殊環境之下誰提出反抗什麼及反抗誰。反抗是關係的、局勢的與規範性的。

## 第十二章

# 文化政治與文化政策

　　本章關切的是文化政治與文化政策的相關議題。我們將從探討「文化政治」（cultural politics）開始，在文化研究「傳統」的脈絡之中，形成一種制度化的學習與研究方式。這涉及了考量汲取自葛蘭西的概念影響文化研究的方式，包括文化研究受到後結構主義影響而做出的修正。特別的是，我們將思考與族群、公民資格與公共領域等問題有關的「差異政治」（politics of difference）及「再現政治」（politics of representation）。

　　文化政治的討論之後是介紹對文化研究提出批評的一些論戰，特別是：

　　*1.* 文本取向的文化研究與政治經濟學的關係。
　　*2.* 發展文化政策研究的必要性。

　　我們將回顧一些人的觀點諸如所謂文化研究對文化政策著墨不足，是以文化研究已變成邊緣化、可有可無的學術領域。我們也將考量強調文本實踐的文化批評與政策形成、執行之間的關係。

# 文化研究與文化政治

　　**文化研究**是一個跨學門或甚至是後學門的研究領域，模糊了它自身與其他學門的分界。然而，文化研究不希望自己被看作成「任何東西」（*Hall, 1992a*），它透過政治實踐進行自我定位；文化研究向來宣稱其聚焦於權力、**政治**和社會變革需要等議題。的確，文化研究懷抱與學院外的政治運動連結的企圖，因此，文化研究是一種**理論**，更是一組政治立場，包括將理論產製視為其政治實踐作為的一環（的確，稱得上是卓越的實踐作為）。對文化研究而言，知識從來都不是一種中立或客觀的現象，而是一種**位置性／發言位置**（positionality）的問題，亦即葛雷所謂「誰能知道什麼、關於誰、透過什麼方式、為了何種目的」（*Gray, 1997: 94*）。

## 命名是一種文化政治

廣義說來，我們或可將**文化政治**看成與下列事務有關：

*1.*命名的權力。
*2.*再現常識的權力。
*3.*創造「官方說法」的權力。
*4.*再現何謂正當合法的社會世界的權力（*Jordan and Weedon, 1995: 13*）。

　　文化研究的核心論述之一在於認為它所研究的對象（即文化）是一個爭辯的區域，關於這個世界的各種相互頡頏的意義與版本競逐優勢地位，並且爭奪關於何謂真理的發言權。尤其是，在文化領域之中的意義與真理是在**權力**的類型中組構而成的。也就在這一層意義上，「命名的權力」，

以及將特定的論述塑造得強而有力，是一種文化政治的風格。

文化**再現**的問題是「政治的」，因為它們根本上與權力問題有密切關係。權力，如在「自我」形成過程的社會規範／管制，一方面使某些種類的知識和認同得以存在，另一方面又將否認或排斥其他種類的知識和認同。我們是黑人或白人，是女人或男人，是非洲人或美國人，乃至於是富是貧，俱屬非同小可的問題，不能等閒視之，因為這些差異影響了我們如何構成自我，以及我們得以近用的文化資源的多寡。

例如，將女性描述成完整的人和擁有平等社會權力義務的公民，或是將她們看作是次等人、家務勞動者或是光擁有取悅男人的身體，兩者差別相當大。用公民身分的語言來描述女性是一種對常識與官方意識形態的再現方式，迥異於將她們描述成妓女、蕩婦和奴僕。公民身分的語言，正當化女性在商業與政治領域的地位，而性奴隸與家僕之說，則否定了女性理應享有的這種公民地位，企圖將女性侷限在傳統的家務領域，或是成為男人窺視的性對象。

## 文化政治：葛蘭西的影響

在一九七〇年和一九八〇年代，文化政治的相關討論，大多套用葛蘭西（*Antonio Gramsci, 1968, 1971*）的語彙（另見本書第二章）；受葛蘭西影響的文化研究援用的概念之中，最重要的當屬**霸權**一詞。此處，由統治階級派系構成的「歷史集團」（historical bloc），係透過贏取人民的同意，而得以擁有「社會權威」且凌駕於受制／從屬階級之上，享有「領導權」。霸權所牽涉的正是這些意義創造〔而贏取人民同意〕的過程，透過這些過程，支配的或權威的再現與實踐被產製並獲得維持。

## 競逐霸權

葛蘭西分析的核心在於霸權涉及教育與贏取同意，而非只使用赤裸裸的暴力與脅迫手段。雖然國家機器不可被看作只是統治階級的爪牙，國家機器與階級霸權還是脫離不了關係。葛蘭西對國家機器的性質做了區分，一是「守夜人國家機器」（night-watchman state），作為一種依賴軍警力量與司法系統的鎮壓性國家機器；另一種則是在公民養成與贏取同意的過程中，扮演教育與形塑角色的「倫理國家機器」（ethical state）。雖然暴力仍然是國家機器進行社會控制的手段之一，在相對承平時期，國家機器通常訴諸**意識形態**所提供的社會整合功能。

追隨葛蘭西的腳步，文化研究認為意識形態（在此可理解為一張張有利於特定社會團體鞏固權力的意義地圖）乃是根植於人民日常生活之中的。對葛蘭西而言，意識形態提供了人們實踐作為與道德行事的準則，既是活生生的經驗，也是一組有系統的觀念體系，足以組織並整合各種差異的社會元素，從而形成霸權集團與反霸權集團（hegemonic and counter-he-gemonic blocs）。意識形態霸權即是這樣的一種過程，某些了解世界的特定方式變得不證自明或被自然化，從而使得另類方案的想像或思考變得毫無可能。

對葛蘭西而言，人們賴以組織其生活經驗的常識與**流行文化**，是意識形態鬥爭的重要場域。這是霸權（可理解成一系列易變的與**暫時的**結盟關係）需要被不斷地再贏取與再協商的場所。文化霸權的營造和崩解，是一個持續進行中的過程，而文化則是意義鬥爭不斷發生的場域。

師承自葛蘭西的概念，有其持久不竭的重要意義，因為葛蘭西極力強調的是流行文化作為一種意識形態鬥爭的場域。再者，雖然霸權這個概念最初被用來討論階級之間的關係，它的適用性現已變得更加寬廣，擴及**性、性別、種族**、族群、世代與**國族認同**等層面的權力關係。意識形態和

霸權等概念，非常貼近**女性主義**、**後殖民**理論、種族政治與同志／酷兒理論（queer theory）的需要，有助它們在市民社會裡進行持續的文化「陣地戰」。

### 知識份子的角色

葛蘭西思想將文化分析與意識形態抗爭置於西方政治的核心，而延伸其義，是為那些關切社會變遷的人，將文化研究提升到一個顯赫的地位。的確，他特別看重知識份子的工作，以及他們與社會抗爭的其他參與者之間的關係。此處，葛蘭西對於「傳統」與「有機」（organic）知識份子所做的區分值得重視。

傳統知識份子是那些任職於科學、文學、哲學和宗教工作的人，側身於大學、學校、教會、媒體、醫療機構、出版公司和法律事務所。雖然傳統知識份子可能出身於不同的階級背景，他們的地位位置和功能導致他們自視為獨立於任何階級立場或意識形態角色。然而，對葛蘭西來說，他們產製維持並流通那些構成霸權的各種意識形態，而霸權則植根並自然化於常識之中。例如，許多對當代媒體內容的分析（見第九章）論稱，新聞記者、電視製作人和其他的媒體知識份子，都有其意識形態角色。

相反地，有機知識份子是工人階級〔以及後來的女性主義者、後殖民主義者及非洲裔美國人〕抗爭〔運動〕的一部分；他們是反霸權階級及其盟友的思想和組織元素。如葛蘭西論稱，當新的階級發展出來，它創造「有機的一個或多個知識份子層級，給予他們同質性和其使命感，不僅是在經濟的，也在社會和政治的場域」（*Gramsci, 1971: 5*）。由於葛蘭西對所謂有機知識份子採取了一個極為寬廣的定義，此一角色不會只能單獨由學院人士扮演，工會運動者、作家、社會運動參與者、社區組織工作者及教師等，都可能扮演有機知識份子的角色。

## 文化研究作為一種政治方案

文化研究的發展，許多的支持者採取了一種有機知識份子的模式。對許多在文化研究裡頭扮演領導角色的人來說，文化研究被理解成是一個知識的方案，目的在為廣大的社會及政治力量，提供從事意識形態抗爭的知識資源。此處，文化研究尋求扮演一種「去迷思的角色」（de-mystifying role），透過指出文化文本的建構性格，它試圖強調植根於文本之中的迷思與意識形態，希望藉此產製主體位置，從而真實的主體有能力去反對從屬的不利地位。的確，作為一種政治理論，文化研究希望組織不同的反對團體形成文化政治的結盟力量。

由於文化研究作為一種制度定位的事業開始浮現，並未與階級抗爭的上升同時發生，它已是一種關於認同政治的「新的」社會與政治運動，而這通常提供了文化研究某種構成上的特徵。即使如此，這仍有保留懷疑的空間，亦即文化研究是否與這些運動以任何「有機」的方式進行結合。事實可能不是這樣，正如霍爾（*Hall, 1992a*）評論道，文化研究知識份子的所作所為，「彷彿」把自己當成有機知識份子，或是希望有一天可以成為〔真正的〕有機知識份子。其他人，特別是班奈特（*Bennett, 1992*），更是篤定地質疑文化研究是否曾經符合這種所謂有機知識份子的說法。

## 受葛蘭西影響的文本分析

《反抗如儀》是文化研究領域最具影響力的著作之一（*Hall and Jefferson, 1976*），在書名上已經概括文化研究的葛蘭西觀點。此處，青少年次文化被探索，作為對霸權文化的一種風格化的**反抗**形式。它被論稱，回應傳統工人階級價值觀、空間與場所的式微，青少年次文化尋求透過風格化，再造失落的社區和工人階級的價值觀。平頭族被認為是以一種充滿

想像力的方式重新捕捉了工人階級男性的「陽剛性」，透過光頭、皮靴、牛仔褲和褲吊帶等外觀，被用來與強調工人階級集體主義和疆域性的資源（亦即透過「哥兒們」〔'the gang' of mates〕之間的凝聚和忠誠）進行結合。

**風格**被認為是一種**象徵的**反抗，形成於霸權與反霸權抗爭的領域。然而，它是一種有限的風格的抵抗，因為符號資源不能克服工人階級的結構位置，也不能除去失業、教育弱勢、低收入或城市再生的問題。這會需要一個更全面接合有組織的反抗和反資本主義政治。

葛蘭西關注的意識形態、霸權、反抗與圍堵（containment）等主題，也可見於《治安危機》（*Policing the Crisis*）（*Hall et al., 1978*）一書，探索一九七〇年代英國報紙圍繞街頭搶劫的道德恐慌（moral panic）。該書作者群探索「犯罪滋事」與種族的接合關係，以及媒體所謂黑人威脅了法律秩序和英國生活方式等指控。特別的是，該書企圖：

1. 爭論犯罪滋事與英國黑人的關連，並且提供另類的解釋。
2. 解釋在英國形成此種道德恐慌情境的政治的、經濟的、意識形態與種族的危機。
3. 展示媒體在建構犯罪滋事並關連它與種族失序的關切時，產生的意識形態作用。
4. 闡明支配意識形態如何透過媒體的專業工作實踐過程而蔚為主流。
5. 論證圍繞犯罪滋事問題而生的道德恐慌，造成英國轉向一種威權「法理秩序」社會的「不尋常狀態」。

對柴契爾主義（Thatcherism）當道於英國的現象，霍爾（*Hall, 1988*）進行了葛蘭西式的分析，並且進一步擴展了前述的核心論點。柴契爾主義代表的是英國自戰後以來最右派的政府，然而也是最受民眾擁戴的歷任政府之一。霍爾稱此為「威權民粹主義」（authoritarian populism），據以解釋一個縮減社會福利與打壓工會主義（trade unionism）的威權政府，何以

能有如此罕見能耐,維持民意對它的高度支持。霍爾將柴契爾主義的成功,歸諸於意識形態的鬥爭,轉化了人民的常識,從而使人民擁抱「占有式個人主義」(possessive individualism):柴契爾主義玩弄的是人民對於國家侵入私人生活與福利國家缺乏效率的反感,利用的是消費**資本主義**提供個人多樣化選擇,以及「嶄新時代」(New Times)脈絡下變遷中的階級結構(*Hall and Jacques, 1989*;另見本書第四章的討論)。

在文化研究裡,葛蘭西的影響也可見於一系列針對意識形態的文本分析,或與新聞及時事報導的意識形態有關(*Brunsdon and Morley, 1978*),或與肥皂劇(*Dyer et al., 1981*)、廣告(*Williamson, 1978*)及電影(*Bennett et al., 1986*)有關。同時,這些文本分析的成果,也促成閱聽人研究的轉向,透過霍爾(*Hall, 1981*)提出的製碼解碼模式,以及莫利(*Morley, 1980*)對新聞雜誌節目《全國》(*Nationwide*)觀眾的研究(見第九章)。不過,整個文化研究與文化政治的領域,發生相當程度的轉變,也是受到後結構主義、後現代主義與差異政治的影響。

## 差異的文化政治

**後結構主義**與**後現代主義**的核心論點已在本書其他部分討論,特別是第二章(語言)、第四章(後現代性)及第六章(身分/認同),因此在此不再贅述。不過,容我在此提醒讀者注意,後結構主義與後現代主義的某些面向,被吸納於文化研究之中,使得文化研究修改了它承襲自葛蘭西的思考方式。這些面向包括:

*1.* 在文化裡,語言建構與**論述**〔社會/文化真實〕地位。

*2.* **身分/認同**與社會生活的論述建構。

*3.*所有社會類別的**反本質主義**性格。

*4.*構成論述的諸元素之間存在的是「非必然的」對應關係。

*5.*權力在本質上是分散的，而且對於所有的社會關係影響至深。

*6.***大敘事**（grand narratives）（例如馬克思主義提供的）和總體化研究領域的式微。

*7.*強調政治權力與反抗發生的微型領域（micro-fields）。

*8.*重視**新社會運動**與身分／認同**政治**（identity politics）。

*9.*強調語言之中意義的不穩定性（或謂**延異**）。

*10.*對**差異**政治的重視。

## 文化政治的新語言

受到後結構主義影響，文化研究對於「政治」的理解，轉趨重視被用來描述和規範**文化認同**與社會行動的論述權力（the power of discourse）。文化認同如今涉及了「命名」（naming）的鬥爭，以及用羅逖（*Rorty, 1989*）所謂的「新語言」（new languages）來重新描述我們自己的權力。文化權力的這些問題轉譯為認同政治的實踐目的：當非洲裔美國人挑戰黑人在電視上的隱身性（invisibility），或是挑戰他們被再現為邊緣的和犯罪的；當婦女重新描述自己為與男性平等的公民；當「灰豹黨人」（gray panthers）對高齡者遭社會遺忘與排斥的情況表示不滿 **1**；當同性戀與女同志手執彩虹旗舉行「同志光榮遊行」（Pride）。

透過重新思考與重新描述社會秩序和未來的可能性，社會變遷變成可

---

1.譯註：「黑豹黨人」（Black Panthers）是美國左翼激進黑人民權團體，自一九六六年發動黑人民權運動，抗議黑人遭遇的社會不平等與社會排斥的待遇。此處，作者用「灰豹黨人」去形容同樣遭受社會歧視的那些頭髮灰白的高齡老人。

能。既然無所謂私有語言存在,那麼重新描述本身是一種社會和政治活
動。重新思考我們、從社會實踐中浮現、而且經常是透過矛盾與衝突,使
得新的政治主體和實踐作為成為事實。比方說,談及牙買加的羅斯塔發里
派教徒(Rastafarians),霍爾論稱:

> 羅斯塔(Rasta)是一種有趣的語言,借用自一種從來不屬
> 於他們的文本:聖經;他們必須將這一文本上下顛倒,以便獲得
> 一種與他們的經驗相符的意義。但在將聖經這一文本上下顛倒
> 時,他們也重新塑造了自己;他們將自己以不同的方式定位成新
> 的政治主體;他們重新建構自己成為立足新世界的黑人:他們**變
> 成**他們自己。而且,以那種方式定位自己,他們學習了用一種新
> 的語言說話。而且,他們用極端激烈的方式說出來。……他們構
> 成了一個政治勢力,亦即他們只有將自己構造成新的政治主體,
> 才得以成為一種歷史性的力量(*Hall, 1996b: 143-144*)。

對差異的「新」文化政治進行理論化,來自多個不同的方向,但拉克
勞與墨芙(*Laclau and Mouffe, 1985*),以及霍爾(*Hall, 1988, 1990, 1992a,
1996a*)的著作特別重要。他們都沿用了霸權這個概念,但重新將它更新為
**後馬克思主義**(post-Marxism)的一種形式,自後結構主義理論汲取了不
少養分。後馬克思主義是選擇性的繼承馬克思主義中的精髓,但亦另外有
所創發。因此,馬克思主義不再被當作是我們這個時代的主要的大敘事,
雖然它對文化研究來說曾經是。

## 接合的政治

根據德希達、拉克勞和墨芙等人的觀點,意義在本質上是不穩定的,
亦即具有所謂的**延異**──「差異和延宕」──意義的產製是一直處於延宕

狀態的，不斷有其他語文的意義添加（或增補）（見第二章）。例如，查字典的時候，字典對某字詞的解釋通常是提供了其他的字詞供你參考，如此反覆進行，可以是一個無窮盡的過程。意義的不斷補充性，持續的替代和加入意義透過符徵的操弄，挑戰了某一字詞的身分／認同。包括「女性」、「階級」、「社會」、「認同」、「利益」等，不再被理解為具有固定意義的，或單一基礎**結構**和決定性的單一、統一的客體。

影響所及，對拉克勞和墨芙而言，「**社會**」是透過一系列的論述差異而得以構成的，而論述的差異則涉及了多重的權力節點，以及團體間的敵對與階級和生產方式之間並非（如馬克思主義和葛蘭西的理論所示）是彼此對應、條理連貫的。社會並非一個客體，而是一個鬥爭的場域，有多重的關於自我和他者的描述相互競逐優勢地位，社會不應被理解成是一個總體，而是一組偶然相關連的差異，被接合或縫合在一起。

所謂**接合**（見第三章），指涉的是原本不必非「在一起」的論述元素之間的一種暫時性並置或統一的狀態。接合是一種連結，在某些狀況下**得**以統一兩種以上不同的元素。

比方說，我們通常將國族稱作「社會」，但不僅一個國家的成員從未會面，而且他們在階級、性別、性意識、種族、年齡、政治信念與道德觀念等各方面有著根本的**差異**；此處，國族是一種論述的機制，透過對於像「英格蘭」或「澳洲」等國家的**同一化**，將這些差異予以統一。對拉克勞與墨芙而言，這是一種意識形態和霸權實踐將差異固定化使然，從而在論述的場域裡，將符徵原本不穩定的意義予以固定化，例如，把男性氣慨或美國認同代表的意義穩定化。


## 沒有階級歸屬

意義的封閉性或暫時的穩定性是多元的，使得拉克勞與墨芙將階級與經濟關係的最後決定作用擺在一旁。對他們而言，經濟關係並不能決定文

化的意義（因為後者可被用各種不同的方式接合在一起）。循此，拉克勞與墨芙認為，葛蘭西的霸權概念錯誤地聚焦於階級，因為他們強調歷史並不存在所謂的社會變遷主要策動力量，也不存在一個導致社會敵對的核心因素（例如階級）。對拉克勞與墨芙而言，意識形態並無所謂「階級歸屬」（class-belonging）（Barrett, 1991），而且社會也沒有所謂的單一原點存在，或是可以將差異固定化的根本決定原理。相反地，霸權和反霸權集團都是透過暫時與策略性的結盟，連結許多論述建構的主體和不同利益的團體。

就社會變遷的主要策動力量而言，階級不見得是最重要的（雖然階級有其重要性），至少其重要性不若社會運動那般顯著。這些社會運動從源自新的社會對立／敵意（social antagonisms）的擴散，較少是發生在工作場所，而是更常見於消費、福利與居所的空間之中。在此脈絡下，自由民主的意識形態被再造為強調更為寬廣的「社會權」（social rights）的領域。追求這些社會權利，一個新的政治軸心於是浮現，可見於「城市、生態、反威權、反體制、女性主義、反種族主義，以及族群、宗教或……性意識的弱勢團體」發動的抗爭之中（Laclau and Mouffe, 1985: 159）。

## 語言裡的「切割」

與民主的反本質主義思考同調，霍爾（Hall, 1993）論稱，因為論述是一種潛在無窮無盡的意義符號的作用，任何關於自我、身分認同或是同一化的共同體（國族、族群、性別或階級等共同體），以及川流其中的政治都是虛構的，標誌出來的是一種暫時的部分的和任意的意義封閉性。由於語言的不穩定性，重新描述何謂「女性」是可能的，因為意義的補充過程（亦即延異）是無窮盡的。不過，為了可以敘說（或表述）任何事物，而且為了得以採取行動，一個在意義上的暫時的封閉性，是有必要的。

因此，關於什麼構成一個女人，以及在特定情況下何謂符合女性的利

益，女性主義政治需要取得暫時的共識。對霍爾而言，也就是必須要有一個句點（雖然是暫時的），在流動的意義中進行切割（cut in the flow of meaning）。因此，認同和同一化雖是虛構的，它們卻是必要的。

　　　　所有試圖轉化社會與需要新主體性構成的社會運動，必須接受任意的意義封閉性必然是虛構的，也要承認此一虛構的必要性。任意的〔意義〕封閉性不是目的，但卻使政治與認同成為可能。〔這是〕一種差異的政治，一種自我反思的政治，一種向偶然性開放但仍然有能力行動的政治。……這必須是一種接合的政治：一種霸權方案的政治（Hall, 1993: 136-137）。

根據韋斯特（West, 1993）的觀點，「差異的新文化政治」（new cultural politics of difference）可以透過下列方式進行：

1. **解構**：是一種挑戰修辭文本運作中的借喻、隱喻（metaphors）及二元劃分的文本解讀方法。例如賦予前者「好的」特權地位的男／女、白人／黑人之類的二元式劃分，在解讀文本時首先應被扳倒，繼而將它們置於一種生產性的緊張關係之中。簡言之，**解構**（見第一章）有助於使我們看穿文本裡頭隱含的政治假設。

2. **去神話**（demythologization）：將那些規範著描述世界的方式，及其將社會予以分類化的可能後果的種種隱喻，凸顯它們係出於社會建構。也就是說，將這些與我們息息相關的隱喻，及它們與政治、價值觀、目的、利益與偏見的關連，圖譜出來。去神話的過程足以彰顯，我們不應與言一種單一的大歷史，而應強調多重的歷史，不應與言所謂理性，而應是各種人類理性形式所涉及的歷史偶然性。

3. **去迷思**（demystification）：這是指描述並分析制度和其他權力結構的複雜性，目的在找出有利於社會改革的各種實踐方案。對韋斯

特而言，欲得此一「洞燭機先的批評」（prophetic criticism），非透過社會分析不可，並且在道德和政治目標上必須有毫不含糊的論事立場。尤有進者，批判立場與新理論的發展，必須連結於人民的社區、團體、組織和網絡，積極地投入於追求社會和文化變革。

# 差異、族群與再現政治

「差異政治」（politics of difference）的象徵是有關「新族群性」（new ethnicities）（見第七章）的研究，**族群性**：

1. 為身分／認同定義了新的空間。
2. 構成了新的混雜身分／認同。
3. 堅持所有的知識和身分／認同的特殊性和位置性。

由於其形成與表述乃是透過本質上不穩定的語言，族群認同是一種論述的建構，而非對一種本質、固定和自然的存有狀態的反映（*Hall, 1990, 1992a, 1996a*）。對霍爾而言，將族群性重新概念化，有助於探討在特殊歷史與政治**局勢**之內的文化實踐，因為是由於處在這些特定的歷史與政治局勢之中，我們才全部都以族群的方式定位自己（*Hall, 1996d*）。循此，探索族群性必須關切在權力脈絡下，相互定義對方的多個團體之間的關係，亦即關切在變動中的歷史形式與情況的脈絡下，中心與邊緣的關係與再現。

## 不可見與不可名

根據韋斯特（*West, 1993*），黑人**流離群落**的核心文化問題是「隱身與

無名」（invisibility and namelessness），不論是再現自己，或是對充斥的負面刻板印象表示異議，他們都相對缺乏權力。對此問題的應對之道，牽涉了以下策略，且稱之為：

1. 要求正面形象。
2. 追求多元文化主義。
3. 反種族主義。
4. 再現政治。

## 正面形象

對正面形象的要求，可被理解為在白人社會充斥負面刻板印象與同化主義的期待的觀點下，有必要將黑人呈現成「真的〔和白人〕一樣好」或「與〔白人〕一樣有人性」。然而，此一策略也有如下問題：

1. 同化要求的是有色人種採取白人盎格魯文化的「生活方式」，從而喪失他們自己的文化和社會特殊性，為了被白人接受。
2. 此一對應方式提倡的是黑人的同質化，從而對黑人之間的階級、性別、地區及性意識等方面的差異視而不見。
3. 它不脫反映或**寫實主義**的再現觀，從而認定再現「真實的」黑人經驗是可能的。不過，這是不可能辦得到的，因為種族的再現一直都已是被建構的東西（見第二章和第七章）。
4. 由於再現是受爭論的事物，因此很難確知不含糊的正面形象究竟為何物。

## 多元文化主義與反種族主義

多元文化主義論者也要求正面形象，但放棄同化的義務。各族群團體被認為是平等的，有權保存自身的文化傳統。多元文化主義頌揚差異。比

方說，多元信仰的宗教教育、儀式表演和宣揚各族群傳統美食，變成教育政策的一環。

雖然此一策略有相當多值得肯定之處，將文化相對主義化的過程，在制度化的種族歧視的社會秩序下，卻有可能忽視了權力面向。居住、就業和肢體暴力等在生活上的種族歧視經驗，可能被多元文化主義的觀點所遺漏。相反地，反種族主義的論點，強調權力的運作，挑戰那些構成種族歧視的社會的諸般意識形態及結構上的實踐，例如對教科書內容中的種族歧視用語表示異議，或是抨擊那些誇大黑人退學、休學人數的說法。

## 再現政治

雖然多元文化主義與反種族主義各有優點，它們卻不能免於黑人認同的本質主義觀點，導致將「黑人」這個符徵所代表的複雜經驗同質化。如霍爾（*Hall, 1996d*）論道，黑人認同不是一個本質主義式的類別，而是經後天學習的社會類別。因此，他傾向「再現政治」，指出**表意**的任意性，並且尋求與差異共存共榮的意願。不單只是要求正面形象，再現政治探索的是能夠查究權力關係的再現，並且解構黑人／白人之類的二元對立分法本身。霍爾（*Hall, 1996d, 1997c*）發現在〔英國亞裔作家〕庫雷西（Hanif Kureishi）的《歡樂洗衣店》（*My Beautiful Laundrette*）、梅波索普（Robert Mapplethrope）的裸體攝影作品，以及電影導演亞瑟朱利安（Issac Julien）的作品中，也可看到這種再現政治中浮現出來的**混雜**認同（hybrid identities）。

再現政治是雙重**製碼**的（double-coded）。一方面，它關切論述形象語言真實與意義等問題；另一方面，再現問題是民主、**公民權利**與公共領域等論述的一環。的確，公民權利這個概念是連接再現／認同的微型政治（micro-politics）與制度和文化權利的官方鉅型政治（macro-politics）的機制。因此，梅瑟論稱「公民權利概念非常重要，因為它接合了市民社會與國家之間開放和不定的關係」（*Mercer, 1994: 284*）。從英國亞裔的脈絡

之內出發，帕利克（B. Parekh）指出，對於公民權和文化權的強調，對於
「新族群性」（new ethnicities）的政治可能具有如下意義：

> 首先，文化多樣性應被賦予公共地位和尊嚴。……其次，少
> 數族群難以被認真對待，除非他們接受英國公民身分的全部義
> 務。……第三，少數族群社區必須被允許以他們的步履及他們自
> 己選擇的行進方向發展。……第四，如同一般個人，只有在適
> 合、友善的環境裡，族群社區才得以枝繁葉茂地發展。……第
> 五，族群社區的特殊性，應該被法理系統所承認（*Parekh, 1991:*
> *194-195,* 轉引自 *McGuigan, 1996a: 152*）。

## 差異、公民身分與公共領域

根據達爾袞（*Dahlgren, 1995*）的講法，公民身分是一種認同。它是我
們的多重身分中的一個面向，其中一種市民的「公民權利的認同」，將民
主架構下的多樣的價值觀與生活世界組合起來。公民權利的認同或許是我
們共同擁有的唯一事物，但各種群體對於民主程序的奉獻與承諾，以及對
於互為主體承認的公民權利與義務，在社會市民和政治領域中，將增進民
主的實現，從而提供各種特殊主義的認同方案得以實現的有利條件。這涉
及了「民主價值的霸權」（hegemony of democratic values）在公共領域中
得到發展。

## 哈伯瑪斯與公共領域

對哈伯瑪斯（*Habermas, 1989*）而言，**公共領域**是在「資產階級社會」
的特殊階段崛起的一個領域。公共領域代表的是一個中介於市民社會與國
家機制之間的一個空間，是公眾進行自我組織與「民意」（public opinion）
形成的所在。在此一領域中，眾人得以發展他們自己，並得以介入社會發
展方向的辯論。哈伯瑪斯繼而剴陳，面對資本主義邁向獨占形式的發展與
國家機制的管控能力的增強，前述公共領域已逐漸衰敗。雖然如此，他仍
然試圖將〔公共領域〕振衰起敝的契機，立基於所謂「理想語境」的概念
之上，亦即各類真理宣稱（truth claims）能夠在理性辯論與論證的規範下
相互競逐。因此，公共領域可被理解成是一種以平等對話為基礎來進行論
辯的空間。

然而，誠如弗雷瑟（*Fraser, 1995b*）論稱，此種〔以平等對話為基礎來
進行論辯的〕情況實際上並不存在。擺在眼前的事實是社會的不平等，這
意味了一般公民平等近用公共領域的機會付之闕如。弱勢群體未能擁有的
參與的平等地位，也欠缺以他們自己的語言與需要來發聲的空間。根據弗
雷瑟的說法，哈伯瑪斯的現代公共領域概念，仰賴參與對話的人不考慮地
位上的差異，將討論限制在公共利益（the public good）的層次（即排除
私人利慾），但其所創造出來的公共領域卻也是唯一的、單數形的（因為
哈伯瑪斯把公共領域看作是全部人共同享有的）。

由於社會的不平等不能被除外、不予考慮，許多私人的議題其實也是
公共的（例如：家庭／婚姻暴力問題）；此外，所謂「共善」，其實有許
多種版本。因此，弗雷瑟主張後現代的公共領域概念，一方面應接受「多
重公眾」（multiple publics）與「多重公共領域」（multiple public spheres）
的可取之處；另一方面又同時戮力於減少社會的不平等情況。在她看來，
女性主義代表的正是這種在論辯與政治實踐活動上〔與單數形的現代公共

領域概念對立的〕的「反公共領域」（counter-public sphere）。

## 民主的傳統

公共領域這個概念，不需哈伯瑪斯建構普遍與超越的理性辯護的企圖，公共領域的辯護是在**規範層面的**與實用的，而非在認識論層次的，因為透過與文化人權（cultural human rights）及文化多元主義（cultural pluralism）有關的價值觀念而獲得保證。支持一個民主的公共領域，是因為我們相信它是良善的，而非因為它代表了真理或物種的命運。

民主傳統中認定是良善的原則包括正義、多樣性、自由與團結（solidarity）。**正義**與**多樣性**等概念倡言文化多元主義與再現多樣的民意、各種文化實踐及其社會和地理條件的必要性。**自由**與**團結**等概念則倡言分享與合作的各種形式，基於自發的純真而非由於形勢所迫，亦即人我之間相互扶持的自由與共存，而非控制。

## 基進民主

形成於西方自由民主傳統的歷史偶然性的基礎上的正義、容忍、團結與尊重差異等價值觀，促使拉克勞與墨芙追求「基進民主」（radical democracy）的願景；基進民主的目標是追求「一個〔良善的〕社會，其中每一個人，無分他或她的性別、種族、經濟地位、性傾向，將會處於一個實質上是平等與參與的情境，〔在這個社會裡，〕不再存在任何歧視的基礎，而自我統理（self-management）將會存在於社會上的各個領域」（*Mouffe, 1984: 143*）。欲實現此一基進民主的願景，必須在墨芙（*Mouffe, 1992*）稱為「民主價值的霸權」架構之下重新接合「平等鏈」（chains of equivalence），亦即「民主革命」（democratic revolution）提議的是平等與差異的理念。各種不平等的徵象與各種形式的壓迫，在比較的邏輯下，其實沒

有兩樣。這是說，性別上、階級上、種族上與國族的不平等，被看作是同
樣必須優先處理的問題，而且必須在與反制霸權的實踐形成中連結起來。

## 質疑文化研究

所謂差異的文化政治是由再現政治構成的這一種觀點，被批評為忽略
了物質不平等和權力關係等問題，欠缺的是關於住屋、勞動市場、教育成
就等問題的**政治經濟學**分析（*McGuigan, 1996b*）。批評者宣稱，因為文化
研究未能掌握物質情況及人與人之間的權力關係，文化研究缺乏造就變革
的手段。一種明顯的文本與民粹主義的文化研究被說成是無法介入文化政
策的議題。是類針對文化研究的批評，最常見有：

*1.* **文本**的意義拆解／解構。
*2.* 為讀者的「生產」能力大聲歡呼的**主動閱聽人**研究。

### 對文化民粹主義的批評

雖然文化研究不乏「圈外的」批評者（*Ferguson and Golding, 1997*），
我們將在此處討論的是那些來自廣泛同情文化研究的人所做的批評，例如
麥奎根（*McGuigan, 1992, 1996a, 1996b*）對「文化民粹主義」（cultural popu-
lism）的批評 **2**。麥奎根論稱，文化研究正確地對法蘭克福學派關於「大

---

2.譯註：麥奎根此書的中譯版，可見桂萬先譯（2001）：《文化民粹主義》。南京：
　　南京大學出版社。

眾文化」（mass culture）的觀點與利維斯主義（見本書第二章）的「文化精英主義」（cultural elitism）發出異議，後者將流行文化貶抑為不值得參與，亦不值得嚴肅對待。文化研究對此二者（即大眾文化與文化精英主義）的批評，採取了兩種基本的形式：首先是對高雅─低俗文化的區分，在哲學基礎上展開抨擊，其次是凸出將消費本身看作是產製意義的觀點。

　　然而，麥奎根認為，文化的逐漸「後現代化」（postmodernization），已使文化的雅俗之分不再適當，但喜孜孜地認定閱聽人具有產製意義和抵抗的能量則是矯枉過正，變成了所謂「消費者主權」（consumer sovereignty）意識形態的共犯。文化研究，在麥奎根看來，無力批判消費文化的產物，因為它已經失去文化價值（cultural value）的理念，更無法據此對文本進行批判的分析。尤有進者，文化研究過度誇大了閱聽人拆解意識形態的文化資本／能力（cultural competence），未能充分正視此種〔文化〕資本／能力，因階級、性別、族群或年齡等因素而在分配上並不均等的事實。影響所及，不管在分析或政策的層次上，對應於〔占主導地位的〕市場機制，文化研究都無力提出社會改革的另類方案。

　　麥奎根的批評，靶心對準的是費斯克（ *Fiske, 1987, 1989a, 1989b* ），後者曾經論稱，流行文化由人們創造的意義所構成，而非可以在文本內尋覓得到的。對費斯克而言，流行文化是一個**符號／語義**戰爭（semiotic warfare）的場域，也是尋常百姓施展各種小戰術，藉以逃逸或抵抗文本生產者所生產〔及銘刻於商品之中〕的意義。麥奎根指控費斯克從原來的批判思考的路線上撤退，並且棄守任何形式的政治經濟學，從而接受了自由市場和消費資本主義的論調。洪美恩對此指控提出商榷意見，論稱承認閱聽人有能力產製多元的意義，不等於放棄探索媒介制度或文本的必要性，而是提出了一個研究與思考的新框架，亦即探討「置身當前的後現代文化，處處可見的矛盾、不一致與不統一的文化現象」（ *Ang, 1996: 11* ），確實值得正視。

## 多重視野的研究途徑

麥奎根期許文化研究更全面地與文化的政治經濟學交流，亦即關切產權、制度、控制與權力等問題，探索文化生產的時刻如何將意義銘刻於文化產品之中的過程。他主張一種多重視野的研究途徑（multiperspectival approach），詰問政治經濟、再現、文本與閱聽人之間的關係，並致力於文化政策的議題。同樣支持這種多重視野途徑，凱爾納（*Kellner, 1997*）建議文本取向的文化研究應將政治經濟學納入，以便：

1. 展示文化生產發生於特定歷史與政經關係之中，而後者結構了文本的意義。
2. 彰顯資本主義社會的組織方式，即以**商品化**和營求利潤為核心的支配性生產方式。
3. 觀照文化的生產所涉及的支配與受制／從屬的向度。
4. 闡明在特定歷史局勢之下，政治與意識形態論述和文本可能的限制與範圍。

因此，對瑪丹娜現象的文本分析（見本書第八章），在一方面專注於分析其符號價值與閱聽人反應，另一方面關注意識形態及抵抗的問題時，可能有必要將瑪丹娜有「在流行音樂史上最頂尖的製作和行銷團隊為其所用」（*Kellner, 1997: 118*）的事實點出。此一對於多重視野途徑的強調，並非否定將瑪丹娜現象當成**符號**來分析，凱爾納的用意是凸顯所謂文化研究（作為一種文本取向的研究）與政治經濟學分析的區分是虛假的。

## 文化迴路

雖然對於文化研究的運用（與誤用），上述政治經濟學分析的呼籲是

及時的提醒，但卻嫌言過其實，因為事實上政治經濟學分析從未真的在文化研究中消失。最近一些文化研究領域的著作，包括霍爾的著作，已將以「文化迴路」（circuit of culture）概念為基礎的多重視野的觀點置於論證核心。其主要論點是認為：在此文化迴路之中的各個時刻／環節——如再現、管制、消費、生產與認同等，是彼此接合的，其之所以能夠在某個時刻／環節之下產製出某些意義，有賴於整個文化迴路的連續運轉，但此不足以決定其他時刻／環節的意義的可能形式與內容。

真正的挑戰是，在每個案例中掌握其生產時刻如何將自身銘刻於再現之中，並且不假定它可以從經濟關係中被「讀出來」（read-off）。我們也可能對另一種相反的情況感興趣，亦即文化或再現如何寓意於生產發生的組織形式，追問的是經濟如何變成文化。既然此一模式是霍爾從他早期發表於一九八一年的製碼解碼模式發展而來，在文化研究中活躍已久，許多關於文化研究對立於政治經濟學的辯論，似乎是被誇大了的。

如果關於文本政治與政治經濟學的辯論是一場老辯論的當代版，至少我認為是如此，那麼對於文化研究來說，呼籲回歸文化政策應屬更為基進與晚近發生的事件。對文化政策，或是對於與國家乃至於商業組織的合作，文化研究過去致意不足。的確，它似乎經常對這樣的想法表示蔑視。文化研究歷來堅持文化政治必須由主流制度機構（被視為是貪婪腐敗的力量）之外的反霸權聯盟來組成。不過，在一九八〇及一九九〇年代，班奈特（*Tony Bennett, 1998*）的著作曾引發相當多**文化政策**方面的討論。

## 文化政策辯論

班奈特（*Bennett, 1992*）論稱，文化研究著力甚多的文本政治忽略了文化權力的制度層面。他鼓勵文化研究應採取一個比較務實的途徑，與文化

生產者一起工作，並且「將政策關懷帶進文化研究」。對班奈特而言，文
化政治的核心在於政策制訂，並且透過制度付諸實現，而制度性的安排則
左右了文化產物的形式和內容的產製與管理，包括像是英國國立藝術基金
會的組織；博物館；主管教育、藝術、文化、媒介或體育的政府相關部
會；學校；高等教育制度；劇場管理單位；電視組織（含公共及商業電
視）；唱片公司及廣告公司等。

## 文化研究方案的新方向

班奈特批評文化研究把**政治**的關懷錯擺在表意與文本的層面。他論稱
此一錯置付出的代價，是忽略了產製與配送文化文本的制度與組織的物質
政治。對班奈特而言，文化研究過份重視意識，以及繼承自葛蘭西而強調
的意識形態抗爭，而對權力和文化政策的物質科技層面致意不足。他認為
文化研究有必要：

1. 了解文化研究本身側身於高等教育體系而作為政府分支臂膀的事
實。
2. 將文化概念化為一種構成「治理」及社會管制的特殊領域。
3. 指認文化的各種不同「區域」及其管理作業。
4. 研究權力的不同科技以及關連於文化實踐各領域的權力形式。
5. 將文化政策置於其思維理路的中心地位。
6. 與文化「治理」的其他相關部門密切合作，以便發展政策與策略性
介入的方式，因為「我們不是在論兩個分立勢力（批評與國家）的
關係，而是對於文化管理涉入甚深的兩種治理部門之間的接合」
（*Bennett, 1998: 6*）。

## 治理性／治理技術

班奈特的論證依賴的是一種特殊的文化概念，以及援引自傅科所詮釋（對某些人來說是傅科主張）的「治理性／治理技術」（governmentality）概念。

我用這個字（即治理性／治理技術）代表三種事物：

*1.* 由制度、程序、分析與反思、計算、戰術等組合而成的集合體，容許行使此種特殊但形式複雜的權力，有其目標人口作為其知識政治經濟的主要形式，以及作為保障其安全的基本技術手段和工具。

*2.* 遍及西方世界，有一種經歷漫長的歷史過程，已慢慢地導向凌駕於此類權力的其他所有形式（如主權、規訓等），或可被稱作政府，一方面導致一系列的特定政府機關的形成，另一方面形成複雜的整體的**知識**（savoirs）。

*3.* 透過此一過程，或者應說是此一過程的結果，使得中世紀的司法國家轉化成十五、十六世紀的行政國家，逐漸變成「被治理化」（governmentalized）（*Foucault, 1991: 102-103*）。

雖然治理性與國家有關，我們最好將它理解成更廣義的，而且遍見於社會秩序中的規約（regulation），或是用傅科偏好的社會「治安」（policing）一詞的意涵，整個人口變成服膺於官僚科層及規訓模式之下。治理性具有權力微血管特徵，權力關係是多重的，不是集中而是分散的。這包括規約的形式，透過醫療、教育、社會改革、人口學與犯罪學運作，將人口分門別類並組織成可管理的團體。國家被認為或多或少是有時相互衝突的制度與機制之間的偶然組合體，其中的「官署」（bureau）有其自主

的「營生技術」（technology for living），依循其自身的官能而組織，擁有自身的生活行為模式。

## 文化與權力

治理性／治理技術這個概念，強調的是社會管制過程並非全然凌駕於個人之上，或是與個人有相互抗衡的關係；治理性／治理技術是由反身性的行為、倫理能力與社會運動的模式所構成的。在此一解讀方式下，文化是可透過治理性／治理技術這個概念來掌握的，因為：

> 由文化與權力的關係定義而成的現代社會，最好是根據此一觀點來理解，亦即文化的場域目前正越來越是以治理的方式被組織和建構（*Bennett, 1998: 61*）。

對班奈特而言，文化緊密扣連於文化科技，而且文化的功能作為文化科技的一部分，從而組織與形塑社會生活與人類行為。文化科技是制度與組織結構的「機器」的一部分，產製出**權力／知識**的特殊形構。文化不只是再現和意識的問題，也是制度化實踐、行政措施和空間安排的問題。

文化與治理性／治理技術的場域，最為班奈特津津樂道是教育和博物館。例如他論稱，文化研究必須被理解為高等教育擴張的一環，提供教程給那些缺乏「高雅文化」傳統資源的學生。班奈特論稱，教程的拓寬在文化研究出現以前就已在進行。因此，文化研究是帶有改革色彩與管制精神的政府的一部分。

將博物館當作探討對象，是因為博物館透過自覺地擺設文化所謂的「文明化效應」（civilizing effects），去管制工人階級的主體性和行為模式。尤其是，博物館以生產自我管制的個人（通常是男人）為目標，透過「新」主體性的養成與監控，從而變成更好的公民。在此意涵上，文化是

「一種改造者的科學」（a reformer's science）。

## 傅科或葛蘭西？

班奈特將他援引的傅科對文化和治理性／治理技術的概念，與根據葛蘭西版本的文化研究所著重的意識形態、意識與贏取同意（亦即以意義和再現為核心的文化的一種版本）做了一番比較。班奈特認為，修正主義的葛蘭西文化研究（即「接合的政治」），徹頭徹尾是論述的，強調的主要是在語言即意識形態層次的抗爭。相反地，根據班奈特對傅科的詮釋，各種〔在偶然的情況下形成的〕實踐之間的關係秩序，必須透過嚴密的物質主義觀點來描繪。

班奈特認為，在葛蘭西理論中，意識形態（霸權）的向下流動的概念，導致從屬階級組織全面的反抗運動，去對抗一個單一來源的權力，亦即反霸權的抗爭。相反地，對傅科而言，單一來源的權力並不存在，權力應是分散的與相互衝突的，並且因文化的「區域」及相關的特殊科技而有差異。

對班奈特而言，葛蘭西代表的思想傳統對文化制度、科技及機制的特殊性關注不足，反而是聚焦於文本分析和某種「倫理風格」（ethical style）的個人酬賞，從而不當地頌揚所謂邊緣性等概念。相反地，根據班奈特的詮釋，傅科要求的是一種「細節政治」（politics of detail），目的在對於治理科技、文化政策和文化科技進行有效的分析。

葛蘭西文化研究切望「有機知識份子」扮演樞紐角色，不但提供抗爭所需的智識彈藥，也能在促成社會運動結盟成歷史性的反霸權集團上，扮演政治的推手。在班奈特看來，這是不可能實現的願景。文化研究的主要位置在高等教育系統，意味著側身其間的知識份子已然是前述治理性／治理技術的分支部門。因此，他們很難扮演有機知識份子的角色，因為後者的知識生成於他們直接涉入特定社群和社會運動的經驗。充其量，文化研

究或可提供「發展一種工作形式——文化分析和教育——或許能對與有機知識份子有關的政治和政策議題的發展有所貢獻」（*Bennett, 1998: 33*）。

在班奈特看來，「治理」這個概念促使知識份子關注文化實踐和科技的特殊性。雖然他承認此一種工作有很多種進行方式，班奈特認為有機知識份子若欲實現他們的工作，最好的一條路徑是「朝官署前進」（towards the bureau），因為公務機關是政府機制的一部分。與其繞道既有的社會行政形式，文化研究被鼓勵去回答官僚的疑問，「你能為我們做什麼？」文化研究或能有用地自視為扮演「訓練文化技術官僚」的角色，後者對文化批評和改變意識的工作沒有興趣，但對於「透過技術性地調整行政資源的配置運用而達成修正文化的功能」（*Bennett, 1992: 406*）有興趣。

## 政策與價值問題

班奈特的著作提供了一個有其**表面證據**的個案，讓我們以較嚴肅的態度看待文化組織的實用主義政治。然而，即使我們接受介入文化政策有其必要，許多問題仍然未獲解答，例如：

*1.* 何種政治與社會價值觀能夠引導我們從事〔文化〕政策的工作？
*2.* 我們試圖〔透過文化政策〕實現的「目標」及其後果為何？

班奈特可能會論稱後者是取決於特定情境與可運用的科技條件，亦即決定於可供思量的特定的文化科技及組織。雖然如此，如果**真理**被看作是一個實用主義的問題，亦即什麼「被當作真理」（如班奈特所言）的問題時，真理與行動是在社會價值之中且透過社會**價值**而得以形成的。問題是班奈特未能釐清他所謂的文化政策將會追求的價值為何：他致力追求的是否具有平等、正義、自由及團結等價值？他採取的究竟是追求自由主義民主的策略，或是如霍爾、拉克勞與墨芙等人，獻身追求的目標是差異的政治與「基進民主」的實現呢？

## 改變文化研究的主導隱喻

另一位鼓吹文化政策研究的學者康寧翰（*Stuart Cunningham, 1992a, 1992b, 1993*），態度立場更加積極，主張以社會民主與自由、平等和團結等價值，作為新一波的改革主義的推進馬達。他力倡的是「一種社會主義民主的公民觀，以及激活和促進此一觀念的必要養成教育」（*Cunningham, 1993: 134*），而這有賴文化研究〔勇於〕更替若干其過去慣用的「主導隱喻」（command metaphors）：

> 一方面告別〔文化研究過去慣用的概念如〕抵抗、對立及反商業主義等修辭，另一方面與民粹主義的修辭分道揚鑣，轉而關注近用、平等、賦權／培力並提示可以施展適當的文化領導權的機會（*Cunningham, 1993: 137-138*）。

康寧翰（*Cunningham, 1992b*）論稱，文化研究若能增加其對政策議題的敏銳度，將會有如下發展：

1. 更能注意文化的政治與**制度的**政治（institutional politics）之間的互動方式，例如女性主義者在政府部門及科層組織中發動的社會改革運動。
2. 重建**文本**分析，使之足以介入重要的政策議題如「平等」、「卓越」及「多元」等重要面向，特別是在廣電領域的相關辯論。
3. **接收分析**，其目的不在於追求文化的純正性，而是致力於描繪閱聽人的品味，並且懷抱著文化維護與更新公民意識的理念。

## 可思考的範圍

康寧翰的著作，關於文化研究在規範層面的必要性有說理清楚之長，尤其是他致力伸張的是社會民主的公民身分。雖然如此，他鼓吹的政策提議的特定價值觀有可以再行商榷之處。例如〔與本書作者同樣隸屬澳洲籍的〕康寧翰論稱，就文化政策而言，我們應該嚴肅地從國族的立場上針對電視廣告進行內容管制，以便振興〔澳洲〕的國族認同。他所說的彷彿是把澳洲的國族認同當作成一個固定的現象，因此澳洲的媒體內容有其可以使力之處。然而，本質意義上的澳洲國族認同並不存在（見本書第六章），我們必須問的是：我們想要的〔澳洲〕國族認同（如果有的話）究竟為何物？認同與政策的各種管制會對哪些人造成排斥效應？雖然促進公民身分是值得追求的目標，這並不表示我們非立基於國族和族群的排他性不可。

這裡並不是不同意康寧翰對於政策的關切，也不是不同意電視作為研究課題有其重大意義。更確切地說，此處是透過質疑他的電視及國族認同的分析，再次提出**價值觀**之於政策的重要性。誠如莫理斯（*Morris, 1992*）在別的場合指出康寧翰提供的是他對於什麼是具有進步意義的目標的界定，而非採取此一問題可以開放辯論的態度。處於變遷的社會文化脈絡之中，我們需要不斷地再思考價值觀的問題，以便讓政策導向反映的是值得追求的價值觀，而這也是文化理論與批評有其持續重要性的原因。

奧瑞根（*O'Regan, 1992a, 1992b*）持類似看法，描述班奈特及康寧翰的著作提供的是「一種實用主義的政治，一種可思考的地平線」。對奧瑞根來說，他們兩位的政策提議仍然受限於目前的思潮之中，未能「發明新的語彙」（*Rorty, 1989*）或是足以成為他稱作「設定議題的社會研究」（agenda setting social research），允許我們挑戰並擴展我們的目標。簡言之，奧瑞根倡議的是，批判的知識份子在形塑政策價值目標上扮演的角色，因此，例如有關社會階級的研究，可以公告周知並確保目的在實現平等與公平機

會的政策勝出。如他剴陳：

> 文化批評與文化政策當然是有差別的，但兩者都是政策過程
> 的一部分。與其痛罵文化批評，不如找出文化批評的特殊形式、
> 方向與性質，並且分析其對於政策的可能會有的貢獻，要來得有
> 生產性。文化評論者的社會權力或許很難加以動員、運用，但這
> 些人士可能形塑公共議題，提供政策分析有價值的資源與論點
> （*O'Regan, 1992b: 530-531*）。

## 批評與政策

莫理斯（*Morris, 1992*）論稱，對側身於學術界、官僚體系與參與政策
方案（康寧翰所稱道的）的女性主義者而言，永遠存在著一個女性主義的
「批判的外在」（critical outside），亦即一個未受管制的場域，專業的女
性主義者從而可以調查和批評。她認為，這意味著通常標誌著政策辯論的
二元對立的批評或政策邏輯，很少能適用於女性主義。

沒有什麼必然的理由文化研究不能既關注政策的實用性，又保有其
「批判的文化理論」的角色。同樣地，如果它能夠嚴肅對待政治（而非裝
模作態），那麼文化研究確實需要介入文化政策問題。為了實現此一目
標，我願意簡要地探討可能可以在這場辯論中扮演有用角色的一種思想流
派，亦即美國的實用主義哲學的傳統，以及此一傳統目前在羅逖手上得到
復興。既然實用主義是一種思想流派，從未在文化研究之中扮演濃墨重彩
的角色（雖然它的影響力已在增長當中），讀者或可將下文對於實用主義
哲學的強調看作是我個人的偏好。

# 新實用主義與文化研究

　　實用主義哲學有多種版本，可溯及皮爾斯（Charles Peirce）、詹姆斯、杜威及其他學者的作品[3]。韋斯特認為實用主義的最佳定義如下：

> 　　實用主義可被定義為是一種學說，主張所有問題在根本上來說都是行為的問題，而所有的判斷則隱然牽涉的是價值的判斷。實用主義也認為，在理論的與實踐的之間，無法予以任何終極的、有效的區分，因此任何有關真理的問題，不能與特定行動是否有其可辯護目標的問題分割（*C.I. Lewis*，轉引自 *West, 1993: 109*）。

## 實用主義與文化研究

　　實用主義與文化研究當中的後結構主義支派共享著一種反基礎論（antifoundationalist）、反再現的與反寫實主義的真理觀。不過，實用主義並未偏廢對於務實的社會改革的獻身與承諾。實用主義認為，爭取社會變革的努力，同時是語言／文本層次與物質實踐／政策行動層次的問題。

　　如同文化研究，實用主義試圖將看似「自然」的表現視為是「偶然的」（contingent），同時戮力追求一個「更好」的世界。不過，不像「文

---

3.譯註：皮爾斯（*Charles Peirce, 1839-1914*）、詹姆斯（*William James, 1842-1910*）與杜威（*John Dewey, 1859-1952*）向來被認為是美國實用主義（American Pragmatism）最重要的三位哲學家。

化左派」（the cultural left）偏好具有革命意味的聳動言辭，實用主義所強調的是，在既存社會經濟體制中，務實追求政治變遷的必要性。與文化左派不同、但與文化政策論述相同的是，實用主義認為自由主義民主體制是迄今已發展出來的最佳制度，需要我們先獻身其中，再謀精進。以此角度論事，實用主義的生命觀點是比較像「悲劇式」的，不像馬克思主義那樣對烏托邦懷抱著樂觀期待。實用主義所心儀者，是「試誤」（trial-and-error）的實驗精神，追求的是可用吾人價值觀檢驗後的「更好」的實踐方式。

如同後現代主義導向的文化研究，實用主義反對「大理論」（grand theory），同意李歐塔的「對後設敘事的懷疑」。實用主義者對於世界的看法，是一種基進的偶然觀（a radically contingent view），也就是社會實踐是真理的檢驗標準。不過，這並非指所有的理論都應被拋棄；相反地，從在地經驗提煉出來的理論（local theory），變成了（在規範意義上）可以重新描繪世界的方式。換句話說，實用主義還是敢於想像新的與更好的實踐可能。

實用主義認為世界處於永遠「形成中」（in the making）的過程，因此，未來具有倫理上的意義。根據實用主義的論點，我們的努力會有影響並創造新的更好的未來。在此意涵上，實用主義堅持，人類**能動性**具有不可化約性，即使它承認過去的因果故事。能動性是應被理解成一種社會建構的行動能力，而不應理解為一種自我原生的或先驗的主體。我們不是被一種擁有態度、信仰與行動能力等特質的內在核心所構成。實用主義與後結構主義、後馬克思主義的文化研究共享的理念是，社會與文化變遷是一個「沒有保證的政治」（politics without guarantees）問題。實用主義沒有馬克思主義的「歷史法則」，認為政治是以倫理的承諾和實踐行動為依歸。

## 羅逖：政治不存在基礎

羅逖（*Rorty, 1980, 1989, 1991a, 1991b*）過去已相當前後一致地闡釋其哲學觀點，將「反再現主義」的語言觀及一種「反基礎論」的政治觀並冶於一爐。

### 反再現主義

所謂「反再現主義」（anti-representationalism）是指，語言與物質世界其他層面間，存在著的是一種因果關係，而不問再現或表達本身的適切性。換句話說，我們大可試圖解釋人類組織如何以特定的方式行事或言說，但不可將語言看作是再現世界以一種幾乎對應於物質世界的方式。對羅逖而言，「沒有任何語文項目得以再現任何非語文的項目」（*Rorty, 1991a: 2*），亦即語言的團塊無法相稱於或對應於真實的團塊。尤其重要的是，沒有任何阿基米德式的支點存在，讓人得以據此驗證這種所謂語言和世界是相對應的「真理」。

### 反基礎論

所謂「反基礎論」（anti-foundationalism）意味的是我們無法以任何普遍真理的方式，去發現或是證明我們的行動或信念。我們可以將這種或那種論述（語言的團塊）描述為較有用或無用，也可說某種論述可能帶來的後果是可欲與否。然而，我們無法宣稱因為某種論述與獨立客觀的真實世界完全吻合，所以該論述是真實的。再者，人類歷史沒有任何**預設的目的**（telos）或是歷史變化有其不可避免的時點。更確切地說，人類的「發展」是無數出於偶然的行動與環境適應的結果，因此人類的演化「方向」也是充滿偶然性的（亦即無任何必然性）。所謂「進步」（progress）或「目標」之說，只能是後見之明，無法事先預知。

### 偶然性、反諷與團結

羅逖論稱，我們應該本於自身傳統的價值觀，務實地追求人類處境的改善，而這並不需要任何放諸四海普遍準用的基礎。的確，我們無法逃避價值的問題，就像我們不能把價值問題置於形上學的領域，所以因歷史與文化而有別的、基於特定價值觀的政治是人類無可避免和無所遁逃的處境。

對羅逖（*Rorty, 1989*）而言，語言的偶然性與其衍生而來的**反諷**（反諷在此處意指堅信自己的想法係出於偶然，亦即自覺到事實可能與自己的想法相反，知道我們自身的想法並無放諸四海普遍適用的基礎），使我們發出大哉問：什麼樣的人類處境是我們想要的（因為沒有任何先驗的真理，也沒任何先驗的上帝能幫我們回答這個問題）？這個大哉問包含了許多問題，在個體的層次上是我們自己想做什麼樣的人，在群我關係上則將是我們如何對待他者。羅逖認為，這些其實都是實用主義層面上的問題，需要的是涉及政治價值的回應，而非形上學的或是認識論層面上的問題。

### 真理作為一種社會讚許

羅逖認為，大部分被我們堅信為「真理」的信念確實是「真實的」，但真理並非一種**認識論層次的**聲明，有關語言與真實之間存有對應關係，而是一種共識的術語，指涉的是同意的程度與行動習慣的協調。主張某事物不必然真實，亦即建議某人已經得出描述該事物更好的方式，此處所謂「更好」，指的是對以此方式描述世界的結果〔及其預測效力〕進行價值判斷。

所謂真理、知識與了解之說，只有在特定的**語言遊戲**裡面方可成立，因此，所有的真理皆是特殊的**涵化**過程的結果。或者，套用詹姆斯（William James）的話，也許我們可以這麼說：「對於相信它的人來說，真理是好東西。」這應該理解成是一種我們置身其中、無從遁逃的文化處境，而非狹隘地對特定社會政治文化的忠誠使然。如羅逖如此論道：

　　沒有任何對於事物所做的描述是從神的觀點來的，當代或即
將開發的科學也未足以提供天鉤，能夠把人從人之所以為人係源
於諸般偶然因素中釋放出來。我們受文化的涵化影響，從而使得
某些選擇活生生、影響重大或是強迫，同時也是涵化使得其他選
擇變得死氣沈沈、微不足道或是可有可無。我們只能盼望超越我
們所受到的涵化影響，如果我們的文化包含〔或者，由於外來或
內發的動亂而發生斷裂，從而包含〕分裂的因子，提供了創新變
革的基點。……因此，要想超越我們所受到的涵化限制，最好的
機會是成長在一個不以磐石般固定不變的方式，而是以容忍多元
的次文化，願意傾聽鄰近文化（neighbouring cultures）的方式來
建立自尊的文化環境（Rorty, 1991a: 13-14）。

　　我對羅逖的觀點的理解，是他主張我們應該儘可能接觸最多的可能的
描述及重新定義（redefinitions）。知識也者，並非是取得一個真理或客觀
的真實圖像，而是學習如何以最好的方式面對這個世界。我們產製了各式
各樣關於這個世界的描述，從中汲取最適合我們目的的部分。我們需有各
種多樣的語彙，因為我們希望實現各種多樣的目標。以此觀之，持續地重
新描述我們的世界，並且比對這些不同版本論述的優劣之處，在實用意義
上是值得追求的，這樣做的原因有如下數端：

1. 透過比較不同實踐活動，它提供了壯大自我、改善人類處境的可能
性。
2. 「我們的心靈逐漸〔成長〕地更大更強且更有趣，因為加入了新的
選項──信念與欲求的新對象，以新的語彙被表述出來」（Rorty,
1991a: 14）。
3. 我們被鼓勵去傾聽可能正在受苦的他者的聲音，戮力使人類免於苦

難為至高的政治善念。

## 打造新語言

對各類真理宣稱的正當性，採取接納的態度，需要的是對於民主的文化多元價值的承諾。個體的**身分／認同方案**，以及集體層次的文化政治，在在需要我們去打造新的語言，一種描述我們自己的新方式，重新安排我們在世界上的角色和位置。要使這些新的語言獲得社會廣泛的支持，需要的是在文化政治領域的抗爭。舉例來說，羅逖論稱女性主義代表的是將女性重新描述成主體。他的論證重點是：

> 不公義的可能不會被認為是不公義的，即使對承受這些不義的人也是如此，直到某人發明了一個前所未有可供扮演的角色。只有當某人擁有一個夢、一種聲音，以及用來描述這個夢的聲音，原先看似自然的東西才開始看似文化，原先看似命運的東西才會開始變成一種道德上令人憎惡的事情。因為直到那一刻來臨之前，只有壓迫者的語言可用，而大多數的壓迫者早知教導被壓迫者這種語言，從而使得甚至對被壓迫者自己而言，若是將自己描述成被壓迫者，自己都會覺得匪夷所思（*Rorty, 1995: 126*）。

因此，女性主義的語言使壓迫的情況「進入我們的視線內」（into view），並且延伸了在道德和政治上進行協商審議的邏輯空間。在此意涵上，女性主義〔以及所有形式的身分認同政治〕並不需要本質主義或基礎論。真正需要的是「新語言」（new languages），從而使女性的宣稱不被當作是瘋狂的，並得以被接受為「真理」（在社會讚許的意義上來說）。女性主義所認知的世界觀並不是比較沒有扭曲情況，女性主義真正代表的是一種有影響力的語言，為了特定的目的和價值觀服務。此一種語言的浮

現，目標不在於發現一種與意識形態相反的普遍真理，而是一種沒有預先決定命運、不斷演化的抗爭的一部分。

## 先知式的實用主義

羅逖認為女性主義在彰顯「女性經驗」時，主要透過語言的創造，更甚於是藉由發現女性應該是什麼，或是為真理和不義的真相「揭開面紗」。因此，羅逖認為女性主義是一種**先知式的實用主義**（prophetic pragmatism），可以被用來想像並追尋另類形式的共同體的實現。女性主義為女性打造身為女性的道德身分／認同，力爭自己的發言權與詮釋權，但不認為女性之間有一種普遍且具本質性的認同。在此意義上，羅逖如同傅科一樣，不接受所謂意識形態迥然有異於真理的想法。

弗雷瑟（*Fraser, 1995a*）同意羅逖的實用主義，但論稱後者將重新描述的工作完全擺在個別的女性身上。相反地，她建議此種重新描述應被視為一種**集體**的女性主義政治的一部分。對於哪一種新的描述較重要，或是什麼樣的女性會因重新描述而獲得賦權／培力（empowered）等問題，女性主義政治必須涉入論證和爭辯的過程。弗雷瑟將女性主義與民主傳統中最好的部分扣連起來，主張女性主義對於營造一個集體辯論和實踐的「女性主義的反抗領域」（feminist counter-sphere），將會有所貢獻。

如同弗雷瑟一樣，韋斯特（*C. West, 1993*）也是一位對實用主義持同情立場的文化批評者，但他擔心羅逖的理論概念不足以分析**權力**問題，而且也未能援引社會學的解釋去指出現實與實用的社會變革的集體路徑。這或許也是韋斯特對羅逖式的實用主義的主要批評，因為後者將他的分析置於去神話而非去迷思的層次，而傅科的追隨者則分享此一對權力在社會生活的位置的關切。

## 私人認同與公共政治

「公共」與「私人」的區分本身，也有其文化上的偶然性。雖然如

此，如果接受維持此區分在實踐目的上有其好處，那麼或可論稱理想的社會將會是「使人們儘可能容易地達成他們迥異不同的私人目標，並且同時避免他們傷害彼此」（Rorty, 1991b: 196）。

既然私人方案是在更大的社會與歷史敘事中被設定的，因為後者提供個人生活的完整性，那麼前後一致的作法，應是鑄造最能夠允許差異的與不同的私人認同方案發展的社會制度。雖然文化政治必須接受，我們所有的人都有自己的私人的和偶然的方案要追求（我們有權用自認適當的方式「塑造自我」，以及追求自己的「原創性」），這些方案有賴於一個**集體**的文化空間和文化政治的發展，因為如同鮑曼所言，「在充滿偶然性與多樣性的世界存活是可能的，但只有在每一種差異都承認其他的差異為保存自身的必要條件」（Bauman, 1991: 256）。這意味了對話的需要，也提供了支持一個多樣與多元的公民的公共領域的論點，在此公共領域裡公民權利是身分認同的一種形式，提供了共享一個政體的理由。換句話說，對我們來說，實現自身的私人認同方案的最佳機會，或許是生活在一個以文化的異質多元而自豪的社會。

羅逖鼓吹「新語言」政治，也主張在制度和政策層次上採取政治行動。羅逖說，「左派」是（或者應該是）「希望的力量」（the party of hope）（Rorty, 1998: 14）。這是羅逖的論點，認為在主要的程度上，文化左派（the cultural left）已變成一個旁觀者左派，對理論的興趣多過於物質變革的實際政治，對知識的興趣多過於對提供希望（即敢於想像、並以行動創造更好的社會），誤以為可在理論的層次「搞定一切」（get it right），而放棄了從事實踐的任務，致力於讓民主的制度再度為社會正義的目標服務。

文化左派有其非凡成就。除了是極有原創性的學術成就的中心之外，此一新穎的學術課程已經完成了他們原先半自覺地想要完成的志業：他們的貢獻大大減少了國人的麻木不仁的殘忍習性

（*Rorty, 1998: 80-81*）。

因此，雖然少有追求社會正義目標的立法變革，「就我們彼此互相對待的方式而言，巨大的變化已然發生」（*Rorty, 1998: 81*）。比方說，「身為女性在美國仍然容易受到屈辱，但此種屈辱與三十年前相較已不是那麼頻繁發生了」（*Rorty, 1998: 81-82*）。不過，當代左派仍然對文化權力的關注多過於對經濟社會和政治權力的關注。再者，他們放棄了實際的改革行動，卻心儀用抽象和完全理論上的革命，企圖徹底改造這個「社會體系」。

羅逖同意尼采、傅科與德希達（他們是文化研究裡最具影響力的哲學思想家）的反再現論，他也同意他們對於啟蒙理性主義的批判看法。然而，對羅逖而言，這些批判和改革主義及務實的社會實驗主義是相容的。更進一步言，雖然德希達宣告不可能性（impossibility）、不定性（undecidability）與無法再現性（unrepresentability），是相當具有啟發性的哲學洞見（羅逖曾說德希達是在世的哲學家中最有趣的一位），對於我們的私人生活追求及公共領域均有用處，但「所謂無窮盡的與無法再現的觀點徒增煩擾，……是妨礙我們採取有效的政治組織行動的絆腳石」（*Rorty, 1998: 96-97*）。

羅逖的這些看法與霍爾（*Hall, 1993*）有異曲同工之處。霍爾的看法前已述及，亦即為了付諸實際行動，我們需要接受一種暫時性的意義封閉性。比方說，女性主義的政治實踐，在關於何謂女性或在特定處境下何謂女性的利益等問題上，至少取得暫時的共識。

反再現主義、反基礎論與實用主義並不必然支持任何**特定**的政治方案、價值或策略。我們或因此而不盡同意羅逖實用主義建議的內容，但他的實用主義結合了對差異的文化政治的重視（亦即用語言來重新描述世界，從而增進民主的文化）與透過公共**政策**去維持此一文化政治的必要性。一種再現的文化政治和一種文化政策的導向之間，在自由民主體制之下，不必然是互斥的。

　　為了結合政策與文化政治，我們或許需要一種「烏托邦式的寫實主義」（utopian realism）（*Giddens, 1990*）。強調烏托邦，因為它的本質是思考愛、死亡、生命與幸福等問題，並且企圖投射出可能改善的未來。名之為「寫實主義」，是因為道德信念的追求，卻不參照社會學上的根據與政治上可行與否，或許不只無法獲致正面的結果，而且還可能妨礙正面結果的達成。

## 本章摘要

　　在本章中，我們探討了文化政治認知未盡相同且側身於學院內／外的文化研究。文化政治被定義為命名和再現世界的權力，其中語言構成了世界並且引導人們的行動方式。文化政治可被理解為各種以階級、性別、種族、性意識及年齡等因素為基礎而形成的集體的社會抗爭，試圖以特定價值觀及可欲的目標來重新描述社會。

　　在本章的討論中，我們處理文化政治概念化的問題，運作於寬廣的意義之上與意義之內抗爭的架構。例如，我們指出文化研究中深具影響力的「葛蘭西時期」（Gramscian moment），也討論了拉克勞、墨芙與霍爾對葛蘭西的理論修正於處理差異政治的問題。這涉及了將政治的軸心從階級轉變成社會分類和政治結盟的偶然性及反本質主義的性格，以及對於「接合政治」和「再現政治」的關注。

　　我們也點出「差異的文化政治」面對的挑戰，特別是班奈特呼籲文化研究更有生產力地介入文化政策的形成與執行過程。此一論點係基於傅科對於治理性／治理技術這個概念的詮釋，是以文化是政府統理與一種「改造者的科學」的一部分。同時，我們也提及，文化政策的呼籲似乎對價值問題和批判的知識實踐的需要強調不足。最後，我們簡要地探討了作為一種哲學的實用主義，或可提供一條路徑，供我們整合對於差異政治、再現與文化政策的關懷。

# 名詞解釋

◉初稿翻譯協助：蕭景岳

## 文化研究的語言遊戲：關於關鍵詞語常見用法的指引

**Acculturalization**（涵化）：一種社會化過程。透過這些過程，我們學習如何在文化中「適應存活」。這些過程包括了語言、價值觀與規範的學習。

**Active audience**（主動閱聽人）：閱聽人可以成為意義的創造者，並非一味接收文本所產生出來的意義。

**Agency**（施為／能動性）：社會決定的，人類行動與製造差異的潛能。

**Anti-essentialism**（反本質主義）：文字並非指涉一個本質或普遍的特質，相反地，是在論述中所形構出來的，因時間、空間及其使用而改變。例如，因為文字不指涉一個本質的存在，兩者之間的一致便不是一個固定而普遍的「事實」，而是語言所描述出來的。

**Articulation**（接合）：論述中的兩個不同元素彼此暫時完成的統合狀況，這情況不必然是永遠的。接合是一種連結的形式，指其在某些條件下，不同的兩個元素之間可能會產生一貫性。接合意指表達／再現與組合在一起，因此，比方說，在某些特殊情況與條件下，性別問題可能與種族問題產生關連。

**Authenticity**（**claims**）（純正性〔宣稱〕）：指一種理念，認為一個概念是本真、自然、真實而純粹的。例如，認為一個地方的文化是純正的，因為未被觀光污染，或者認為一個青少年文化是純粹而不受消費資本主義腐化。這個概念與本質主義論者的觀點很接近，因為純正性暗示著純粹的起源。

**Bricolage**（拼貼）：指將原本完全無關的符號概念重新排列與組合，進而在新的脈絡下產生新的意義。這是一種重新再表意的過程，藉著這個

過程，原本有既定意義的文化符碼被重新組織而具有了新的意義。

**Capitalism**（資本主義）：基於財產私有制與利潤最大化的概念所發展出的動態、全球化的工業生產與交換制度。對馬克思主義來說，資本主義是一種剝削制度，會造成社會中的階級衝突。

**Citizenship**（公民權／身分）：一種身分／認同的形式，藉此個人在一政治社群中被賦予社會權利與義務。

**Class**（階級）：指基於共有的社會經濟條件將人們劃歸成不同的團體。階級在經濟、社會、政治和意識形態不同面向，表示著不平等的關係。馬克思主義將階級定義為與生產方式相關；後馬克思主義論者認為階級是由論述所形構出的集體主體位置。

**Codes（cultural）**（符碼〔文化的〕）：再現的系統，其中符號與其意義會根據文化慣例被以特定的方式安排，以暫時地穩定其關係。交通號誌被編碼為紅（停止）、黃（觀察）、綠（前進）的順序。物體通常被性別化：洗衣機（女性）、鑽頭（男性）、烹調器具（女性）、汽車（男性）。

**Commodification**（商品化）：一種與資本主義關係密切的過程，在過程中客體、品質和符號被轉變成為商品。商品定義是指其主要存在目的是在市場上被販售。

**Conjunctural（analysis）**（局勢〔分析〕）：與時空條件高度相關的分析法。此法是探究在一特定時間與空間中，某特定力量、決定與邏輯的聚集、會合與接合。

**Convergence**（匯流）：指各種科技與工業的界限被打破的現象，例如資訊高速公路。

**Cultural identity**（文化認同）：自己或他人所認定、根據其所知而得的基本印象。文化認同指文化意義的節點，最有名的如：階級、性別、人種、族群、國籍或年齡。

**Cultural imperialism**（文化帝國主義）：指一個文化被另一個文化所支配

的現象。通常被認為是某些國家的優越以及／或者全球性的消費資本主義。

**Cultural materialism**（文化物質主義）：關切在產製的過程中意義如何、以及為何會產生。探究意義的產製過程的情境，是文化實踐與政治經濟的中介。

**Cultural policy**（文化政策）：企圖規範、主導文化產品與實踐的散布所訂出的步驟、策略和手段。是具有文化優勢的制度、組織與管理部門所做出的努力。

**Cultural politics**（文化政治）：命名與再現的過程構成了意義的版圖，而文化政治則關注在這過程中的權力現象議題。是指文化意義與資源的競爭，也指以新的語言來詮釋我們自己，並認為這樣可以達到我們所希求的社會結果。

**Cultural studies**（文化研究）：跨學域或後學科的領域，企圖研究意義版圖的產生與灌輸。是一種論述的成形、一種經過規約／管制的說話方式，關心在群體中的表意實踐中的權力現象。

**Culture**（文化）：錯置散亂的意義重疊而成的版圖，其間偶爾會有一致性的存在，但不同的意義在社會空間中幾乎都處於彼此競爭的狀態。

**Deconstruction**（解構）：拆解、復原以尋求與展現文本的前題、修飾策略和盲點。將呈現階級形式的二元對立逐一拆解，例如內在／外在、自然／文化、理性／瘋癲，以顯示：(1)二元中的其中一者被視為較低等的；(2)二元對立的存在是為了保障真理；(3)二元中的其中一部分與另一部分必有牽連。

**Diasporas**（流離群落）：指雖有血緣與文化關係的種族，卻散居四處的情形。著重在旅行、遷徙、分散、離職、家園與邊境的概念。通常這暗示外來者、難民、流浪漢、被迫被勉強的遷徙。

**Différance**（延異）：此語出自德希達，意指「差異與延宕」。意義是不穩定的、不可能完滿的，因為意義在產生的過程中總是不斷地被延

宕，而且被其他字詞的意義所增補。其指透過許多符徵的運作，意義不斷地增補、代換、增加的過程。

**Difference**（差異）：非一致性、不同、區別、分別、相異、變異。差異是意義產生的過程，這並非是一個物體的本質或屬性，而是其意義的某個位置或觀點得出來的。

**Discourse**（論述）：語言與實踐，一種被規範的談論方式，修飾、建構、產生了知識的客體。

**Discursive formation**（論述形構）：一種論述的模式，其指涉了、或產生了在不同場所中的一個共有的物體。

**Epistemology**（認識論）：關注知識的來源與狀態。關於真實的問題便是認識論的議題。

**Essentialism**（本質主義）：本質主義認為文字始終指涉著某個事物。例如，標示社會屬性的文字會反映著一個本質而根本的身分。透過這個標記，可以從中發現到一個穩定的真實與本質，例如，女性特質。文字指涉著一個不變的本質也代表著身分認同會被視為是不變的存在。

**Ethnicity**（族群性）：一個文化用語，其根據共有的價值、規範、實踐、符號、和藝術品，以及自己和其他人的看法，將不同群的人劃分開來。與人種的觀念有密切的關係。

**Ethnography**（民族誌學）：一種經驗主義、理論的研究方法，基於密集的參與式田野調查，以追求對一個文化的鉅細靡遺的描述式分析。針對文化中的規範、價值與藝術所進行的質化、小規模、詳盡的研究，因為這些都是屬於較廣的「生活的全部方式」的社會過程。

**Feminism**（女性主義）：(1)內部存在許多岐異的理論；(2)社會與政治運動。女性主義企圖檢視女人在社會中的位置並進一步提升她們的利益。

**Foundationalism**（基礎論）：對知識與價值的真實性，給予絕對普遍的基礎與合理性的企圖。

**Gender**（性別）：影響男性、女性及其社會關係之社會建構的文化假設與

實踐。女性特質與男性特質都是文化規範出來，被認為是對某一特定性別較適合的社會行為模式。性別總是跟男人和女人如何被呈現息息相關。

**Genealogy**（系譜學）：著重在來源與系譜的學科。傅科用來進行文化研究的方法，試圖檢驗論述在特定與無法回復的歷史情境下運作時，其中的權力與歷史連續性和非連續性的現象。

**Genre**（類型）：透過相同與相異點的模式所規範出來的敘事過程，此敘事過程會產生一致性與可靠性。

**Global city**（全球都市）：為了管理、控制在不同地方的各種經濟活動所形成的城市群聚。在這裡會進行著資本的累積、分散與循環，也是資訊交換與決策發生的節點。

**Globalization**（全球化）：在世界上不斷增加中的各地在經濟上、社會上、文化上與政治上的連結，還有我們對其漸漸增加的認識。在地性的全球化生產，也是全球性的在地化生產。與現代化制度及時空壓縮，或者漸漸距離縮小的世界的概念相關。

**Glocalization**（全球在地化）：表示在地性的全球化生產與全球性的在地化生產的名詞。表示全球性已經包含在在地性裡，而在地性的生產，也就是什麼被視為是在地性，則是全球性的論述

**Governmentality**（治理性／治理技術）：透過社會秩序的規範方式，藉此一群人會屈服於一個官僚統治，與馴化模式。指一制度、程序、分析和計算，其形成特定的管轄機構和知識的形式，以產生自我反思的行為的道德表現。

**Hegemony**（霸權）：對強勢者有利的暫時性的意義固定。一個特定文化裡，意義的統治的產生、維持、複製過程。對葛蘭西而言，霸權暗示著「歷史集團」中的統治階級的派系對弱勢階級以武力、甚至是同意的方式，擁有社會權力與領導權的情形。

**Homology**（同族關係〔或譯「異體同形」〕）：社會結構、社會價值、

文化符號被認為暫時結合的情況。

**Hybridity**（混雜性）：不同的文化元素混合後產生新的意義與認同。混合物會以融合與混語的方式破壞原先文化彊界的穩定，並使其模糊化。

**Hyperreality**（超級真實）：藉由一個模型所創造出來的擬真效果，比真實還要真實。真實與再現之間區別的崩解與內爆。模擬或人工創造出來的真實生命，其自行運作自己的世界以構成真實。

**Identification**（同一化／同一性）：透過幻想，將論述與心理力量部分地聯繫結合而產生的暫時性的依附與情感投注。

**Identity**（身分／認同）：意義暫時穩定的狀態、演變中而非固定後的一體的狀況。將「外在」的論述與主體性的「內在」過程聯繫結合在一起，情感暫時投注於論述實踐所建構出的主體位置。

**Identity politics**（認同政治）：形塑一身分／認同的新語言，並藉以改變社會實踐，通常是透過擁有某些共同價值而彼此結盟的方式來完成。

**Identity project**（認同方案）：關於我們對過去、現在以及期待中的未來的認知，持續不斷產生對自我身分／認同的描述。

**Ideology**（意識形態）：將意義和世界觀修正為對優勢者有利的企圖。指意義的地圖，雖然它被認為是普世真理，但事實卻是受限於特殊歷史脈絡下的認知，這掩飾並維持了社會團體的權力（如階級、性別、種族）。

**Intertextuality**（互文性）：跨文本的意義的累積與產生。在文本中，所有的意義產生都奠基於其他意義的存在。當自己在某文本中引用到另一文本的時候可以有所察覺，以作為推廣文化自覺的表現形式。

**Irony**（反諷）：對自我價值及文化的基礎的偶發與缺乏的反省。被認為是後現代的特色。知道正在說的話、做的事，已經被說過、被做過了。發掘自我陳述的雙重性，藉此，將原本已知的事情用反話來說。

**Language-game**（語言遊戲）：意指字的意義是從與其他字的關係所建立而成的複雜網絡中所產生的，而非來自於本質或一指涉物。意義是由

情境和關係決定的，意義有賴於和同具有家族相似性的字的關係，以及在實際陳述時的應用情境。

**Marxism**（馬克思主義）：從卡爾・馬克思的作品中發展出來的思想體系，強調物質條件的決定性力量以及人類事務的歷史特殊性。馬克思主義將焦點放在資本主義的發展與變動、以及階級衝突，主張平等解放的哲學。

**Modernism**（現代主義）：(1)現代性的文化體驗，特色有：變動、矛盾、懷疑、風險、不確定性和片斷化；(2)強調美學的自我覺醒、拼湊、反對寫實主義的藝術風格；(3)追求特定知識的哲學觀點，儘管該知識被認為仍在不斷緩慢地修正中。

**Modernity**（現代性）：接在傳統之後的歷史時期，特色為工業主義、資本主義、國家以及監視的形式。

**Multi-media corporations**（跨媒體企業）：跨越經營不同媒介形式的媒體企業。

**Multiple identities**（多重認同）：一種假設，認定不同、甚至可能相互矛盾的認同感，且在不同的時空下無法成為整合協調的自我。

**Myth**（神話）：在混沌中，可以成為符號導向或意義指引的故事或寓言，巴特及其後學者將其視為是內涵義的自然化。

**Narrative**（敘事）：經過安排的線性陳述、或對事件的紀錄。故事建構與述說的形式、模式和結構。

**National identity**（國族認同）：將國家視為符號與論述，與其產生想像認同的形式。因此國家不只是政治體，而是文化再現的系統，因此國族認同不斷地透過論述行為被複製。

**New Social Movement**（新社會運動）：象徵式、政治性的臨時集合，強調民主參與與倫理為本的行動，存在於工作場合以外，並不分階級。與女性主義運動、生態政治學、和平運動、青年運動和文化認同政治相結合。

**News values**（新聞價值）：結構化新聞事件及其再現的選擇的價值觀。

**Patriarchy**（父權體制）：男性在各社會機構與實踐中反覆且系統性地宰制臣服其下的女性。表示男性當家的家庭制度、統治與管理。

**Performativity**（展演）：透過「法則」規範與傳統的引用及複述來產生命名的論述實踐。也就是透過認同範疇（如：男子氣概）的重複使用，以論述來產生認同。

**Phallocentrism**（陽具中心論）：男性中心的論述。由男子氣概的觀點來看事情，將陽具視為象徵的、先驗的、普遍的符徵，指涉一個起源、自我創造和統一的能動性。

**Place**（地方）：在空間中由社會建構而成的場域地點，特色是身分與情感投注。是在空間中，意義所創造而成的、具有界限的存在。

**Political economy**（政治經濟學）：著重權力以及經濟資源的分布。政治經濟學探究誰擁有、並控制經濟、社會和文化機構的問題。

**Politics**（政治）：關注在各層次的人類互動關係中，權力的存在證明及關係。文化研究尤其關心「再現政治」：意指權力透過意義的暫時穩定深藏在文化範疇的建構、規範與競爭中。

**Polysemic**（多義的）：符號具有許多潛在的意義。符號並非是只具有透明、絕對的意義、只指涉著客觀世界；相反地，它依賴著說者與聽者之間對話的實際使用。符號「多重音」的觀念，代表的是一種各種社會傳統與鬥爭企圖固定符號意義的場域。

**Popular culture**（流行文化）：廣布各處而常見的公眾文本，由大眾所創造出來的意義與實踐。從政治的範疇來看，大眾是權力也是意義競爭的中心之一。大眾超越了文化力量的疆界，也藉挑戰高低水準的概念，而表現出文化範疇的任意性特質。

**Positionality**（位置性／發言位置）：這個概念表示知識和「聲音」總是定位在時間、空間與社會權力中。關於對誰、哪裡、何時、為何的判斷與理解。

**Postcolonialism**（後殖民主義）：一種批判的理論，其探究後殖民的論述情形，也就是殖民關係與其結果。後殖民主義從種族、國籍、主體性、權力、僚屬、混合性和克里奧化的角度來看後殖民論述及其主體位置。

**Post-Fordism**（後福特主義）：由原先針對大型市場、大量生產標準化商品（福特主義）轉而為針對利基市場、小規模、客製化生產。其特色是勞動的彈性，和消費模式的個人化。由原先的生產中心轉為消費中心的社會。

**Post-industrial society**（後工業社會）：這個概念表示工業化國家正經歷一場由工業製造為主，轉而成為以資訊科技主導的服務業為主的變革。後工業社會的特色包括伴隨著意義由生產到消費的轉換的資訊生產與交換。

**Post-Marxism**（後馬克思主義）：意指在馬克思主義之後，從此馬克思主義不再被認為是當代主要的解釋敘事。在文化研究之中，馬克思主義被取代，但文化研究批判、選擇性的繼承其精髓。

**Postmodernism**（後現代主義）：(1)一種文化風格，其特色有互文性、諷刺、混成品、類別模糊與連結；(2)一種哲學運動，反對「大敘事」」（例如，對人類歷史與活動的普同性解釋），偏好反諷與在地知識（local knowledge）。

**Postmodernity**（後現代性）：(1)接在現代性之後出現的歷史階段，特徵是後工業社會脈絡下消費占據的中心地位；(2)一種文化感性，拒絕「大敘事」（亦即對人類歷史與活動所做的普遍性解釋），偏好在特定語言遊戲之內的在地的真理（local truth）。

**Poststructuralism**（後結構主義）：「在結構主義之後」而同時包含了批評與吸收。後結構主義吸收了結構主義各觀點，強調語言的本質在於「關係」以及透過差異建立意義的現象。後結構主義反對穩定結構中的二元對立概念，相反地，意義總是在延宕中、進行中與具互文性的。

後結構主義反對尋找根源、穩定的定義、普世真理和歷史演進「方向」。

**Power**（權力）：通常被當成是一種力量，藉此，個人或團體得以在違反他人的意願下達到自己的目標和利益。這裡的權力是限制性的（優勢權力），也是零和模式（全有或全無），而組織成二元對立的權力集團。在傅科之後，文化研究則強調權力是具有生產性與致能性的（亦即賦予權力），因此權力在社會各階層與所有社會關係中流動循環著。

**Power/knowledge**（權力／知識）：傅科提出這個概念之後，知識便不再被認為是中性，而總是蘊涵許多社會權力的疑問。權力和知識是相互建構的。

**Psychoanalysis**（精神分析）：由佛洛依德的學說發展出來的一個思想體系和醫療方式，它將人分成自我、超我和無意識三個部分。精神分析在文化研究中被用來探究異化主體的建構與形成。

**Public sphere**（公共領域）：由公民自己所組成、介於公民社會與國家間的空間，以供作為民主公眾討論辯證的地方，使得「民意」得以形成。

**Race**（種族）：一種符號，意指基於有些人所認定的相同的生理特徵（包括膚色）所劃分出來一群群的人。一個「種族團體」是以種族為基礎被當成是論述以建構而成。

**Realsim**（寫實主義）：一種知識論的看法，認為真理是可辨識的，而相應或符合於真理情況的一種藝術傳統，文本藉此創造「擬真效果」而再現真實。

**Reductionism**（化約論）：將一現象或範疇以另一個現象或範疇來連結或解釋。特別是文化研究一直以來都反對經濟化約論，後者將文化文本用政治經濟來解釋。

**Reflexivity**（反思能力／反身性）：自我監控，並且將社會生活當成知識的構成元素並使用之。在新知識下，關於經驗以及社會生活的論述。

**Representation**（再現）：表意實踐，藉此在某種程度之內，代表或描述「真實」世界中的物體或實踐。最好是把它當成「再現效果」，因為

符號並非完全代表或反映一物件。再現是由文化、意義和知識所構成。

**Resistance**（反抗）：一種關於行為舉止的規範性判斷。反抗的重要性來自於權力的關係，以及弱勢者對上層秩序的挑戰與妥協。反抗是關係性的、連結性的。

**Self-identity**（自我認同）：我們思考自己的方式或建立對自己的整體性描述的方式。

**Semiotics**（符號學）：研究符號和表意行為的學科（或「科學」）。

**Sex**（性）：性被用來描述身體的生理特徵，而性別則是關注於文化隱喻與實踐，籠罩了男人與女人的社會建構。巴特勒認為性與性別都可被視為論述展演下的社會建構。

**Signification**（表意）：透過符號系統（表意系統）產生意義的過程。

**Signified**（符旨）：概念、觀念、觀點、意味和意義。

**Signifiers**（符徵）：符號的形式或媒介，如聲音圖像和頁面上的標記。

**Signifying practices**（表意實踐）：生產意義的活動。產生意味，也就是意義、觀點和重要性的符號產製與交換過程。

**Signs**（符號）：藉與其他符號的關係而產生的帶有意義的標記與聲音。符號代表與再現了概念。

**Simulacrum**（擬象）：原作或參考物的模仿或複製品。模擬是比真實更接近真實，對真實的模擬是對真實的測量工具。

**Social**（社會的）：社會的、或在社會中的，其中社會被當成是藉秩序在管理的互動所產生的人類關係的組織。在此，社會被視為是活動的自主領域，然而，對許多文化研究理論家而言，「社會」不見得有一適合的指涉物，而只是一個由一連串的論述差異構成的符號。對他們而言，社會不是物件，而是競爭的場域，在其中有許多對自己和他人的描述在競爭著優勢的地位。

**Social formation**（社會形構）：社會被視為是具歷史性的一整體，結合不同實踐（意識形態、政治、經濟）的複雜組合體。不同等級的實踐，

各有各的特殊性，被構在一起，彼此間卻不見得相應於彼此或產生關係。

**Social identity**（社會認同）：灌輸在人們身上的社會期待、規範性權利和義務，關注於一個人應該具有什麼特質，而認同是從社會與文化資源，尤其是語言，來形成的。

**Space**（空間）：空間是藉由至少二個質點的關係來定義的。社會空間是一個動態的、異質的、改變中的社會建構，透過權力的社會關係建構而成。

**Stereotype**（刻板印象）：生動卻簡單的對一事物的再現。將人簡化為誇張、有時甚至是負面的個人特質。一種再現的形式，透過權力的運作將人本質化。

**Strategic essentialism**（策略性的本質主義）：為了特定的政治因素把身分當成看似穩定的存在。例如女性主義中為了促進女性地位的流動而將女性視為一個穩定的整體。

**Structuralism**（結構主義）：產生自對語言的研究的思想體系，關注於讓人們習得語言能力的語言結構。結構主義者將文化視為一個深層結構的「關係系統」，這個結構造成了文化而使意義產生（並非指實際上語言的無窮變化特性）。

**Structure**（結構）：規範、或趨於平穩的模式，組織成語言的規則和傳統。人類關係的週期性組織與模式化安排的現象（社會結構）。

**Style**（風格）：將物件組織以拼貼來表示異同的方式，與行為和態度結合的表意實踐。與青少年文化相關的意義符碼展現，透過商品當成文化符碼轉換的方式。

**Subculture**（次文化）：一個團體的人彼此間擁有一些明顯與主流強勢社會不同的價值與規範的情形，次文化為其底下成員提供出了意義的指引以了解世界。

**Subjectivity**（主體性）：成為人或自我的情況與過程。對文化研究來說，

主體性在傅科之後常被認為是論述的「效果」，因為主體性是論述的主體位置為我們建構出來的。論述的主體位置能夠提供發言主體某種能動性與身分認同的特質。

**Subject positions**（主體位置）：論述中的空間或作用，藉此世界產生了意義。說話的主體是先前論述位置的存在，論述透過表意的過程建構了「我」。

**Surveillance**（監控）：針對一個主體群的資訊進行監看與蒐集，以管理與規範各種活動。

**Symbolic**（象徵）：將一個東西用來表示另一個東西，所謂的象徵秩序是指，經由與彼此間的差異而產生關係的表意與意義、規範與模式化。

**Synergy**（綜效）：在生產與交換以產生更大利益的過程中將原先分離的活動或時間合在一起。在跨國、跨媒體公司的形成中可以發現。

**Text**（文本）：平常對這個字眼的用法是表示不同形式的書寫，所以，書、雜誌都是文本。然而，它在文化研究卻是縱貫全部的中心概念，文本是透過表意實踐產生意義的一切事物。因此，衣著、電視節目、圖像、運動賽事、流行歌手等都可被視為文本。

**Theory**（理論）：一種敘述，企圖區別並解釋一個普遍的特質，這特質描述、修正、解釋一直被感知的現象。透過描述、定義、預測、控制的方式來干預世界的工具。理論建構是反身論述，企圖解釋和干預世界。

**Truth**（真理）：常識和寫實主義認識論把真理解釋為以客觀的方式。因文化研究而建立的建構主義（constructionism）認為真實是社會所創造的。文化研究使用「真理政權」這個傅科所提出的名詞，其意為真理是透過權力而產生的。從羅逖的實用主義來看，真理是社會讚揚，是無法與價值分離的共識證明。

**Under erasure**（加上刪除符號）：德希達所提出的字眼，後來成為解構主義的重要觀念。把一個字置於刪除中的狀態是表示這個字是不正確的或是被誤認的，但我們卻仍避不了如此。這暗示了形而上中二元對立的不可決定性。

Abercrombie, N., Hill, S. and Turner, B. (1980) *The Dominant Ideology Thesis*. London: Allen & Unwin.

Abercrombie, N., Lash, S. and Longhurst, B. (1992) 'Popular Representation: Recasting Realism' in S. Lash and J. Friedman (eds) *Modernity and Identity*. Oxford: Blackwell.

Adorno, T. (1941) 'On Popular Music', *Studies in Philosophy and Social Science*, IX (1).

Adorno, T. (1977) 'Commitment' in E. Bloch (ed.) *Aesthetics and Politics*. London; New Left Books.

Aglietta, M. (1979) *A Theory of Capitalist Regulation: The US Experience*. London: Verso.

Alasuutari, P. (1995) *Researching Culture: Qualitative Method and Cultural Studies*. London: Sage.

Alcoff, L. (1989) 'Cultural Feminism versus Post-Structuralism: The Identity Crisis in Feminist Theory' in M. Malson, J. O'Barr, S. Westphal-Wihl and M. Wyer (eds) *Feminist Theory in Practice and Process*. Chicago: University of Chicago Press.

Allen, J. (1992) 'Post-Industrialism and Post-Fordism' in S. Hall, D. Held and T. McGrew (eds) *Modernity and its Futures*. Cambridge: Polity Press.

Allen, R. (1985) *Speaking of Soap Operas*. Chapel Hill, NC: University of North Carolina Press.

Allen, R. (ed.) (1995) *To Be Continued . . . Soap Opera around the World*. London and New York: Routledge.

Althusser, L. (1969) *For Marx*. London: Allen Lane.

Althusser, L. (1971) *Lenin and Philosophy and Other Essays*. London: New Left Books.

Anderson, B. (1983) *Imagined Communities: Reflections on the Origins and Spread of Nationalism*. London: Verso.

Ang, I. (1985) *Watching Dallas: Soap Opera and the Melodramatic Imagination*. London: Metheun.

Ang, I. (1996) *Living Room Wars*. London and New York: Routledge.

Ang, I. and Stratton, J. (1996) 'On the Impossibility of a Global Cultural Studies: "British" Cultural Studies in an International Frame' in D. Morley and D.-K. Chen (eds) *Stuart Hall*. London: Routledge.

Appadurai, A. (1993) 'Disjuncture and Difference in the Global Cultural

Economy' in P. Williams and L. Chrisman (eds) *Colonial Discourse and Post-Colonial Theory*. Hemel Hempstead: Harvester Wheatsheaf.

Appiah, K. (1995) 'African Identity' in L. Nicholson and S. Seidman (eds) *Social Postmodernism*. Cambridge: Cambridge University Press.

Arnold, M. (1960) *Culture and Anarchy*. Cambridge: Cambridge University Press.

Ashcroft, B., Griffiths, G. and Tiffin, H. (1989) *The Empire Writes Back*. London and New York: Routledge.

Bahia, K. (1997) 'An Analysis of the Representation of Femininity in Popular Hindi Film of the 1980s and 1990s'. Unpublished dissertation, University of Wolverhampton.

Bakhtin, M. (1984) *Rabelais and his World*. Bloomington, IN: University of Indiana Press.

Ballard, R. (ed.) (1994) *Desh Pardesh: The South Asian Presence in Britain*. London: Hurst & Co.

Barker, C. (1997a) *Global Television: An Introduction*. Oxford: Blackwell.

Barker, C. (1997b) 'Television and the Reflexive Project of the Self: Soaps, Teenage Talk and Hybrid Identities', *British Journal of Sociology*, 44 (4).

Barker, C. (1998) '"Cindy's a Slut": Moral Identities and Moral Responsibility in the "Soap Talk" of British Asian Girls', *Sociology*, 32 (1).

Barker, C. (1999) *Television, Globalization and Cultural Identities*. Milton Keynes: Open University Press.

Barker, C. and Andre, J. (1996) 'Did You See? Soaps, Teenage Talk and Gendered Identity', *Young: Nordic Journal of Youth Research*, 4 (4).

Barker, M. (1982) *The New Racism*. London: Junction Books.

Barrett, M. (1991) *The Politics of Truth: From Marx to Foucault*. Stanford, CA: Stanford University Press.

Barth, F. (1969) *Ethnic Groups and Boundaries*. London: Allen & Unwin.

Barthes, R. (1967) *The Elements of Semiology*. London: Cape.

Barthes, R. (1972) *Mythologies*. London: Cape.

Barthes, R. (1977) *Image, Music, Text*. Glasgow: Fontana.

Baudelaire, C. (1964) *The Painter of Modern Life and Other Essays*. Oxford: Phaidon Press.

Baudrillard, J. (1983a) *Simulations*. New York: Semiotext(e).

Baudrillard, J. (1983b) *In the Shadow of the Silent Majorities*. New York: Semiotext(e).

Baudrillard, J. (1988) *America*. London: Verso.

Bauman, Z. (1991) *Modernity and Ambivalence*. Cambridge: Polity Press.

Beck, U., Giddens, A. and Lash, S. (1995) *Reflexive Modernization*. Cambridge: Polity Press.

Bell, D. (1973) *The Coming of the Post-Industrial Society*. New York: Basic Books.

Bennett, R. (1990) *Decentralization, Local Governments and Markets*. Oxford:

1
Clarendon Press.

Bennett, T. (1992) 'Putting Policy into Cultural Studies' in L. Grossberg, C. Nelson and P. Treichler (eds) *Cultural Studies*. London and New York: Routledge.

Bennett, T. (1998) *Culture: A Reformer's Science*. St Leonards, NSW: Allen & Unwin.

Bennett, T., Martin, G., Mercer, C. and Woollacott, J. (eds) (1981) *Popular Television and Film*. London: British Film Institute.

Bennett, T., Mercer, C. and Woollacott, J. (eds) (1986) *Popular Culture and Social Relations*. Milton Keynes: Open University Press.

Benson, S. (1997) 'The Body, Health and Eating Disorders' in K. Woodward (ed.) *Identity and Difference*. London and Thousand Oaks, CA: Sage.

Berger, J. (1972) *Ways of Seeing*. Harmondsworth: Penguin.

Berman, M. (1982) *All That Is Solid Melts into Air*. New York: Simon & Schuster.

Best, B. (1997) 'Over-the-Counter-Culture: Retheorizing Resistance in Popular Culture' in S. Redhead with D. Wynne and J. O'Connor (eds) *The Clubcultures Reader: Readings in Popular Cultural Studies*. Oxford: Blackwell.

Best, S. and Kellner, D (1991) *Postmodern Theory: Critical Interrogations*. Basingstoke and London: Macmillan.

Bhabha, H. (ed.) (1990) *Nation and Narration*. London and New York: Routledge.

Bhabha, H. (1994) *The Location of Culture*. London and New York: Routledge.

Blumler, J. (1986) *Television in the United States: Funding Sources and Programming Consequences*. Leeds: University of Leeds.

Bogle, D. (1973) *Toms, Coons, Mulattoes, Mammies and Bucks: An Interpretative History of Blacks in American Films*. New York: Viking Press.

Bordo, S. (1993) *Unbearable Weight: Feminism, Western Culture and the Body*. Berkeley: University of California Press.

Bourdieu, P. (1984) *Distinction: A Social Critique of the Judgement of Taste*. Cambridge, MA: Harvard University Press.

Brah, A. (1996) *Cartographies of Diaspora*. London: Routledge.

Brake, M. (1985) *Comparative Youth Culture: The Sociology of Youth Culture and Youth Subcultures in America, Britain and Canada*. London: Routledge & Kegan Paul.

Bramlett-Solomon, S. and Farwell, T. (1996) 'Sex on Soaps: An Analysis of Black, White and Interracial Couple Intimacy' in V. Berry and C. Manning-Miller (eds) *Mediated Messages and African American Culture*. London and Thousand Oaks, CA: Sage.

Braverman, H. (1974) *Labor and Monopoly Capitalism*. New York: Monthly Review Press.

Brecht, B. (1964) 'A Short Organum for the Theatre' in J. Willett (ed.) *Brecht on the Theatre: The Development of an Aesthetic*. London: Eyre Methuen.

Brecht, B. (1977) 'Against George Lukács' in E. Bloch (ed.) *Aesthetics and Politics*. London: New Left Books.

Brunsdon, C. (1990) 'Problems with Quality', *Screen*, 31 (1).

Brunsdon, C. and Morley, D. (1978) *Everyday Television: 'Nationwide'*. London: British Film Institute.

Buckingham, D. (1987) *Public Secrets: EastEnders and Its Audience*. London: British Film Institute.

Burgess, E. (1967) 'The Growth of the City: An Introduction into a Research Project' in R. Park and E. Burgess (eds) *The City*. London: University of Chicago Press

Burnham, J. (1941) *The Managerial Revolution*. New York: Doubleday.

Butler, J. (1990) *Gender Trouble*. New York and London: Routledge.

Butler, J. (1991) 'Imitation and Gender Subordination' in D. Fuss (ed.) *Inside / Out: Lesbian Theories, Gay Theories*. London: Routledge.

Butler, J. (1993) *Bodies That Matter*. London and New York: Routledge.

Campbell, C. (1995) *Race, Myth and the News*. London and Thousand Oaks, CA: Sage.

Cantor, M. (1991) 'The American Family on Television: From Molly Goldberg to Bill Cosby', *Journal of Comparative Family Studies*, 22 (2).

Cantor, M. and Cantor J. (1992) *Prime Time Television: Content and Control*. London and Newbury Park, CA: Sage.

Carby, H. (1984) 'White Woman Listen' in Centre for Contemporary Cultural Studies (ed.) *The Empire Strikes Back*. London: Hutchinson.

Castells, M. (1977) 'The Class Struggle and Urban Contradictions: The Emergence of Urban Protest Movements in Advanced Industrial Societies' in J. Cowley, A Kaye, M. Mayo and A. Thompson (eds) *Community or Class Struggle?* London: Stage 1.

Castells, M. (1983) *The City and the Grasssroots*. London: Edward Arnold.

Castells, M. (1985) 'High Technology, Economic Restructuring and the Urban–Regional Process in the United States', in M. Castells (ed.) *High Technology, Space and Society*. London and Newbury Park, CA: Sage.

Castells, M. (1989) *The Informational City: Information Technology, Economic Restructuring and the Urban–Regional Process*. Oxford: Blackwell.

Castells, M. (1994) 'European Cities, the Informational Society, and the Global Economy', *New Left Review*, 204.

Caughie, J. (1990) 'Playing at Being American', in P. Mellencamp (ed.) *Logics of Television: Essays in Cultural Criticism*. London: British Film Institute.

Chambers, I. (1986) *Popular Culture: The Metropolitan Experience*. London: Methuen.

Chambers, I. (1987) 'Maps for the Metropolis: A Possible Guide to the Present', *Cultural Studies*, I (1).

Chambers, I. (1990) 'Popular Music and Mass Culture' in J. Downing, A. Mohammadi and A. Sreberny-Mohammadi (eds) *Questioning the Media*.

London: Sage.

Champion, S. (1997) 'Fear and Loathing in Wisconsin' in S. Redhead with D. Wynne and J. O'Connor (eds) *The Clubcultures Reader: Readings in Popular Cultural Studies*. Oxford: Blackwell.

Chodorow, N. (1978) *The Reproduction of Motherhood*. Berkeley: University of California Press.

Chodorow, N. (1989) *Feminism and Psychoanalytic Theory*. Cambridge: Polity Press.

Clarke, D. (1996) *Urban World/Global City*. London: Routledge.

Clarke, J. (1976) 'Style' in S. Hall and T. Jefferson (eds) *Resistance Through Rituals: Youth Subcultures in Post-War Britain*. London: Hutchinson.

Clarke, J., Hall, S., Jefferson, T. and Roberts, B. (1976) 'Subcultures, Cultures and Class' in S. Hall and T. Jefferson (eds) *Resistance Through Rituals: Youth Subcultures in Post-War Britain*. London: Hutchinson.

Clifford, J. (1988) *The Predicament of Culture: Twentieth Century Ethnography, Literature, and Art*. Cambridge, MA: Harvard University Press.

Clifford, J. (1992) 'Traveling Cultures' in L. Grossberg, C. Nelson and P. Treichler (eds) *Cultural Studies*. London and New York: Routledge.

Clifford, J. and Marcus, G. (eds) (1986) *Writing Culture*. Berkeley: University of California Press.

Cloward, R. and Ohlin, L.E. (1960) *Delinquency and Opportunity*. New York: Free Press of Glencoe.

Cohen, A.K. (1955) *Delinquent Boys: The Subculture of the Gang*. London: Collier Macmillan.

Cohen, P. (1997) *Rethinking the Youth Question: Education, Labour and Cultural Studies*. London: Macmillan.

Cohen, S. (1972) *Folk Devils and Moral Panics: The Creation of the Mods and Rockers*. London: MacGibbon & Kee.

Cohen, S. (1980) 'Symbols of Trouble: An Introduction to the New Edition' in S. Cohen, *Folk Devils and Moral Panics: The Creation of the Mods and Rockers*. London: Martin Robertson.

Collard, A. with Contrucci, J. (1988) *Rape of the Wild*. London: Women's Press.

Collins, J. (1989) *Uncommon Cultures*. London and New York: Routledge.

Collins, J. (1992) 'Postmodernism and Television' in R. Allen (ed.) *Channels of Discourse, Reassembled*. London and New York: Routledge.

Collins, R. (1990) *Culture, Communication and National Identity*. University of Toronto Press.

Commission for Racial Equality (1984) *Report into Ethnic Minorities on Television*. London: Commission for Racial Equality.

Connell, R.W. (1995) *Masculinities*. Cambridge: Polity Press.

Connell, R W., Ashendon, D J., Kessler, S. and Dowsett, G.W. (1982) *Making the Difference: Schools, Families and Social Division*. Sydney: Allen & Unwin.

Cowie, E. (1978) 'Women as Sign', *M/F*, 1.

Crimp, D. (1992) 'Portraits of People with AIDS' in L. Grossberg, C. Nelson and P. Treichler (eds) *Cultural Studies*. London and New York: Routledge.

Crofts, S. (1995) 'Global *Neighbours*?' in R. Allen (ed.) *To Be Continued . . .: Soap Opera around the World*. London and New York: Routledge.

Crook, S., Pakulski, J. and Waters, M. (1992) *Postmodernization*. London and Thousand Oaks, CA: Sage.

Culler, J. (1976) *Saussure*. London: Fontana.

Culler, J (1981) 'Semiotics of Tourism', *American Journal of Semiotics*, 1.

Cunningham, S. (1992a) *Framing Culture*. Sydney: Allen & Unwin.

Cunningham, S. (1992b) 'The Cultural Policy Debate Revisited', *Meanjin*, 51 (3).

Cunningham, S. (1993) 'Cultural Studies from the Viewpoint of Cultural Policy' in A. Gray and J. McGuigan (eds) *Studying Culture*. London: Arnold.

Curran, J. (1991) 'Rethinking the Media and the Public Sphere' in P. Dahlgren and C. Sparks (eds) *Communication and Citizenship*. London and New York: Routledge.

Dahlgren, P. (1995) *Television and the Public Sphere*. London and Newbury Park, CA: Sage.

Daly, M. (1987) *Gyn/Ecology*. London: Women's Press.

Dandeker, C. (1990) *Surveillance, Power and Modernity*. Cambridge: Polity Press.

Daniels, T. and Gerson, J. (eds) (1989) *The Colour Black*. London: British Film Institute.

Dasgupta, D. and Hedge, R. (1988) 'The Eternal Receptacle: A Study of the Mistreatment of Women in Hindi Film' in R. Ghanially (ed.) *Women in Indian Society*. London and Newbury Park, CA: Sage.

Davidson, D. (1980) 'Mental Events', in D. Davidson (ed.) *Essays on Actions and Events*. Oxford: Clarendon Press.

Davidson, D. (1984) *Inquiries into Truth and Interpretation*. Oxford: Clarendon Press.

Davis, M. (1990) *City of Quartz: Excavating the Future of Los Angeles*. London: Verso.

de Certeau, M. (1984) *The Practice of Everyday Life*. Berkeley: University of California Press.

Deleuze, G. and Guattari, F. (1988) *A Thousand Plateaus*. Minneapolis: University of Minneapolis Press.

Derrida, J. (1976) *Of Grammatology*. Baltimore: Johns Hopkins University Press.

Derrida, J. (1980) *Le Carte Postal*. Chicago: University of Chicago Press.

Desforges, L. (1998) '"Checking Out the Planet": Global Representations/Local Identities and Youth Travel' in T. Skelton and G. Valentine (eds) *Cool Places: Geographies of Youth Cultures*. London and New York: Routledge.

Du Gay, P., Hall, S., Janes, L., Mackay, H. and Negus, K. (1997) *Doing Cultural*

*Studies*. London and Thousand Oaks, CA: Sage

Durkheim, E. (1952) *Suicide: A study in Sociology*. London: Routledge & Kegan Paul.

Durkheim, E. (1982) *The Rules of Sociological Method*. London: Macmillan.

Dyer, R. (1977) *Gays and Film*. London: British Film Institute.

Dyer, R. (1997) 'Seeing White', *Times Higher Education Supplement*, 27 June.

Dyer, R., Geraghty, C., Jordan, M., Lovell, T., Paterson, R. and Stewart, J. (1981) *Coronation Street*. London: British Film Institute.

Dyson, K. and Humphries, J. (eds) (1990) *Political Economy of Communications*. London and New York: Routledge.

Eagleton, T. (1984) *The Function of Criticism*. London: Verso.

Eco, U. (1986) *Travels in Hyperreality*. London: Picador.

Eisenstein, S. (1951) *Film Form*. London: Dobson.

Entman, R. (1990) 'Modern Racism and the Images of Blacks in Local Television News', *Critical Studies in Mass Communication*, 7 (4).

Evans, M. (1997) *Introducing Contemporary Feminist Thought*. Cambridge: Polity Press.

Featherstone, M. (1991) *Consumer Culture and Postmodernism*. London and Newbury Park, CA: Sage.

Featherstone, M. (1995) *Undoing Culture: Globalization, Postmodernism and Identity*. London and Newbury Park, CA: Sage.

Ferguson, M. (1990) 'Electronic Media and the Redefining of Time and Space' in M. Ferguson (ed.) *Public Communication: The New Imperatives*. London and Newbury Park, CA: Sage.

Ferguson, M. and Golding, P. (eds) (1997) *Cultural Studies in Question*. London and Newbury Park, CA: Sage.

Fiske, J. (1987) *Television Culture*. London: Methuen.

Fiske, J. (1989a) *Understanding Popular Culture*. London: Unwin Hyman.

Fiske, J. (1989b) *Reading the Popular*. London: Unwin Hyman.

Fiske, J. (1989c) 'Everyday Quizzes, Everyday Life' in J. Tulloch and G. Turner (eds) *Australian Television: Programs, Pleasures and Politics*. London and Sydney: Allen & Unwin.

Fiske, J. (1992) 'British Cultural Studies' in R. Allen (ed.) *Channels of Discourse, Reassembled*. London and New York: Routledge.

Foucault, M. (1972) *The Archaeology of Knowledge*. New York: Pantheon.

Foucault, M. (1973) *The Birth of the Clinic*. London: Tavistock.

Foucault, M. (1977) *Discipline and Punish*. London: Allen Lane.

Foucault, M. (1979) *The History of Sexuality, Vol. 1: The Will to Truth*. London: Penguin Lane.

Foucault, M. (1980) *Power/Knowledge*. New York: Pantheon.

Foucault, M. (1984a) 'Nietzsche, Genealogy, History' in P. Rabinow (ed.) *The Foucault Reader*. New York: Pantheon.

Foucault, M. (1984b) 'On the Genealogy of Ethics: An Overview of Work in

Progress' in P. Rabinow (ed.) *The Foucault Reader*. New York: Pantheon.

Foucault, M. (1984c) 'What is the Enlightenment?' in P. Rabinow (ed.) *The Foucault Reader*. New York: Pantheon.

Foucault, M. (1984d) *The Foucault Reader*, ed. P. Rabinow. New York: Pantheon.

Foucault, M. (1985) *The Uses of Pleasure: The History of Sexuality, Vol. 2.* Harmondsworth: Penguin.

Foucault, M. (1986) *The Care of the Self: The History of Sexuality Vol. 3.* London: Penguin.

Foucault, M. (1991) 'Governmentality' in G. Burchill, C. Gordon and P. Miller (eds) *The Foucault Effect: Studies in Governmentality*. Hemel Hempstead: Harvester Wheatsheaf.

Frank, A.-G. (1967) *Capitalism and Underdevelopment in Latin America*. London and New York: Monthly Review Press.

Franklin, S., Lury, C. and Stacey, J. (1991) *Off-Centre: Feminism and Cultural Studies*. London: HarperCollins.

Fraser, N. (1995a) 'From Irony to Prophecy to Politics: A Reply to Richard Rorty' in R.S. Goodman (ed.) *Pragmatism*. New York: Routledge.

Fraser, N. (1995b) 'Politics, Culture and the Public Sphere: Towards a Postmodern Conception' in L. Nicholson and S. Seidman (eds) *Social Postmodernism*. Cambridge: Cambridge University Press.

Freud, S. (1977) *Three Essays on Sexuality. The Pelican Freud Library, Vol. 7.* Harmondsworth: Penguin.

Fukuyama, F. (1989) 'The End of History?' *The National Interest*, 16.

Fukuyama, F. (1992) *The End of History and the Last Man*. Harmondsworth: Penguin.

Gadamer, H.-G. (1976) *Philosophical Hermeneutics*. Berkeley: University of California Press.

Gallagher, M. (1983) *The Portrayal and Participation of Women in the Media*. Paris: UNESCO.

Galtung, J. and Ruge, M. (1973) 'Structuring and Selecting News' in S. Cohen and J. Young (eds) *The Manufacture of News*. London: Constable.

Gans, H. (1962) *The Urban Villagers*. Glencoe, IL: Free Press.

Gans, H. (1968) 'Urbanism and Suburbanism as Ways of Life' in R.E. Pahl (ed.) *Readings in Urban Sociology*. Oxford: Pergamon Press.

Gardner, K. and Shukur, A. (1994) 'I'm Bengali, I'm Asian, and I'm Living Here' in R. Ballard (ed.) *Desh Pardesh: The South Asian Presence in Britain*. London: Hurst & Company

Garfinkel, H. (1967) *Studies in Ethnomethodology*. Englewood Cliffs, NJ: Prentice Hall.

Geertz, C. (1973) *The Interpretation of Cultures*. New York: Basic Books.

Geraghty, C. (1991) *Women in Soap*. Cambridge: Polity Press.

Gergen, K. (1994) *Realities and Relationships*. Cambridge, MA and London: Harvard University Press.

Gibson, W. (1984) *Neuromancer*. London: HarperCollins.

Giddens, A. (1979) *Central Problems in Social Theory*. London: Macmillan.

Giddens, A. (1984) *The Constitution of Society*. Cambridge: Polity Press.

Giddens, A. (1985) *The Nation-State and Violence*. Cambridge: Polity Press.

Giddens, A. (1989) *Sociology*. Cambridge: Polity Press.

Giddens, A. (1990) *The Consequences of Modernity*. Cambridge: Polity Press.

Giddens, A. (1991) *Modernity and Self-Identity*. Cambridge: Polity Press.

Giddens, A. (1992) *The Transformation of Intimacy*. Cambridge: Polity Press.

Giddens, A. (1994) 'Living in a Post-Traditional Society' in U. Beck, A. Giddens and C. Lash (eds) *Reflexive Modernization*. Cambridge: Polity Press.

Gillespie, A. and Williams, H. (1988) 'Telecommunications and the Reconstruction of Regional Comparative Advantage', *Environment and Plannning*, A20.

Gillespie, M. (1995) *Television, Ethnicity and Cultural Change*. London and New York: Routledge.

Gilligan, C. (1982) *In a Different Voice*. Cambridge, MA: Harvard University Press.

Gilpin, R. (1987) *The Political Economy of International Relations*. Princeton: Princeton University Press.

Gilroy, P. (1987) *There Ain't No Black in the Union Jack*. London: Unwin Hyman.

Gilroy, P. (1993) *The Black Atlantic*. London: Verso.

Gilroy, P. (1997) 'Diaspora and the Detours of Identity' in K. Woodwood (ed.) *Identity and Difference*. London and Thousand Oaks, CA: Sage.

Goffman, E. (1969) *The Presentation of Self in Everyday Life*. Harmondsworth: Penguin.

Goldthorpe, J. (1982) 'On the Service Class, its Formation and Future' in A. Giddens and G. Mackenzie (eds) *Social Class and the Division of Labour*. Cambridge: Cambridge University Press.

Goldthorpe, J. and Lockwood, D. (1968) *The Affluent Worker*. Cambridge: Cambridge University Press.

Gorden, D. (1988) 'The Global Economy: New Edifice or Crumbling Foundations?' *New Left Review*, 168.

Gorz, A. (1982) *Farewell to the Working Class*. London: Pluto Press.

Graham, S. and Marvin, S. (1996) *Telecommunications and the City: Electronic Spaces, Urban Places*. London: Routledge.

Gramsci, A. (1968) *Prison Notebooks*. London: Lawrence & Wishart.

Gramsci, A. (1971) *Selections from the Prison Notebooks*, eds Q. Hoare and G. Nowell-Smith. London: Lawrence & Wishart.

Gray, A. (1992) *Video Playtime: The Gendering of a Leisure Technology*. London: Routledge.

Gray, A. (1997) 'Learning from Experience: Cultural Studies and Feminism' in J. McGuigan (ed.) *Cultural Methodologies*. London and Thousand Oaks, CA:

Sage.

Gray, H. (1996) 'Television, Black Americans, and the American Dream' in V. Berry and C. Manning-Miller (eds) *Mediated Messages and African American Culture*. London and Thousand Oaks, CA: Sage.

Grossberg, L. (1987) 'The In-difference of Television', *Journal of Communication Enquiry*, 10 (2).

Grossberg, L. (1992) *We Gotta Get Out of This Place: Popular Conservatism and Postmodern Culture*. London and New York: Routledge.

Grossberg, L., Nelson, C. and Treichler, P. (1992) 'Cultural Studies: An Introduction' in L. Grossberg, C. Nelson and P. Treichler (eds) *Cultural Studies*. London and New York: Routledge.

Gurevitch, M., Levy, M. and Roeh, I. (1991) 'The Global Newsroom: Convergence and Diversities in the Globalization of Television News' in P. Dahlgren and C. Sparks (eds) *Communication and Citizenship*. London and New York: Routledge.

Habermas, J. (1972) *Knowledge and Human Interests*. London: Heinemann.

Habermas, J. (1987) *The Philosophical Discourse of Modernity*. Cambridge: Polity Press.

Habermas, J. (1989) *The Structural Transformation of the Public Sphere*. Cambridge, MA: MIT Press.

Hagerstrand, T. (1973) 'The Domain of Human Geography' in R.J. Chorley (ed.) *Directions in Geography*. London: Methuen.

Hall, S. (1972) *On Ideology: Cultural Studies 10*. Birmingham: Centre for Contempoary Cultural Studies.

Hall, S. (1977) 'Culture, the Media and the Ideological Effect' in J. Curran, M. Gurevitch and J. Woollacott (eds) *Mass Communications and Society*. London: Edward Arnold.

Hall, S. (1981) 'Encoding/Decoding' in S. Hall, D. Hobson, A. Lowe and P. Willis (eds) *Culture, Media, Language*. London: Hutchinson.

Hall, S. (1988) *The Hard Road to Renewal*. London: Verso.

Hall, S. (1989) 'The Meaning of New Times' in S. Hall and M. Jacques (eds) *New Times: The Changing Face of Politics in the 1990s*. London: Lawrence & Wishart.

Hall, S. (1990) 'Cultural Identity and Diaspora' in J. Rutherford (ed.) *Identity: Community, Culture, Difference*. London: Lawrence & Wishart.

Hall, S. (1992a) 'Cultural Studies and its Theoretical Legacies' in L. Grossberg, C. Nelson and P. Treichler (eds) *Cultural Studies*. London and New York: Routledge.

Hall, S. (1992b) 'The Question of Cultural Identity' in S. Hall, D. Held and T. McGrew (eds) *Modernity and Its Futures*. Cambridge: Polity Press.

Hall, S. (1993) 'Minimal Selves' in A. Gray and J. McGuigan (eds) *Studying Culture*. London: Edward Arnold.

Hall, S. (1995) 'Fantasy, Identity, Politics' in E. Carter, J. Donald and J. Squites (eds) *Cultural Remix: Theories of Politics and the Popular*. London: Lawrence & Wishart.

Hall, S. (1996a) 'Who Needs Identity?' in S. Hall and P. Du Gay (eds) *Questions of Cultural Identity*. London: Sage

Hall, S. (1996b) 'On Postmodernism and Articulation: An Interview with Stuart Hall' in D. Morley and D-K. Chen (eds) *Stuart Hall*. London: Routledge.

Hall, S. (1996c) 'Gramsci's Relevance for the Study of Race and Ethnicity' in D. Morley and D.-K. Chen (eds) *Stuart Hall*. London: Routledge.

Hall, S. (1996d) 'New Ethnicities' in D. Morley and D.-K. Chen (eds) *Stuart Hall*. London: Routledge.

Hall, S. (1996e) 'For Allon White: Metaphors of Transformation' in D. Morley and D.-K. Chen (eds) *Stuart Hall*. London: Routledge.

Hall, S. (1997a) 'The Work of Representation' in S. Hall (ed.) *Representations*. London and Thousand Oaks, CA: Sage.

Hall, S. (1997b) 'The Centrality of Culture:'Notes on the Cultural Revolutions of Our Time' in K. Thompson (ed.) *Media and Cultural Regulation*. London: Sage.

Hall, S. (ed.) (1997c) 'The Spectacle of the Other' in S. Hall (ed.) *Representations*. London and Thousand Oaks, CA: Sage.

Hall, S. (ed.) (1997d) 'Race, Culture and Communications' in J. Storey (ed.) *What is Cultural Studies?* London: Routledge.

Hall, S. and Jacques, M. (eds) (1989) *New Times: The Changing Face of Politics in the 1990s*. London: Lawrence & Wishart.

Hall, S. and Jefferson, T. (eds) (1976) *Resistance Through Rituals: Youth Subcultures in Post-War Britain*. London: Hutchinson.

Hall, S., Critcher, C., Jefferson, T. Clarke, J. and Roberts, B. (1978) *Policing the Crisis: Mugging, the State and Law and Order*. London: Macmillan.

Hall, S., Hobson, D., Lowe, A. and Willis, P. (eds) (1981) *Culture, Media, Language*. London: Hutchinson.

Hall, S., Held, D. and McGrew, T. (eds) (1992) *Modernity and its Futures*. Cambridge: Polity Press.

Hall, T. (1997) '(Re)placing the City: Cultural Relocation and the City as Centre' in S. Westwood and J. Williams (eds) *Imagining Cities*. London: Routledge.

Halpern, D. (1992) *Sex Differences in Cognitive Abilities*. London: Lawrence Erlbaum Associates.

Hamelink, C. (1983) *Cultural Autonomy in Global Communications*. New York: Longman.

Hammersley, M. and Atkinson, P. (1983) *Ethnography: Principles and Practice*. London: Tavistock Books.

Hartley, J. (1982) *Understanding News*. London: Methuen.

Harvey, D. (1973) *Social Justice and the City*. London: Edward Arnold.

Harvey, D. (1985) *The Urbanization of Capital*. Oxford: Blackwell.

Harvey, D. (1989) *The Condition of Postmodernity*. Oxford: Blackwell.

Harvey, D. (1993) 'From Place to Space and Back Again: Reflections on the Condition of Postmodernity' in J. Bird, B. Curtis, T. Putnam, G. Roberston and L. Tickner (eds) *Mapping the Futures: Local Cultures, Global Change*. London and New York: Routledge.

Hebdige, D. (1979) *Subculture: The Meaning of Style*. London and New York: Routledge.

Hebdige, D. (1988) *Hiding in the Light*. London: Comedia.

Hebdige, D. (1990) 'Fax to the Future', *Marxism Today*, January.

Held, D. (1991) 'Democracy, the Nation-State and the Global System' in D. Held (ed.) *Politcal Theory Today*. Cambridge: Polity Press.

Held, D. (1992) 'Liberalism, Marxism and Democracy' in S. Hall, D. Held and T. McGrew (eds) *Modernity and Its Futures*. Cambridge: Polity Press.

Henriques, J., Hollway, W., Urwin, C., Venn, C. and Walkerdine, V. (1984) *Changing the Subject: Psychology, Social Regulation and Subjectivity*. London: Metheun.

Hertz, J. (1957) 'The Rise and Demise of the Territorial Nation-State', *World Politics*, ix.

Hetherington, K. (1998) 'Vanloads of Uproarious Humanity: New Age Travellers and the Utopics of the Countryside' in T. Skelton and G. Valentine (eds) *Cool Places: Geographies of Youth Cultures*. London and New York: Routledge.

Hobsbawm, E.J. (1969) *Industry and Empire*. Harmondsworth: Penguin.

Hobson, D. (1982) *Crossroads: Drama of a Soap Opera*. London: Methuen.

Hoggart, R. (1957) *The Uses of Literacy*. Harmondsworth: Penguin.

Honneth, A. (1985) 'An Aversion Against the Universal', *Theory, Culture & Society*, 2 (3).

hooks, b. (1990) *Yearning: Race, Gender and Cultural Politics*. Boston, MA: South End Press.

hooks, b. (1992) *Black Looks: Race and Representation*. Boston, MA: South End Press.

hooks, b. (1986) *Ain't I a Woman? Black Women and Feminism*. London: Pluto Press.

Horkheimer, M. and Adorno, T.W. (1979) *Dialectic of Enlightenment*. London: Verso.

Hoskins, C., McFadyen, S., Finn, A. and Jackel, A. (1995) 'Film and Television Co-productions: Evidence from Canadian–European Experience', *European Journal of Communication*, 10 (2).

Hoyenga, K. and Hoyenga, K.T. (1993) *Gender-Related Differences*. New York: Allyn & Bacon.

Hutcheon, L. (1989) *The Politics of Postmodernism*. London and New York: Routledge.

Irigaray, L. (1985a) *Speculum of the Other Woman*. Ithaca, NY: Cornell University Press.

Irigaray, L. (1985b) *This Sex Which Is Not One*. Ithaca, NY: Cornell University Press.

Iser, W. (1987) *The Act of Reading: A Theory of Aesthetic Responses*. London and New York: Routledge & Kegan Paul.

James, A. (1986) 'Learning to Belong: The Boundaries of Adolescence' in A.P. Cohen (ed.) *Symbolizing Boundaries: Identity and Diversity in British Cultures*. Manchester: Manchester University Press.

Jameson, F. (1984) 'Postmodernsim or the Cultural Logic of Late Capitalism', *New Left Review*, 46.

Jencks, C. (1986) *What is Post-Modernism?* New York: Academy/St Martins Press.

Jhally, S. and Lewis, J. (1992) *Enlightened Racism: The Cosby Show, Audiences, and the Myth of the American Dream*. Boulder, CO: Westview Press.

Jones, J. (1996) 'The New Ghetto Aesthetic' in V. Berry and C. Manning-Miller (eds) *Mediated Messages and African American Culture*. London and Thousand Oaks, CA: Sage.

Jordan, G. and Weedon, C. (1995) *Cultural Politics: Class, Gender, Race and the Postmodern World*. Oxford: Blackwell.

Kaplan, E. (1987) *Rocking Around the Clock: Music Televison, Postmodernism and Consumer Culture*. Boulder, CO: Westview Press.

Kaplan, E. (1992) 'Feminist Criticism and Television' in R. Allen (ed.) *Channels of Discourse, Reassembled*. London and New York: Routledge.

Kaplan, E. (1997) *Looking for the Other: Feminism, Film and the Imperial Gaze*. London and New York: Routledge.

Kellner, D. (1992) 'Popular Culture and the Construction of Postmodern Identities' in S. Lash and J. Friedman (eds) *Modernity and Identity*. Oxford: Blackwell.

Kellner, D. (1995) *Media Culture: Cultural Studies, Identity and Politics between the Modern and the Postmodern*. London and New York: Routledge.

Kellner, D. (1997) 'Overcoming the Divide: Cultural Studies and Political Economy' in M.Ferguson and P. Golding (eds) *Cultural Studies in Question*. London and Newbury Park, CA: Sage.

Kerner Commission (1968) *Report of the National Advisory Committee on Civil Disorders*. New York: E.P. Dutton.

Kerr, C., Dunlop, K., Harbison, F. and Mayers, C. (1973) *Industrialism and Industrial Man*. Harmondsworth: Penguin.

King, A.D. (1983) 'The World Economy in Everywhere: Urban History and the World System' in *The 1983 World History Yearbook*. Leicester: Leicester University Press.

Krishnan, P. and Dighe, A. (1990) *Affirmation and Denial: The Construction of Femininity on Indian Television*. London and Newbury Park, CA: Sage.

Kristeva, J. (1986a) 'Revolution in Poetic Language' in T. Moi (ed.) *The Kristeva Reader*. Oxford: Blackwell.

Kristeva, J. (1986b) 'Women's Time' in T. Moi (ed.) *The Kristeva Reader*. Oxford: Blackwell.

Kristeva, J. (1986c), T. Moi (ed.) *The Kristeva Reader*. Oxford: Blackwell.

Kuhn, T.S. (1962) *The Structures of Scientific Revolutions*. Chicago and London: University of Chicago Press.

Kundera, M. (1984) *The Unbearable Lightness of Being*. London and Boston: Faber & Faber.

Lacan, J. (1977) *Écrits: A Selection*. London: Tavistock.

Laclau, E. (1977) *Politics and Ideology in Marxist Theory*. London: New left Books.

Laclau, E. and Mouffe, C. (1985) *Hegemony and Socialist Strategy: Toward a Radical Democratic Politics*. London: Verso.

Laing, D. (1985) *One Chord Wonders: Power and Meaning in Punk Rock*. Milton Keynes: Open University Press.

Lash, S. (1990) *Sociology of Postmodernism*. London and New York: Routledge.

Lash, S. and Urry, J. (1987) *Disorganized Capitalism*. Cambridge: Polity Press.

Leab, D. (1976) *From Sambo to Superspade*. New York: Houghton Mifflin.

Leach, E. (1974) *Lévi-Strauss*. Glasgow: Collins.

Leavis, F.R. and Thompson, D. (1933) *Culture and the Environment*. London: Chatto & Windus.

Liebes, T. and Katz, E. (1991) *The Export of Meaning*. Oxford: Oxford University Press.

Lopez, A. (1995) 'Our Welcomed Guests: Telenovelas in Latin America' in R. Allen (ed.) *To Be Continued . . .: Soap Opera around the World*. London and New York: Routledge.

Lovell, T. (1978) 'Jane Austen and the Gentry: A Study of Literature and Ideology' in D. Laurenson (ed.) *The Sociology of Literature: Applied Studies*. Keele: Sociological Review Monograph 26.

Lukács, G. (1972) 'Ideology of Modernism' in D. Lodge (ed.) *Twentieth-Century Literary Criticism*. London: Longman.

Lukács, G. (1977) 'Realism in the Balance' in E. Bloch (ed.) *Aesthetics and Politics*. London: New Left Books.

Lull, J. (1991) *China Turned On: Television, Reform and Resistance*. London: Routledge.

Lull, J. (1997) 'China Turned On (Revisited): Television, Reform and Resistance' in A. Sreberny-Mohammadi, D. Winseck, J. McKenna and O. Boyd-Barrett (eds) *Media in a Global Context*. London: Edward Arnold.

Lyotard, J.-F. (1984) *The Postmodern Condition*. Minneapolis: University of Minnesota Press.

McAnany, E. and La Pastina, A. (1994) 'Telenovela Audiences', *Communication*

*Research*, 21 (6).

MacCabe, C. (1981) 'Realism and the Cinema: Notes on Some Brechtian Themes', *Screen*, 5 (2).

McGrath, J. (1972) 'TV Drama: The Case Against Naturalism', *Sight & Sound*, Spring.

McGrew, A. (1992) 'A Global Society?' in S. Hall, D. Held and T. McGrew (eds) *Modernity and its Futures*. Cambridge: Polity Press.

McGuigan, J. (1992) *Cultural Populism*. London: Routledge.

McGuigan, J. (1996a) *Culture and the Public Sphere*. London: Routledge.

McGuigan, J. (1996b) 'Cultural Populism Revisited' in M. Ferguson and P. Golding (eds) *Cultural Studies in Question*. London and Newbury Park, CA: Sage.

McGuigan, J. (1997a) 'Introduction' in J. McGuigan (ed.) *Cultural Methodologies*. London: Sage.

McGuigan, J. (ed.) (1997b) *Cultural Methodologies*. London: Sage.

Mackinnon, C. (1987) *Feminism Unmodified*. Cambridge, MA and London: Harvard University Press.

Mackinnon, C. (1991) 'Difference and Domination' in K. Bartlett and R. Kennedy (eds) *Feminist Legal Theory*. Boulder, CO and London: Westview Press.

McLean, C., Carey, M. and White, C. (eds) (1996) *Men's Ways of Being*. Boulder, CO: Westview Press.

McLuskie, K. (1982) 'Feminist Deconstruction: The Example of Shakespeare's *Taming of the Shrew*', *Red Letters*, 12.

McNay, L. (1992) *Foucault and Feminism*. Cambridge: Polity Press.

McQuail, D., De Mateo, R. and Tapper, H. (1992) 'A Framework for Analysis of Media Change in Europe in the 1990s' in K. Siune and W. Truetzschler (eds) *Dynamics of Media Politics: Broadcasting and Electronic Media in Western Europe*. London and Newbury Park, CA: Sage.

McRobbie, A. (1989) *Zoot Suits and Second-Hand Dresses*. London: Macmillan.

McRobbie, A. (1991a) 'Settling Accounts with Subcultures' in A. McRobbie, *Feminism and Youth Culture*. London: Macmillan.

McRobbie, A. (1991b) '*Jackie*: Romantic Individualism and the Teenage Girl' in A. McRobbie, *Feminism and Youth Culture*. London: Macmillan.

McRobbie, A. (1991c) 'Working-Class Girls and the Culture of Femininity' in A. McRobbie, *Feminism and Youth Culture*. London: Macmillan.

McRobbie, A. (1991d) '*Jackie* and *Just Seventeen* in the 1980s' in A. McRobbie, *Feminism and Youth Culture*. London: Macmillan.

McRobbie, A. (1992) 'Post-Marxism and Cultural Studies: A Post-Script' in L. Grossberg, C. Nelson and P. Treichler (eds) *Cultural Studies*. London and New York: Routledge.

McRobbie, A. and Garber, J. (1991) 'Girls and Subcultures' in A. McRobbie, *Feminism and Youth Culture*. London: Macmillan.

Martindale, C. (1986) *The White Press in Black America*. Westport, CT:

Greenwood Press.

Marx, K. (1961) *Karl Marx: Selected Writings in Sociology and Social Philosophy*, eds T. Bottomore and M. Rubel. London: Pelican.

Marx, K. and Engels, F. (1967) *The Communist Manifesto*. London: Penguin.

Marx, K. and Engels, F. (1970) *The German Ideology*. London: Lawrence & Wishart.

Massey, D. (1994) *Space, Place and Gender*. Cambridge: Polity Press.

Massey, D. (1998) 'The Spatial Construction of Youth Cultures' in T. Skelton and G. Valentine (eds) *Cool Places: Geographies of Youth Cultures*. London and New York: Routledge.

Mattelart, M. and Mattelart, A. (1992) *The Carnival of Images*. New York: Bergin & Garvey.

Matza, D. and Sykes, G. (1961) 'Juvenile Delinquency and Subterranean Values', *American Sociological Review*, 26.

Medhurst, A. (1989) 'Laughing Matters: Introduction' in T. Daniels and J. Gerson (eds) *The Colour Black*. London: British Film Institute.

Meehan, D. (1983) *Ladies of the Evening: Women Characters of Prime-Time Television*. Metuchen, NJ: Scarecrow Press.

Melucci, A. (1980) 'The New Social Movements: A Theoretical Approach', *Social Science Information*, 19 (2).

Melucci, A. (1981) 'Ten Hypotheses for the Analysis of New Movements' in D. Pinto (ed.) *Contemporary Italian Sociology*. Cambridge: Cambridge University Press.

Mercer, K. (1994) *Welcome to the Jungle: New Postions in Black Cultural Studies*. London and New York: Routledge.

Merton, R.K. (1938) 'Social Structure and Anomie', *American Sociological Review*, 3.

Meyrowitz, J. (1986) *No Sense of Place*. Oxford: Oxford University Press.

Miller, D. (1995) 'The Consumption of Soap Opera: *The Young and the Restless* and Mass Consumption in Trinidad' in R. Allen (ed.) *To Be Continued . . .: Soap Opera around the World*. London and New York: Routledge.

Miller, W.B. (1958) 'Lower Class Culture as a Generating Milieu of Gang Delinquency', *Journal of Social Issues*, 14.

Mishra, V. (1985) 'Toward a Theoretical Critique of Bombay Cinema', *Screen*, 26.

Mitchell, J. (1974) *Psychoanalysis and Feminism*. London: Allen Lane.

Modleski, T. (1982) *Loving with a Vengeance*. London: Methuen.

Moi, T. (1985) *Sexual/Textual Politics: Feminist Literary Theory*. London and New York: Routledge.

Moir, A. and Moir, B. (1998) *Why Men Don't Iron: The Real Science of Gender Studies*. London: HarperCollins Publishers.

Morley, D. (1980) *The Nationwide Audience*. London: British Film Institute.

Morley, D. (1986) *Family Television: Cultural Power and Domestic Leisure*. London: Comedia.

Morley, D. (1992) *Television, Audiences and Cultural Studies*. London and New York: Routledge.

Morley, D. and Robins, K. (1995) *Spaces of Identity: Global Media, Electronic Landscapes and Cultural Boundaries*. London and New York: Routledge.

Morris, M. (1992) 'A Gadfly Bites Back', *Meanjin*, 51 (3).

Morris, M. (1996) 'Banality in Cultural Studies' in J. Storey (ed.) *What is Cultural Studies? A Reader*. London and New York: Edward Arnold.

Morrison, D. (1992) *Television and the Gulf War*. London: John Libbey.

Mort, F. (1989) 'The Politics of Consumption' in S. Hall and M. Jacques (eds) *New Times: The Changing Face of Politics in the 1990s*. London: Lawrence & Wishart.

Mosca, V. (1988) 'Introduction: Information in the Pay Society' in V. Mosca and J. Wasko (eds) *The Political Economy of Information*. Madison: University of Wisconsin Press.

Mouffe, C. (1992) 'Democratic Citizenship and the Political Community' in C. Mouffe (ed.) *Dimensions of Radical Democracy*. London: Verso.

Mouffe, C. (1984) 'Towards a Theoretical Interpretation of "New Social Movements"' in S. Hanninen and L. Palden (eds) *Rethinking Marx*. New York & Bagnolet: International General/IMMRC.

Mowlana, H., Gerbner, G. and Schiller, H. (eds) (1992) *Triumph of the Image: The Media's War in the Persian Gulf*. Boulder, CO: Westview Press.

Muggleton, D. (1997) 'The Post-Subculturalist' in S. Redhead (ed.) *Subcultures to Clubcultures: An Introduction to Popular Cultural Studies*. Oxford: Blackwell.

Murdock, G. (1990) 'Redrawing the Map of the Communications Industries: Concentration and Ownership in the Era of Privatisation' in M. Ferguson (ed.) *Public Communication: The New Imperatives*. London and Newbury Park, CA: Sage.

Murdock, G. and Golding, P. (1977) 'Capitalism, Communications and Class Relations' in J. Curran, M. Gurevitch and J. Woollacott (eds) *Mass Communications and Society*. London: Edward Arnold.

Murray, R. (1989a) 'Fordism and Post-Fordism' in S. Hall and M. Jacques (eds) *New Times: The Changing Face of Politics in the 1990s*. London: Lawrence & Wishart.

Murray, R. (1989b) 'Benetton Britain' in S. Hall and M. Jacques (eds) *New Times: The Changing Face of Politics in the 1990s*. London: Lawrence & Wishart.

Musa, M. (1990) 'News Agencies, Transnationalization and the New Order', *Media, Culture and Society*, 12.

Neale, S. (1980) *Genre*. London: British Film Institute.

Newcombe, H. (1988) 'One Night of Prime Time' in J. Carey (ed.) *Media, Myth, Narrative*. London and Newbury Park, CA: Sage.

Nicholson, L. (ed.) (1990) *Feminism/Postmodernism*. London and New York: Routledge.

Nicholson, L. (1995) 'Interpreting Gender' in L. Nicholson and S. Seidman (eds) *Social Postmodernism*. Cambridge: Cambridge University Press.

Nietzsche, F. (1967) *The Will to Power*. New York: Random House.

Nixon, S. (1997) 'Exhibiting Masculinity' in S. Hall (ed.) *Representations*. London and Thousand Oaks, CA: Sage.

Norris, C. (1987) *Derrida*. Cambridge, MA: Harvard University Press.

Nzegwu, N. (1996) 'Bypasssing New York in Re-presenting Eko: Production of Space in a Nigerian City' in A.D. King (ed.) *Re-presenting the City*. London: Macmillan.

Oakley, A. (1974) *Housewife*. London: Allen Lane.

Ogden, M. (1994) 'Politics in a Parallel Universe: Is There a Future for Cyber-democracy?', *Futures*, 26 (7).

O'Regan, T. (1992a) '(Mis)taking Policy: Notes on the Cultural Policy Debate', *Cultural Studies*, 6 (3).

O'Regan, T. (1992b) 'Some Reflections on the "Policy Moment"', *Meanjin*, 51 (3).

Parekh, B. (1991) 'British Citizenship and Cultural Difference' in G. Andrews (ed.) *Citizenship*. London: Lawrence & Wishart.

Parsons, T. (1942) 'Age and Sex in the Social Structure of the United States', *American Sociological Review*, 7.

Parsons, T. (1963) 'Youth in the Context of American Society', *American Sociological Review*, 27.

Pendakur, M. (1991) 'A Political Economy of Television: State, Class and Corporate Influence in India' in G. Sussman and J. Lent (eds) *Transnational Communications*. Newbury Park, CA: Sage.

Pieterse, J. (1995) 'Globalization as Hybridization' in M. Featherstone, S. Lash and R. Robertson (eds) *Global Modernities*. London and Newbury Park, CA: Sage.

Popper, K. (1959) *The Logic of Scientific Discovery*. London: Hutchinson.

Porter, V. (1989) 'The Re-regulation of Television: Pluralism, Constitutionality and the Free Market in the USA, West Germany, France and the UK', *Media, Culture and Society*, 11.

Poulantza, N. (1976) *Political Power and Social Classes*. London: New Left Books.

Propp, V. (1970) *Morphology of the Folktale*. Austin: University of Texas Press.

Rabinow, P. (ed.) (1984) *The Foucault Reader*. New York: Pantheon.

Rajagopal, A. (1993) 'The Rise of National Programming: The Case of Indian Television', *Media, Culture and Society*, 15.

Rajan, S.R. (1991) *Ideal and Imagined Women*. London: Routledge.

Redhead, S. (1990) *The End-of-the-Century Party: Youth and Pop Towards 2000*. Manchester: Manchester University Press.

Redhead, S. (1993) *Rave Off: Politics and Deviance in Contemporary Youth Culture*. Aldershot: Avebury.

Redhead, S. (1997a) 'Introduction: Reading Pop(ular) Cult(ural) Stud(ie)s' in S.

Redhead with D. Wynne and J. O'Connor (eds) *The Clubcultures Reader: Readings in Popular Cultural Studies*. Oxford: Blackwell.

Redhead, S. (1997b) 'PopTime, Acid House' in S. Redhead (ed.) *Subcultures to Clubcultures: An Introduction to Popular Cultural Studies*. Oxford: Blackwell.

Real, T. (1998) *I Don't Want to Talk About It: Men and Depression*. Dublin: Newleaf.

Relph, E. (1976) *Place and Placelessness*. London: Pion.

Reynolds, S. (1997) 'Rave Culture: Living Dream or Living Death' in S. Redhead (ed.) *Subcultures to Clubcultures: An Introduction to Popular Cultural Studies*. Oxford: Blackwell.

Rich, A. (1986) *Of Woman Born*. London: Virago Press.

Richard, B. and Kruger, H.H. (1998) 'Ravers Paradise? German Youth Cultures in the 1990s' in T. Skelton and G. Valentine (eds) *Cool Places: Geographies of Youth Cultures*. London and New York: Routledge.

Robertson, R. (1992) *Globalization*. London and Newbury Park, CA: Sage.

Robertson, R. (1995) 'Glocalization: Time–Space and Homogeneity–Hetrogeneity' in M. Featherstone, S. Lash and R. Robertson (eds) *Global Modernities*. London and Newbury Park, CA: Sage.

Robins, K. (1991) 'Tradition and Translation: National Culture in its Global Context' in J. Corner and S. Harvey (eds) *Enterprise and Heritage: Crosscurrents of National Culture*. London: Routledge.

Rogers, E. and Antola, L. (1985) 'Telenovelas: A Latin American Success Story', *Journal of Communication*, 35.

Rorty, R. (1980) *Philosophy and the Mirror of Nature*. Cambridge: Cambridge University Press.

Rorty, R. (1989) *Contingency, Irony and Solidarity*. Cambridge: Cambridge University Press.

Rorty, R. (1991a) *Objectivity, Relativism, and Truth: Philosophical Papers, Volume 1*. Cambridge: Cambridge University Press.

Rorty, R. (1991b) *Essays on Heidegger and Others: Philosophical Papers, Volume 2*. Cambridge: Cambridge University Press.

Rorty, R. (1995) 'Feminism and Pragmatism', in R.S. Goodman (ed.) *Pragmatism*. New York: Routledge.

Rorty, R. (1998) *Achieving Our Country*. Cambridge, MA: Harvard University Press.

Rose, G. (1993) *Feminism and Geography*. Cambridge: Polity Press.

Rose, J. (1997) *Sexuality in the Field of Vision*. London: Verso.

Rose, N. (1996) 'Identity, Genealogy, History' in S. Hall and P. Du Gay (eds) *Questions of Cultural Identity*. London and Newbury Park, CA: Sage.

Rowbotham, S. (1981) 'The Trouble with Patriarchy' in R. Samuel (ed.) *People's History and Socialist Theory*. London: Routledge.

Rowe, D. (1988) *Choosing Not Losing*. London: Fontana.

Rowe, D. (1997) *Depression*. London: Routledge.

Said, E. (1978) *Orientalism*. London: Routledge.

Said, E. (1981) *Covering Islam*. London and New York: Routledge.

Sainath, P (1992) 'The New World Odour: The Indian Experience' in H. Mowlana, G. Gerbner and H. Schiller (eds) *Triumph of the Image: The Media's War in the Persian Gulf*. Boulder, CO: Westview Press.

Sassen, S. (1991) *The Global City: New York, London, Tokyo*. Princeton: Princeton Univerity Press.

Sassen, S. (1996) 'Rebuilding the Global City: Economy, Ethnicity and Space' in A.D. King (ed.) *Re-presenting the City*. London: Macmillan.

Saussure, F. de (1960) *Course in General Linguistics*. London: Peter Owen.

Scannell, P. (1988) 'Radio Times: The Temporal Arrangements of Broadcasting in the Modern World' in P. Drummond and R. Paterson (eds) *Television and its Audiences*. London: British Film Institute.

Schiller, H. (1976) *Communication and Cultural Domination*. New York: M.E. Sharpe.

Schiller, H. (1969) *Mass Communications and the American Empire*. New York: Augustus M. Kelly.

Schiller, H. (1985) 'Electronic Information Flows: New Basis for Global Domination?' in P. Drummond and R. Patterson (eds) *Television in Transition*. London: British Film Institute.

Schlesinger, P. (1978) *Putting Reality Together*. London: Constable.

Scott, J. (1990) 'Deconstructing Equality vs Difference' in M. Hirsch and E. Fox Keller (eds) *Conflicts in Feminism*. London and New York: Routledge.

Seidler, V. (1989) *Rediscovering Masculinity: Reason, Langauge and Sexuality*. London: Routledge.

Seamon, D. (1979) *A Geography of the Life World*. London: Croom Helm.

Seiter, E. (1989) 'Don't Treat Us Like We're Stupid' in E. Seiter, H. Borchers, G. Kreutzner and E.-M. Warth (eds) *Remote Control*. London and New York: Routledge.

Sepstrup, P. (1989) 'Research into International Television Flows: A Methodological Contribution', *European Journal of Communication*, 4.

Shaw, M. (1991) *Post-Military Society*. Cambridge: Polity Press.

Shields, R. (1996) 'A Guide to Urban Representation and What to Do About It: Alternative Traditions in Urban Theory' in A.D. King (ed) *Re-presenting the City*. London: Macmillan.

Shotter, J. (1993) *Conversational Realities*. London and Newbury Park, CA: Sage.

Sibley, D. (1995) *Geographies of Exclusion*. London: Routledge.

Silverstone, R. (1994) *Television and Everyday Life*. London and New York: Routledge.

Simmel, G. (1978) *The Philosophy of Money*. London: Routledge & Kegan Paul.

Smith, A.D. (1990) 'Towards a Global Culture?' in M. Featherstone (ed.) *Global Culture*. London and Newbury Park, CA: Sage.

Smith, K. (1996) 'Advertising Discourse and the Marketing of *I'll Fly Away*' in V.

Berry and C. Manning-Miller (eds) *Mediated Messages and African American Culture*. London and Thousand Oaks, CA: Sage.

Soja, E. (1989) *Postmodern Geographies*. London: Verso.

Soja, E. (1995a) 'Postmodern Urbanisation: The Six Restructurings of Los Angeles' in S. Watson and K. Gibson (eds) *Postmodern Cities and Spaces*. Oxford: Blackwell.

Soja, E. (1995b) 'Heterotopologies: A Rememberance of Other Spaces in the Citadel-LA' in S. Watson and K. Gibson (eds) *Postmodern Cities and Spaces*. Oxford: Blackwell.

Spivak, G. (1976) 'Translator's Introduction' in J. Derrida, *Of Grammatology*. Baltimore: Johns Hopkins University Press.

Spivak, G. (1993) 'Can the Subaltern Speak?' in P. Williams and L. Chrisman (eds) *Colonial Discourse and Post-Colonial Theory*. Hemel Hempstead: Harvester Wheatsheaf.

Storey, J. (1993) *Cultural Theory and Popular Culture*. Edinburgh: Edinburgh University Press.

Straubhaar, J. (1992) 'What Makes News? Western, Socialist, and Third World Television Newscasts Compared in Eight Countries' in F. Korzenny and S. Ting Toomey (eds) *Mass Media Effects across Cultures*. London and Newbury Park, CA: Sage.

# 索 引

厭棄（abjection） 302

涵化（acculturalization） 114, 200, 202, 204, 467-8, 475

成癮（男性）addiction（male） 281

阿多諾（Adorno, T.） 55, 56, 171, 172, 185

廣告（Advertising） 77, 122, 134, 323, 353

　　與性別（gender and） 13, 310, 311

日常生活美學化（aestheticization of everyday life） 187, 188, 353, 388

美學（aesthetics） 52-60

年齡（age） 248, 270, 430

能動性／施為（agency） 101, 215-220, 228, 230, 293, 423, 465, 475

議題設定（agenda setting） 324-325

亞格里特（Aglietta, M.） 126

愛滋病（AIDS） 312-314

艾可夫（Alcoff, L.） 287

酗酒行為（alcoholism） 279

異化／疏離（alienation） 17

艾倫（Allen, R.） 52, 327

阿圖舍（Althusser, L.） 64, 65, 70-73, 78, 207

《阿莫斯與安迪秀》（*Amos 'n' Andy*） 257

安德森（Anderson, B.） 238-240

洪美恩（Ang, I.） 5, 139, 143, 289, 317, 327, 330, 335, 336, 453

人類學（anthropology） 46-47

反本質主義（anti-essentialism） 14, 25, 30, 96, 201, 209, 212, 213, 223-228, 230, 234, 277, 441, 475

反基礎論（anti-foundationalism） 466, 472

反種族主義（anti-racism） 448

反再現主義（anti-representationalism） 112-116, 466, 472

阿帕杜瑞（Appaduria, A.） 139, 142, 349

阿帕（Appiah, K.） 229

考古學（傅科的）（archaeology, of Foucault） 177-178

阿諾德（Arnold, M.）　44

藝術（art）　53, 187

　　美學品質（as aesthetic quality）　53

　　（藝術上的）現代主義（modernism in）　168-172

　　（藝術上的）女性再現（representation of women in）　308-309

接合（articulation）　11-12, 103-105, 442, 459, 473

　　與文化迴路（and the circuit of culture）　66, 67, 134

　　身分／認同的（of identities）　213-214

亞希克羅特（Ashcroft, B.）　144, 266, 267

英國亞裔（Asians, British）　245-249, 413

同化（種族）（assimilation, racial）　259, 260, 447

美國電話暨電報公司（AT&T）　346

態度（attitudes）　200

閱聽人（audiences）　40, 41

　　主動的（active）　13, 57, 187, 316, 317, 331-337, 354, 355, 421-423, 475

　　與文化認同（and cultural identity）　337-342

珍‧奧斯汀（Austen, J.）　309

純正性（authenticity）　475

　　認同的（of identities）　316

　　與青少年文化（and youth cultures）　418, 419, 420

自主性（國家的）（autonomy, of the state）　149

培根（Bacon, F.）　160

巴赫汀（Bakhtin, M.）　90

巴拉德（Ballard, R.）　245, 246

巴克（Barker, C.）　233, 243, 249, 337

巴特（Barthes, R.）　22, 86-89, 91

波特萊爾（Baudelaire, C.）　167

布希亞（Baudrillard, J.）　132, 134, 160, 191-193

鮑曼（Bauman, Z.）　160, 182, 471

美（Beauty）　52, 53

貝爾（Bell, D.）　127, 128

班尼頓（Benetton）　125

班奈特（Bennett, T.）　4, 8, 42, 77, 424, 425, 429, 438, 440, 455, 460, 473

班森（Benson, S.）　312, 314

伯曼（Berman, M.）　165, 269

貝斯特（Best, S.）　176

芭芭（Bhabha, H.） 164, 238, 240, 244, 269

生物化學（Biochemistry） 282-284

生物決定論（biological determinism） 282-284, 288

生物化約論（biological reductionism） 282

生物學論述（biology, as discourse） 223-224

伯明罕市（英格蘭）（Birmingham, England） 373

黑人女性主義（black feminism） 31, 277

黑人認同（black identity） 212, 242, 250, 448

黑人（black people） 232, 251, 252, 270, 324, 411, 439, 446, 448

　　（黑人的）罪犯化（criminalization of） 253, 254, 324, 439

　　（黑人的）正面形象（positive images of） 264-266, 447

　　（黑人的）的刻板印象化（stereotyping of） 252-253, 257-258

身體（body）

　　（身體的）論述建構（discursive construction of the） 290-292, 299

　　苗條（the slender） 311-312

布果（Bogle, D.） 253

布爾迪厄（Bourdieu, P.） 55, 420

布拉（Brah, A.） 236, 241, 246

布瑞克（Brake, M.） 400

布萊希特（Brecht, B.） 171, 172

拼貼（bricolage） 188, 189, 350, 355, 388, 402, 418, 420, 431

英國亞裔（British Asians） 244-249

科層組織（bureaucracy） 162, 168

伯吉斯（Burgess, E.） 365, 366

巴特勒（Butler, J.） 117, 223, 299-304

有線新聞網（Cable News Networks, CNN） 320, 325, 326

線纜與衛星科技（cable and satellite technology） 345, 383

坎伯（Campbell, C.） 258-260

坎特（Cantor, M.） 54

資本（capital）

　　文化（資本）（cultural） 420, 421

　　（資本的）的去集中化（deconcentration of） 131

　　次文化（資本）（subcultural） 421

資本主義（capitalism） 10, 16-18, 62, 68, 69, 71, 72, 174, 175, 343, 423, 476

　　去組織化（資本主義）（disorganized） 123, 129-131, 133, 368

　　與性別不平等（and gender inequalities） 30, 276

全球（資本主義）（global）　130

作為現代性的制度（as institution of modernity）　135, 161, 162-164

組織的（資本主義）（organized）　129, 130

印刷（資本主義）（print）　239

與公共領域（and the public sphere）　184

與都市環境（and the urban environment）　368-369

嘉年華會狂歡（carnivalesque）　425, 426

笛卡兒式的理性主體（Cartesian subject）　204

卡通（後現代的）（cartoons, postmodern）　190, 191, 351

柯司特（Castells, M.）　367, 386, 387, 389

當代文化研究中心（Centre for Contemporary Cultural Studies）　6, 7, 406

錢伯斯（Chambers, I.）　55, 57, 187, 194, 354, 419

錢平（Champion, S.）　413

變遷（change）

（變遷的）隱喻（metaphors of）　423, 424

（變遷的）可能性（possibility of）　218, 222, 292

芝加哥學派（Chicago School）　365-367, 399

中國與電視（China, and television）　339, 340, 342

柯德洛（Chodorow, N.）　28, 208, 294-296

選擇（choice）　219, 220

都市（cities）　363-390

監禁（carceral）　378

與虛擬空間（and cyberspace）　383-388

邊緣（edge）　379-380, 397

全球的（global）　367-371, 479

後現代的（postmodern）　376-383

的符號／象徵經濟（symbolic economy of）　371-376

公民權（citizenship）　147, 183, 435, 449, 462, 471, 476

克拉克（Clarke, D.）　369

克拉克（Clarke, J.）　402, 404

階級（class）　11, 16, 19, 48, 71, 103, 248, 270, 335, 435, 443, 476

與政治忠誠（and political allegiance）　153-154, 157

與後工業社會（and post-industrial society）　127, 128

服務（service）　128-132

與風格（style and）　404-406

與青少年文化（and youth culture）　400, 407, 408

　　　　另見工人階級（*see also* working class）
階級衝突（class conflict）　16, 17, 174
階級意識（class consciousness）　72, 102
階級權力（class power）　19, 62
　　　與意識形態（and ideology）　72
克里弗（Clifford, J.）　35, 138, 240, 415
俱樂部文化（club cultures）　420, 421
文化符碼（codes, cultural）　38, 86, 334, 476
柯恩（Cohen, P.）　395
柯恩（Cohen, S.）　406, 416
寇拉（Collard, A.）　284
集體認同（collective identity）　183, 212
柯林斯（Collins, J.）　77, 186, 190, 194, 420
殖民主義（colonialism）　138, 141, 252, 266, 267, 277, 363, 364
種族平等調查委員會（Commission for Racial Equality）　256
商品化（commodification）　16, 59, 132, 184, 354, 368, 454, 476
　　　青少年的（of youth）　398, 412
商品崇拜（commodity fetishism）　16
常識（common sense）　75
傳播與國族認同（communication and national identity）　238
傳播科技（communication technologies）　127, 137, 165, 346, 369, 385-388, 413
共產主義崩潰（communism, fall of）　150-152
電腦科技（computer technology）　124, 127, 385
　另見 傳播科技；資訊科技；網際網路（*see also* communication technologies; information technology; Internet）
媒體產權集中（concentration, of media ownership）　322, 343, 344, 346
縮合作用（condensation）　107
局勢分析（conjunctural analysis）　476
康乃爾（Connell, R. W.）　282, 284
內涵意義（connotation）　86, 87
建構主義（constructionism）　487
消費文化（consumer culture）　353, 422
消費（consumption）　66, 67, 189
　　　創造的（creative）　57-58, 354-355, , 421-423
　　　大眾（mass）　122, 124
　　　的模式（patterns of）　131-133

內容與形式（content and form） 53

偶然性（contingency） 186, 195, 467

康圖西（Contrucci, J.） 284

匯流（convergence） 476

　　科技的（technological） 345-346, 355

《加冕街》（*Coronation Street*） 257, 328

《天才老爹》（*Cosby Show*） 258, 259

世界主義（cosmopolitanism） 138, 144

創造性消費（creative consumption） 57-58, 354-355, , 421-423

混語化（creolization） 32, 144, 156, 269

黑人的罪犯化（criminalization, of black people） 253, 254, 324, 439

克林普（Crimp, D.） 312-314

克路夫特（Crofts, S.） 349

柯魯克（Crook, S.） 132, 134, 147, 148, 153

柯勒（Culler, J.） 85, 415

栽種、培植（cultivation） 44

文化邊界（cultural boundaries） 55

　　崩解（collapse of） 187, 195

文化資本（cultural capital） 421

文化符碼（cultural codes） 38, 86, 334, 476

文化同質化（cultural homogenization） 139-140, 143, 144, 156

文化認同（cultural identity） 127, 145, 212-213, 231-271, 337-342, 441, 476

文化帝國主義（cultural imperialism） 139-141, 146, 147, 476

文化物質主義（cultural materialism） 10, 19, 50, 477

文化政策（cultural policy） 42, 433, 455-473, 477

文化政治（cultural politics） 42, 116, 171, 433-473, 477

文化主義（culturalism） 18, 19, 22, 47-51

文化（culture） 9, 43-67, 477

　　人類學的觀點（anthropological version of） 46-47

　　迴路（circuit of） 66-67, 134, 454-455

　　階級權力（as class power） 62

　　經濟角色（economic role of） 372-373

　　精英概念（elitist conception of） 45

　　作為實際的生活經驗（as lived experience） 44, 51

　　大眾欺騙（as mass deception） 56

　　相對自主性（relative autonomy of） 65-66, 81

　　　社會形構（in social formation）　60-66
文化工業（culture industries）　55-58, 372
康寧翰（Cunningham, S.）　461, 462
柯倫（Curran, J.）　184
虛擬空間與都市（cyberspace, and the city）　383-388
達爾袞（Dahlgren, P.）　313, 326, 350, 449
《朱門恩怨》（Dallas）　335-336, 337-339, 349
達里（Daly, M.）　276, 285
跳舞文化（dance culture）　413, 420-421
戴維森（Davidson, D.）　37, 266, 283
戴維士（Davis, M.）　381, 382
去中心化（decentralization）
　　　國家的（of state）　147-150
　　　都市的（urban）　377
德塞圖（de Certeau, M.）　58, 427, 429
去集中化，資本的（deconcentration, of capital）　131
解構（deconstruction）　39-40, 95-96, 193, 445, 477
去工業化（deindustrialization）　131, 376, 377
青少年犯罪（delinquency, juvenile）　399
民主（democracy）　451
　　　自由的（liberal）　151-152
　　　激進的／基進的（radical）　451
去迷思（demystification）　445-446
去神話（demythologization）　445
外延意義（denotation）　86
經濟不景氣／蕭條（depression）　279, 281
去管制／解除管制（deregulation）　127, 148, 346
德希達（Derrida, J.）　23, 24, 26, 39, 40, 109, 110, 442, 472, 477
笛卡兒（Descartes, R.）　204, 210
決定（determination）　219-221
決定論（determinism）
　　　生物的（biological）　282-284, 288
　　　經濟的（economic）　18, 63, 81
　　　科技的（technological）　129
流離群落認同（diaspora identities）　32, 142, 145, 240-242, 477
延異（différance）　23, 93-94, 117, 239, 442, 477

差異（difference） 182, 207, 266, 270, 478
　　文化的（cultural） 237, 243
　　與認同（and identity） 212-213
　　與意義（and meaning） 209, 210
　　政治的（politics of） 29-31, 183, 433, 440-446, 472, 473
　　承認差異（recognition of） 103, 186, 243
　　性別的（sexual） 208-209, 275, 284-285
　　的壓迫（suppression of） 267
　　與青少年（and youth） 396, 397
差異女性主義（difference feminism） 30, 276-277
迪婕（Dighe, A.） 306, 307
數位科技（digital technology） 345, 346, 383
規訓權力（disciplinary power） 99, 211
論述（discourse） 14, 24, 70, 71, 81, 97, 98, 118, 177, 178, 440, 478
　　與身體（and the body） 290-292, 300
　　與「社會」的建構（and construction of the 'social'） 102-105
　　與規訓（and discipline） 98-100
　　與物質（and materiality） 116-117
　　與性意識（and sexuality） 289-290
　　與主體（and subjectivity） 100-101, 104, 210-211
　　另見語言（see also language）
論述形構（discursive formations） 7, 97, 98, 118, 177, 478
論述實踐（discursive practices） 24, 97-98, 177
迪士尼世界（Disney World） 374, 375
移遷作用（displacement） 108
多樣性（diversity） 266, 451
支配意識形態（dominant ideology） 78
支配（domination） 31, 267, 268
懷疑精神（doubt, principle of） 33, 166, 175, 183
扮裝（drag） 303, 318
藥物濫用（drug abuse） 279, 281
結構的雙元性（duality of structure） 218
涂爾幹（Durkheim, E.） 20, 365
戴爾（Dyer, R.） 235, 251, 328, 440
《倫敦東區人》（EastEnders） 258, 328
東歐（Eastern Europe） 138, 150

飲食失序（eating disorders） 312

艾柯（Eco, U.） 186

經濟決定論（economic determinism） 18, 63, 81

經濟剝削（economic exploitation） 16, 62, 68, 71

經濟化約論（economic reductionism） 11, 63, 102, 133

經濟（economy） 122-135

　　　的全球化（globalization of） 137, 139, 163, 368-371, 377

　　　其中的文化角色（role of culture in） 372-373

　　　符號的（symbolic） 371-376

教育（education） 72, 73, 436, 458

自我（ego） 28, 105, 207, 484

艾森斯坦（Eisenstein, S.） 170, 172

電子文化（electronic culture） 342, 347-355, 383-388

情感與男性（emotion, men and） 280-282

就業（employment）

　　　完全就業（full） 122

　　　的模式（patterns of） 124, 125, 127, 128, 130

「製碼─解碼」模式（'encoding-decoding' model） 40, 333-334, 335

啟蒙（enlightenment） 160, 173-176, 179-180, 183, 195

啟蒙主體（enlightenment subject） 204-205

英特曼（Entman, R.） 260

認識論（epistemology） 33, 172, 478

　　另見知識；真理（see also knowledge; truth）

平等（equality） 31, 275, 276, 287, 288, 451, 452, 456

本質主義（essentialism） 25, 102, 201, 248, 250, 284, 478

　　另見反本質主義；策略性的本質主義（see also anti-essentialism; strategic essentialism）

倫理（ethics） 101, 216, 392-393

族群認同（ethnic identity） 337, 338

族群性（ethnicity） 31, 143, 199, 231, 234-271, 436, 446, 478

民族誌學（ethnography） 34-37, 478

伊文斯（Evans, M.） 304

經濟剝削（exploitation, economic） 16, 62, 68, 71

虛假意識（false consciousness） 68, 69

家庭與電視（family, and television） 54, 327-329, 331, 342

幻想（fantasy） 410

時尚（fashion） 167

費哲史東（Featherstone, M.）　133, 134, 136, 167, 188, 192, 353, 388

女性特質（femininity）　289, 294-296, 298-301, 303, 409

　　　是一種論述建構（as discursive construction）　30, 209, 277, 304, 317

女性主義（feminism）　30-31, 109, 183, 199, 208-209, 223-228, 273-278, 292, 463, 469, 472, 478

佛格森（Ferguson, M.）　348, 452

封建主義（feudalism）　17, 65, 206

電影（film）　188, 257, 258, 262

　　　印度的（Indian）　307-308, 348

金融部門（financial sector）　137, 370

費斯克（Fiske, J.）　57-59, 67, 81, 354, 422, 427, 429, 453

城市漫遊者（*flâneur*）　167-168, 362, 363

福樓拜（Flaubert, G.）　255

食物／料理（food）　21-22

福特主義（Fordism）　121-124

形式（form）　52, 53

形式主義（formalism）　177

傅科（Foucault, M.）　78-80, 97-102, 160, 175-180, 195, 357, 4725

　　　論能動性（on agency）　102, 215-216, 218, 219

　　　的考古學（archeology of）　177-179

　　　與論述（and discourse）　24, 97-102, 117, 118, 177-179, 300

　　　的系譜學（genealogy of）　24, 178, 210, 479

　　　論治理性／治理技術（on governmentality）　457

　　　瘋癲（on madness）　24, 98-100, 177

　　　論權力（on power）　98-101, 117, 178, 299, 426, 459

　　　論性意識（on sexuality）　289-292

　　　論主體性（on subjectivity）　210-212, 215-216, 289-292

基礎論（foundationalism）　102, 170, 183, 195, 465, 466, 478

福斯電視（Fox TV）　344, 346

碎裂化／支離破碎（fragmentation）

　　　文化的（cultural）　143, 144

　　　與現代主義（and modernism）　170, 171

法蘭克福學派（Frankfurt School）　55-57, 452

富蘭克林（Franklin, S.）　274

弗雷瑟（Fraser, N.）　185, 227, 228, 450, 470

自由（freedom）　218, 220

佛洛依德（Freud, S.）　27, 28, 105, 207, 208, 224, 294-296

福山（Fukuyama, F.）　151, 152

根茲巴羅（Gainsborough, T.）　309

蓋勒格（Gallagher, M.）　306, 310

戈爾登（Galtung, J.）　321

賈伯（Garber, J.）　408

紀爾茲（Geertz, C.）　34

性別（gender）　29, 103, 224, 248, 270, 273-318, 436

　　與廣告（and advertising）　13

　　不平等（inequality）　30, 276

　　與國家（and nation）　222

　　在流行文化中的再現（representation of, in popular culture）　304-308, 310-312, 314-316

　　與種族的再現（and representations of race）　263

　　作為社會／文化的建構（as social/cultural construction）　30, 209, 287-288, 317

　　與空間（and space）　341, 361-362

　　與青少年文化（and youth culture）　408-410

系譜學（genealogy）　24, 178, 210, 479

遺傳學（genetics）　282-283

類型（genre）　39, 351

　　類型的模糊化（blurring of）　188, 355

　　肥皂劇作為一種類型（soap opera as a）　327-328

仕紳化（gentrification）　379

潔洛蒂（Geraghty, C.）　329-331

吉根（Gergen, K.）　181, 186

吉布森（Gibson, K.）　376

吉布森（Gibson, W.）　383

紀登思（Giddens, A.）　136, 154, 161-164, 219, 280, 281, 358, 360, 476

　　論懷疑精神（on principle of doubt）　33, 166, 175, 183

　　論意識形態（on ideology）　78

　　論現代性（on modernity）　135-136, 140, 142, 154-155, 161, 163, 166, 183, 185, 195

　　論民族國家（on the nation-state）　148

　　論自我認同（on self-identity）　166, 201-202

　　論社會認同（on social identity）　203

　　論結構化理論（structuration theory）　217

　　論時空延展（on time-space distanciation）　163

吉勒斯比（Gillespie, A.）　386

吉勒斯比（Gillespie, M.）　247, 249, 413

吉利艮（Gilligan, C.）　285

吉爾洛（Gilroy, P.）　232, 235, 241, 242, 252, 253, 412

全球都市（global cities）　367-370, 391, 479

全球化（globalization）　121, 127, 130, 135-146, 156, 163, 240, 241, 377, 479

　　經濟的（economic）　137, 139, 163, 368-371, 377

　　電視的（of television）　320, 337, 343-353

　　與青少年文化（and youth culture）　412-415

全球在地化（glocalization）　143, 353, 479

高達（Godard, J, -L.）　170, 172

高丁（Golding, P.）　343, 452

葛茲（Gorz, A.）　128

治理性／治理技術（governmentality）　457-459, 473, 479

葛拉漢（Graham, S.）　385

葛蘭西（Gramsci, A.）　73-75, 433, 435-440, 459, 473, 479

葛雷（Gray, A.）　274, 342, 434, 434

葛雷（Gray, H.）　259, 260

葛羅斯柏格（Grossberg, L.）　5, 191, 397

波灣戰爭（Gulf War）　256, 325, 326

葛維屈（Gurevitch, M.）　350

哈伯瑪斯（Habermas, J.）　160, 174, 183-185, 450

黑人髮型（hairstyles, black）　411, 412

霍爾（Hall, S.）　4, 6-9, 64-67, 96, 133, 134, 222, 323, 324, 438-440, 444, 448, 472

　　製碼—解碼模式（encoding-decoding model）　40, 333-334

　　論女性主義（on feminism）　274

　　論身分／認同與主體性（on identity and subjectivity）　204-206, 207, 212, 213-214,
　　　　229, 235, 237, 293, 448

　　「嶄新時代」研究途徑（'New Times' approach）　126-127, 440

　　論流行文化（on popular culture）　60

　　論種族與族群（on race and ethnicity）　232, 235, 248, 251, 252, 254, 261, 265, 271

　　論刻板印象化（on stereotyping）　251, 252, 305

　　論青少年文化（on youth cultures）　393, 402, 423, 425

霍爾（Hall, T.）　373

郝朋（Halpern, D.）　282

哈特利（Hartley, J.）　85, 321

哈維（Harvey, D.） 123, 137, 166, 361, 367-369

赫布迪齊（Hebdige, D.） 57, 138, 354, 397, 398, 405, 406, 410, 419, 426

霸權（hegemony） 13, 18, 74-77, 435-437, 442-444, 459, 479

      的不穩定性（instability of） 76

      與電視新聞（and television news） 323-324

赫爾德（Held, D.） 148, 149-152

詮釋學理論（hermeneutic theory） 334, 335

異質化（heterogenization） 143, 156

異性戀（heterosexuality） 29, 301-303

高雅文化（high culture） 44, 55, 169, 172, 187, 348, 453

嘻哈音樂（Hip-Hop music） 51, 141, 242

歷史物質主義（historical materialism） 15, 60, 68

歷史的終結（history, end of） 151-152

霍嘉特（Hoggart, R.） 18, 47, 49

家庭（home）（s） 360, 361, 363, 364

      電子的（electronic） 387-388

文化同質化（homogenization, cultural） 139-141, 142, 143, 144, 156

同族關係／異體同形（homology） 401, 431, 479

同性戀（homosexuality） 292, 302

漢納斯（Honneth, A.） 185

胡克斯（hooks, B.） 235, 250, 261, 263, 277

霍克海默（Horkheimer, M.） 55, 56, 171, 176

海珊（Hussein, S.） 256

哈金（Hutcheon, L.） 194, 269, 351

混雜性（hybridity） 31, 141-145, 156, 240-251, 269, 270, 413-414, 446, 448, 480

超級真實（hyperreality） 192, 352, 480, 378

理想語境（ideal speech situation） 184

唯心論（idealism） 116

同一化／同一性（identification） 302, 342, 443, 444, 480

    與國族認同（and national identity） 164, 236, 413

    與精神分析理論（and psychoanalytic theory） 28, 105, 106, 207, 208

    策略性的（strategic） 244

身分／認同（identity） 14, 25, 66, 104, 199-230, 440, 480

    接合（articulation） 213-214

    黑人（black） 212, 242, 250, 447

    集體（collective） 153, 212

文化（cultural）　126, 127, 144, 145, 212, 213, 231-271, 336-343, 440, 441, 476
　　作為文化生產（as cultural production）　200
　　流離群落（diaspora）　32, 142, 145, 240-242, 446, 447
　　與差異（and difference）　212-213
　　族群的（ethnic）　337-338
　　與語言（and language）　14, 25, 96, 201, 209-210
　　多重的（multiple）　194, 205, 247-248, 354, 419, 481
　　敘事（narrative）　201-202
　　國族的（national）　147, 164, 236-240, 337, 339, 436, 462, 481
　　自我—（self-）　166, 200, 201-202, 230, 282, 484
　　性別的　另見性意識／性別身分認同（sexual see sexuality/sexual identity）
　　社會（social）　200, 202-203, 230, 354, 485
身分／認同政治（identity politics）　200, 221-229, 441, 480
身分／認同方案（identity projects）　116, 166, 203, 383, 468, 480
　　私人的（private）　471
意識形態國家機器（ideological state apparatuses, ISAs）　70-73
意識形態（ideology）　13, 18, 54, 62, 67-80, 436, 437, 459, 480
　　與主體構成（and the constitution of subjects）　207
　　與神話（and myth）　88
　　電視裡的（in television）　320, 322-326, 336
《親情深似海》（I'll Fly Away）　264
想像的共同體（imagined communities）　238-239
內部批評（immanent criticism）　57
即時性與新聞呈現（immediacy, and news presentation）　327
帝國主義（imperialism）
　　文化（cultural）　139-142, 146, 147, 476
　　媒體（media）　347
內爆（implosion）　192
亂倫禁忌（incest taboo）　29, 106
不可共量性（incommensurability）　112
印度電視與電影（Indian television and film）　306-308, 346, 348
個人主義（individualism）　202
個體性（individuality）　221
工業主義（industrialism）　135, 161
不平等（inequality）　450-452
性別（gender）　30, 276

資訊控制（information, control of）　129, 136, 161

資訊社會（information society）　386

資訊高速公路（information superhighway）　345, 384, 385

資訊科技（information technology）　124, 127, 137, 165, 369, 483

　*另見*網際網路（see also Internet）

創新（innovation）　221, 222

知識份子（intellectuals）

　　有機的（organic）　437, 438, 459, 460

　　的角色（role of）　437

　　傳統的（traditional）　437

網際網路（Internet）　384, 385, 387

詮釋（interpretation）　35

互文性（intertextuality）　23, 91, 188, 351, 388, 480

男性與親密關係（intimacy, men and）　280-282

伊莉嘉萊（Irigaray, L.）　285-287, 303, 304

反諷（irony）　26, 115, 186, 187, 195, 388, 469, 351, 480

伊斯蘭（Islam）　142, 255

《Jackie 雜誌》　409

賈克斯（Jacques, M.）　126, 440

詹姆斯（James, W.）　109, 115, 467

詹明信（Jameson, F.）　193, 194, 418

日本（Japan）　132, 136, 137

傑佛遜（Jefferson, T.）　393, 402, 438

賈利（Jhally, S.）　260

喬登（Jordan, G.）　270, 434

喬伊思（Joyce, J.）　170, 171, 172

道德與政治判斷（judgment, moral and political）　54-55

及時庫存管理（Just-in-Time（JIT）stock management）　124

正義（justice）　451

卡夫卡（Kafka, F.）　171, 172

卡普蘭（Kaplan, E.）　194, 225, 314-316

凱茲（Katz, E.）　336-339

凱爾納（Kellner, D.）　176, 190, 262, 351, 352, 454

科納委員會（Kerner Commission）　256

凱因斯主義（Keynesianism）　131

金恩（King, A, D.）　368

親屬體系（kinship systems） 21

知識（knowledge） 24-26, 33, 71, 79, 83, 172-182

    的控制（control of） 129

    是一種發言位置問題（as a matter of positionality） 6, 434

    在後工業社會中（in post-industrial society） 128

    與懷疑精神（and principle of doubt） 33, 166, 175, 183

    *另見權力／知識*（*see also* power/knowledge）

克里許南（Krishnan, P.） 306, 307

克莉絲蒂娃（Kristeva, J.） 297-299, 303, 304

克魯格（Kruger, H, H.） 421

孔恩（Kuhn, T.） 283

昆德拉（Kundera, M.） 219

勞工（labour）

    勞工的組織（organization of） 124-125, 128, 129, 173

    女性與勞工（women and） 276

拉康（Lacan）,J, , 104-109, 295, 296

拉克勞（Laclau, E.） 102-104, 183, 213, 442-444, 451, 473

拉哥斯城（奈及利亞）（Lagos, Nigeria） 363-364

語言（language） 9, 24-25, 81, 83-118, 218, 226

    反再現觀點（anti-representational view of） 112-116, 466

    偶然性（contingency） 112

    的混語化（creolization of） 31, 144, 269

    的深層結構（deep structures of） 20-21, 22

    英語（English） 267

    與認同（and identity） 14, 25, 96, 201, 209-210

    不可共量性（incommensurability of） 112

    的不穩定性（instability of） 23, 444

    與意義（and meaning） 83-118

    與實踐作為（and practice） 97-98

    印刷（print） 239

    與精神分析（and psychoanalysis） 105-109

    為一工具（as a tool） 110-111

    *另見論述*（*see also* discourse）

語言遊戲（language-games） 111-112, 179, 210, 467

拉帕斯汀那（La Pastina, A.） 333

拉許（Lash, S.） 130, 187, 350, 370

李博（Leab, D.）　258

利維斯（Leavis, F, R.）　44, 45, 57, 452

國家的正當性（legitimation, of the state）　150

李維史陀（Lévi-Strauss, C.）　21, 22

路易斯（Lewis, C, I.）　464

路易斯（Lewis, J.）　260

自由主義的民主（liberal democracy）　151-152

自由女性主義（liberal feminism）　30, 276

自由（liberty）　451, 460, 461

力必多（libido）　28, 105, 294

李比斯（Liebes T.）　336-339

生活政治（life-politics）　154-155

生活風格（lifestyles）　123, 127, 132, 189, 200, 367

文學接收研究（literary reception studies）　40

文學（literature）

　　　　後殖民的（postcolonial）　266

　　　　女性（women in）　307, 318

實際的生活經驗（lived experience）　44, 51

在地化（localization）　143, 156, 339, 349, 479

理體中心主義（logocentrism）　90

倫敦（London）　370, 371

洛杉磯（Los Angeles）　376, 378, 381, 382

羅威爾（Lovell, T.）　309

低俗文化（low culture）　55, 187, 353, 453

　　另見流行文化（see also popular culture）

盧卡奇（Lukács, G.）　172, 172

拉爾（Lull, J.）　339-342

李歐塔（Lyotard, J, -F.）　26, 112, 160, 179, 180, 185, 195, 465

麥克安尼（McAnany, E.）　333

麥奎根（McGuigan, J.）　8, 32, 47, 59, 381, 423, 452-454

麥金儂（Mackinnon, C.）　287, 288

麥克拉斯奇（McLuskie, K.）　308, 309

梅內（McNay, L.）　292, 293

麥克羅比（McRobbie, A.）　8, 408-419, 419, 420

瘋癲（madness）　24, 98-100, 177

瑪丹娜（Madonna）　314-316, 318, 454

少女雜誌（magazines, for girls） 409

電視新聞的操控（manipulation, of television news） 322

邊緣化（marginalization） 236

馬文（Marvin, S.） 385

馬克思（Marx, K.） 15-18, 47, 60, 68, 160, 162, 365

馬克思主義（Marxism） 15-18, 47, 68, 69, 102, 173, 442, 443, 476, 481

　　基礎—上層結構之隱喻（base superstructure metaphor） 60-62

　　作為一種啟蒙哲學（as enlightenment philosophy） 174-175

　　與主體性（and subjectivity） 206-207

男性特質（masculinity） 278-280, 282, 289, 294-295, 298, 303

　　作為一種論述建構（as discursive construction） 30, 209, 277, 304, 317

大眾文化（mass culture） 55-58

　另見流行文化（see also popular culture）

大量生產（mass production） 122-124

梅西（Massey, D.） 340, 359-362, 414

物質主義（materialism）

　　文化的（cultural） 10, 19, 49-50, 477

　　歷史的（historical） 15, 60, 68

物質與論述（materiality, discourse and） 116-117

意義（meaning）

　　延宕（deferral of） 23, 24, 94, 95, 210, 442, 477

　　與差異關係（and relations of difference） 209, 210

　　支配的／主導的（dominant） 323, 334

　　輸出（export of） 337-338

　　不穩定性（instability of） 23, 24, 96, 117, 239, 441, 477

　　與語言（and language） 83-118

　　字面的（literal） 92

　　談判／協商（negotiated） 334

　　對立的（oppositional） 334

　　多義性（polysemy of） 13, 40, 57, 89-90, 232, 355, 482

　　與權力（and power） 188, 434

　　偏好的（preferred） 334

　　的產製（production of） 10, 14, 20-21, 22, 46-60, 66-67, 331-336, 348, 354, 422-423, 453

　　共享的（shared） 46

　　的穩定性（stability of） 22

增補性（supplementarity） 93-94

不定性（undecidability） 96, 117

另見表意；表意實踐（see also signification; signifying practices）

麥德赫斯特（Medhurst, A.） 257

媒體（media） 239, 439

模式（models of the） 322-324

產權／所有權（ownership） 322-324, 343-345

與青少年次文化（and youth subcultures） 417-418

另見雜誌；電視（see also magazines; television）

媒介帝國主義（media imperialism） 347-349

米恩（Meehan, D.） 305

通俗劇（melodrama） 327

梅盧西（Melucci, A.） 153, 155

男性（men） 277-282

電視中的（in television） 306, 307

作為電視的閱聽人（as television audiences） 342

另見男性特質；父權體制；男性權力（see also masculinity; patriarchy; power, male）

梅瑟（Mercer, K.） 240, 411, 413, 448

後設敘事（metanarratives） 179

隱喻（metaphor） 107, 445

方法論（methodology） 32-42

轉喻（metonymy） 107, 108

梅洛維茲（Meyrowitz, J.） 342

《邁阿密風雲》（Miami Vice） 189, 190, 191

遷徙／移居（migration） 137

軍事權力（military power） 147, 161, 164, 165

米勒（Miller, D.） 339

《講話小心點》（Mind Your Language） 257

鏡象階段（mirror phase） 105-106

蜜秋（Mitchell, J.） 28, 109, 208, 296

現代主義（modernism） 159, 160, 165-172, 353, 362, 363, 481

作為美學風格（as aesthetic style） 169

作為文化政治（as cultural politics） 171

陽剛的（masculine） 362

現代性（modernity） 135-136, 160, 183, 195, 481

與都市（and the city） 365

的制度（institutions of） 161-164

現代化（modernization） 165

莫德勒斯基（Modleski, T.） 317

摩登族（Mods） 404, 410

莫伊（Moi, T.） 282, 310

蒙太奇（montage） 170

道德（morality） 293

莫利（Morley, D） 35, 136, 335, 342, 440

莫理斯（Morris, M.） 429, 462, 463

莫理森（Morrison, D.） 256, 325

摩斯卡（Mosca, V.） 387

母職（motherhood） 312

暴走族（motorbike boys） 402, 408

墨芙（Mouffe, C.） 102, 104, 183, 442-444, 451, 473

襲劫（mugging） 254, 324, 439

多元文化（multiculturalism） 447-448

跨媒體企業（multi-media corporations） 343, 345, 346, 355, 481

多元技能（multi-skilling） 124, 125

梅鐸（Murdoch, R.） 344, 346

莫達克（Murdock, G.） 344

博物館（museums） 458

流行音樂（music, popular） 51, 56, 141, 142, 242, 261, 262, 410, 412-414, 420, 421

神話（myths） 22, 87, 88, 352, 481

命名作為一種文化政治（naming, as cultural politics） 434-435

敘事理論（narrative theory） 38

敘事（narratives） 481

　　大／巨型敘事（grand） 26, 180, 441, 183

　　身分／認同敘事（identity） 201

　　國族敘事（of nationhood） 237

　　新聞敘事（news） 321

　　實用主義敘事（pragmatic） 110, 111, 117

民族國家（nation-state） 135, 148, 164-165, 236, 237, 239, 436, 443

　　的自主性（autonomy of the） 149

　　的能力（competence of the） 149

　　的去中心化（decentralization of） 148-150

　　的式微（decline of the） 147-149

倫理的（ethical）　436

的正當性（legitimation of the）　150

與資本主義的再製（and reproduction of capitalism）　368

的角色（role of the）　131, 147

國族認同（national identity）　147, 164, 236-240, 337, 339, 436, 462, 481

國族主義（nationalism）　143, 144, 236

國族性（nationality）　11, 231, 270

性別化的（gendered）　11

《全國》（*Nationwide*）　335

尼爾（Neale, S.）　39

《鄰居》（*Neighbours*）　328, 349

新福特主義（neo-Fordism）　126

新社會運動（New Social Movement ,NSMs）　152-156, 157, 441, 481

「嶄新時代」（'New Times'）　126-127, 440

紐約（New York）　369, 370

新興工業國家（Newly Industrialized Countries, NICs）　123

電視新聞（news, television）　13, 38, 321, 326

新聞集團（News Corporation）　344, 384

新聞價值（news values）　321, 322, 482

利基行銷（niche marketing）　127, 132, 189

妮克森（Nicholson, L.）　209, 224, 226, 277, 288

尼采（Nietzsche, F.）　33, 176, 177, 472

非化約論（non-reductionism）　11

常態化、正常化（normalization）　99, 211

懷舊之情（nostalgia）　193, 194

恩則伍（Nzegwu, N.）　361-364

肥胖（obesity）　311

戀母情結（Oedipus complex）　29-30, 105, 106, 294, 295

奧瑞根（O'Regan, T.）　462

東方主義（orientalism）　255-256

原創性（originality）　218, 221

媒體產權（ownership, media）　322-323, 343-344, 346

圓形監獄（Panopticon）　99

派拉蒙（Paramount）　344

帕利克（Parekh, B.）　448

派克（Park, R, E.）　365

帕瑪（Parmar, P.） 225

帕森思（Parsons, T.） 394

混仿（pastiche） 193

父權制（patriarchy） 30, 31, 108, 275, 276, 295, 482

性別展演（performativity, of sex） 300-302, 482

個體性（personhood） 200

陽具中心主義（phallocentrism） 30, 108, 286, 295-296, 482

陽具圖像（Phallus） 29, 106, 107, 108, 295, 296

語言中心主義（phonocentrism） 92

派特西（Pieterse, J.） 138, 143, 145, 200, 240, 243

場所／地方（place） 32, 137, 214, 240, 341, 357-391, 482
　　　的社會建構（social construction of） 361-364
　　　與空間的區別（and space distinguished） 359, 360

多元主義與媒體（pluralism, and the media） 322-323

政治經濟學（political economy） 10-11, 55, 452-455, 457
　　　與全球都市（and the global city） 367-371, 391
　　　全球電視的（of global television） 343-344

政治（politics） 482
　　　與階級（and class） 153-154, 157
　　　文化的（cultural） 42, 116, 171, 433-473, 477
　　　文化研究作為一種政治（cultural studies as） 6, 438
　　　差異的（of difference） 30-32, 183, 433, 440-446, 472, 473
　　　身分／認同（identity） 221-229, 441, 480
　　　與流行文化（and popular culture） 58-60
　　　再現的（of representation） 433, 434, 448-449, 451, 473, 482
　　　符號／象徵的（symbolic） 156
　　　與電視新聞（and television news） 321

多義性（polysemy） 14, 40, 57, 89-90, 232, 355, 482

巴柏（Popper, K.） 175

流行文化（popular culture） 12-13, 22, 47, 52, 53, 55-60
　　　書中處處可見，特別是 67, 86, 187, 188, 354, 453, 482
　　　與意識形態（and ideology） 75
　　　的政治概念（political conception of） 59-60
　　　的女性再現（representation of women in） 304-305, 310-312, 314-316, 317-318, 330
　　　另見電影；雜誌；音樂；肥皂劇；電視（see also film; magazines; music; soap opera; television）

位置性／發言位置（positionality） 6, 181, 434, 482

明信片書寫（postcard writing） 94

後殖民女性主義（postcolonial feminism） 277

後殖民文學（postcolonial literature） 267-268

後殖民理論（postcolonial theory） 32

後殖民主義（postcolonialism） 144, 483

後福特主義（post-Fordism） 123-126, 133, 189, 369, 376, 377, 483

後工業社會（post-industrial society） 123, 127-130, 133, 370, 483

後馬克思主義（post-Marxism） 102-104, 442, 476, 483

後現代女性主義（postmodern feminism） 31, 209, 277

後現代主義（postmodernism） 26-27, 33, 109, 112, 159, 160, 180-194, 269, 350-353,
　418-419, 440, 483

後現代性（postmodernity） 160, 483

後現代化（postmodernization） 132-133

後結構主義（poststructuralism） 23-27, 33, 90-109, 389, 440, 441, 483

後結構女性主義（poststructuralist feminism） 31, 209, 277

波蘭札斯（Poulantzas, N.） 72

權力（power） 6, 9, 12, 81, 178, 458, 484
　　規訓的／紀律的（disciplinary） 99
　　與族群（and ethnicity） 235-236
　　與全球化（and globalization） 145
　　意識形態為（ideology as） 78-79
　　男性（male） 29, 275
　　另見父權制（*see also* patriarchy）
　　與意義（and meaning） 188, 434
　　與流行文化（and popular culture） 60
　　的生產性（productivity of） 100
　　與種族（and race） 232
　　的策略（strategies of） 427
　　與主體性（and subjectivity） 211
　　與真理（and truth） 177, 434

權力／知識（power/knowledge） 79, 80, 99, 100, 178, 215, 458, 484

實用主義（pragmatism） 109, 116, 182, 462-473, 487

印刷資本主義（print capitalism） 239

私有化（privatization） 148
　　公共空間的（of public space） 373-374, 391

福利的（of welfare） 127

生產（production） 12, 66, 67

彈性的（flexible） 124, 127, 189

福特主義（Fordist） 121-124

大眾（mass） 122, 124

的模式（modes of） 15-16, 60-61, 174

的關係（relations of） 60-62, 174

泰勒主義（Taylorist） 173-175

進步（progress） 174, 175, 195

促銷文化（promotional culture） 122, 353

另見廣告（*see also* advertising）

精神分析（psychoanalysis） 28-29, 104-109, 166, 207, 208, 294-297, 484

公共空間的私有化（public space, privatization of） 373-374, 391

公共領域（public sphere） 184-185, 373, 448-451, 471, 484

與肥皂劇（soap opera and the） 331

龐克（Punk） 405, 406, 410, 417, 430

質性研究（qualitative research） 34, 35

品質（quality） 52-53

品質管控（quality control） 124

量化研究（quantitative research） 34

同志／酷兒（queer, as a term） 303

同志／酷兒政治（queer politics） 183, 303

種族（race） 11, 12, 31, 103, 183, 231-271, 277, 436, 439, 484

與風格（and style） 404-405

與青少年文化（and youth culture） 410-412

種族化（racialization） 232, 233, 250, 270

種族主義／種族歧視（racism） 232-233, 250, 251-258, 270, 277, 447

基進（差異）女性主義（ radical〔difference〕feminism） 30, 276-277

饒舌音樂（Rap music） 51, 142, 242, 261, 262, 412-414

羅斯塔發里派教義（Rastafarianism） 222, 410, 415

銳舞文化（Rave culture） 51, 413, 421

讀者　見閱聽人（readers *see* audience）

芮爾（Real, T.） 278, 279

寫實主義（realism） 38, 169-171, 484

與肥皂劇（and soap opera） 328

寫實主義認識論（realist epistemology） 33

真實（reality） 192, 352

理智／理性（reason/rationality） 172, 195, 204

　　批判的（critical） 183

　　工具的（instrumental） 174, 183

接收分析（reception studies） 34, 40-41

　另見主動閱聽人（*see also* audience, active）

經濟衰退（recession, economic） 124, 137

瑞海德（Redhead, S.） 398, 415, 416, 418

化約論（reductionism） 11, 63, 102, 133, 484

　　生物的（biological） 282

反思能力／反身性（reflexivity） 35, 155, 165-166, 186-187, 205, 484

雷鬼音樂（Reggae） 410

電視的區域化（regionalization, of television） 348-349

調節學派（regulation school） 125, 126

再工業化（reindustrialization） 376

相對主義（relativism） 181

宗教（religion） 20, 142

再現（representation） 10, 93, 96, 466, 484

　　愛滋病患者的（of AIDS sufferers） 312-314

　　在文化迴路中（in the circuit of culture） 66, 67, 455

　　與都市（and the city） 370-371, 388-389

　　與民族誌研究（and ethnographic study） 34-37

　　現代主義的（modernist） 169, 171

　　的政治（politics of） 433, 434, 448-449, 451, 473, 482

　　種族與族群的（of race and ethnicity） 232, 251-269

　　and sexual identity 288-289

　　符號的（symbolic） 212

　　女性的（of women） 304-318, 330

反抗（resistance） 216, 292, 336, 485

　　黑人的（black） 263

　　為防禦（as defense） 424-425

　　風格作為一種反抗的形式（style as form of） 426, 438

　　的策略（tactics of） 427

　　工人階級的（working-class） 402-404

　　與青少年文化（and youth culture） 398-400, 402-407, 423-430, 438

雷諾（Reynolds, S.） 421

瑞奇（Rich, A.）　276, 284

理查（Richard, B.）　421

風險（risk）　165-166

羅伯森（Robertson, R.）　135, 143

魯賓斯（Robins, K.）　136, 140

浪漫主義（romanticism）　169

羅逖（Rorty, R.）　26, 36, 79, 96, 109, 112-114, 117, 160, 181-183, 195, 226, 227, 403,
　　465, 472

羅斯（Rose, G.）　359

羅斯（Rose, J.）　296, 302

羅斯（Rose, N.）　109, 208, 249

盧梭（Rousseau, J, -J.）　160

魯格（Ruge, M.）　321

魯西迪（Rushdie, S.）　256, 269

薩伊德（Said, E.）　255

杉納斯（Sainath, P.）　326

衛星與線纜科技（satellite and cable technology）　345, 383

索緒爾（Saussure, F. de）　20, 21, 84-86, 95

席勒（Schiller, H.）　347

科學（science）　175-176, 195

科學管理（scientific management）　122, 173-174

史考特（Scott, J.）　287

西蒙（Seamon, D.）　360

社會隔離（segregation, social）　377

佛洛依德的自我概念（self, Freudian）　28

自我意識（self-consciousness）　200

自我認同（self-identity）　166, 199-202, 282, 485

符號學（semiotics）　21, 38, 83-86

塞普斯崔普（Sepstrup, P.）　348

服務部門（service sector）　128-130

性（sex）　29, 30, 105, 273-318, 436, 485

　　的展演（performativity of）　300-301

　　作為一種社會／文化建構（as social/cultural construction）　209, 224, 287-288, 317

性／性別區分（sex-gender distinction）　288

性別差異（sexual difference）　208-209, 275, 284-288

性驅力（sexual drive）　28, 105, 294

性徵／性的認同（sexuality/sexual identity）　28, 29, 100, 199, 288-292, 294-304, 317
　　另見異性戀（*see also* heterosexuality）；同性戀（homosexuality）
席德斯（Shields, R.）　389, 390
西柏利（Sibley, D.）　396-397
符號價值（sign value）　192
表意（signification）　20-21, 50, 86-89, 170, 210, 351, 405, 485, 486
符徵／符旨（signifiers/signifieds）　20, 84-85, 87, 95, 209, 485
表意實踐（signifying practices）　10, 81, 83, 405, 485
符號（signs）　20, 84
　　　　多重音的（multi-accentuality of）　89-90
　　　　另見符號學（*see also* semiotics）
席維史東（Silverstone, R.）　337, 341, 361, 423
承認類同（similarity, recognition of）　243, 244
齊穆爾（Simmel, G.）　167, 168, 365
《辛普森家庭》（*The Simpsons*）　190, 352
擬象（simulacra）　192, 193, 378, 485
擬象化（simulation）　192-193, 195, 352
約翰辛格頓（Singleton, J.）　262
平頭族（Skinheads）　402, 404, 410, 430, 438
奴役（slavery）　233, 252, 253
史密斯（Smith, A.D.）　237, 349
史密斯（Smith, K.）　262
肥皂劇（soap opera）　52, 53, 249, 256, 257, 327-331, 333, 336, 337, 339, 349, 350
社會形構（social formation）　11, 122, 485
　　　與接合（and the concept of articulation）　104
　　　文化（culture in）　60-67
　　　作為一個總體（as a totality）　63-64
社會認同（social identity）　200, 202-203, 230, 486
社會兩極對立與隔離（social polarization and segregation）　377, 386
社會規範（social regulation）　457
社會主義（socialism）　17, 152
社會女性主義（socialist feminism）　30, 276
社會化（socialization）　202, 282
　　另見涵化（*see also* acculturalization）
社會學主體（sociological subject）　204, 205
蘇格拉底（Socrates）　92

索雅（Soja, E.） 376, 377

團結（solidarity） 182, 451, 460, 467

南非（South Africa） 141

《南方四賤客》（*South Park*） 191

國家主權（sovereignty, of the state） 149

空間（space） 214, 340-342, 357-391, 486

    前與後（front and back） 358

    性別化的（gendered） 341, 361-362

    與場所／地方的區別（and place distinguished） 360-361

    作為一種社會／文化建構（as social/cultural construction） 360

    與青少年（and youth） 412-415

    *另見*時間—空間（*see also* time-space）

言談／言說（speech） 92, 93

史畢娃克（Spivak, G.） 39, 40, 96, 268, 277

黑人運動員（sport, black people in） 261

星空傳媒電視（STAR TV） 344

國家　*另見*民族國家（state *see* nation-state）

刻板印象化（stereotyping） 486

    性別（gender） 305-307

    種族的（racial） 251-254, 257-258

策略性的本質主義（strategic essentialism） 229, 425, 486

史多包爾（Straubhaar, J.） 350

結構主義（structuralism） 19-22, 38, 64, 89, 486

結構化理論（structuration theory） 216-217

結構（structure） 486

    的雙元性（duality of） 218

風格（style） 486

    黑人的（black） 410-412

    與時尚（and fashion） 167-168

    作為一種反抗的形式（as form of resistance） 417-418, 438

    作為一種表意實踐（as signifying practice） 405

    青少年的（youthful） 404-407, 410-412, 417-418, 431

次文化（subcultures） 486

    青少年（youth） 398-407, 415-421, 423-431, 438

主體（subject）

    啟蒙（enlightenment） 203, 204

後現代的（postmodern） 205, 206

社會的觀點（sociological view of the） 204-206

主體位置（subject positions） 26, 100-101, 106-107, 194, 211, 289, 310-316, 317, 318, 487

碎裂的（fragmented） 71

主體性（subjectivity） 14, 28-29, 68, 199-230, 273-318, 486

作為文化產物（as cultural production） 200, 277

作為一種論述建構（as a discursive construction） 100-101, 104, 105, 210-212

傅科的（Foucauldian） 210-212, 215-216, 289-292

性別化的（gendered） 216-217

與馬克思主義（and Marxism） 206, 207

與精神分析（and psychoanalysis） 207-208

受制／從屬（subordination）

種族團體的（of racialized groups） 32, 232, 236, 267-268

女性的（of women） 30, 208, 268, 275, 276, 287, 294, 311

郊區（suburbs） 379-380

自殺（suicide） 20, 278

超我（superego） 28, 105, 208, 484

剩餘價值（surplus value） 16, 68, 174

監控（surveillance） 100, 135, 147, 161, 162, 165, 187, 378, 381, 387, 487

與青少年次文化（and youth subcultures） 418, 426

符號經濟（symbolic economy） 371-376

符號意義（symbolic meaning） 20-21

符號次序（symbolic order） 106-107, 108, 487

符號政治（symbolic politics） 156

符號再現（symbolic representation） 212, 237

符號的運作場域（symbolic sphere） 297-299

綜效（synergy） 487

與電視產權（and television ownership） 344-345, 355

《馴悍記》（莎士比亞）（The Taming of the Shrew）（Shakespeare） 308, 309

品味（taste） 55, 132, 200, 420, 421

泰勒（Taylor, F.） 122, 173

泰勒主義（Taylorism） 173, 174, 175

科技變遷（technological change） 127

科技匯流（technological convergence） 345, 355, 384

科技決定論（technological determinism） 129

泰迪男孩（Teddy Boys） 402, 404, 410

電子傳播（telematics） 383, 385, 386

電視小說（telenovelas） 142, 329, 333

電視（television） 317, 319-355

　　與家庭（and the family） 54, 327-330, 331, 342

　　的全球化（globalization of） 320, 337, 343-353

　　的意識形態（ideology in） 320-326, 336

　　與資訊高速公路（and the information superhighway） 384, 385

　　的互文性（intertextuality in） 188

　　的男性（men in） 306, 307

　　與國族認同（and national identity） 462

　　新聞（news on） 13, 38, 320-327, 349-350

　　後現代的（postmodern） 188, 189-191, 351-353

　　種族與族群再現（representation of the race and ethnicity） 256-259, 262-264, 270

　　擬象（simulations） 193, 352

　　的女性（women in） 306, 307, 330

文本（text〔s〕）

　　都市（city as） 388-390

　　敘事（as narratives） 38-39

　　電視的（of television） 320-331

　　另見互文性（see also intertextuality）

文本研究（textual studies） 34, 38-39

柴契爾主義（Thatcherism） 439

理論（theory） 41-42, 487

湯瑪斯（Thomas, C.） 213, 214

湯普森（Thompson, E.） 19, 48

湯普森（Thompson, J.） 185, 239, 320, 383

松頓（Thornton, S.） 398, 415, 417, 418, 420

時代華納（Time Warner） 344

時間地理學（time-geography） 358-359

時間—空間（time-space） 359-360

　　延展（distanciation） 136, 163

托德洛夫（Todorov, T.） 39

東京（Tokyo） 369, 370

容忍（tolerance） 182

湯林森（Tomlinson, J.） 142, 145, 147, 237

杜漢（Touraine, A.）　129, 153, 154

軌跡（trace）　93, 96

傳統（tradition）　166

跨國公司（transnational corporations）　140, 347

旅行（travel）

　　與文化認同（and cultural identity）　138, 240, 241

　　與青少年文化（and youth culture）　415

真理（truth）　25, 26, 33, 79, 80, 92, 93, 95, 114-115, 170, 181, 460, 487

　　在「理想語境」中（in an 'ideal speech situation'）　184

　　與權力（and power）　178, 434

　　的政權（regimes of）　25, 97, 98, 178, 179, 181, 195, 215, 487

　　作為社會讚許的（as social commendation）　79, 114-115, 181, 467-468

　　普遍的（universal）　172

《雙峰》（*Twin Peaks*）　189-190

類型（types）　251

無意識的（unconscious）　28, 105, 107, 166, 207, 484

加上刪除符號（under erasure）　40, 96, 487

不成階級（underclass）　127, 380

普遍主義（universalism）　170, 171, 195

都市空間（urban space）　362-391

都市研究（urban studies）　364-367

都市動蕩不安（urban unrest）　380-381, 391

都市化（urbanization）　363

　　後現代的（postmodern）　376-378

烏瑞（Urry, J.）　130, 369

使用價值（use value）　17, 132, 191

價值（value）（s）　460, 467

　　交換（exchange）　17, 132

　　新聞（news）　321, 481

　　符號（sign）　191

　　剩餘（surplus）　16, 68, 174

　　使用（use）　16, 132, 191

馬里奧范比柏斯（Van Peebles, M.）　262

衛爾康（Viacom）　344

男性暴力（violence, male）　278, 279, 281

伏洛西諾夫（Volosinov, V.N.）　87, 89, 90

沃克（Walker, A.） 225

《戰士標記》（電影）（*Warrior Marks*）（film） 225

華特斯（Waters, M.） 137, 156

華森（Watson, S.） 376

韋伯（Weber, M.） 160, 168, 365

韋頓（Weedon, C.） 93, 209, 270, 277, 289, 434

社會福利的私有化（welfare, privatization of） 127

威尼克（Wernick, A.） 353

韋斯特（West, C.） 233, 264, 445, 446, 464, 470

西方化（westernization） 140

衛斯伍（Westwood, S.） 390

白種性（whiteness） 235

衛迪康（Widdicombe, S.） 406, 420

威廉士（Williams, H.） 386

威廉士（Williams, J.） 390

威廉士（Williams, R.） 19, 43-46, 48-51, 63, 73

威廉森（Williamson, J.） 77, 440

威利斯（Willis, P.） 35, 57, 217, 354, 401, 402, 407, 408, 422

溫席普（Winship, J.） 77, 311

沃斯（Wirth, L.） 365-367

維根斯坦（Wittgenstein, L.） 109-112, 116, 117

女性聲音（womanspeak） 285-287

女性（women） 223-228, 273, 274, 284-287

    黑人（black） 250, 262, 268, 435

    的文化再現（cultural representation of） 304-318, 330

    與勞動力（and the labour force） 30, 276

    與肥皂劇（and soap opera） 330

    的臣服／受制（subordination of） 29, 208, 268, 275, 276, 287, 294, 311

    電視中的（in television） 305, 306, 330

    作為電視閱聽人（as television audiences） 342

    另見女性特質；女性主義（*see also* femininity; feminism）

伍華（Woodward, K.） 312

伍非特（Wooffitt, R.） 406, 420

工人階級（working-class） 45-48, 68, 128, 132, 152, 403, 404, 407, 408, 438

萊特（Wright, H.） 7

書寫（writing） 94, 95

楊格（Young, J.） 416
《青春不羈》（*The Young and the Restless*） 339
青少年（youth） 393-431, 438
佐京（Zukin, S.） 371-375, 380

在知識的殿堂裡，學術的傳播不分國界，
每個靈感、每道聲音、每個思想、每個研究，
在「五南」都會妥善的被尊重、被珍視
進而
激盪出更多的火花，
交融出更多的經典！

## 五南文化廣場

**橫跨各種領域的專業性、學術性書籍，在這裡必能滿足您的絕佳選擇！**

**台中總店**
台中市中山路6號【台中火車站對面】
電話：(04)2226-0330 傳真：(04)2225-8234

**海洋書坊**
基隆市北寧路二號【國立海洋大學內】
電話：(02)2463-6590 傳真：(02)2463-6591

**台北師大店**
臺北市師大路129號B1
電話：(02)2368-4985 傳真：(02)2368-4973

**逢甲店**
台中市逢甲路218號【近逢甲大學】
電話：(04)2705-5800 傳真：(04)2705-5801

**嶺東書坊**
台中市嶺東路1號【嶺東學院內】
電話：(04)2385-3672 傳真：(04)2385-3719

**高雄店**
高雄市中山一路290號【近高雄火車站】
電話：(07)235-1960 傳真：(07)235-1963

**屏東店**
屏東市民族路104號2樓【近火車站】
電話：(08)732-4020 傳真：(08)732-7357

＊凡出示教師識別卡，皆可享9折優惠。(特價品除外)

＊本文化廣場將在台北、基隆、桃園、中壢、新竹、
　彰化、嘉義、台南、屏東、花蓮等大都市，陸續佈
　點開店，為知識份子，盡一份心力。

**五南文化事業機構**
**WU-NAN CULTURE ENTERPRISE**
台北市106 和平東路二段339號4樓 TEL：(02)2705-5066 FAX：(02)2706-6100
網址：http//www.wunan.com.tw E-mell：wunan@wunan.com.tw

國家圖書館出版品預行編目資料

---

文化研究：理論與實踐/ Chris Barker 著；羅世宏 譯.

－ 初版. － 臺北市 ： 五南, 2004 [民 93]

面； 公分

參考書目：面

含索引

譯自：Cultural Studies: Theory and Practice, 2nd ed.

ISBN 957-11-3732-4（平裝）

1. 文化 － 研究方法

541.2031                                          93015840

# 文化研究—— 理論與實踐

Cultural Studies—Theory and Practice

| 作　　者 | Chris Barker |
| 譯　　者 | 羅世宏 等 |
| 編　　輯 | 雅典編輯排版工作室 |

出版者　　**五南圖書出版股份有限公司**

發行人　　楊榮川

地　　址：台北市大安區 106
和平東路二段 339 號 4 樓

電　　話：(02)27055066（代表號）

傳　　真：(02)27066100

劃　　撥：0106895-3

網　　址：http://www.wunan.com.tw

電子郵件：wunan@wunan.com.tw

顧　　問　　財團法人資訊工業策進會科技法律中心

版　　刷　　2004 年 9 月 初版一刷

定　　價　　**520 元**